A REPORT ON PUBLIC BEHAVIORS OF HANGZHOU CITIZENS (2019-2023)

杭州市民公共文明指数调查分析报告

(2019~2023)

中共杭州市委宣传部
杭州市精神文明建设办公室 / 编
杭州市社会科学院

陆文荣 等著

社会科学文献出版社
SOCIAL SCIENCES ACADEMIC PRESS (CHINA)

杭州市民公共文明指数调查领导小组

顾　　问　黄海峰

组　　长　王文硕

副 组 长　杨　毅　罗来庚

成　　员　朱一斌　陆文荣　薛晓渝　杨　芳　葛宝国
任　勇　邵意丽　王乐芳　富程鹏　盛露青
何健康　胡映辉

杭州市民公共文明指数调查课题组

组　　长　陆文荣　朱一斌

主要成员　邱幼云　金　卉　陈海忠　堵琴囡　刘良模
杜　芳　王　景　胡紫依　莫淇涟

主要著者简介

陆文荣　杭州市社会科学院社会学研究所副所长、助理研究员，华东政法大学公共管理专业博士研究生，杭州市“西湖明珠工程”特殊支持人才·人社社科青年人才，杭州市优秀社科中青年人才，杭州市“131”人才（第三层次），杭州市法学会、杭州市青年研究会常务理事。主持完成国家级和省部级项目各1项，市厅级项目15项。公开发表学术论文和评论文章30篇，3篇被人大复印报刊资料全文转载。研究领域为基层社会治理。主持2019~2023年杭州市民公共文明指数调查，负责年度报告撰写和全书统稿。

邱幼云　杭州师范大学副教授，社会学博士，杭州市高层次人才（E类），杭州市优秀社科中青年人才。主持省部级课题6项（省哲社2项、民政部3项、共青团中央1项）、市厅级课题8项。22篇研究报告被省市领导批示或部门采纳。公开发表学术论文30余篇，其中核心期刊8篇，《新华文摘》全文转载1篇，人大复印报刊资料全文转载1篇。研究领域为社会服务、家庭与性别研究。负责2019~2021年杭州市民公共文明指数调查的组织和数据整理分析工作。

陈海忠　浙江经贸职业技术学院副研究员，主要从事教育教学管理、质量监控与评价、素质教育与校园文化方面的管理与研究。负责2019年杭州市民公共文明行为现场观测的组织和数据整理分析工作。

金　卉　副教授，浙江树人学院社会工作专业执行负责人、教研室主任。主持浙江省哲学社会科学规划项目，作为主要成员参与多项国家社会科学基金项目，在核心期刊发表学术论文多篇。主持、参与多项政府委托项目的专业督导和实务研究，部分成果已正式出版。作为主要成员参与浙江省“十三五”高校虚拟仿真实验教学项目建设。负责2019年杭州市民公共文明指数调查和国际礼仪文明调查。

堵琴囡　浙江理工大学法政学院副教授，管理学博士，杭州市社会治理现代化研究中心特聘专家、浙江省公共管理学会理事。主持国家级科研项目2项、省部级科研项目1项、厅局级等科研项目13项。出版学术专著1部，公开发表学术论文20余篇，多篇论文被人大复印报刊资料全文转载。研究领域为公共政策分析、新业态权益保障等。负责2023年杭州市民公共文明指数调查的组织和数据整理分析工作。

刘良模　浙江机电职业技术学院马克思主义学院副教授。主持省部级课题4项、厅级课题10余项，在核心期刊等发表学术论文20余篇。研究领域为政治传播、社会治理等。参与2022~2023年杭州市民公共文明指数调查和相关案例资料收集工作。

目　录

2019年主报告+专题报告

2020年主报告+专题报告

2021年主报告

2022年主报告

2023年主报告

2019年主报告+专题报告

2019年杭州市民公共文明指数调查分析报告

一 引言

杭州是历史文化名城，G20 峰会的成功举办为杭州迈向世界名城提供了黄金机遇。在打造世界名城的进程中，杭州深入践行新发展理念，充分发挥各项优势，在政治、经济、社会、文化、生态等方面迈出新步伐，取得新成绩，也不断刷新着国内外各界对于杭州的认识，尤其是这座城市的公共文明建设。杭州于 2011 年荣膺第三批“全国文明城市”称号，2017 年顺利通过全国文明城市复评，并在全国文明城市中的 28 个省会（首府）、副省级城市 2018 年文明城市年度测评中，以 94.35 分的成绩位列全国第二。2019 年，杭州再次入选中国最具幸福感城市，并成为唯一连续 13 年入选的城市，被组委会授予“幸福示范标杆城市”荣誉称号。

党的十九届四中全会指出，坚持和完善中国特色社会主义制度、推进国家治理体系和治理能力现代化。市域治理的现代化，是国家治理体系和治理能力现代化的重要环节。当前，杭州正处于“后峰会、亚运会、现代化”重大历史机遇期，这也是经济、社会、民生事业不断深化的重要发展阶段。一个城市的文明是城市建设的重要根基，应当将城市文明作为提升市域治理体系和治理能力现代化水平的重要抓手。城市文明具有重大而深远的意义，提升城市文明水平是贯彻落实党的十九届四中全会精神的具体行动，是提高市民幸福感和获得感的必然要求。城市文明建设将内化为市域治理共建共享的动力，助力杭州建设成为独特韵味别样精彩世界名城和新时代全面展示中国特色社会主义制度优越性的重要窗口。

在重要的机遇期和发展阶段，锚定市域治理体系和治理能力现代化的新目标，面对新要求与新任务，杭州的城市文明建设有必要进一步巩固成果，总结经验，紧扣市民期盼，发现问题短板，在城市文明方面再创优势。公共文明指数是文明城市测评和评估群众性精神文明创建工作成效的一项重要工具，用于描述和评价市民文明素质发展状况。杭州市于2014年推出市民公共文明测评体系，在全国同类城市中首创市民公共文明指数调查，截至2019年，已经连续开展6年。2019年杭州市民公共文明指数调查既是对2014~2018年5个年度公共文明指数调查工作的承接和延续，也是在新的时期对此项工作做出的拓宽和发展。测评指标与往年相比，既存在一些共性指标，也形成了一些新的指标。本次测评对标市域治理现代化、全国文明城市创建和世界名城标准，按照中共杭州市委十二届四次全会精神、《杭州市全面推进文化兴盛行动实施方案（2018—2022年）》中“实施市民公共文明素质提升计划”组织安排实施，旨在更好地把握“后峰会、亚运会、现代化”时期杭州市民的公共文明行为状况，精准查找城市公共文明建设的盲点、乱点、顽疾等短板，寻找城市文明建设实现新目标、新要求、新任务的更优方案。

二　测评设计与样本情况

（一）测评内容

公共文明指数的高低在一定程度上反映出城市公共文明水平的高低。但公共文明水平是个比较抽象的概念，如何界定公共文明的维度，不同学者的见解不尽相同。潘华佩认为公共文明是作为主体的公民在公共空间和公共生活等社会公共领域里表现出来的进步与开化状态，这种状态既包括人们在公共领域里的价值观、道德风貌、信念等思想方面的内容，又包括由这种思想指导的人们在公共生活制度、公共行为风尚等文化方面的内容。[①] 具体来说，公共空间指

① 潘华佩：《城市公共文明建设中的公民参与研究——以苏州为例》，硕士学位论文，苏州大学，2011。

的是诸如商业集市、比赛演出场所、公交站台、车站码头、交通干道等非私人场所，公共生活指的是涉及大众的政治、文化、经济、社会等领域的非私人生活，也就是作为主体的公民在公共空间、公共生活等公共领域所表现出的文明开化、积极进步的状态。① 赵爱玲认为公共文明包括公民意识、公共精神和公共行为文明三个方面②；沙莲香在北京市民公共行为文明指数研究中把公共文明分为公共卫生、公共秩序、公共交往、公共观赏、公共参与五大维度③；杨伟清把公共文明分为四个基本维度，即公共空间文明、公共生活文明、公共制度文明以及公务人员的文明，根据公共范围的不同，他将公共文明划分为公共空间文明和公共生活文明④。

以上学者对公共文明的界定与观点，为本报告提供了很好的借鉴。本次测评中，公共文明指的是人们在公共空间⑤和公共生活中表现出来的文明行为，包括公共卫生、公共秩序、公共交往、公共观赏、公益服务、网络文明、国际礼仪 7 个维度 55 个指标。具体指标如表 1 所示。

表 1　公共文明测评指标情况

二级指标	三级指标
公共卫生	垃圾分类投放
	打喷嚏时，有所遮掩
	遛狗时，主动清理其排泄物
	自觉遵守公共场所有关吸烟的规定
	讲究卫生，不随地吐痰
	您在公共卫生行为上的总体表现如何?

① 黄炯华：《深圳市罗湖区公共文明水平提升对策研究》，硕士学位论文，哈尔滨工业大学，2016。

② 赵爱玲：《从公民意识到公共文明：基于社会公德建设视角的分析》，《学校党建与思想教育》（上半月）2008 年第 2 期。

③ 沙莲香：《北京市民公共行为文明指数研究的主导观念——兼说民族性建设》，《中国农业大学学报》（社会科学版）2007 年第 1 期。

④ 杨伟清：《公共文明的四个基本向度》，《中国人民大学学报》2008 年第 6 期。

⑤ 辽宁大学徐平教授认为“公共空间”是指社会公众可以共同利用的活动空间，比如为满足人们交换需求而建设的公共空间（商业设施），为满足人们生活需求而建设的公共空间（广场、公园、学校、图书馆、医院），为满足人们出行需求而建设的公共空间（航空运输、高速铁路、城市地铁）以及因信息技术发展而形成的公共空间（虚拟空间）等。

续表

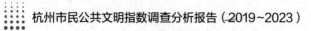

二级指标	三级指标
公共秩序	乘坐公交车时有序排队上下车
	乘坐地铁时有序排队上下车
	乘坐电梯时先出后进
	文明养犬，不带狗进入超市、商店、医院、餐馆等公共场合
	遛狗时，注意拴好绳子
	步行出门时，不乱穿马路、乱闯红灯
	步行出门时，不乱翻栏杆
	共享单车在规定区域停放
	自行车/电瓶车等非机动车按规定区域停放
	骑电瓶车时佩戴头盔
	电瓶车/自行车按规定方向行驶，不逆行
	电瓶车/自行车走非机动车道，不挤占机动车道
	骑电瓶车/自行车时不闯红灯
	汽车按规定区域停放
	开车时集中注意力，不玩手机
	您在公共秩序行为上的总体表现如何？
公共交往	陌生人问路时，耐心解答
	主动给予外地游客方便或帮助
	能给老、弱、病、残、孕及怀抱婴儿者提供让座等便利
	在斑马线碰到汽车给自己让行时，向司机点赞/微笑，表示感谢
	尊重、善待基层服务业从业人员（保洁/保安/环卫工人等）
	尊重、善待残疾人群体
	您在公共交往行为上的总体表现如何？
公共观赏	去影剧院等场合，按时入场、退场
	在需要安检进入的地方，主动配合做好安检工作
	观赏时，适时给予掌声鼓励
	观看演出或比赛后，及时清理自己留下的垃圾
	在图书馆、影剧院等公共场合保持安静
	您在公共观赏行为上的总体表现如何？
公益服务	积极参加爱心捐助类公益活动
	积极参加各类赛会志愿服务活动
	积极参加单位组织的公益活动
	积极参加社区举办的公益活动
	积极参加社会组织发起的公益活动

续表

二级指标	三级指标
公益服务	自发做公益服务活动
	您在公益服务行为上的总体表现如何?
网络文明	有序上网,不肆意谩骂、发表有害言论
	健康上网,不浏览/传播色情、暴力等低俗信息
	理性上网,不听信流言蜚语,传播虚假信息
	尊重他人隐私,不随意窥探、传播
	没有人肉搜索等网络暴力行为
	您在网络文明行为上的总体表现如何?
国际礼仪文明	在外国人面前,能自觉维护国家及杭州的形象与声誉
	能热情友善对待外国人,并愿为其提供力所能及的帮助与服务
	尊重外国人的隐私,不随意询问年龄、收入等个人隐私问题
	积极学习了解并遵循国际通行的礼仪规范
	参加正式涉外活动时,能着正装出席
	尊重外国人的习俗禁忌
	您在国际礼仪文明行为上的总体表现如何?

需要说明的是，相比 2018 年，2019 年的指标体系中，共有 12 个指标与 2018 年一致；21 个指标表述略有变动，变动的主要原因是基于问卷设计中的“非否定性原则”，即在设计题目时，要避免使用否定句形式来表述问题；此外，还根据实际情况的变动，删去 14 个指标，新增 22 个指标（详见附录）。

（二）抽样方法

本次调查范围覆盖杭州市辖区的 10 个城区和钱塘新区。[①] 在具体的抽样方法上，采用分层的四阶段不等概率抽样法抽取样本，具体抽样方法如下。

第一阶段：以区为初级抽样单位，涉及本次调查范围内的 11 个区。

第二阶段：以街道/乡镇为二级抽样单位，从每个区抽出 2 个二级抽样单元（街道/乡镇），得到 21 个街道[②]。

① 本次调查未将县级市建德，以及桐庐和淳安两县包含在内。这三个地方在地理区位上距离杭州市中心较远，农村居民占比偏高，故未纳入抽样范围。

② 由于富阳区的街道中村委会占比较高，最后以富春街道替代。

第三阶段：以居民委员会为三级抽样单位。从每个街道/乡镇中抽出2个三级抽样单元（居民委员会）①，得到44个居民委员会（见表2）。

表2 三级抽样单元分布

初级抽样单元	二级抽样单元	三级抽样单元
上城区	紫阳街道	彩霞岭社区
上城区	紫阳街道	凤凰社区
上城区	望江街道	大通桥社区
上城区	望江街道	婺江社区
江干区	凯旋街道	景秀社区
江干区	凯旋街道	庆和社区
江干区	彭埠街道	杨家桥社区
江干区	彭埠街道	王家井社区
滨江区	西兴街道	西陵社区
滨江区	西兴街道	共联社区
滨江区	长河街道	江二社区
滨江区	长河街道	月明社区
萧山区	北干街道	绿茵园社区
萧山区	北干街道	加德社区
萧山区	闻堰街道	闻江社区
萧山区	闻堰街道	闻家堰社区
余杭区	南苑街道	保障桥社区
余杭区	南苑街道	天万社区
余杭区	东湖街道	庙前社区
余杭区	东湖街道	工农社区
富阳区	富春街道	城西社区
富阳区	富春街道	太平桥社区
富阳区	富春街道	城东社区
富阳区	富春街道	金秋社区
钱塘新区	白杨街道	高教社区
钱塘新区	白杨街道	晨光社区
钱塘新区	义蓬街道	义盛社区
钱塘新区	新湾街道	新北桥社区

① 富阳区富春街道抽取4个社区。

续表

初级抽样单元	二级抽样单元	三级抽样单元
下城区	潮鸣街道	体东社区
下城区	潮鸣街道	东河社区
下城区	东新街道	三塘北苑社区
下城区	东新街道	万家星城社区
拱墅区	大关街道	东苑第二社区
拱墅区	大关街道	香积社区
拱墅区	康桥街道	康桥社区
拱墅区	康桥街道	吴家墩社区
西湖区	西溪街道	白荡海社区
西湖区	西溪街道	求智社区
西湖区	留下街道	屏峰社区
西湖区	留下街道	和家园社区
临安区	锦城街道	兰岭社区
临安区	锦城街道	锦潭社区
临安区	锦北街道	西墅社区
临安区	锦北街道	竹林社区

第四阶段：以家庭住户在每户中确定1人为最终单位。运用配额抽样方法[①]，在每个社区中抽出72~78户，每户确定1人，得到3400人（见表3）。

表3　每个社区的配额抽样分布

单位：人

	年龄			总数
	16~34岁	35~59岁	60~69岁	
男性	11~12	18~19	7~8	36~39
女性	11~12	18~19	7~8	36~39
总计	22~24	36~38	14~16	72~78

① 配额的主要标准是性别和年龄，人口结构数据来自统计年鉴。

（三）样本介绍

本次测评重点考察杭州市区范围内常住居民在公共场合中的文明行为状况，调查对象主要是16~69岁的杭州市区常住居民（包括杭州市区户籍居民、城郊农民和外来务工人员）。本次调查共获得样本3400人，最后回收有效问卷3212份，有效率为94.47%。调查样本的基本情况如表4所示。

表4 调查样本的基本情况

单位：人，%

		人数	占比
性别（N=3212）	男	1591	49.5
	女	1621	50.5
年龄（N=3211）	16~34岁	1098	34.2
	35~59岁	1557	48.5
	60~69岁	556	17.3
学历（N=3205）	初中及以下	919	28.7
	高中/中专/技校	794	24.8
	大专	663	20.7
	本科	782	24.4
	研究生及以上	47	1.5
政治面貌（N=3202）	群众	2045	63.9
	共青团员	308	9.6
	中共党员	828	25.9
	民主党派	21	0.7
户口身份（N=3176）	杭州城镇	2077	65.4
	杭州农村	489	15.4
	外地城镇	235	7.4
	外地农村	375	11.8
在杭居住年限（N=3189）	10年及以下	823	25.8
	11~30年	938	29.4
	31~50年	782	24.5
	50年以上	646	20.3

续表

		人数	占比
职业(N=3203)	党和国家、社会组织、企事业单位负责人	308	9.6
	专业技术人员	308	9.6
	办事人员和有关人员	476	14.9
	社会生产服务和生活服务人员	690	21.5
	农、林、牧、渔业生产及辅助人员	106	3.3
	生产制造及有关人员	200	6.2
	军人	21	0.7
	不便分类的其他从业人员	507	15.8
	无业失业人员	387	12.1
	学生	200	6.2

三　杭州市民公共文明指数测评的基本情况

（一）总体指数

公共文明七大维度——公共卫生、公共秩序、公共交往、公共观赏、公益服务、网络文明、国际礼仪文明的具体指标共48个，另外有7道题是每个维度下有1道题对自己在该维度公共文明行为的总体评价，共55道题。每个维度的分数构成为：具体指标占65%，总体评价占35%。这55道题的答案选项从很不符合（很差）到很符合（很好），编号分别是1、2、3、4、5，相对应的分数分别为0分、25分、50分、75分、100分，还有答案选项“不适用”不计分①。

通过测算可得，2019年公共文明综合指数为84.75，7个维度的分值按照从高到低排序依次是：网络文明（88.73）、公共观赏（88.57）、公共秩序（87.18）、公共交往（86.74）、国际礼仪文明（84.40）、公共卫生（83.16）、公益服务（74.49）。具体如图1所示。

① 答案选项中还有“不适用”一项，主要是考虑到一些被访者没有指标涉及的行为，如有被访者不养狗，那么“遛狗时，主动清理其排泄物”这道题就选择“不适用”。在计算该指标分数时，把“不适用”视为缺失值，不计入分数测算中。

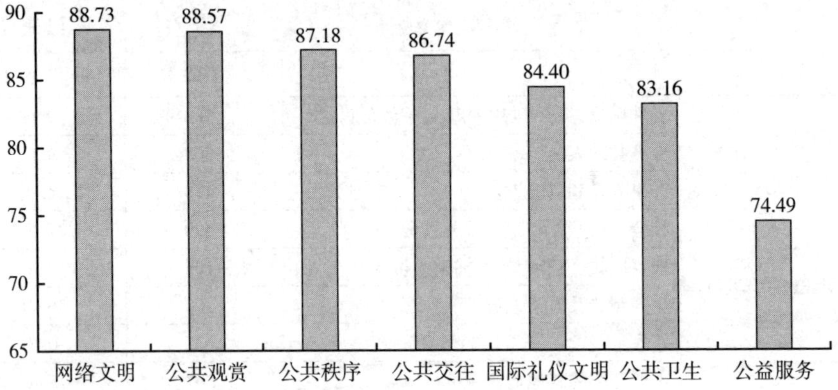

图 1　2019 年公共文明二级指标值

杭州市民公共文明指数调查已经开展 6 年，相较于 2018 年指数 84.67、2017 年指数 84.65、2016 年指数 84.63、2015 年指数 84.06、2014 年指数 83.63，2019 年公共文明综合指数（84.75）高于往年，且缓慢增长、逐年提高（见图 2），这表明杭州市民的公共文明表现总体呈现为不断提升的态势。一个城市中文明创建的制度、机制、政策措施、活动等方面的提供与有效贯彻实施是市民文明素养提升的重要保障。近些年，杭州市按照中央和省委、市委的部署要求，以培育践行社会主义核心价值体系为根本，大力加强了公民思想道德建设，深化了各项群众性精神文明创建活动，因而有效提升了市民的文明素养和城市文明程度。

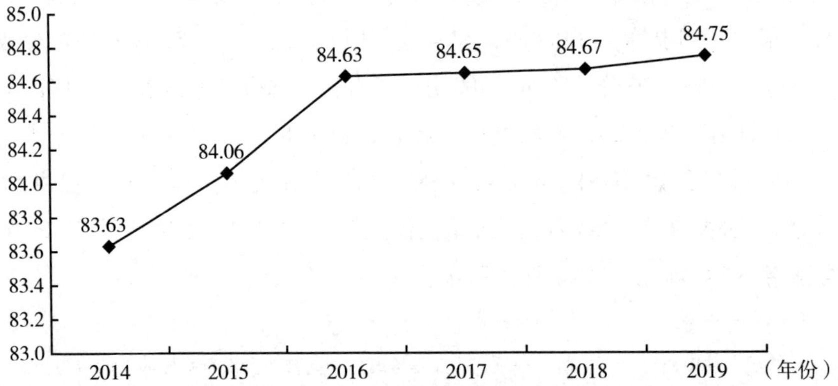

图 2　2014~2019 年公共文明综合指数

从表5可见，相较于2018年的指数结果，在公共文明的7个维度中，公共秩序、公共交往、公共观赏、网络文明这4个维度的指数均高于2018年，但公共卫生、公益服务和国际礼仪文明这3个维度的指数低于2018年。从公共文明7个维度的历年指数来看，公共秩序、公共交往、公共观赏、网络文明这4个维度的指数同样高于2015年、2016年、2017年，而公益服务指数创历年最低。关于这些维度的变化原因，既可能是客观事实的变化，也可能是测评对象对测评内容的认识发生变化，还可能是因为三级指标做出了一些调整与变动。各个维度及具体指标的变动与变动原因将在后面第二部分进行具体且详细的探讨。

表5　2014~2019年公共文明二级指标值及综合指数

	2014年	2015年	2016年	2017年	2018年	2019年
公共卫生	80.78	82.98	82.87	83.88	83.99	83.16
公共秩序	85.31	83.74	84.97	84.90	85.01	87.18
公共交往	86.54	85.52	85.87	86.29	86.08	86.74
公共观赏	85.88	86.09	86.30	86.82	86.43	88.57
公益服务	77.32	79.50	81.98	79.92	80.75	74.49
网络文明	85.96	84.38	84.93	85.04	84.89	88.73
国际礼仪文明	—	84.43	85.32	85.42	85.16	84.40
综合指数	83.63	84.06	84.63	84.65	84.67	84.75

（二）具体指标

公共文明7个维度下共55个指标，这些指标所涵盖的公共行为从公共文明的各个层次全面细致地考察和评价杭州市民公共文明行为的表现及特点，共同构成了一个完整的公共文明测评体系。

1. 公共卫生

2019年杭州市民在公共卫生方面的测评指数为83.16。公共卫生维度下设6个三级指标，其中，5个指标分别测评5项具体的公共卫生行为，1个指标是市民对自己公共卫生行为做出的总体评价。从图3可见，5个指标及其测评指数按照分数从高到低排序分别是："讲究卫生，不随地吐痰"（89.41）、"自觉遵守公共场所有关吸烟的规定"（87.56）、"打喷嚏时，有所遮掩"（87.04）、"遛狗时，主动清理其排泄物"（85.65）、"垃圾分类投放"（76.14）。杭州市民对自己公共卫生行为的总体评价指数为79.44。

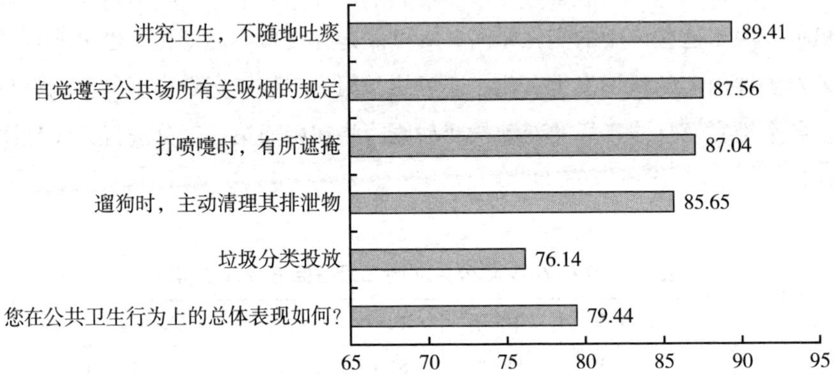

图3　2019年公共卫生三级指标值

从5项公共卫生行为的表现来看，"自觉遵守公共场所有关吸烟的规定""讲究卫生，不随地吐痰"这两项指数常常位列历年所有公共卫生文明行为测评指数的前列。这一结果的产生可能与杭州市针对公共卫生文明开展的两个努力有关。一是法律法规的限制和处罚，根据《公共场所卫生管理条例》等有关规定，对在禁止吸烟范围内吸烟，经警告仍不听劝阻的个人可处以20元罚款，对在禁止吸烟范围内吸烟者不加以制止的单位可处以500元罚款。二是不文明行为的明确化。《杭州市文明行为促进条例》第六条中明确提出"不随地便溺、吐痰"，久而久之，"不随地吐痰"的习惯获得市民的认同。由此，列举和明确不文明行为，并对不文明行为做出相应的限制和处罚是公共卫生文明水平提升的有效措施。

"垃圾分类投放"的测评指数连续6年在所有公共卫生行为的测评中最低，2019年的测评指数（76.14）显著低于2018年（81.41）。2014~2019年，只有2018年的指数高于80，其余年份均为70多。而根据省文明办反馈的观测结果，2019年在公园广场、主干道、小区、农贸市场存在一定数量的乱扔杂物和垃圾的现象，在学校、窗口单位等地存在有分类设施但未实现分类的现象。该结果表明，不进行“垃圾分类投放”依然是公共卫生文明领域的短板和顽疾。还需要注意的是，2019 年 8 月，杭州市实施新版垃圾分类条例，重新划分了垃圾的类别，该类别较往年更详细。因此，在对市民的垃圾分类投放开展文明倡导与宣传的过程中，让市民充分认识新的垃圾分类类别，改变以往的惯常认识，并积极实践新的分类行为非常重要。

相较于 2014~2018 年公共卫生的测评指数，2019 年杭州市民的测评指数（83.16）高于 2014 年指数（80.78）、2015 年指数（82.98）、2016 年指数（82.87），略低于 2018 年指数（83.99）、2017 年指数（83.88）（见图 4）。该维度指数的下降跟新设总体评价指标（“您在公共卫生行为上的总体表现如何?”）有关，也与“垃圾分类投放”指数的下降有关，较之 2018 年，下降 5.27。事实上，除了“垃圾分类投放”指数下降外，其余几个指标均有不同幅度的上升。这些数据反映出，一方面，杭州市民在公共卫生方面的行为存在一定的固化现象，对市民的公共卫生文明水平进行提升将面临一些困难，需要相关部门长期且持续性地进行公共卫生文明的引导与规训；另一方面，如何促进市民垃圾分类投放应成为重点工作。

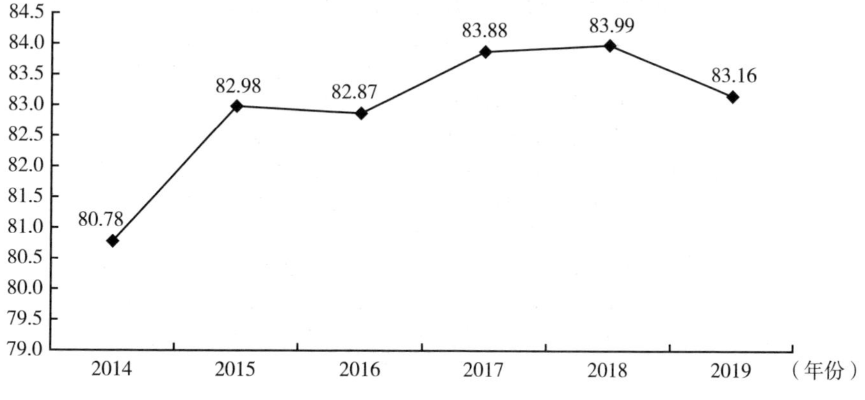

图 4　2014~2019 年公共卫生文明指数

2. 公共秩序

2019 年杭州市民在公共秩序方面的测评指数为 87.18，公共秩序维度下设 16 个三级指标，其中，15 个具体指标分别测评 15 项具体的公共秩序行为，1 个指标是市民对自己公共秩序行为做出总体评价。测评具体公共秩序行为的 15 个指标及其指数按照分数从高到低排序分别为：“步行出门时，不乱翻栏杆”（92.34）、“乘坐地铁时有序排队上下车”（91.78）、“乘坐电梯时先出后进”（91.52）、“乘坐公交车时有序排队上下车”（91.33）、“汽车按规定区域停放”（91.30）、“骑电瓶车/自行车时不闯红灯”（91.15）、“步行出门时，不乱穿马路、乱闯红灯”（90.21）、“电瓶车/自行车走非机动车道，不挤占机动车道”（90.20）、“共享单车在规定区域停放”（90.12）、“开车时集中注意力，不玩手机”（90.10）、“自行车/电瓶车等非机动车按规定区域停放”（90.04）、“骑电瓶车时佩戴头盔”（89.33）、“电瓶车/自行车按规定方向行驶，不逆行”（89.12）、“文明养犬，不带狗进入超市、商店、医院、餐馆等公共场合”（88.66）、“遛狗时，注意拴好绳子”（88.43）。市民对自己公共秩序行为的总体评价指数为 81.23。

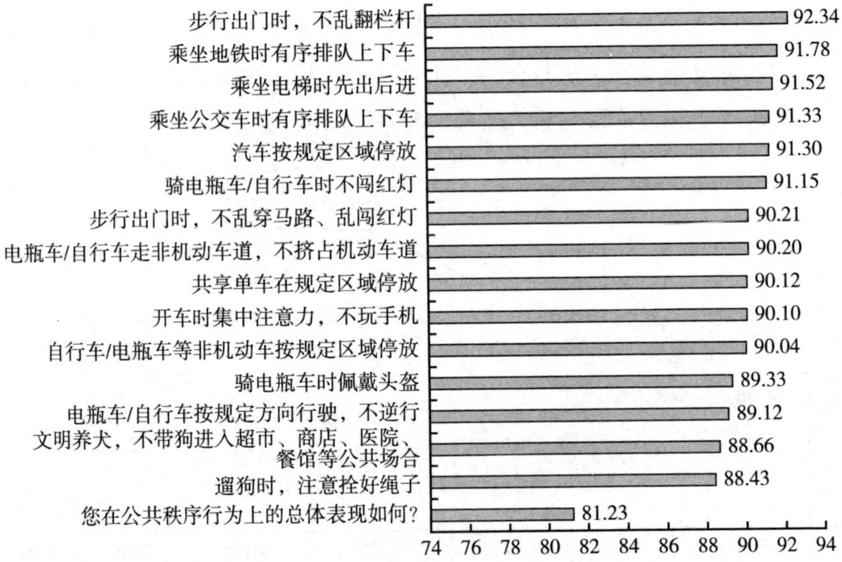

图 5　2019 年公共秩序三级指标值

15 项具体的公共秩序行为测评指数均在 88 以上。但从各项行为指数的横向比较来看，交通出行类的公共秩序行为总体表现优于养犬类的公共秩序行为。“文明养犬，不带狗进入超市、商店、医院、餐馆等公共场合”“遛狗时，注意拴好绳子”位列 2019 年所有公共秩序行为测评指数排序最后 2 位。“步行出门时，不乱翻栏杆”“乘坐地铁时有序排队上下车”“乘坐电梯时先出后进”“乘坐公交车时有序排队上下车”位列2019年所有公共秩序行为测评指数排序前4名。交通出行类的公共秩序行为指数与养犬类的公共秩序行为指数存在差距，或许与以下两个原因有关。一是杭州市多年来综合运用多种手段改善交通出行类的公共秩序，而养犬类的公共秩序行为在近些年才演变成公共问题，并在一些城市得到关注。《杭州市文明行为促进条例》第六条明确提出“饲养宠物应当遵守市容环境卫生管理等有关规定，采取必要安全措施，不干扰他人正常生活”。二是市民已经基本认识到不文明交通行为造成的交通拥堵、车祸等危害，但对不文明养犬可能产生的各类危害的认识还不够深入，因而还存在带狗进入超市等公共场所、遛狗不拴绳子等不文明行为。

在交通出行类的公共秩序行为上，乘坐公共交通工具出行的行为、步行等表现好于驾驶机动车、非机动车出行。不同交通出行类的公共秩序行为指数差异反映了，公共空间中存在的他律与示范有助于公共秩序方面文明行为的形成。相较于驾驶机动车和非机动车，搭乘公共交通工具会将自己置于公共空间，在其他人都有序排队上下车时，个体倾向于做出同样行为。值得注意的是，此次对地铁或公交车上的文明行为测评主要是排队上下车，且测评指数良好，但地铁不文明现象的表现形式越来越多样，发生率也在不断上升。比如，随地乱扔垃圾、使用电子设备外放声音、亲密行为、占用座位、车厢内饮食等。这些新兴的或逐渐显现的不文明现象也应当予以重视，并采取相应的措施进行引导，杜绝新的不文明现象的扩散。

根据2014~2019年公共秩序的测评指数，公共秩序维度测评指数位列公共文明所有维度测评指数的前列。如图6所示，2019年公共秩序的测评指数（87.18）为历年来最高值。事实上，2019年公共秩序的测评指标多于往年，增设了“步行出门时，不乱翻栏杆”“骑电瓶车时佩戴头盔”“开车时集中注意力，不玩手机”等7个指标。这些数据不仅表明杭州市民在公共秩序方面的文明表现相对较好，市民对公共秩序方面的认知与认同在不断增强，逐渐在更广范围的公共秩序行为上养成了较好的习惯，还意味着公共秩序方面的文明将会是公共文明所有维度中较为容易得到提升的维度之一。公共秩序文明的提升与杭州市多年来提供的制度保障和政策措施密切相关。这些制度和措施注重文明提升的综合性，既包括对公共秩序的文明开展有效倡导和对公共秩序进行严格化，又涉及如何有效促进市民参与，打造公共秩序文明的共建共治共享。例如，“文明礼让”杭州风尚的带动。据统计，目前杭州市区主要道路上，斑马线前的礼让率已达93.91%，公交车“礼让斑马线”率在99%以上。在公共秩序方面还出现了一些创新性做法，如交通监督“特拍员”、百万私家车主签订《文明行车公约》等。

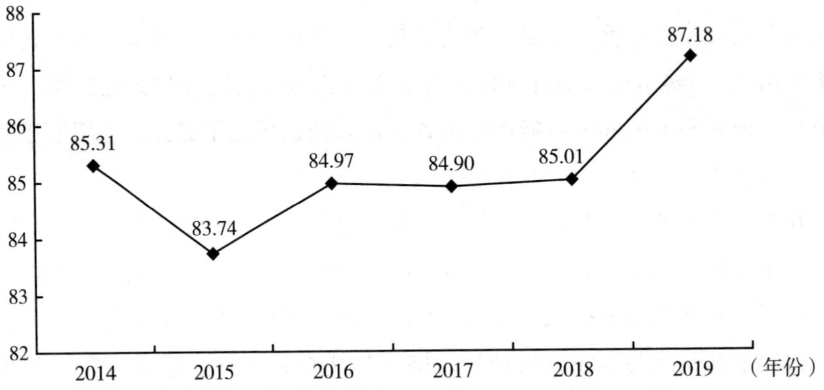

图6　2014~2019年公共秩序文明指数

从各项行为指数的纵向（历年）比较来看，由于2019年测评指标与往年有一些不同，这里只比较历年的共同指标。公共秩序各项行为的指数均呈现上升态势。2019年“乘坐公交车时有序排队上下车”“乘坐地铁时有序排队上下车”“乘坐电梯时先出后进”“遛狗时，注意拴好绳子”“步行出门时，不乱穿马路、乱闯红灯”等指标指数均高于往年，表现为不同的增长幅度。甚至2018年所有公共秩序行为测评指数最低的“共享单车在规定区域停放”（82.56），2019年指数（90.12）也有大幅提高，并位列15项具体的公共秩序行为测评指数第9位。共享单车的停放整体比2018年更加整齐有序，一方面，杭州市城市管理相关部门的措施产生效果，乱停乱放行为得到一定遏制。杭州市控制了共享单车的投放总量，要求投放共享单车的公司及时清理乱停乱放的车辆，并在写字楼等一些区域设置“互联网租赁自行车　文明骑行停放点”等电子围栏单车停放点。另外，杭州市上线并实施互联网租赁自行车政府监管与服务平台，通过路线指示和短信提醒，引导用户将车停到最近的停车位。另一方面，市民对共享单车乱停乱放等不文明行为反应强烈，对它的认识有所提升。共享单车堆积、大批量拆解共享单车、共享单车无序停放导致老年人受伤等事件不断发生，关于共享单车的不文明行为受到市民的普遍关注，进而使公众加强了对这些行为的自我约束。由此，对于公共秩序的不文明现象，除了运用一些强制性手段之外，如何以服务代管理、如何运用信息技术等同样值得思考。

3. 公共交往

2019 年杭州市民在公共交往方面的测评指数为 86. 74，公共交往维度下共有 7 个三级指标，其中，6 个指标分别测评 6 项具体的公共交往行为，最后 1 个指标是市民对自己公共交往行为做出总体评价。6 个公共交往行为指标及其指数按照分数从高到低排序分别为："尊重、善待残疾人群体"（91. 33）、"尊重、善待基层服务业从业人员（保洁/保安/环卫工人等）"（91. 00）、"给老、弱、病、残、孕及怀抱婴儿者提供让座等便利"（90. 52）、"陌生人问路时，耐心解答"（89. 47）、"在斑马线碰到汽车给自己让行时，向司机点赞/微笑，表示感谢"（86. 70）、"主动给予外地游客方便或帮助"（86. 16）。杭州市民对自己公共交往行为的总体评价指数为 82. 17（见图 7）。

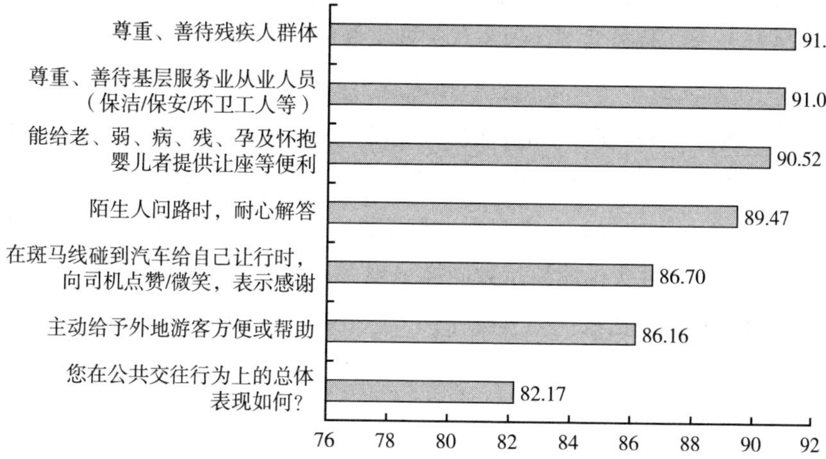

图 7　2019 年公共交往三级指标值

公共交往维度下 6 个具体三级指标值有 3 个在 90 分以上。测评指数位列前 3 名的分别是针对残疾人、基层服务业从业人员、老/弱/病/残/孕及怀抱婴儿者等三类群体的交往行为，这些是日常生活中最体现人文关爱的公共交往行为，反映出杭州市民较高的文明素养水平。杭州“最美”现象比比皆是——最美妈妈吴菊萍、斑马线前的礼让行人……2019 年 10 月 26 日是浙江省第 23 个环卫工人节，杭州市人民政府向环卫工人发出了慰问信，并举办灯光秀等活动。诸如“环卫工人您辛苦了”“第 23 个环卫工人节”等标语也环绕在建筑群之间，向环卫工人表达最真诚的感谢。这些“最美”人物、“最美”行为以及市政府对基层劳动者的尊重，展现的是杭州人身上的道德闪光点，更是这座城市的温度和温情所在。

目前，公共交往维度下的三级指标测评指数最低的是“主动给予外地游客方便或帮助”。该行为并非市民生活中的常态化情况，需要考虑到较多现实因素，对外地游客是否需要帮助的识别也存在一些难度，具有一定的复杂性。基于该指标历年指数的增长而言，杭州作为文明城市与国际知名的旅游城市，市民始终以欢迎的姿态和亲和的态度，文明礼貌地同他人交往。无论是熟人还是陌生人，本地人还是外来人口，不同的职业或年龄，杭州市民均能一视同仁，尽其所能地为他人提供帮助。从许多外地游客对杭州旅游的经历分享中，能够发现杭州市民在公共交往方面的大度、尊重、宽容、文明的形象。

2014 年至今，从公共交往的历年测评指数来看，2019 年公共交往的测评指数（86.74）为历年来最高值，总体表现为上升趋势（见图 8）。虽然 2019 年公共交往维度下的三级指标有所增加，增设了“在斑马线碰到汽车给自己让行时，向司机点赞/微笑，表示感谢”“尊重、善待基层服务业从业人员（保洁/保安/环卫工人等）”“尊重、善待残疾人群体”等指标，但历年测评公共交往维度的共性指标测评指数同样呈现上升态势。2019 年“陌生人问路时，耐心解答”测评指数（89.47）高于 2018 年（86.28）、2017 年（86.06）、2016 年（85.91）、2015 年（85.97）、2014 年（84.68）；2019 年“主动给予外地游客方便或帮助”测评指数（86.16）也高于 2018 年（85.44）、2017 年（85.02）、2016 年（85.01）、2015 年（85.03）；2019 年“能给老、弱、病、残、孕及怀抱婴儿者提供让座等便利”测评指数（90.52）一样高于 2018 年（87.30）、2017 年（88.14）、2016 年（87.15）、2015 年（87.74）、2014 年（89.04）。公共交往及其下设指标的指数共同提高，离不开杭州市一直将践行社会主义核心价值观放在首位，且长期以来针对公共交往方面的文明提升开展文明提示、礼仪公益广告宣传与倡导、“微笑亭”等建设。在杭州，许多图书馆、博物馆向包括拾荒者在内的所有人免费敞开大门，遍布城区的3000多个“爱心驿站”为环卫工人等露天工作者遮风挡雨，这些举措潜移默化地影响着市民的行为。

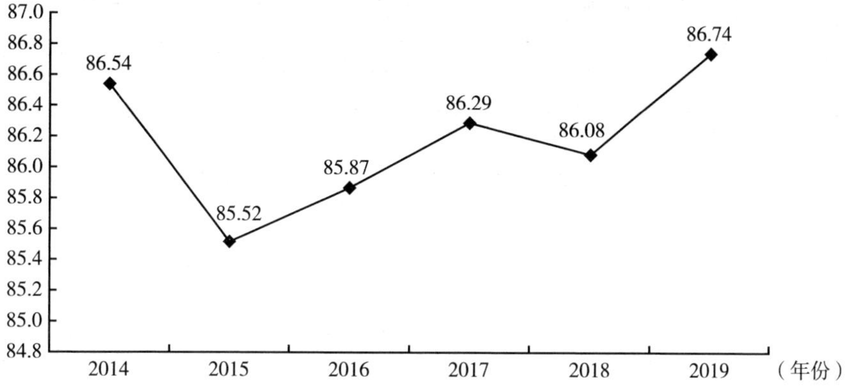

图8　2014~2019年公共交往文明指数

4. 公共观赏

作为享誉国内外的城市，经常有各种各样的大型活动演出、音乐节、电音节、动漫节等在杭州举办。这些活动往往会带来较高的人流量，当人流量增加时，个人的文明行为也就会被放大。比如，一个人随手丢垃圾，小小的垃圾在偌大的场地可能并不明显，但倘若是几百人、上千人随手丢垃圾，便会将活动场地变成垃圾场。由此，市民在公共观赏方面的行为表现尤为凸显。

2019年杭州市民在公共观赏方面的测评指数为88.57，公共观赏维度下共有6个三级指标，其中，5个指标分别测评5项具体的公共观赏行为，1个指标是市民对自己公共观赏行为的总体评价。5个公共观赏行为指标及其指数按照分数从高到低排序分别为：“在需要安检进入的地方，主动配合做好安检工作”（92.70）、“在图书馆、影剧院等公共场合保持安静”（91.87）、“观看演出或比赛后，及时清理自己留下的垃圾”（90.83）、“去影剧院等场合，按时入场、退场”（90.44）、“观赏时，适时给予掌声鼓励”（89.84）。市民对自己公共观赏行为的总体评价指数为83.81（见图9）。2019年公共观赏方面的测评指数位列公共文明所有维度测评指数的第 2 名，仅略低于网络文明维度的测评指数，且绝大多数公共观赏行为指标的指数在 90 分以上，这表明杭州市民在公共观赏的基本要求方面已经达成了文明共识并积极实践。

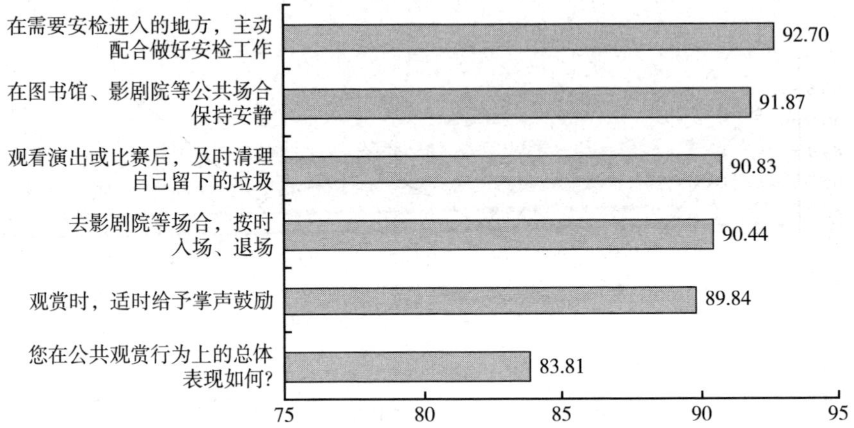

图 9　2019 年公共观赏三级指标值

从 2014~2019 年公共观赏的测评指数来看，2019 年公共观赏的测评指数（88.57）为历年来最高值。显著高于 2018 年（86.43）、2017 年（86.82）、2016 年（86.30）、2015 年（86.09）、2014 年（85.88），表现为不断提升的向好发展态势（见图 10）。历年测评公共观赏维度的共性指标指数同样呈现上升态势，且各项指数增长幅度均比较大。2019 年“去影剧院等场合，按时入场、退场”测评指数（90.44）高于 2018 年（87.12）、2017 年（87.42）、2016 年（87.19）、2015 年（86.61）、2014 年（88.84）；2019 年“在需要安检进入的地方，主动配合做好安检工作”测评指数（92.70）高于 2018 年（87.74）、2017 年（88.55）、2016 年（87.29）、2015 年（88.74）；2019 年“观赏时，适时给予掌声鼓励”测评指数（89.84）高于 2018 年（85.73）、2017 年（86.06）、2016 年（85.66）、2015 年（85.94）。公共观赏及其下设指标的指数共同提高不仅反映了杭州市公共观赏文明引导的成效，还意味着市民正在很快地提升自己的公共观赏文明素养，表明了公共观赏文明提升的可能性和快速性。

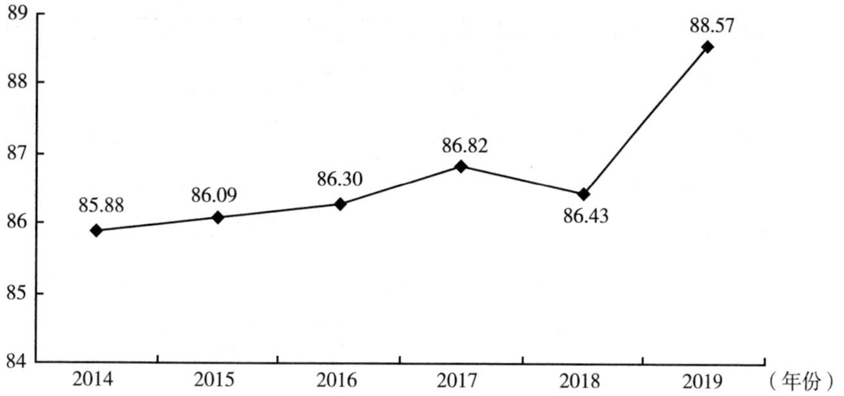

图 10　2014~2019 年公共观赏文明指数

5. 公益服务

公益行动体现了人性的真善美，弘扬了社会正能量。2019 年杭州市民在公益服务方面的测评指数为 74.49，公益服务维度下设 7 个三级指标，其中，6 个指标分别测评 6 项具体的公益服务行为，1 个指标是市民对自己公益服务行为做出总体评价。

从图 11 可见，6 个具体的公益服务行为指标及其指数按照分数从高到低的排序分别为："积极参加单位组织的公益活动"（79.00）、"积极参加爱心捐助类公益活动"（77.92）、"积极参加社区举办的公益活动"（77.50）、"积极参加社会组织发起的公益活动"（75.86）、"积极参加各类赛会志愿服务活动"（73.49）、"自发做公益服务活动"（68.61）。杭州市民对自己公益服务行为的总体评价指数为 72.81。"自发做公益服务活动"测评指数位列最后，同时在 2019 年所有测评三级指标中指数最低，该结果与 2018 年一样。许多的主客观因素会影响市民在本职工作之外以个人的名义做公益服务。杭州也在通过一些适宜的方式方法促进市民以个人的名义做公益服务。比如，出租车驾驶员加入"3 小时公益平台"，通过手机认证做公益活动能够加服务分。杭州市民黄飞华等司机为困难老人送医看病提供服务。公益与志愿服务将日益成为杭州市民的一种生活方式、生活态度和生活习惯。余杭区运用"市民文明积分管理平台"，推行文明积分制，市民参加植树绿化、参加志愿服务等均能获得文明积分，兑换相应福利。

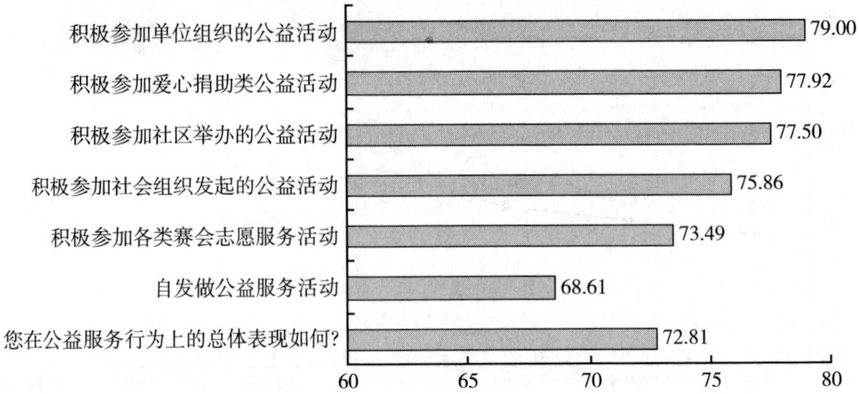

图 11　2019 年公益服务三级指标值

通过 2014~2019 年公益服务维度的测评指数比较，可以发现，公益服务的测评指数依然位列公共文明所有测评维度指数中最后一名，且历年指数都徘徊在 80 分上下。2019 年公益服务的测评指数与 2019 年网络文明的测评指数（2019 年所有测评维度中指数最高）相差 14.24。这意味着，市民主动参与公益服务的意识和积极性仍需要进一步增强。除此之外，还应当关注到，有关数据显示，通过“微笑亭”开展公益服务的市民约为 6.4 万人次，志愿者累计服务时数达 50 万余小时。根据 2018 年度杭州市志愿服务指数，截至 2018 年底，杭州的注册志愿者总数达 2687899 人，占常住人口的 27.41%。杭州市一直在推进志愿者队伍和志愿者工程。相较于此，公益服务测评指数较低。原因可能在于不同群体的公益服务测评指数存在差异。诸如党员、大学生等群体的公益服务测评指数较高。因此，在提高公益服务测评指数方面，同样需要考虑有所侧重，重点激发那些公益服务测评指数较低群体的积极性和能力。

根据 2014~2019 年公益服务维度的测评指数，还可以发现，2019 年杭州市民的公益服务测评指数（74.49）表现为历年最低，分别低于 2018 年（80.75）、2017 年（79.92）、2016 年（81.98）、2015 年（79.50）、2014 年（77.32）（见图 12）。这可能与测评指标的设计有关。2019 年公益服务维度的三级指标较往年有所变化，增加了“积极参加单位组织的公益活动”“积极参加社区举办的公益活动”“积极参加社会组织发起的公益活动”这些指标。这些指标凸显了市民参与公益服务的组织性，由于这些活动的举办主体特定，市民参与会面临一些现实困难，比如市民时间上的错位、时间安排上相互冲突、参与的便利性等。另外，测评指数下降也反映出市民公益服务习惯培养的长期性、复杂性等特点。

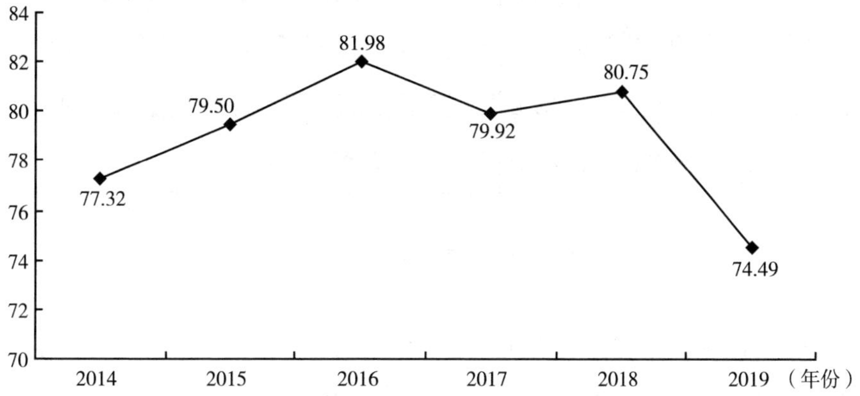

图 12　2014～2019 年公益服务文明指数

6. 网络文明

随着互联网的迅猛发展，网络已成为人们获取信息、生活娱乐、互动交流的重要载体，深刻地改变着人们的生活方式和行为方式。越来越多的人进入网络世界，了解时事新闻、工作学习生活、交流沟通结友。根据国家统计局数据，我国网民由 1997 年的 62 万人激增至 2018 年的 8.3 亿人。2018 年，移动互联网接入流量消费达 711 亿 GB，是 2013 年的 56.1 倍。网络生活也需要文明道德，营造健康文明的网络文化环境已成为社会共识。

2019 年杭州市民在网络文明方面的测评指数为 88.73，位列 2019 年公共文明所有维度测评指数的第 1 名。网络文明维度下共有 6 个指标，其中，5 个指标分别测评 5 项具体的网络文明行为，1 个指标是市民对自己网络文明行为做出总体评价。5 个具体的网络文明行为指标及其指数按照分数从高到低排序分别为："没有人肉搜索等网络暴力行为"（92.29）、"尊重他人隐私，不随意窥探、传播"（91.92）、"理性上网，不听信流言蜚语，传播虚假信息"（91.31）、"健康上网，不浏览/传播色情、暴力等低俗信息"（91.00）、"有序上网，不肆意谩骂、发表有害言论"（90.50）。总体上，5 项网络文明具体测评指标指数均在 90 以上。杭州市民对自己网络文明行为的总体评价指数为 83.78（见图 13）。

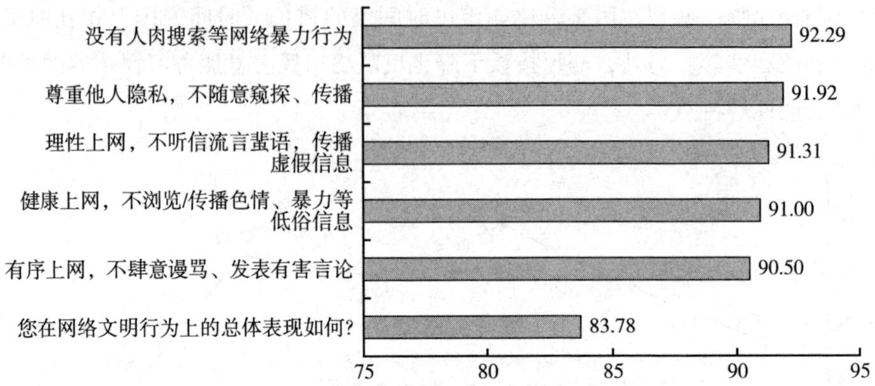

图 13　2019 年网络文明三级指标值

从 2014~2019 年网络文明测评指数比较来看，2019 年网络文明测评指数（88.73）为历年来最高值，高于 2018 年（84.89）、2017 年（85.04）、2016 年（84.93）、2015 年（84.38）、2014 年（85.96）（见图 14）。这说明，杭州市民的网络文明有显著进步。杭州市各区都建设了青年网络文明志愿者队伍，开展网络文明志愿行动等，通过志愿者传播网络正能量。具体从历年网络文明测评的共同指标指数比较来看，“有序上网，不肆意谩骂、发表有害言论”“健康上网，不浏览/传播色情、暴力等低俗信息”“理性上网，不听信流言蜚语，传播虚假信息”“尊重他人隐私，不随意窥探、传播”这些指标都表现出指数不断上升趋势，且增长幅度比较大，2019 年这些指标的指数均高于往年。

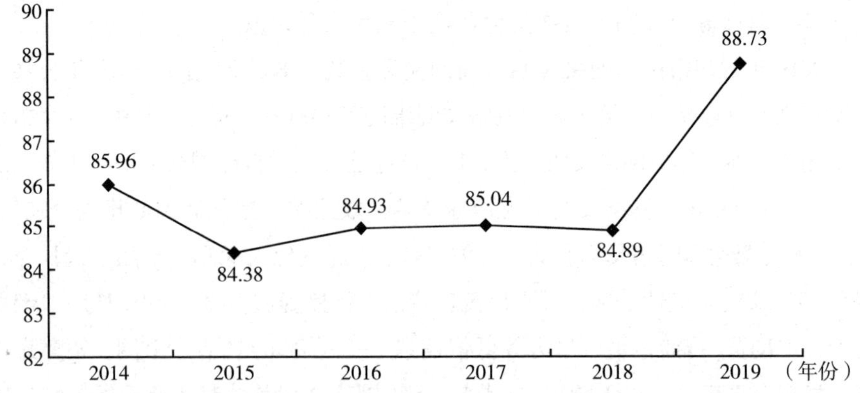

图 14　2014~2019 年网络文明指数

杭州已经成为以“互联网+”为特征的创新型城市，高度文明的现代化城市离不开良好的网络文明。网络的便捷、匿名、无边界、交互、扩散等特征，影响着市民的公共文明观念，也带来了各种网络空间中的行为失范问题。诸如网络虚假信息散布与传播、网络欺诈、网络暴力等不文明现象逐渐显现，并见诸各地。网络空间中的不文明现象区别于其他不文明现象，更加需要杭州市以新的理念与新的方式方法去引领，提高对网络空间中不文明行为的预见力，大力倡导网络文明，推动市民积极践行网络文明，使其成为每一个网络人的必需和自觉行为。

7. 国际礼仪文明

自 2016 年 G20 峰会以来，杭州的国内外知名度得到进一步提升。国际礼仪文明已经成为杭州市公共文明不可或缺的组成部分，这既是杭州市城市发展的结果，也是杭州市未来拓展更高发展的内在动力。

国际礼仪文明维度下共有 7 个指标，6 个指标测评 6 项具体的国际礼仪文明行为，1 个指标是市民对自己国际礼仪文明行为的总体评价。2019 年国际礼仪文明综合指数为 84. 40。6 项具体国际礼仪文明行为指标值按照分数从高到低排序分别为：“在外国人面前，能自觉维护国家及杭州的形象与声誉”(90. 70)、“尊重外国人的隐私，不随意询问年龄、收入等个人隐私问题”(89. 99)、“能热情友善对待外国人，并愿为其提供力所能及的帮助与服务”(88. 54)、“尊重外国人的习俗禁忌”（88. 33)、“参加正式涉外活动时，能着正装出席”（87. 14)、“积极学习了解并遵循国际通行的礼仪规范”（86. 17)。市民对自己国际礼仪文明行为的总体评价指数为 76. 83（见图 15)。

从表 6 可见，2019 年国际礼仪文明的 6 项共性测评指标值均高于往年，呈现持续提高的趋势。“在外国人面前，能自觉维护国家及杭州的形象与声誉”（90. 70）连续 5 年位列国际礼仪文明所有测评指标指数的第 1 名，且 2019 年该指标的指数相较于往年，同样得到了提高。虽然“积极学习了解并遵循国际通行的礼仪规范”（86. 17）位列所有国际文明礼仪测评指标指数的最后 1 名，但相较于 2018 年，该项指标增长幅度较大，从 2018 年的 83. 03 增长到 2019 年的 86. 17，提高了 3. 14。这表明，杭州市民眼界日益国际化，对国际层面的礼仪逐步关注，对国际礼仪规范的了解有所增加，并愿意践行这些礼仪规范。“尊重外国人的隐私，不随意询问年龄、收入等个人隐私问题”指标的指数不仅位列国际礼仪文明所有指标指数的第 2 名，而且相较于 2018 年，

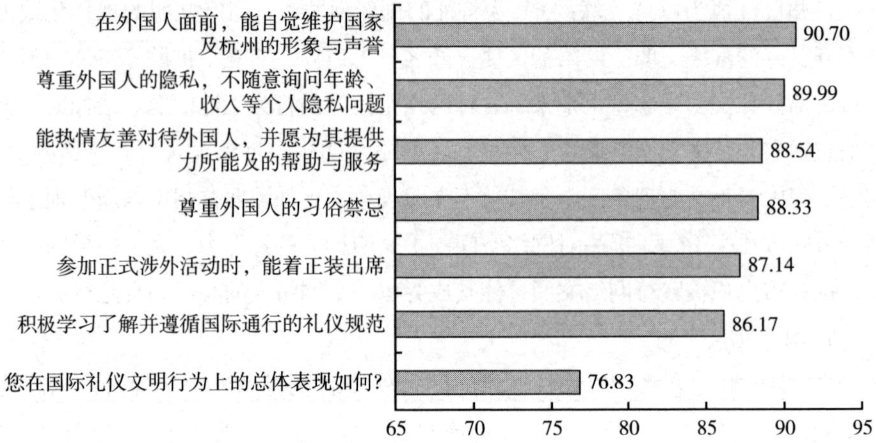

图 15　2019 年国际礼仪文明三级指标值

该指标指数位列国际礼仪文明所有指标指数增长幅度第 1 名，从 2018 年的 86.12 上升到 2019 的 89.99，提高了 3.87。这意味着，一方面，杭州市民重视隐私问题，知道去了解外国人交往中隐私的行为习惯或规则；另一方面，杭州市民能够理解国内外礼仪之间的差异与外国人对于隐私的保护，更加包容地看待国际层面的互动和交往，并积极践行。

表 6　2015~2019 年国际礼仪文明具体指标值

具体三级指标	2019 年	2018 年	2017 年	2016 年	2015 年
在外国人面前，能自觉维护国家及杭州的形象与声誉	90.70	88.18	88.69	87.72	87.71
尊重外国人的隐私，不随意询问年龄、收入等个人隐私问题	89.99	86.12	87.54	85.67	86.19
能热情友善对待外国人，并愿为其提供力所能及的帮助与服务	88.54	87.18	87.37	87.25	86.65
尊重外国人的习俗禁忌	88.33	85.64	85.62	85.95	
参加正式涉外活动时，能着正装出席	87.14	84.39	84.45	83.98	83.99
积极学习了解并遵循国际通行的礼仪规范	86.17	83.03	82.30	83.53	82.12

2019 年国际礼仪文明维度的测评指数只有 84.40。如图 16 所示，这一数据为历年来最低。事实上，杭州市加速推进国际化，诸如 G20 峰会的成功举

办对市民的国际礼仪文明提升产生了积极的影响，市民能够产生一定的自觉在国际层面尊重、理解、考虑他人感受。2019 年国际礼仪文明的 6 项共性测评指标值均高于往年，但因为最后一项总体评价分值只有 76. 83，导致总体分值较低。

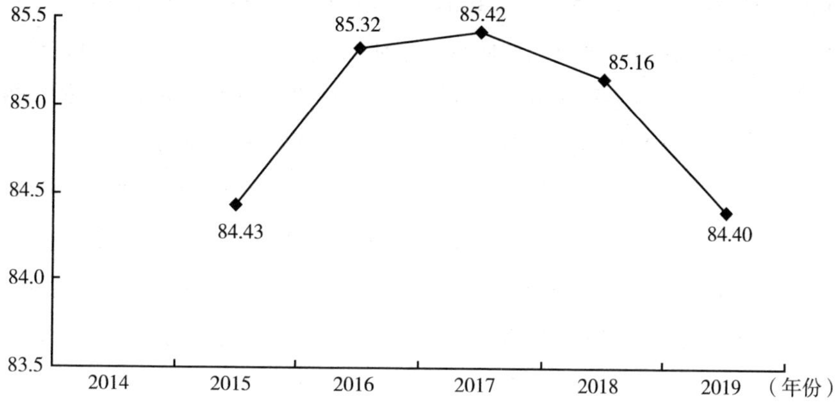

图 16　2014~2019 年国际礼仪文明指数

8. 所有三级指标的比较

除公共卫生、公共秩序、公共交往、公共观赏、公益服务、网络文明、国际礼仪文明每个测评维度下的自我总体评价题之外，其余 48 个具体行为测评指标中，指数在 90 以上的共有 24 项，指数在 80~90 的共有 17 项，指数在 70~80 的有 6 项，还有 1 项在 60~70 分段。

指数位列前 3 名的公共文明行为是“在需要安检进入的地方，主动配合做好安检工作”（92. 70）、“步行出门时，不乱翻栏杆”（92. 34）、“没有人肉搜索等网络暴力行为”（92. 29）。考虑到测评指标 2019 年有些变动，这一结果与 2018 年有所不同，2018 年指数位列前 3 名的公共文明行为是“不在设有禁烟标志的公共场所抽烟”“乘坐地铁时有序排队上下车”“不乱张贴小广告、不乱涂写”。但是，从这些指标所属的维度来看，无论是 2018 年还是 2019 年，指标位列前面的公共文明行为依然主要集中在公共秩序维度。这意味着，市民在公共秩序方面的文明素养得以形成，公共秩序方面的文明程度相对比较高。

指数位列最后 3 名的公共文明行为是“自发做公益服务活动”（68. 61）、“积极参加各类赛会志愿服务活动”（73. 49）、“积极参加社会组织发起的公益活动”（75. 86）。这些公共文明行为均属于公益服务方面。该结果与 2018 年具有较大的相似性，“自发做公益服务活动”同样为 2018 年三级指标指数最后 1 名，且 2018 年三级指标指数最后 3 名均属于公益服务方面。这些数据反映出，围绕公益服务的参与，如何从参与动机、参与形式、参与内容、参与的便利性、参与的体验感和获得感、参与的持续性等方面提升市民参与的积极性将是未来杭州市公共文明建设需要重点关注和加大力气解决的地方。

公共文明的 7 个维度各设置了 1 个市民对该维度行为表现的自我评价指标，这 7 个自我评价指标按照指数从高到低排序分别是：公共观赏（83. 81）、网络文明（83. 78）、公共交往（82. 17）、公共秩序（81. 23）、公共卫生（79. 44）、国际礼仪文明（76. 83）、公益服务（72. 81）。从图 17 可见，与各个维度的测评指数相比，市民对自己的总体评价偏低。由此可以发现，市民能够主观认识到自己在公益服务、国际礼仪文明、公共卫生、公共秩序、公共交往、网络文明、公共观赏等方面存在不足，但面对具体的场景时，如骑电瓶车/自行车、养犬，他们还是偏向于做出文明行为。因此，虽然杭州市民对自我文明行为的评价偏低，但事实上，多数人能真正理解文明行为所具有的价值与意义以及不文明行为造成的不良后果和严重危害，并切实转化为对自身文明行为的要求。

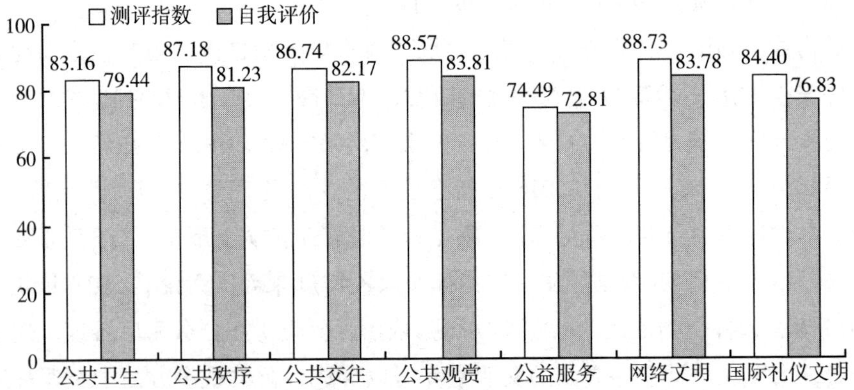

图 17　公共文明各维度测评指数与自我评价的比较

（三）市民的看法和建议

1. 做得最好的和最需要改善的文明行为

问卷中还设计了一道题，由被访者从15种文明行为中选出做得最好的和最需要改善的。这15种文明行为包括：垃圾分类投放；自觉遵守公共场所有关吸烟的规定；按照规定遛狗；开展广场舞或健身活动时，不噪音扰民；等候服务时依次排队，不插队；行人遵守交通规则；机动车遵守交通规则；电瓶车遵守交通规则；主动为老、弱、病、残、孕及携带婴幼儿者提供便利；尊重、善待基层服务业从业人员（保洁/保安/环卫工人等）；观看演出和赛事，服从现场管理，保持现场整洁；积极参加公益活动和志愿服务活动；遵守网络文明公约，文明上网；尊重外国人的隐私和习俗禁忌；注意公共安全，不高空抛物。

从统计结果来看，居民认为做得最好的5项公共文明行为是：主动为老、弱、病、残、孕及携带婴幼儿者提供便利（13.29%的被访者选择此项）；机动车遵守交通规则（13.07%的被访者选择此项）；自觉遵守公共场所有关吸烟的规定（12.00%的被访者选择此项）；等候服务时依次排队，不插队（11.64%的被访者选择此项）；垃圾分类投放（10.62%的被访者选择此项）（见图18）。

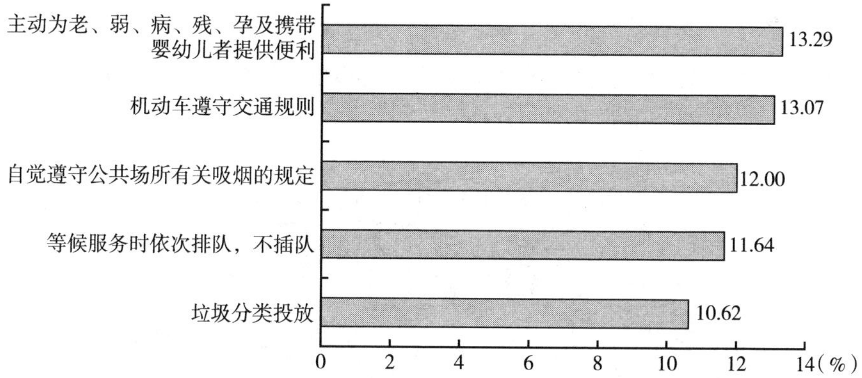

图18　居民认为做得最好的5项公共文明行为

居民认为最需要改善的5项公共文明行为是：垃圾分类投放（15.76%的被访者选择此项）；按照规定遛狗（13.54%的被访者选择此项）；电瓶车遵守交通规则（12.10%的被访者选择此项）；注意公共安全，不高空抛物

（11.29%的被访者选择此项）；开展广场舞或健身活动时，不噪音扰民（8.74%的被访者选择此项）（见图19）。

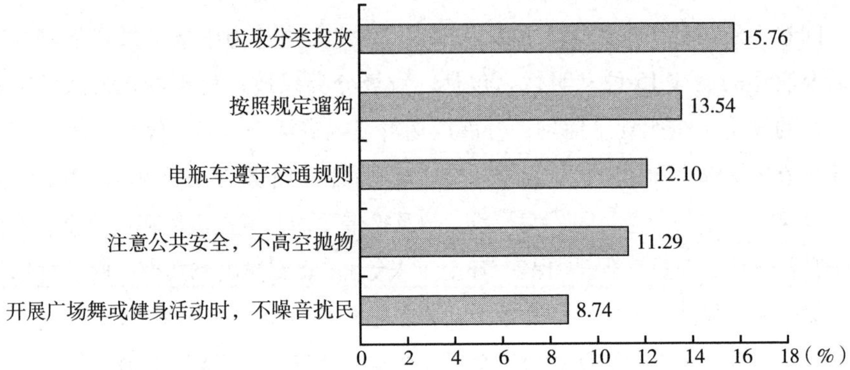

图19　居民认为最需要改善的5项公共文明行为

2. 居民的建议

问卷设置了一道开放式题目，让受访者就如何提高杭州市民的公共文明水平提出建议。如图20所示，“宣传”是最受关注的关键词，受访者认同通过宣传去提升市民文明素养，并认为宣传是倡导文明行为的重要方式。此外，受访者还提到了“教育”“处罚”等关键词。关于文明现象，市民提到了高空抛物、垃圾分类、遛狗、志愿者等文明现象。这些与问卷数据结果反映的应当关注的文明现象具有一定程度的一致性。

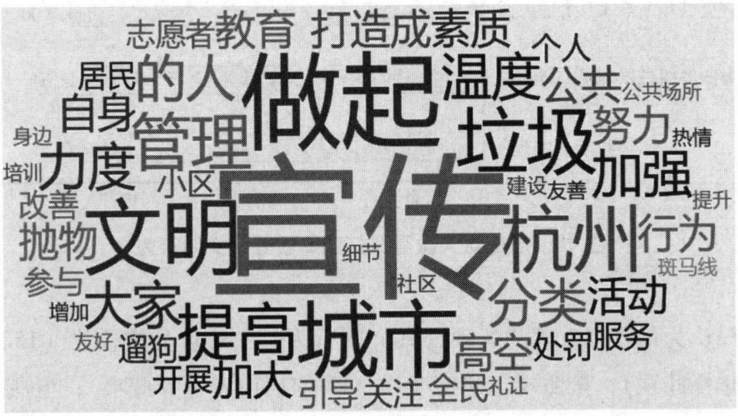

图20　居民对提升公共文明水平的建议

四　对策与建议

以城市公共文明测评结果反映出的问题为导向，对标市域治理现代化、全国文明城市创建和世界名城的标准要求，借鉴国内外的先进经验，本报告基于城市文明建设所需“引领-导向-支撑”几大核心要素，提出了“一个突出、两个坚持，三个全面提高”的对策建议。希冀这些对策建议能够显著提升杭州市民的公共文明素养，加快形成与市域治理现代化、世界名城相匹配的社会文明，推动杭州市形成干净的城市环境、有序的公共秩序、良好的人际关系、文明的观赏行为、市民积极参与的社会公益活动、健康的网络文明行为、理性的国际礼仪文明，呈现引领现代文明潮流、彰显国际文明水准的城市风范。

（一）突出城市精神，以价值引领城市文明建设

测评数据的结果反映出，市民对文明行为的自觉性虽然有所提升，但是还需进一步强化。像“按照规定遛狗”被市民指出是目前最需要改善的公共文明行为，不按照规定遛狗是不文明行为，但“遛狗时，注意拴好绳子”仍然位列2019年所有公共秩序行为测评指数排序倒数第2位。除此之外，在一些市民的观念中，他们依然认为一个城市的文明创建仅仅是地方职能部门的事情，对于“创建为民、创建惠民、创建利民”个体文明行为和文明城市之间的紧密关系存在模糊认知。这些都影响了将文明内化为市民的自觉意识和自觉行为。城市公共文明水平的提升离不开广大市民的自觉与努力。因此，有必要通过一些价值因素引领城市文明建设，将价值融入城市文明建设的全过程和各个环节，形成城市文明的共建共治共享格局。

一座城市有一座城市的品格。城市的品格又集中于一座城市的精神。城市精神是城市的文明素养与理想道德的综合反映，是对城市的文化特色与城市市民意志品格的精准提炼，是对城市希冀的生活信念与人生境界的高度升华。正是由于城市精神的这些性质特征，城市精神比较容易成为一座城市的精神坐标与广大市民普遍认同的精神价值观念和共同行为规范。城市精神形成的过程，有利于激发市民共情，增强市民的认同感、自豪感、

责任感，进而为城市文明建设营造社会氛围，提供凝聚力和内生动力来源。城市发展经历了从“形态文明”到“功能文明”再到“素质文明”的过程，在不同的发展阶段，尤其是城市文明的后建设阶段，城市精神尤为重要，既是标识，又是中心。

国内一些城市已经提炼出城市精神，并积极探索通过城市精神引领城市文明建设。诸如“爱国、创新、包容、厚德”的北京精神；“海纳百川、追求卓越、开明睿智、大气谦和”的上海精神。城市精神对外有助于彰显杭州城市文明的个性形象，对内有助于杭州城市文明建设凝聚共识。事实上，杭州已经孕育出“文明礼让”“坐地铁排队上下车”“喇叭不乱鸣”“最美”等普遍文明现象，这些成为杭州区别于其他城市的市民文明素养金名片。杭州应以新时代为契机，以培育和践行社会主义核心价值观为根本，按照新目标新任务新要求，既根植杭州历史文化积淀，基于现阶段发展实际，又紧跟时代、引领未来，突出城市精神，进一步综合深化红船精神、浙江精神、G20 峰会服务精神，以价值引领公共文明建设，贯穿于公共文明的宣传教育、文明制度机制、文明活动、文明实践等各个环节，更加彰显杭州道德高地与文明高地形象，让杭州的城市精神全面转化为市民的精神气质和文明素养，将城市精神和广大市民融为一体，促使每个市民围绕城市精神做到实时修身、处处修身、人人修身。

（二）坚持问题导向，补齐城市文明建设短板

习近平总书记强调，坚持问题导向，坚持底线思维，把问题作为研究制定政策的起点，把工作的着力点放在解决最突出的矛盾和问题上。[①] 以问题为导向，是一种工作态度、工作方法，更是一种忧患意识、责任担当。这也是公共文明指数测评工作的主要目的，通过量化分析杭州市民公共行为的文明状况，精准查找城市公共文明建设领域的短板，找准差距，紧盯重点领域，提升城市公共文明治理能力和治理水平。

从本次公共文明指数测评结果，以及一些访谈和观察来看，杭州市民

① 国防大学习近平新时代中国特色社会主义思想研究中心：《坚持问题导向》，《求是》2018 年 5 月 31 日。

在公共卫生方面的行为存在一定的固化现象，历年来指数均低于84。其中，市民“遛狗时，主动清理其排泄物”“垃圾分类投放”的指数位列2019年所有公共卫生维度指数排序最后2名。这两项同样被居民认为是最需要改善的公共文明行为。养犬类的公共秩序行为指数偏低，“文明养犬，不带狗进入超市、商店、医院、餐馆等公共场合”“遛狗时，注意拴好绳子”位列2019年所有公共秩序行为测评指数排序最后2名。地铁不文明现象的表现形式越来越多样，发生率也在不断上升。比如，随地乱扔垃圾、使用电子设备外放声音、亲密行为、占用座位等。市民的公益服务表现低于预期，“积极参加社会组织发起的公益活动”“积极参加各类赛会志愿服务活动”“自发做公益服务活动”这三项的指数位列所有公共文明行为指数的最后3名。网络虚假信息散布与传播、网络欺诈、网络暴力等不文明现象逐渐显现。除了这些，市民普遍认为“注意公共安全，不高空抛物”“电瓶车遵守交通规则”“开展广场舞或健身活动时，不噪音扰民”等是最需要改善的公共文明行为。

上述这些问题，既有公共卫生方面的问题，也有公共秩序、公益服务等方面的问题，既有短期的也有长期的，既有表现不佳的也有最需要改善的，这将给杭州市公共文明建设带来一些挑战。建议根据2019年公共文明指数测评结果，以及历年公共文明指数比较结果，对公共文明建设中存在的问题做出划分，针对不同类型的问题，分类施策。拟将这些突出问题划分为短期提升快的问题、顽固性问题、新兴或逐渐显现的问题。针对短期提升快的问题，比如，公共观赏方面的不文明现象，继续保持既有政策措施的实施。针对顽固性问题，比如公共卫生方面的不文明行为，认识到它们的复杂性和反复性，重点整改，评估现有措施的成效，创新举措。针对新兴或逐渐显现的问题，比如高空抛物、文明养犬、地铁上使用电子设备外放声音、网络空间中的行为失范问题等，一方面，应当予以重视，并采取相应的措施进行引导，杜绝这些不文明现象的扩散；另一方面，加强对一些城市管理问题可能转化为不文明行为的预见和防范。

（三）坚持城市精细化管理，保障文明建设持续深入推进

一个城市的服务与管理水平关系到城市的文明程度和市民的文明素养。城

市的公共基础设施完备性、公共管理的规范化、公共服务提供水平等会影响到市民文明意识和文明行为的程度。城市精细化管理能够增强市民对城市的认同感与归属感，为城市文明建设奠定坚实的基础，进而保障城市文明建设的持续深入推进。区别于粗放式、突击式等城市管理模式，城市精细化管理通过将城市管理中的各个方面进行定化、量化、精化、细化，建立标准化、规范化、精细化的管理制度。如果城市出入口、背街小巷、集贸市场等地方干净整洁，市民将会注意自己在公共场所的卫生习惯。如果城市提供母婴室，市民也将减少对母婴室的占用行为。

公共文明指数测评结果反映出，共享单车的停放整体比 2018 年更加整齐有序。“尊重、善待残疾人群体”“尊重、善待基层服务业从业人员（保洁/保安/环卫工人等）”位列 2019 年公共交往维度测评指标指数排名前列，这些均得益于近些年杭州城市的精细化管理。杭州市上线并实施互联网租赁自行车政府监管与服务平台，通过路线指示和短信提醒，引导用户将车停到最近的停车位。杭州市为环卫工人等基层服务业从业人员提供高标配的城管驿站，在环卫工人节向环卫工人发出慰问信，举办灯光秀等活动。针对一些不拴犬绳遛犬、不戴嘴套、无证养犬以及粪便不清理的养犬不文明现象，一些地方在小区门口、活动场所、主要出入口设立犬只粪便箱、手纸箱，降低了不文明行为的发生率。通过第三部分内容中的比较分析发现，不同户口身份的被访者在公共文明指数测评总分上存在显著差异，杭州本地户口的被访者公共文明指数高于外地户口被访者。对城市窗口服务等满意度越高的市民群体，他们的公共文明表现越好。

为保障城市文明建设的持续深入，城市的精细化管理首先应关注市民合理合法的利益诉求，积极为市民办实事、做好事，增强市民构建城市公共文明的自主意识、参与意识和监督意识。其次，充分认识科技在推动城市智慧管理与提高市民文明素养等方面的巨大潜力。加强城市管理数字化平台建设和功能整合，维护和利用好综合性城市管理数据库，发展民生服务智慧应用软件，为城市公共文明的培养提供坚强后盾。最后，寓服务于管理之中。评估孝心车位、城管驿站、智能母婴室等服务工程的实效，借鉴这些服务工程的实践情况，针对公共交往、公共秩序、公共卫生等方面的突出问题，推出诸如孝心车位、城管驿站、智能母婴室等其他服务工程。

（四）加强制度机制建设，全面提高文明治理的决策力与执行力

制度机制与人们的生产生活和现实利益密切相关，直接影响着人们的价值取向、道德判断和文明行为。各项公共政策等制度机制从设计制定到实施执行，都要充分体现公共文明要求，实现政策目标和文明导向有机统一。

公共文明指数测评的结果同样反映出有效的制度机制建设在提升市民文明素养中的关键性。“自觉遵守公共场所有关吸烟的规定”“讲究卫生，不随地吐痰”这两项指标指数常常位列历年所有公共卫生文明行为测评指数的前列。这一结果的产生在很大程度上与法律法规做出的限制和处罚以及《杭州市文明行为促进条例》的颁布实施有关。杭州市民在公共秩序方面的测评指数相对较高，市民对公共秩序方面的认知与认同在不断增强，并逐渐在更广范围的公共秩序行为上养成了较好的习惯，诸如斑马线前的礼让率达93.91%，公交车“礼让斑马线”率在99%以上，均与公共秩序方面的交通监督“特拍员”、百万私家车主签订《文明行车公约》等机制有关。

应当加强公共文明制度建设，提高文明治理的决策力和执行力。第一，建议聚焦社会发展变化，列举和明确新的不文明行为。为了规范与引导市民行为，《杭州市文明行为促进条例》已于2016年颁布实施。但随着时代发展，新的不文明现象逐渐显现。《最高人民法院关于依法妥善审理高空抛物、坠物案件的意见》对高空抛物做出法律责任规定。2019年，《北京市文明行为促进条例（草案）》将共享单车乱停放、高空抛物等列为不文明行为。第二，加大对不文明行为的处罚力度。目前，杭州还缺乏很严格的处罚机制，市民不文明行为的成本相对较低，市民认为后果不严重。有必要建立严格的惩罚机制来约束市民的公共文明行为，如不文明行为会影响个人的征信系统。第三，完善文明行为的激励回馈制度机制。评估《杭州市道德模范关心关爱制度若干规定（暂行）》中各项激励措施的实施效果，关注道德模范的发展变化与新需求。对文明行为方面表现突出的单位或公民，将奖励内容与涉及就业、就学、住房、医疗、收入分配、社会保障等重大民生政策联系起来，让这些单位或公民获得实实在在的奖励。第四，发挥社会规范的引导约束作用，健全各行各业规章制度，修订完善市民公约、乡规民约、学生守则等行为准则，突出体现自身特点的文明行为规范，更好发挥规范、调节、评价人们言行举止的作用。

（五）加强阵地建设，全面提高文明宣传的影响力

公共文明指数测评的结果显示，人们是否接受过相关的宣传教育与其公共文明行为表现具有显著相关性。养犬类的公共秩序行为指数与交通出行类的公共秩序行为指数存在差距，原因在于不文明交通行为的宣传促使市民基本形成了对它们的危害的认识，但对不文明养犬可能产生的各类危害的认识还不够深入，因而还存在带狗进入超市等公共场所、遛狗不拴绳子等不文明行为。共享单车的堆积、大批量拆解共享单车、共享单车无序停放导致老年人受伤等事件不断发生，通过媒体的报道与评论，关于共享单车的不文明行为受到市民一定关注，进而强化了市民对这些行为的自我约束。

一是广泛深入进行市民公共文明素质和亚运文明礼仪宣传教育。杭州多年以来大力开展了关于文明的宣传教育工作。如“讲文明树新风”公益广告广泛发布在公交候车厅、公共自行车亭、地铁站灯箱、道路交通指示牌等。2018年杭州市民大学堂，围绕提升市民素质这一主题，结合市民群众关心的热点问题，推出了52讲专题讲座，在杭州文明网“市民教育”专栏、“市民大学堂”专题网站、华数数字电视“市民大学堂”专栏供市民群众收看，实现“人人皆学、时时能学、处处可学”。还可以开展“迎亚运　学文明”教育宣传。编写《杭州市民待客指南》、朗朗上口的“文明三字经”或“童谣”等教材，向全市单位、社区发放……使广大市民在耳濡目染中了解、接受并遵守城市管理规定。通过向市民免费发放宣传手册以及开展培训、讲座、趣味活动等形式，广泛开展文明礼仪教育，加强市民文明素质教育，促进城市整体文明程度的提升。

二是各方联动，完善“小手拉大手，共建文明城”的家校联合机制。青少年是进行道德文明教育的重点群体之一，2019年10月，中共中央、国务院印发了《新时代公民道德建设实施纲要》，提到要把道德教育贯穿学校教育的全过程。杭州在未成年人德育教育方面已有很多卓有成效的做法。如学习和争做美德少年、童心向党歌咏活动、“向国旗敬礼”网上签名寄语活动等主题教育实践活动；组织“日行一善”“认星争优”“我们的家训”“垃圾科学分类”等活动；开展“扣好人生扣子　争当时代新人”杭州市青少年文明礼仪接力棒系列活动；开展运河畔的悦读节活动，每季推出公益阅

读推广活动，传承中华优秀传统文化。这些活动在提高青少年的公共文明素养上取得很好的效果。在此基础上，可进一步完善“小手拉大手，共建文明城”的家校联合机制。因为青少年对父母有很大影响力，在对他们加强公德教育的同时，要充分发挥他们对父母的影响和辐射作用，由学生把老师宣讲的文明礼仪常识讲给家长听，向父母提出礼貌待人、文明出行等建议，提升家庭成员文明素质，通过他们向家长传播文明、做家长的公共文明监督员，树立家庭文明新风。也可以让他们把公共文明知识或倡议书带回家和家长共同学习并签字承诺，带动家长共同参与争创文明城市活动，让孩子成为杭州市公共文明建设的实践者、受益者和传播者。

三是贴近群众需求，丰富宣传教育的形式、内容、渠道。杭州已经有较好的宣传做法。如2018年在全市500余个路口遮阳棚上发布以社会主义核心价值观、创建卫生城市、食品安全示范城市为内容的公益广告，以报纸、电视、广播、网络、手机和工地围挡等为平台进行公益广告宣传。但调查中依然发现，市民对“杭州好人”等榜样人物的知晓率并不高。建议拍摄系列专题短片并播出，以此形成强大的宣传声势和舆论氛围，在潜移默化中影响和熏陶广大市民。同时，随着“最美妈妈”“最美司机”等平民英雄涌现，“最美现象”逐渐成为杭州的“普遍现象”，持续增强“最美杭州人”这一品牌的宣传效应。继续推出各行各业先进人物，广泛推荐宣传最美人物、身边好人，让不同行业、不同群体都能学有榜样、行有示范，形成见贤思齐、争当先进的生动局面。发挥各行各业的示范带动作用。比如，基层窗口服务中的先进人物。在本次关于杭州基层窗口服务满意度调查中，市民对于基层窗口服务有比较高的满意度。

（六）加强实践载体打造，全面提高文明活动的吸引力

近些年，杭州已经形成了很多活动实践载体。比如，“我们的价值观”“最美杭州人”“文明创建助力‘最多跑一次’改革”等主题实践活动，杭州学习节、西湖读书节、全民终身学习活动周等活动，以“礼让斑马线、喇叭不乱鸣、有序停单车、排队上公交、文明乘地铁”为内容的“文明出行　杭城更美”主题实践活动，以及“微笑亭”志愿服务载体、180家社区文化家园、100余个城市文化公园、1055个农村文化礼堂、56家企业文化俱乐部

和 106 家市“第二课堂”等实践载体。这些实践载体推动杭州成为“有温度的善城”，促进市民公共文明素养的提升。但是公共文明指数测评结果显示，公益服务的测评指数依然位列公共文明所有测评维度指数最后一名，且历年指数都徘徊在 80 分上下。2019 年公益服务的测评指数与 2019 年网络文明的测评指数（2019 年所有测评维度中指数最高）相差 14. 24。这意味着仍然需要在实践活动载体的组织、活动内容、活动形式等方面下功夫，增强活动的吸引力。

建议充分利用家庭、学校、单位和社会等各个空间的实践载体特点，尤其是加强社区空间的实践载体打造。社区是缩小的社会，是社会生活所呈现的真实面。理想的社区应该是一个生活共同体——社区居民基于平常的面对面互动，产生信任感，形成某种共同性，在共同性的基础上继续展开互动，形成各种社区组织，共同面对、解决社区的公共问题。相较于以往人们通过血缘和地缘紧密联系在一起生活于社区，现在大家更像是身处邻里互不熟悉的“陌生人”社区。因此，一方面，要打造温暖社区，通过共同的兴趣爱好、价值观或生活方式等共同点将市民与市民联系起来，形成具有高度团结力的社区。一旦加强市民之间的联系，就比较容易削弱“原子化”现象，发挥周边社会舆论的监督作用，对违反公共文明的言行和现象，及时进行批评、驳斥，弘扬正气。

另一方面，每个社区都有其特色，需要有针对性地采取不同的策略和方式来激发各方的参与热情。可以以社区公共空间为切入点，因为大家对它都是有某种诉求的，孩子喜欢追逐嬉戏，老人喜欢晒太阳、下棋、赏花。在公共空间发起邻里活动，让居民在活动中从“陌生人”转变为“熟人”。这些活动可以是社区聚会、儿童趣味活动、健康运动、邻里课堂等，在各社区开展丰富多彩的文化活动，丰富群众业余文化生活，在潜移默化中提升居民文化素养和品位。在社区活动中加入公共文明知识的宣传和对社区公共议题的探讨，引导居民关心社区的共同事务。比如，可以就“文明养犬”“垃圾分类”“广场舞”等议题进行讨论并达成一致建立社区公约。社区还可以联系交警部门开展“文明交通”讲座，设立公共交通引导员，组建社区志愿者巡逻队，持续开展日常巡逻，劝导不文明行为，维护社区文明、和谐、稳定；号召辖区商户文明经营；在社区公共场所贴上杭州市民公共文明公约……同时，在社区内深入挖掘好人好事，开展各类道德模范、文明市民、文明家庭、文明社区评比活动，发挥榜样的带头示范作用。

随着人们参与社会公共生活的时间和机会越来越多，人们对公共场合文明举止的诉求也越来越强烈。然而，公共文明的发展并非一朝一夕就可完成的，需要循序渐进、逐步完善。只有坚持长期的宣传、教育、引导，才能在潜移默化中不断提升市民的整体公共文明素质，从而不断提升杭州这座城市的文明程度。杭州作为中国新一线城市取得的显著进步确实是所有人有目共睹的，良好的公共文明氛围更是逐渐成为杭州市一道靓丽的风景线。通过本次调查数据的分析，杭州市民公共文明的总体情况较好，尤其在网络文明和公共秩序方面文明程度要高于其他方面。而良好公共文明的建立离不开政府部门的大力动员和积极倡导，同时也离不开市民的理解和配合。当然也存在一些问题，如公共空间文明总体做得较好，但在公共生活中文明参与相对不足，公益活动指数不高。面对杭州市民公共文明行为表现的不足，有必要从提升市民素质、建立长效化机制和制定精细化措施等方面入手，将德治和法治相结合来提高市民的公共文明水平，为构建和谐社会注入新活力。在我们生活的这座城市里，时时刻刻有着让人暖心的瞬间，当我们用心拾起它，会发现它独特的美丽。这些故事就在我们的生活中，在这样美丽的杭城里，我们有与美丽景色相称的公共文明。

附录：三级指标变动情况

表1　2019年三级指标变动情况

	2019年		2018年	
公共卫生	=	垃圾分类投放	=	垃圾分类投放
	=	打喷嚏时，有所遮掩	=	打喷嚏时，有所遮掩
	*	遛狗时，主动清理其排泄物	*	遛宠物时，主动清理其排泄物
	*	自觉遵守公共场所有关吸烟的规定	*	不在设有禁烟标志的公共场所抽烟
	*	讲究卫生，不随地吐痰	*	不随地吐痰、便溺
	+	您在公共卫生行为上的总体表现如何？		
			-	不乱张贴小广告、不乱涂写

续表

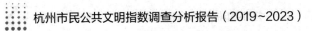

	2019 年		2018 年	
公共秩序	=	乘坐公交车时有序排队上下车	=	乘坐公交车时有序排队上下车
	=	乘坐地铁时有序排队上下车	=	乘坐地铁时有序排队上下车
	=	乘坐电梯时先出后进	=	乘坐电梯时先出后进
	+	文明养犬，不带狗进入超市、商店、医院、餐馆等公共场合		
	*	遛狗时，注意拴好绳子	*	遛宠物时，注意把宠物拴好
	*	步行出门时，不乱穿马路、乱闯红灯	*	行人不乱穿马路、乱闯红灯、乱翻栏杆
	+	步行出门时，不乱翻栏杆		
	*	共享单车在规定区域停放	*	共享单车按规定停放
	+	自行车/电瓶车等非机动车按规定区域停放		
	+	骑电瓶车时佩戴头盔		
	+	电瓶车/自行车按规定方向行驶，不逆行		
	*	电瓶车/自行车走非机动车道，不挤占机动车道	*	非机动车不闯红灯、不走机动车道
	+	骑电瓶车/自行车时不闯红灯		
	*	汽车按规定区域停放	*	在地面标示的规定区域内停车
	+	开车时集中注意力，不玩手机		
	+	您在公共秩序行为上的总体表现如何？		
			-	遵守“一米线”外等候的规定
			-	不在公共场所大声喧哗
			-	共享汽车按规定停放
公共交往	=	陌生人问路时，耐心解答	=	陌生人问路时，耐心解答
	=	主动给予外地游客方便或帮助	=	主动给予外地游客方便或帮助
	=	能给老、弱、病、残、孕及怀抱婴儿者提供让座等便利	=	能给老、弱、病、残、孕及怀抱婴儿者提供让座等便利
	+	在斑马线碰到汽车给自己让行时，向司机点赞/微笑，表示感谢		
	+	尊重、善待基层服务业从业人员（保洁/保安/环卫工人等）		
	+	尊重、善待残疾人群体		
	+	您在公共交往行为上的总体表现如何？		
			-	与人交流时面带微笑，态度和蔼
			-	交谈时不大声喧哗

续表

	2019 年		2018 年	
公共观赏	*	去影剧院等场合,按时入场、退场	*	按时入场、退场
	*	在需要安检进入的地方,主动配合做好安检工作	*	在入口处,主动配合做好安检工作
	=	观赏时,适时给予掌声鼓励	=	观赏时,适时给予掌声鼓励
	+	观看演出或比赛后,及时清理自己留下的垃圾		
	*	在图书馆、影剧院等公共场合保持安静	*	在影剧院内,安静观赏,不交头接耳、不随意走动
	+	您在公共观赏行为上的总体表现如何?		
			-	手机关机或调为静音、震动
			-	不谩骂、起哄或围攻裁判员、运动员或其他工作人员
			-	不在观众席向演出或比赛场地投掷杂物
公益服务	*	积极参加爱心捐助类公益活动	*	参加献血、捐助等公益活动
	*	积极参加各类赛会志愿服务活动	*	积极参与各类赛事活动的志愿服务
	+	积极参加单位组织的公益活动		
	+	积极参加社区举办的公益活动		
	+	积极参加社会组织发起的公益活动		
	=	自发做公益服务活动	=	自发做公益服务活动
	+	您在公益服务行为上的总体表现如何?		
			-	只要条件允许,愿意作为志愿者提供服务
			-	积极参加公益知识讲座,向他人宣传公益知识
			-	鼓励身边的人参与公益服务
网络文明	*	有序上网,不肆意谩骂、发表有害言论	*	文明用语,不谩骂、攻击他人
	*	健康上网,不浏览/传播色情、暴力等低俗信息	*	不浏览/传播色情、暴力、封建迷信等不良信息
	*	理性上网,不听信流言蜚语,传播虚假信息	*	不听信/散布谣言,不传播虚假(欺诈)信息
	*	尊重他人隐私,不随意窥探、传播	*	不窥探、传播他人隐私
	+	没有人肉搜索等网络暴力行为		
	+	您在网络文明行为上的总体表现如何?		
			-	能合理安排上网时间,不沉迷网络

续表

	2019 年		2018 年	
国际礼仪文明	*	在外国人面前，能自觉维护国家及杭州的形象与声誉	*	在外籍人士面前，能自觉维护国家及杭州的形象与声誉
	*	能热情友善对待外国人，并愿为其提供力所能及的帮助与服务	*	能热情友善对待外籍人士，并愿为其提供力所能及的帮助与服务
	*	尊重外国人的隐私，不随意询问年龄、收入等个人隐私问题	*	不随意询问有关他人隐私问题（如年龄、家庭、收入等）
	=	积极学习了解并遵循国际通行的礼仪规范	=	积极学习了解并遵循国际通行的礼仪规范
	=	参加正式涉外活动时，能着正装出席	=	参加正式涉外活动时，能着正装出席
	*	尊重外国人的习俗禁忌	*	尊重外籍人士的习俗禁忌
	+	您在国际礼仪文明行为上的总体表现如何？		
			-	能积极主动学习外语，并在与外籍人士交流时使用外语

注：指标前面的“=、*、+、-”分别代表不同的意思，“=”表示 2019 年指标与 2018 年指标一致；“*”表示指标表述略有不同；“+”表示 2019 年新增指标；“-”表示 2019 年删去的指标。

从表 1 可见，2019 年的指标体系中，共有 12 个指标与往年一致；21 个指标表述略有变动，主要是基于问卷设计中的“非否定性原则”，即在设计题目时，要避免使用否定句形式来表述问题；新增 22 个指标；删去 14 个指标。具体变动情况如下。

在公共卫生上，与 2018 年相比，2 个指标没做变动，即“垃圾分类投放”“打喷嚏时，有所遮掩”；3 个指标的表述略做变动，即把“遛宠物时，主动清理其排泄物”改为“遛狗时，主动清理其排泄物”，把“不在设有禁烟标志的公共场所抽烟”改为“自觉遵守公共场所有关吸烟的规定”，把“不随地吐痰、便溺”改为“讲究卫生，不随地吐痰”；删去 1 个指标，即考虑到一般杭州市民极少会去张贴广告和乱涂写，删去“不乱张贴小广告、不乱涂写”；新增 1 道市民对自身公共卫生行为的总体评价“您在公共卫生行为上的总体表现如何？”。

在公共秩序上，相较于 2018 年，3 个指标没变，即“乘坐公交车时有序排队上下车”“乘坐地铁时有序排队上下车”“乘坐电梯时先出后进”；5个指标的表述略做变动，即把“遛宠物时，注意把宠物拴好”改为“遛狗时，注意拴好绳子”，把“共享单车按规定停放”改为“共享单车在规定区域停放”，把“行人不乱穿马路、乱闯红灯、乱翻栏杆”改为正面描述“步行出门时，不乱穿马路、乱闯红灯”，把“非机动车不闯红灯、不走机动车道”改为“电瓶车/自行车走非机动车道，不挤占机动车道”，把“在地面标示的规定区域内停车”改为“汽车按规定区域停放”；删去3个指标，即“遵守‘一米线’外等候的规定”“不在公共场所大声喧哗”“共享汽车按规定停放”；新增8个指标，即“文明养犬，不带狗进入超市、商店、医院、餐馆等公共场合”“步行出门时，不乱翻栏杆”“自行车/电瓶车等非机动车按规定区域停放”“骑电瓶车时佩戴头盔”“电瓶车/自行车按规定方向行驶，不逆行”“骑电瓶车/自行车时不闯红灯”“开车时集中注意力，不玩手机”，以及对自己在公共秩序行为上的总体评价“您在公共秩序行为上的总体表现如何?”。

在公共交往上，与2018年相比，3个指标没变，即“陌生人问路时，耐心解答”“主动给予外地游客方便或帮助”“能给老、弱、病、残、孕及怀抱婴儿者提供让座等便利”；删去2个指标，即“与人交流时面带微笑，态度和蔼”“交谈时不大声喧哗”；新增4个指标，即“在斑马线碰到汽车给自己让行时，向司机点赞/微笑，表示感谢”“尊重、善待基层服务业从业人员（保洁/保安/环卫工人等）”“尊重、善待残疾人群体”，以及对自己在公共交往行为上的总体评价“您在公共交往行为上的总体表现如何?”。

在公共观赏上，与2018年相比，1个指标没变，即“观赏时，适时给予掌声鼓励”；3个指标的表述有所变动，把“按时入场、退场”修改为“去影剧院等场合，按时入场、退场”，把“在入口处，主动配合做好安检工作”修改为“在需要安检进入的地方，主动配合做好安检工作”，把“在影剧院内，安静观赏，不交头接耳、不随意走动”修改为“在图书馆、影剧院等公共场合保持安静”；删去3个指标，即“手机关机或调为静音、震动”“不谩骂、起哄或围攻裁判员、运动员或其他工作人员”“不在观众席向演出或比赛场地投掷杂物”；新增2个指标，即“观察演出或比赛后，及时清理自己留下的垃圾”，以及对自己在公共观赏行为上的总体评价“您在公共观赏行为上的总体表现如何?”。

在公益服务上，与 2018 年相比，1 个指标与 2018 年一致，即“自发做公益服务活动”；2 个指标的表述有所变动，把“参加献血、捐助等公益活动”修改为“积极参加爱心捐助类公益活动”，把“积极参与各类赛事活动的志愿服务”修改为“积极参加各类赛会志愿服务活动”；删去 3 个指标，即“只要条件允许，愿意作为志愿者提供服务”“积极参加公益知识讲座，向他人宣传公益知识”“鼓励身边的人参与公益服务”；新增 4 个指标，即“积极参加单位组织的公益活动”“积极参加社区举办的公益活动”“积极参加社会组织发起的公益活动”，以及对自己在公益服务行为上的总体评价“您在公益服务行为上的总体表现如何？”。

在网络文明上，与 2018 年相比，4 个指标的表述有所变动，把“文明用语，不谩骂、攻击他人”改为“有序上网，不肆意谩骂、发表有害言论”，把“不浏览/传播色情、暴力、封建迷信等不良信息”改为“健康上网，不浏览/传播色情、暴力等低俗信息”，把“不听信/散布谣言，不传播虚假（欺诈）信息”改为“理性上网，不听信流言蜚语，传播虚假信息”，把“不窥探、传播他人隐私”改为“尊重他人隐私，不随意窥探、传播”；删去 1 个指标，即“能合理安排上网时间，不沉迷网络”；新增 2 个指标，即“没有人肉搜索等网络暴力行为”以及对自己在网络文明行为上的总体评价“您在网络文明行为上的总体表现如何？”。

在国际礼仪文明上，与 2018 年相比，2 个指标与 2018 年一致，即“积极学习了解并遵循国际通行的礼仪规范”“参加正式涉外活动时，能着正装出席”；4 个指标的表述略有变动，即把“在外籍人士面前，能自觉维护国家及杭州的形象与声誉”修改为“在外国人面前，能自觉维护国家及杭州的形象与声誉”，把“能热情友善对待外籍人士，并愿为其提供力所能及的帮助与服务”修改为“能热情友善对待外国人，并愿为其提供力所能及的帮助与服务”，把“不随意询问有关他人隐私问题（如年龄、家庭、收入等）”修改为“尊重外国人的隐私，不随意询问年龄、收入等个人隐私问题”，把“尊重外籍人士的习俗禁忌”修改为“尊重外国人的习俗禁忌”；删去 1 个指标，即“能积极主动学习外语，并在与外籍人士交流时使用外语”；新增 1 个指标，即“您在国际礼仪文明行为上的总体表现如何？”。

2019年杭州市民公共文明行为现场观测报告

根据《2019 年杭州市民公共文明行为调查实施方案》的总体安排，在调查工作领导小组和总课题组的指导下，现场观测组近 60 名观测员于 2019 年 9 月 18~25 日在杭州 10 个城区和钱塘新区 110 个观测点进行了市民公共文明行为现场观测。现场观测指标总体架构和内容与 2018 年保持一致，个别指标做了增减。2019 年杭州市民公共文明行为现场观测结果显示，与 2018 年相比，不文明现象总体发生率下降了 0.44 个百分点，各种不文明现象继续得到改善。

一　现场观测基本概况

在杭州 10 个城区（上城区、下城区、江干区、拱墅区、西湖区、滨江区、萧山区、余杭区、富阳区和临安区）和钱塘新区市民出入频繁的各类公共场所（主要包括公交车站、地铁站、医院、交叉路口、社区、农贸市场、公园/广场、街巷、公交/地铁线路与影剧院等）设置的 110 个现场观测点，针对 19.58 万余人次、1.03 万余辆机动车、7.06 万余辆非机动车以及近 20 条公交线路和地铁线路，在工作日和双休日的早上、中午和傍晚不同时段对市民公共文明行为状况进行了 27.68 万余人次/辆次累计 4800 多小时的现场观测与数据采集。

2019 年杭州市民公共文明行为现场观测，在选点数量、指标数量、观测时间与观测时段上做了调整，观测点选取在类型上与 2018 年基本相同。观测指标数量尽管与 2018 年一样，都是 21 个，但在具体分布上也做了增减。其中，公共秩序方面的观测指标由 10 个增加到 11 个（去掉“共享单车无序停放”，新增“骑电动车时没有按规定佩戴头盔”和“行人过斑马线遇机车让行时没有及时通过”），公共交往方面由 3 个减少到 2 个（去掉“相互之间大声喧哗不顾及他人”），公共卫生与公共观赏方面依然各保持 4 个不变。观测时间由之前的 11 月底至 12 月初秋冬转换时节提前到 9 月中下旬的夏秋转换时节，观测时段也由原来的 7：00~9：00、10：00~12：00、13：00~15：00和 16：00~18：00 四个时段调整为 7：00~10：00、11：00~14：00 和 16：00~19：00 三个时段。

观测指标包括公共卫生、公共秩序、公共交往和公共观赏四个方面共 21 个（见表 1）。为便于数据对比，在各方面指标内涵设计上，除根据现场观测的特点做了必要的修正外，尽可能地与问卷调查的内容保持一致，且均为动态下的反向表述。

表 1　2019 年杭州市民公共文明行为调查现场观测指标

指标	指标内涵	
公共卫生	1 投放垃圾时没有进行分类	3 在禁烟场所抽烟
	2 随地吐痰、便溺	4 遛宠物时不清理宠物排泄物
公共秩序	5 乘坐公交车时没有做到有序排队上下车	11 骑电动车时没有按规定佩戴头盔
	6 乘坐地铁时没有做到有序排队上下车	12 行人过斑马线遇机动车让行时没有及时通过
	7 排队时没有在规定区域等候	13 行人乱穿马路(包括闯红灯、翻栏杆等)
	8 机动车不在地面标示的规定区域内停车	14 乘坐直行电梯时没有做到先出后进
	9 非机动车闯红灯、走机动车道、逆向骑行	15 遛宠物时没有拴好绳子
	10 非机动车越线停车	
公共交往	16 向陌生人问询时没有礼貌回应	17 没有给老、弱、病、残、孕及怀抱婴儿者让座
公共观赏	18 观看时交头接耳,大声喧哗,随意走动	20 观看时吃零食影响他人(包括发出声音与散发出气味)
	19 观看时使用手机影响他人(包括出现光亮与发出声音)	21 观看结束后不自觉清理并带走垃圾

注：标楷体为 2019 年新增加指标，与 2018 年进行比较分析时未列入统计。

二　现场观测的总体情况

（一）不文明行为发生率持续走低

课题组在不同时段对城区 110 个观测点开展现场观测，所观测的总流量为 276854 人次/辆次，其中不文明现象发生量为 12592 人次/辆次，不文明现象总体发生率为 4.55%。

从四个方面情况来看，在公共卫生方面，本次观测所得总流量为 98738 人次，其中不文明现象发生量为 1115 人次，不文明现象发生率为 1.13%；在公共秩序方面，本次观测所得总流量为 167288 人次/辆次，其中不文明现象发生量为 10943 人次/辆次，不文明现象发生率为 6.54%；在公共交往方面，本次观测所得总流量为 5224 人次，其中不文明现象发生量为 243 人次，不文明现象发生率为 4.65%；在公共观赏方面，本次观测所得总流量为 5604 人次，其中不文明现象发生量为 291 人次，不文明现象发生率为 5.19%。

四个方面的不文明现象发生率从低到高依次为公共卫生、公共交往、公共观赏、公共秩序。其中，公共卫生方面的不文明现象发生率最低，为 1.13%，低于全市不文明现象总体发生率（4.55%）；其余三个方面的不文明现象发生率均高于全市不文明现象总体发生率，其中公共秩序方面的不文明现象发生率最高，为 6.54%（见图 1）。

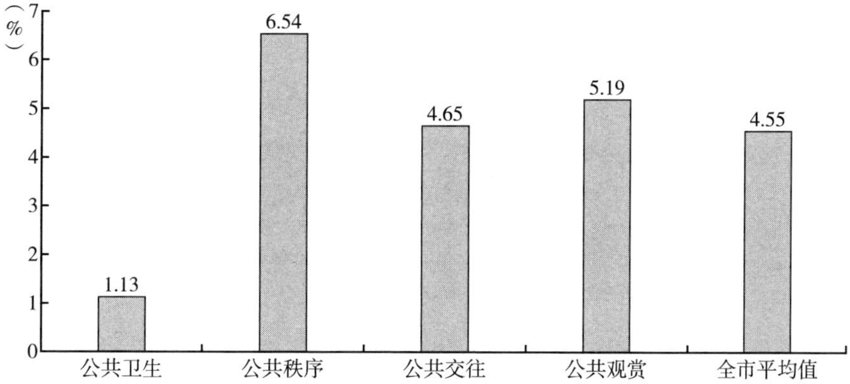

图 1　杭州市四个方面不文明现象发生率比较

（二）不文明现象发生率前十位指标

①骑电动车时没有按规定佩戴头盔（公共秩序，15.13%）

②观看结束后不自觉清理并带走垃圾（公共观赏，14.70%）

③遛宠物时没有拴好绳子（公共秩序，8.98%）

④非机动车越线停车（公共秩序，8.45%）

⑤投放垃圾时没有进行分类（公共卫生，8.29%）

⑥机动车不在地面标示的规定区域内停车（公共秩序，7.66%）

⑦观看时吃零食影响他人（包括发出声音与散发出气味）（公共观赏，7.20%）

⑧乘坐直行电梯时没有做到先出后进（公共秩序，6.09%）

⑨遛宠物时不清理宠物排泄物（公共卫生，5.81%）

⑩没有给老、弱、病、残、孕及怀抱婴儿者让座（公共交往，5.56%）

在这10个指标中，属于公共卫生和公共观赏方面的各有2个，属于公共秩序方面的有5个，属于公共交往方面的有1个，且不文明现象发生率较高。现场观测十大不文明现象中，新增观测指标“骑电动车时没有按规定佩戴头盔”高居首位；与宠物相关的“遛宠物时不清理宠物排泄物”和“遛宠物时没有拴好绳子”两个指标也榜上有名；老大难问题“非机动车越线停车”现象发生率依然居高不下。

（三）不文明现象发生率后十位指标

①在禁烟场所抽烟（公共卫生，0.55%）

②随地吐痰、便溺（公共卫生，0.97%）

③行人过斑马线遇机动车让行时没有及时通过（公共秩序，2.45%）

④观看时交头接耳，大声喧哗，随意走动（公共观赏，2.51%）

⑤乘坐地铁时没有做到有序排队上下车（公共秩序，2.64%）

⑥乘坐公交车时没有做到有序排队上下车（公共秩序，2.90%）

⑦非机动车闯红灯、走机动车道、逆向骑行（公共秩序，3.62%）

⑧排队时没有在规定区域等候（公共秩序，3.73%）

⑨向陌生人问询时没有礼貌回应（公共交往，3.80%）

⑩观看时使用手机影响他人（包括出现光亮与发出声音）（公共观赏，4.08%）

在这10个指标中，属于公共卫生和公共观赏方面的各有2个，属于公共秩序方面的有5个，属于公共交往方面的有1个。新增指标“行人过斑马线遇机动车让行时没有及时通过”不文明现象发生率为2.45%，该指标是对杭州公共文明“金名片”（机动车斑马线礼让行人）提出的新要求，本次观测的结果表明尚佳。

（四）各城区表现

1. 上城区

上城区所观测总流量为34051人次/辆次，其中不文明现象发生量为1172人次/辆次，不文明现象总体发生率为3.44%。

从四个方面的观测数据来看，公共卫生方面所观测总流量为13519人次，其中不文明现象发生量为62人次，不文明现象发生率为0.46%；公共秩序方面所观测总流量为19597人次/辆次，其中不文明现象发生量为1060人次/辆次，不文明现象发生率为5.41%；公共交往方面所观测总流量为371人次，其中不文明现象发生量为15人次，不文明现象发生率为4.04%；公共观赏方面所观测总流量为564人次，其中不文明现象发生量为35人次，不文明现象发生率为6.21%。不文明现象发生率从低到高依次是公共卫生、公共交往、公共秩序、公共观赏，其中公共卫生方面的不文明现象发生率低于全区不文明现象总体发生率（见图2）。

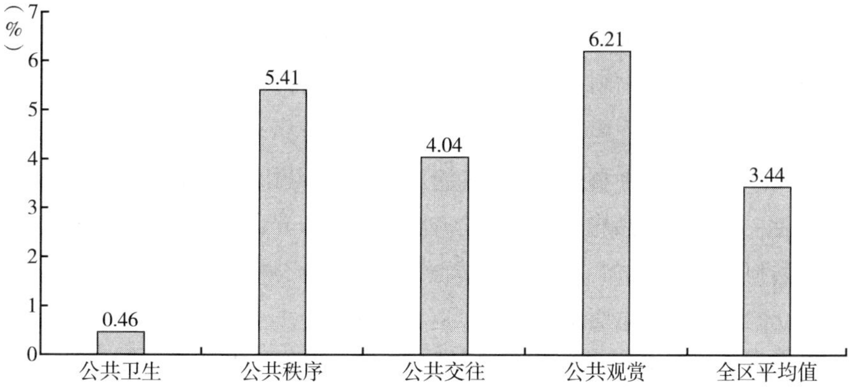

图2　上城区四个方面不文明现象发生率比较

2. 下城区

下城区所观测总流量为 34029 人次/辆次，其中不文明现象发生量为 1139 人次/辆次，不文明现象总体发生率为 3.35%。

从四个方面的观测数据来看，公共卫生方面所观测总流量为 12269 人次，其中不文明现象发生量为 113 人次，不文明现象发生率为 0.92%；公共秩序方面所观测总流量为 20701 人次/辆次，其中不文明现象发生量为 985 人次/辆次，不文明现象发生率为 4.76%；公共交往方面所观测总流量为 389 人次，其中不文明现象发生量为 18 人次，不文明现象发生率为 4.63%；公共观赏方面所观测总流量为 670 人次，其中不文明现象发生量为 23 人次，不文明现象发生率为 3.43%。不文明现象发生率从低到高依次是公共卫生、公共观赏、公共交往、公共秩序，其中公共卫生方面的不文明现象发生率低于全区不文明现象总体发生率（见图 3）。

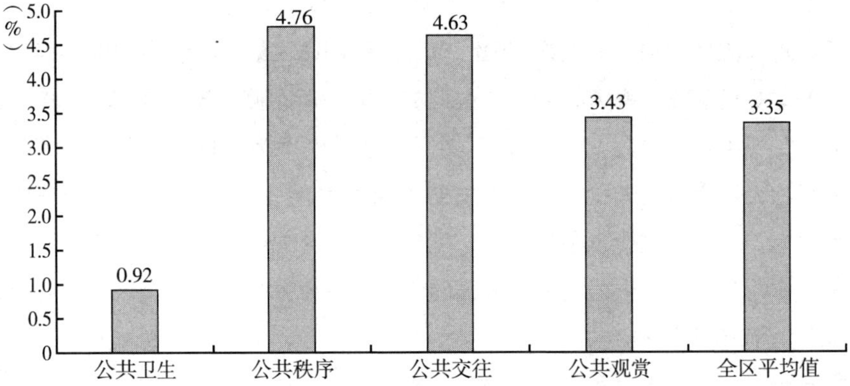

图 3　下城区四个方面不文明现象发生率比较

3. 江干区

江干区所观测总流量为 29870 人次/辆次，其中不文明现象发生量为 1341 人次/辆次，不文明现象总体发生率为 4.49%。

从四个方面的观测数据来看，公共卫生方面所观测总流量为 10475 人次，其中不文明现象发生量为 119 人次，不文明现象发生率为 1.14%；公共秩序方面所观测总流量为 17401 人次/辆次，其中不文明现象发生量为 1159 人次/辆次，不文明现象发生率为 6.66%；公共交往方面所观测总流量为 500 人次，其中不文明现象发生量为20人次，不文明现象发生率为4.00%；公共观赏方面所观测总流量为1494人次，其中不文明现象发生量为43人次，不文明现象发生率为2.88%。不文明现象发生率从低到高依次是公共卫生、公共观赏、公共交往、公共秩序，其中公共卫生、公共观赏、公共交往方面的不文明现象发生率均低于全区不文明现象总体发生率（见图4）。

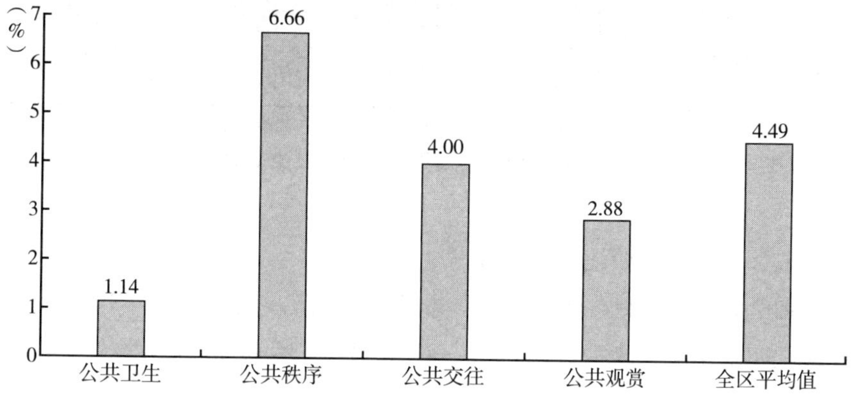

图4　江干区四个方面不文明现象发生率比较

4. 拱墅区

拱墅区所观测总流量为27787人次/辆次，其中不文明现象发生量为1198人次/辆次，不文明现象总体发生率为4.31%。

从四个方面的观测数据来看，公共卫生方面所观测总流量为9467人次，其中不文明现象发生量为107人次，不文明现象发生率为1.13%；公共秩序方面所观测总流量为17427人次/辆次，其中不文明现象发生量为1038人次/辆次，不文明现象发生率为5.96%；公共交往方面所观测总流量为689人次，其中不文明现象发生量为42人次，不文明现象发生率为6.10%；公共观赏方面所观测总流量为204人次，其中不文明现象发生量为11人次，不文明现象发生率为5.39%。不文明现象发生率从低到高依次是公共卫生、公共观赏、公共秩序、公共交往，其中公共卫生方面的不文明现象发生率低于全区不文明现象总体发生率（见图5）。

5. 西湖区

西湖区所观测总流量为30607人次/辆次，其中不文明现象发生量为1267

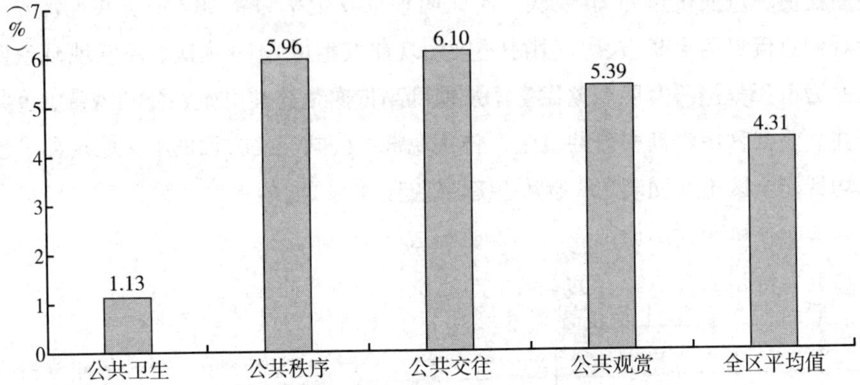

图 5　拱墅区四个方面不文明现象发生率比较

人次/辆次，不文明现象总体发生率为 4.14%。

从四个方面的观测数据来看，公共卫生方面所观测总流量为 10497 人次，其中不文明现象发生量为 115 人次，不文明现象发生率为 1.10%；公共秩序方面所观测总流量为 19058 人次/辆次，其中不文明现象发生量为 1113 人次/辆次，不文明现象发生率为 5.84%；公共交往方面所观测总流量为 408 人次，其中不文明现象发生量为 21 人次，不文明现象发生率为 5.15%；公共观赏方面所观测总流量为 644 人次，其中不文明现象发生量为 18 人次，不文明现象发生率为 2.80%。不文明现象发生率从低到高依次是公共卫生、公共观赏、公共交往、公共秩序，其中公共卫生和公共观赏方面的不文明现象发生率低于全区不文明现象总体发生率（见图 6）。

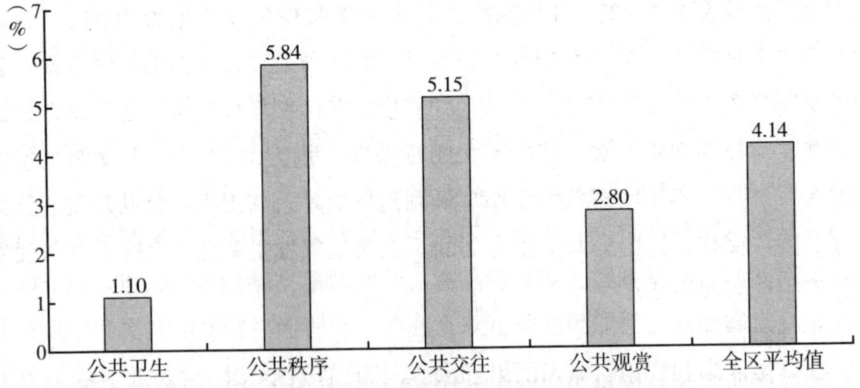

图 6　西湖区四个方面不文明现象发生率比较

6. 滨江区

滨江区观测总流量为 29081 人次/辆次，其中不文明现象发生量为 1311 人次/辆次，不文明现象总体发生率为 4. 51%。

从四个方面的观测数据来看，公共卫生方面所观测总流量为 10890 人次，其中不文明现象发生量为 138 人次，不文明现象发生率为 1. 27%；公共秩序方面所观测总流量为 17250 人次/辆次，其中不文明现象发生量为 1128 人次/辆次，不文明现象发生率为 6. 54%；公共交往方面所观测总流量为 709 人次，其中不文明现象发生量为 25 人次，不文明现象发生率为 3. 53%；公共观赏方面所观测总流量为 232 人次，其中不文明现象发生量为 20 人次，不文明现象发生率为 8. 62%。不文明现象发生率从低到高依次是公共卫生、公共交往、公共秩序、公共观赏，其中公共卫生和公共交往方面的不文明现象发生率低于全区不文明现象总体发生率（见图 7）。

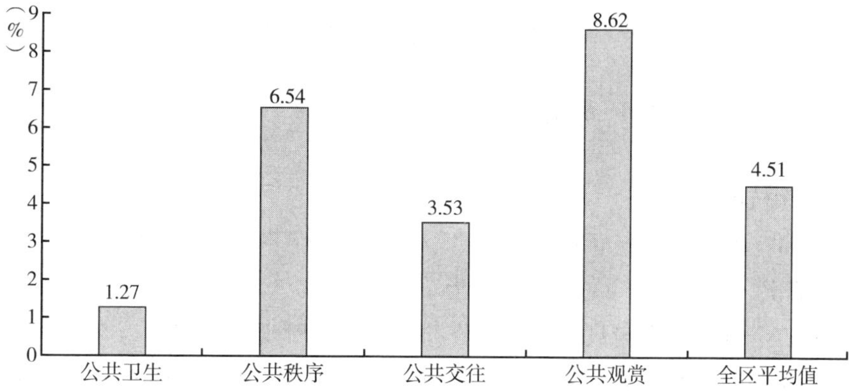

图 7　滨江区四个方面不文明现象发生率比较

7. 萧山区

萧山区所观测总流量为 30956 人次/辆次，其中不文明现象发生量为 1482 人次/辆次，不文明现象总体发生率为 4. 79%。

从四个方面的观测数据来看，公共卫生方面所观测总流量为 10777 人次，其中不文明现象发生量为 123 人次，不文明现象发生率为 1. 14%；公共秩序方面所观测总流量为 19335 人次/辆次，其中不文明现象发生量为 1301 人次/辆次，不文明现象发生率为 6. 73%；公共交往方面所观测总流量为 416 人次，其中不文明现象发生量为 22 人次，不文明现象发生率为 5.29%；公共观赏方面所观测总流量为 428 人次，其中不文明现象发生量为 36 人次，不文明现象发生率为 8.41%。不文明现象发生率从低到高依次是公共卫生、公共交往、公共秩序、公共观赏，其中公共卫生方面的不文明现象发生率低于全区不文明现象总体发生率（见图 8）。

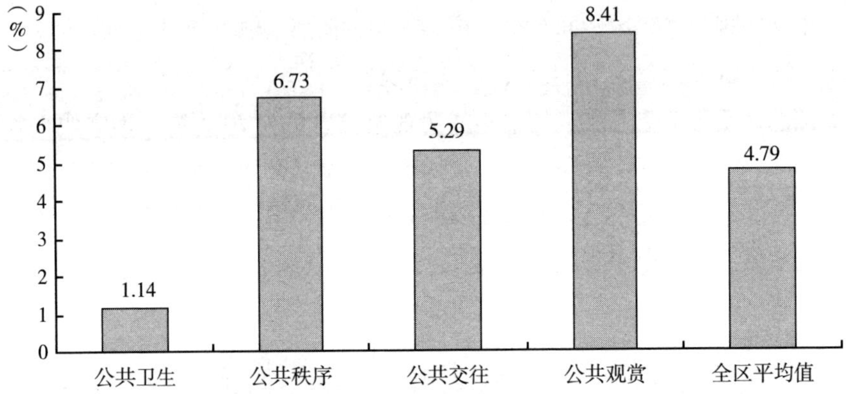

图 8　萧山区四个方面不文明现象发生率比较

8. 余杭区

余杭区所观测总流量为 24575 人次/辆次，其中不文明现象发生量为 1212 人次/辆次，不文明现象总体发生率为 4.93%。

从四个方面的观测数据来看，公共卫生方面所观测总流量为 7472 人次，其中不文明现象发生量为 89 人次，不文明现象发生率为 1.19%；公共秩序方面所观测总流量为 15673 人次/辆次，其中不文明现象发生量为 1059 人次/辆次，不文明现象发生率为 6.76%；公共交往方面所观测总流量为 810 人次，其中不文明现象发生量为 34 人次，不文明现象发生率为 4.20%；公共观赏方面所观测总流量为 620 人次，其中不文明现象发生量为 30 人次，不文明现象发生率为 4.84%。不文明现象发生率从低到高依次是公共卫生、公共交往、公共观赏、公共秩序，其中公共卫生、公共交往、公共观赏方面的不文明现象发生率低于全区不文明现象总体发生率（见图 9）。

9. 富阳区

富阳区所观测总流量为 19468 人次/辆次，其中不文明现象发生量为 1208

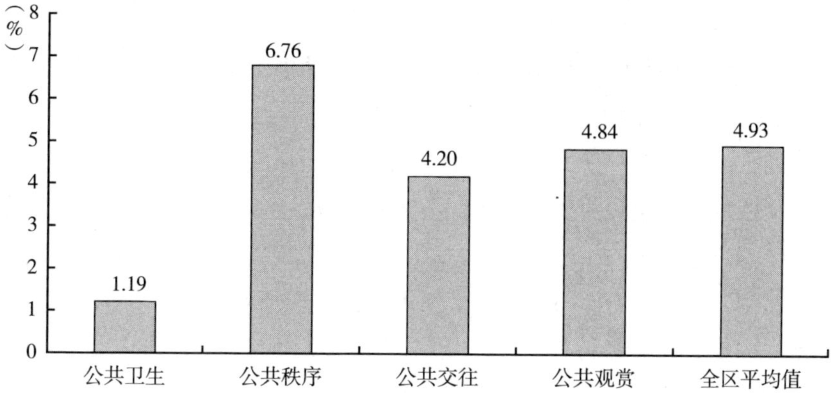

图 9　余杭区四个方面不文明现象发生率比较

人次/辆次，不文明现象总体发生率为 6. 21%。

从四个方面的观测数据来看，公共卫生方面所观测总流量为 6955 人次，其中不文明现象发生量为 106 人次，不文明现象发生率为 1. 52%；公共秩序方面所观测总流量为 11679 人次/辆次，其中不文明现象发生量为 1042 人次/辆次，不文明现象发生率为 8. 92%；公共交往方面所观测总流量为 450 人次，其中不文明现象发生量为 24 人次，不文明现象发生率为 5. 33%；公共观赏方面所观测总流量为 384 人次，其中不文明现象发生量为 36 人次，不文明现象发生率为 9. 38%。不文明现象发生率从低到高依次是公共卫生、公共交往、公共秩序、公共观赏，其中公共卫生、公共交往方面的不文明现象发生率低于全区不文明现象总体发生率（见图 10）。

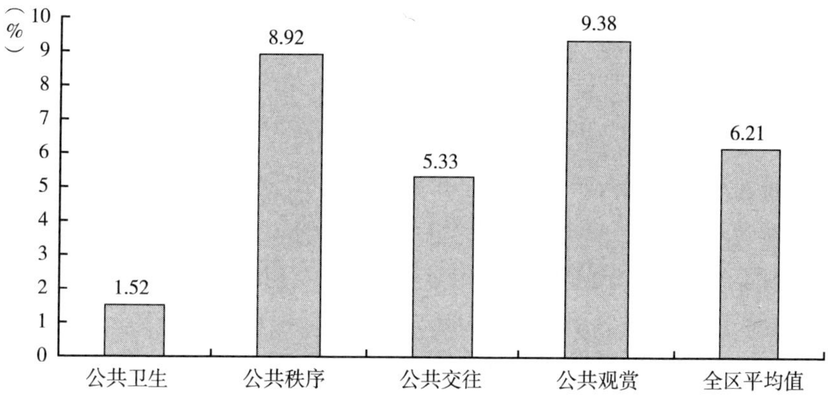

图 10　富阳区四个方面不文明现象发生率比较

10. 临安区

临安区所观测总流量为 16430 人次/辆次，其中不文明现象发生量为 1262 人次/辆次，不文明现象总体发生率为 7.68%。

从四个方面的观测数据来看，公共卫生方面所观测总流量为 6417 人次，其中不文明现象发生量为 143 人次，不文明现象发生率为 2.23%；公共秩序方面所观测总流量为 9167 人次/辆次，其中不文明现象发生量为 1058 人次/辆次，不文明现象发生率为 11.54%；公共交往方面所观测总流量为 482 人次，其中不文明现象发生量为 22 人次，不文明现象发生率为 4.56%；公共观赏方面所观测总流量为 364 人次，其中不文明现象发生量为 39 人次，不文明现象发生率为 10.71%。不文明现象发生率从低到高依次是公共卫生、公共交往、公共观赏、公共秩序，其中公共卫生、公共交往方面的不文明现象发生率低于全区不文明现象总体发生率（见图 11）。

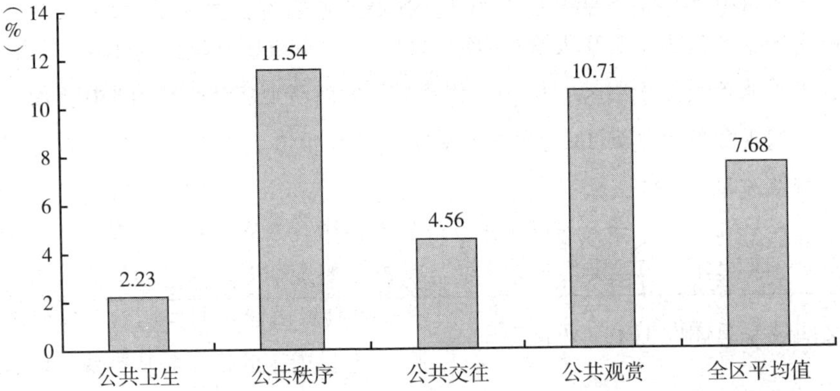

图 11　临安区四个方面不文明现象发生率比较

11. 钱塘新区

钱塘新区于 2019 年 4 月 4 日正式成立，包括原杭州大江东产业集聚区和杭州经济技术开发区，本次未正式作为一个观测单位纳入，观测数据仅具参考意义。所观测总流量为 18656 人次/辆次，其中不文明现象发生量为 868 人次/辆次，不文明现象总体发生率为 4.65%。

从四个方面的观测数据来看，公共卫生方面所观测总流量为 6254 人次，其中不文明现象发生量为 90 人次，不文明现象发生率为 1.44%；公共秩序方面所观测总流量为 10637 人次/辆次，其中不文明现象发生量为 723 人次/辆次，不文明现象发生率为 6.80%；公共交往方面所观测总流量为 271 人次，其中不文明现象发生量为 12 人次，不文明现象发生率为 4.43%；公共观赏方面所观测总流量为 1494 人次，其中不文明现象发生量为 43 人次，不文明现象发生率为 2.88%。不文明现象发生率从低到高依次是公共卫生、公共观赏、公共交往、公共秩序，其中公共卫生、公共观赏和公共交往方面的不文明现象发生率低于全区不文明现象总体发生率（见图 12）。

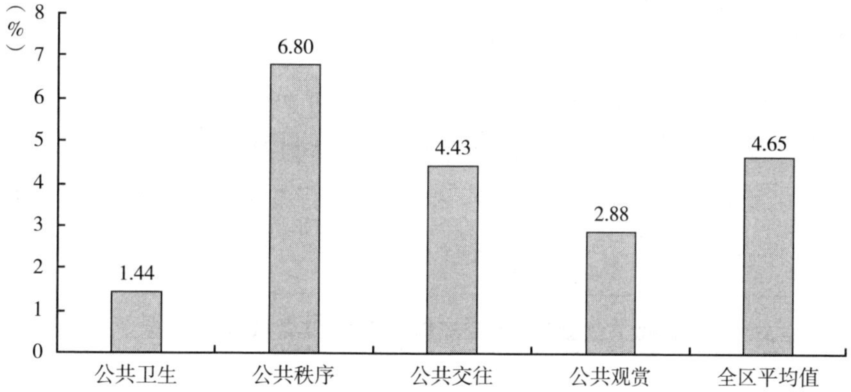

图 12　钱塘新区四个方面不文明现象发生率比较

三　三级观测指标表现

（一）公共卫生

对所设置的公共卫生方面 4 个指标在 7：00～10：00、11：00～14：00、16：00～19：00 三个不同时段进行观测，观测的总流量为 98738 人次，其中不文明现象发生量为 1115 人次，不文明现象总体发生率为 1.13%。

从具体指标来看，“投放垃圾时没有进行分类”所观测的总流量为 4087 人次，不文明现象发生量为 339 人次，不文明现象发生率为 8.29%；“随地吐痰、便溺”所观测的总流量为 54926 人次，不文明现象发生量为 533 人次，不文明现象发生率为0.97%；“在禁烟场所抽烟”所观测的总流量为39226人次，不文明现象发生量为214人次，不文明现象发生率为0.55%；“遛宠物时不清理宠物排泄物”所观测的总流量为499人次，不文明现象发生量为29人次，不文明现象发生率为5.81%。

在4个指标中，“在禁烟场所抽烟”的不文明现象发生率最低，其次为“随地吐痰、便溺”，且这两个指标的不文明现象发生率都低于该方面的不文明现象总体发生率（1.13%）；其余两个指标的不文明现象发生率均高于该方面的不文明现象总体发生率，其中“投放垃圾时没有进行分类”的不文明现象发生率最高，达到8.29%；“遛宠物时不清理宠物排泄物”的不文明现象发生率也较高，为5.81%（见图13）。

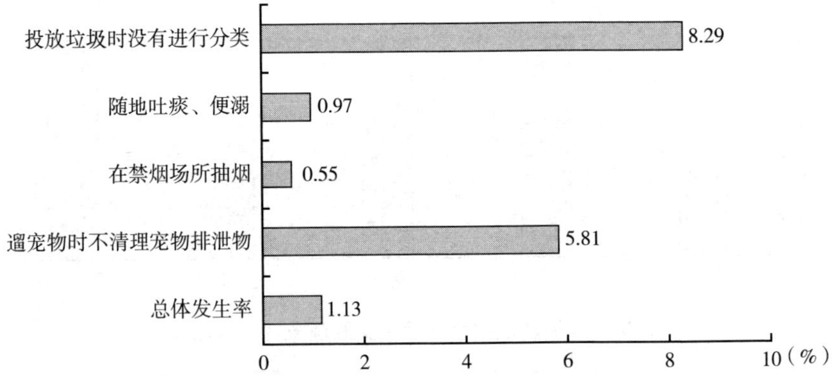

图13　公共卫生方面各指标不文明现象发生率比较

分时段来看，7：00~10：00时段所观测的总流量为39206人次，其中不文明现象发生量为408人次，不文明现象发生率为1.04%；11：00~14：00时段所观测的总流量为28125人次，其中不文明现象发生量为340人次，不文明现象发生率为1.21%；16：00~19：00时段所观测的总流量为31407人次，其中不文明现象发生量为367人次，不文明现象发生率为1.17%。在三个时段中，7：00~10：00时段的不文明现象发生率低于该方面的不文明现象全天平均值；11：00~14：00时段和16：00~19：00时段的不文明现象发生率均高于该方面的不文明现象全天平均值（见图14）。

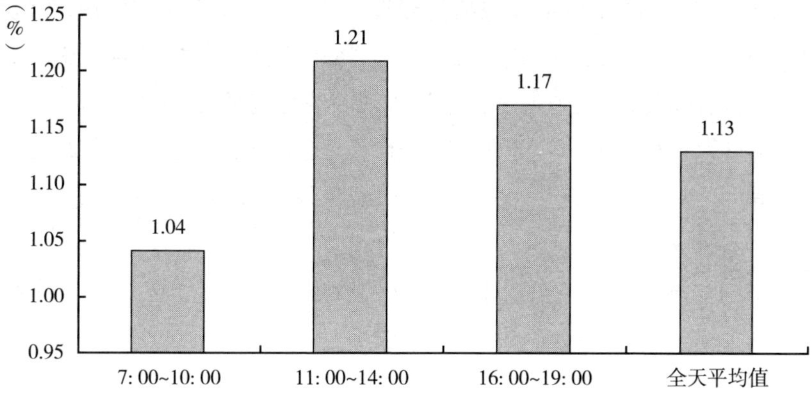

图 14　公共卫生方面各指标不同时段不文明现象发生率比较

（二）公共秩序

对所设置的公共秩序方面 11 个指标在 7：00～10：00、11：00～14：00、16：00～19：00 三个不同时段进行观测，观测的总流量为 167288 人次/辆次，其中不文明现象发生量为 10943 人次/辆次，不文明现象总体发生率为 6.54%。

从具体指标来看，“乘坐公交车时没有做到有序排队上下车”所观测的总流量为 6582 人次，不文明现象发生量为 191 人次，不文明现象发生率为 2.90%；“乘坐地铁时没有做到有序排队上下车”所观测的总流量为 10091 人次，不文明现象发生量为 266 人次，不文明现象发生率为 2.64%；“排队时没有在规定区域等候”所观测的总流量为 25550 人次，不文明现象发生量为 954 人次，不文明现象发生率为 3.73%；“机动车不在地面标示的规定区域内停车”所观测的总流量为 10385 辆次，不文明现象发生量为 796 辆次，不文明现象发生率为 7.66%；“非机动车闯红灯、走机动车道、逆向骑行”所观测的总流量为 21800 辆次，不文明现象发生量为 790 辆次，不文明现象发生率为 3.62%；“非机动车越线停车”所观测的总流量为 21573 辆次，不文明现象发生量为 1823 辆次，不文明现象发生率为 8.45%；“骑电动车时没有按规定佩戴头盔”所观测的总流量为 27231 辆次，不文明现象发生量为 4119 辆次，不文明现象发生率为 15.13%；“行人过斑马线遇机动车让行时未及时通过”所观测的总流量为 12755 辆次，不文明现象发生量为 312 辆次，不文明现象发生率为2.45%；“行人乱穿马路（包括闯红灯、翻栏杆等）”所观测的总流量为20707人次，不文明现象发生量为1031人次，不文明现象发生率为4.98%；“乘坐直行电梯时没有做到先出后进”所观测的总流量为10113人次，不文明现象发生量为616人次，不文明现象发生率为6.09%；“遛宠物时没有拴好绳子”所观测的总流量为501人次，不文明现象发生量为45人次，不文明现象发生率为8.98%。

在11个指标中，有7个指标的不文明现象发生率低于该方面的不文明现象总体发生率（6.54%），其中“行人过斑马线遇机动车让行时未及时通过”的不文明现象发生率最低，为2.45%。其余4个指标的不文明现象发生率高于该方面的不文明现象总体发生率，其中“骑电动车时没有按规定佩戴头盔”的不文明现象发生率最高，达到15.13%；其次是“遛宠物时没有拴好绳子”，为8.98%；“非机动车越线停车”和“机动车不在地面标示的规定区域内停车”这两个指标的不文明现象发生率也较高，分别为8.45%和7.66%（见图15）。

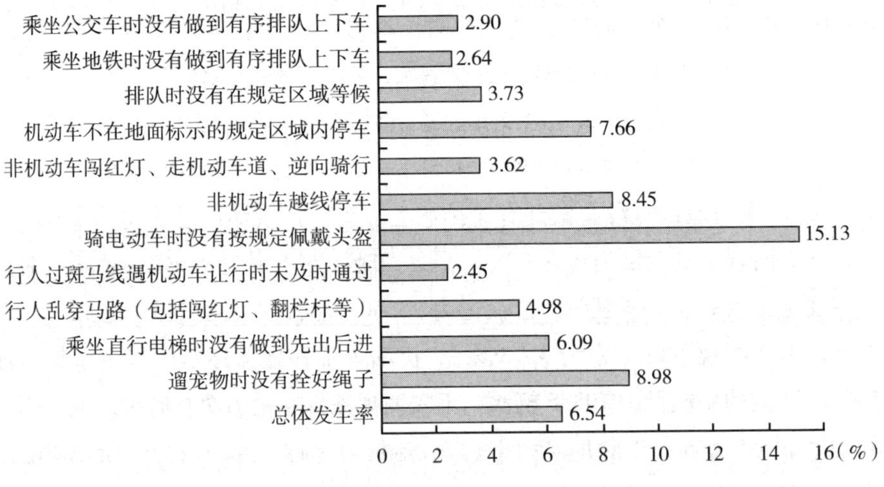

图15　公共秩序方面各指标不文明现象发生率比较

分时段来看，7：00~10：00时段所观测的总流量为57233人次/辆次，其中不文明现象发生量为3539人次/辆次，不文明现象发生率为6.18%；11：00~14：00时段所观测的总流量为50464人次/辆次，其中不文明现象发生量为3618人次/辆次，不文明现象发生率为7.17%；16：00~19：00时段所观测的总流量为 59591 人次/辆次，其中不文明现象发生量为 3786 人次/辆次，不文明现象发生率为 6. 35%。在三个时段中，11：00~14：00 时段的不文明现象发生率最高，为 7. 17%；7：00~10：00 时段的不文明现象发生率最低，为 6. 18%（见图 16）。

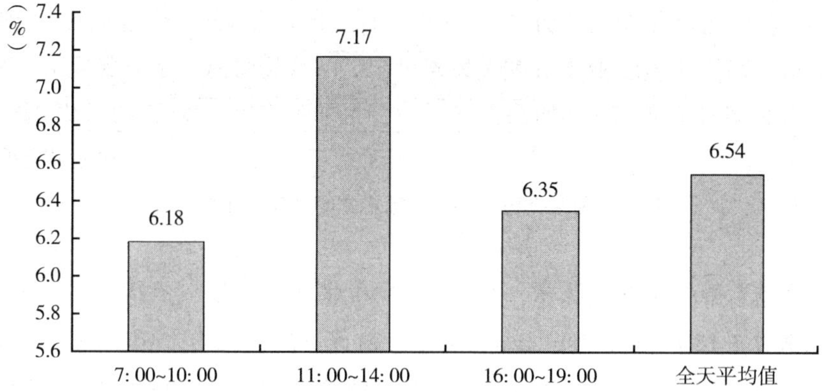

图 16　公共秩序方面各指标不同时段不文明现象发生率比较

（三）公共交往

对所设置的公共交往方面 2 个指标在 7：00~10：00、11：00~14：00、16：00~19：00 三个不同时段的观测，观测的总流量为 5224 人次，其中不文明现象发生量为 243 人次，不文明现象总体发生率为 4. 65%。

从具体指标来看，“向陌生人问询时没有礼貌回应”所观测的总流量为 2686 人次，不文明现象发生量为 102 人次，不文明现象发生率为 3. 80%；“没有给老、弱、病、残、孕及怀抱婴儿者让座”所观测的总流量为 2538 人次，不文明现象发生量为 141 人次，不文明现象发生率为 5. 56%。

在 2 个指标中，“向陌生人问询时没有礼貌回应”的不文明现象发生率低于该方面的不文明现象总体发生率，为 3. 80%；“没有给老、弱、病、残、孕及怀抱婴儿者让座”的不文明现象发生率最高，为 5. 56%（见图 17）。

分时段来看，7：00~10：00 时段所观测的总流量为 1705 人次，其中不文明现象发生量为 82 人次，不文明现象发生率为 4. 81%；11：00~14：00 时段

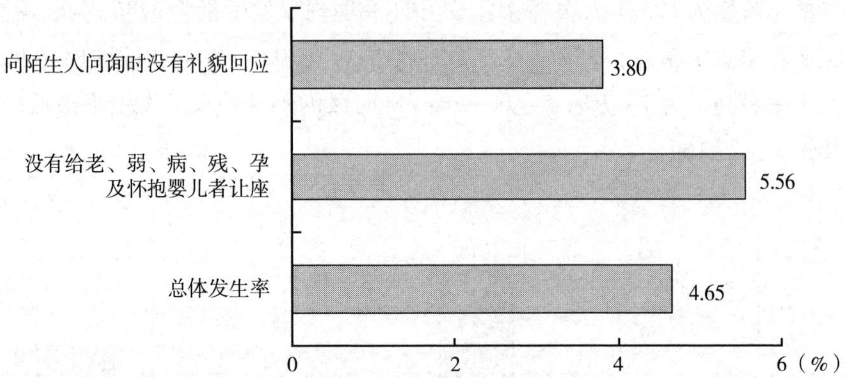

图 17　公共交往方面各指标不文明现象发生率比较

所观测的总流量为 1610 人次，其中不文明现象发生量为 77 人次，不文明现象发生率为 4.78%；16：00~19：00 时段所观测的总流量为 1909 人次，其中不文明现象发生量为 84 人次，不文明现象发生率为 4.40%。在三个时段中，16：00~19：00 时段的不文明现象发生率最低，为 4.40%；7：00~10：00 时段的不文明现象发生率最高，为 4.81%（见图 18）。

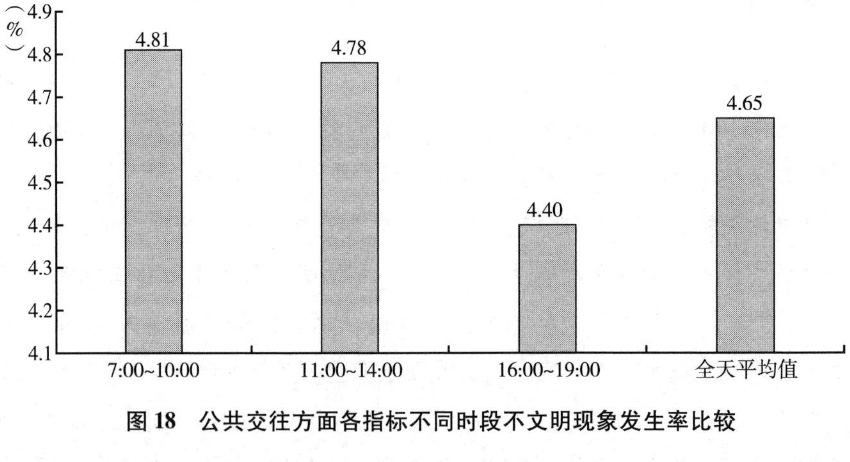

图 18　公共交往方面各指标不同时段不文明现象发生率比较

（四）公共观赏

对所设置的公共观赏 4 个指标在 7：00 ~ 10：00、11：00 ~ 14：00、

16：00~19：00 三个不同时段的观测，观测的总流量为 5604 人次，其中不文明现象发生量为 291 人次，不文明现象总体发生率为 5.19%。

从具体指标来看，“观看时交头接耳，大声喧哗，随意走动”的不文明现象发生量为 53 人次，不文明现象发生率为 2.51%；“观看时使用手机影响他人（包括出现光亮与发出声音）”的不文明现象发生量为 86 人次，不文明现象发生率为 4.08%；“观看时吃零食影响他人（包括发出声音与散发出气味）”的不文明现象发生量为 50 人次，不文明现象发生率为 7.20%；“观看结束后不自觉清理并带走垃圾”的不文明现象发生量为 102 人次，不文明现象发生率为 14.70%。

在 4 个指标中，除“观看结束后不自觉清理并带走垃圾”和“观看时吃零食影响他人（包括发出声音与散发出气味）”这两个指标的不文明现象发生率高于该方面的不文明现象总体发生率（5.19%）外，其余两个指标的不文明现象发生率低于该方面的不文明现象总体发生率，其中“观看时交头接耳，大声喧哗，随意走动”的不文明现象发生率最低，为 2.51%（见图 19）。

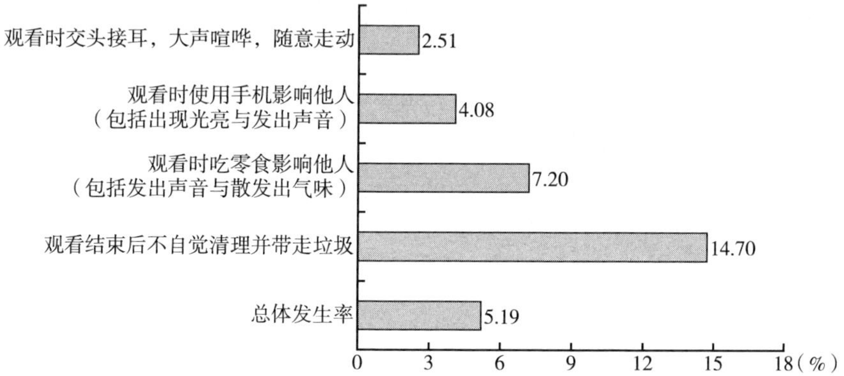

图 19　公共观赏方面各指标不文明现象发生率比较

分时段来看，由于 7：00~10：00 时段影院还未开门营业，因此这一时段没有观测到数据。11：00~14：00 时段所观测的总流量为 1970 人次，不文明现象发生量为 109 人次，不文明现象发生率为 5.53%；16：00~19：00 时段所观测的总流量为 3634 人次，不文明现象发生量为 182 人次，不文明现象发生率为 5.01%。在所观测的两个时段中，11：00~14：00 时段的不文明现象发生率最高，为 5.53%；16：00~19：00 时段的不文明现象发生率最低，为 5.01%（见图 20）。

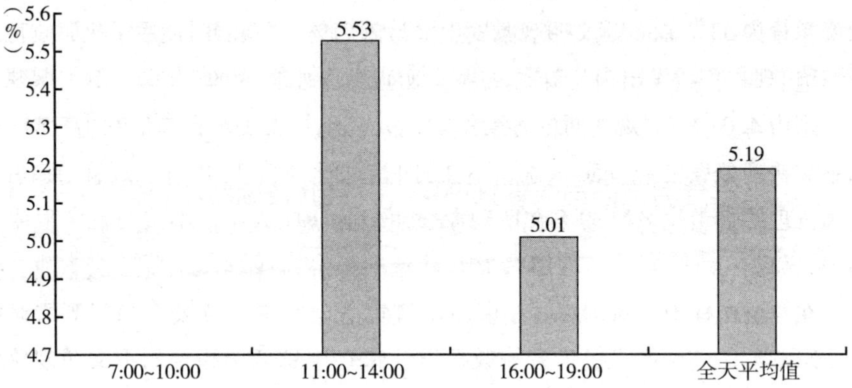

图 20　公共观赏方面各指标不同时段不文明现象发生率比较

四　部分观测指标的三年（2017~2019年）纵向对比

通过对观测数据的分析，发现同一指标在不同观测点的观测数据近三年间（2017~2019 年）存在差异。

（一）投放垃圾时没有进行分类

该指标的观测点主要分布在社区、农贸市场、公园/广场以及街巷。在这 4 个观测点中，社区内的不文明现象发生率在 2017~2019 年逐年下降，其余各观测点三年间均呈现波动状态。同一年度不同观测点的横向比较，以 2019 年为例，在这 4 个观测点中，不文明现象发生率最高的是农贸市场（9.90%），最低的是街巷（7.16%），不文明现象发生率从高到低依次为农贸市场、公园/广场、社区、街巷（见图 21）。

（二）随地吐痰、便溺

该指标的观测点主要分布在医院、社区、农贸市场、公园/广场以及街巷。在这 5 个观测点中，社区内的不文明现象发生率在 2017~2019 年逐年下降，

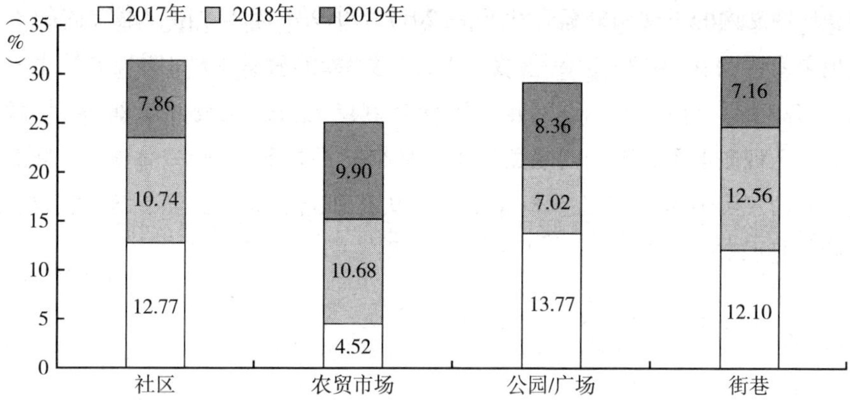

图 21　“投放垃圾时没有进行分类”指标不同观测点不文明现象发生率 2017~2019 年比较

其余各观测点三年间均呈现波动状态。同一年度不同观测点的横向比较，以 2019 年为例，在这 5 个观测点中，不文明现象发生率最高的是公园/广场（1.33%），最低的是医院（0.48%），不文明现象发生率从高到低依次为公园/广场、农贸市场、街巷、社区、医院（见图 22）。

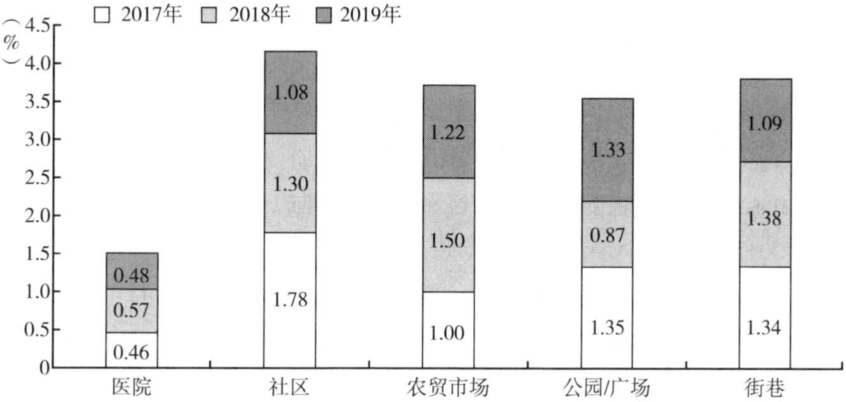

图 22　“随地吐痰、便溺”指标不同观测点不文明现象发生率 2017~2019 年比较

（三）在禁烟场所抽烟

该指标的观测点主要分布在地铁站、医院以及农贸市场。在这 3 个观测点中，地铁站内的不文明现象发生率在 2017~2019 年逐年下降，医院内的不文明现象发生率在 2017~2019 年缓慢上升，农贸市场内的不文明现象发生率在 2017~2019 年逐渐上升。同一年度不同观测点的横向比较，以 2019 年为例，在这 3 个观测点中，不文明现象发生率最高的是农贸市场（1.55%），最低的是地铁站（0.04%），不文明现象发生率从高到低依次为农贸市场、医院、地铁站（见图 23）。

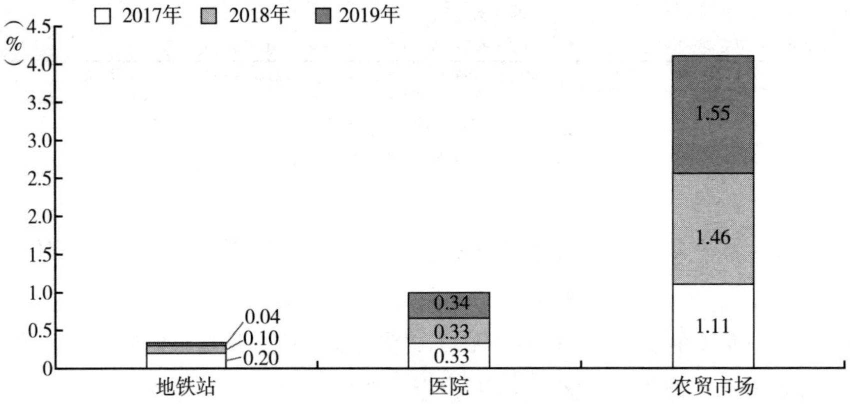

图 23 “在禁烟场所抽烟”指标不同观测点不文明现象发生率 2017~2019 年比较

（四）遛宠物时不清理宠物排泄物

该指标的观测点主要分布在社区、公园/广场以及街巷，各观测点的不文明现象 2017~2019 年均呈现波动状态。同一年度不同观测点的横向比较，以 2019 年为例，在这 3 个观测点中，不文明现象发生率最高的是公园/广场（6.84%），最低的是街巷（5.11%），不文明现象发生率从高到低依次为公园/广场、社区、街巷（见图 24）。

（五）排队时没有在规定区域等候

该指标的观测点主要分布在公交车站、地铁站以及医院。在这 3 个观测点中，公交车站的不文明现象发生率在 2017~2019 年逐年上升，其余各观测点三年间的不文明现象发生率均呈现波动状态。同一年度不同观测点的横向比

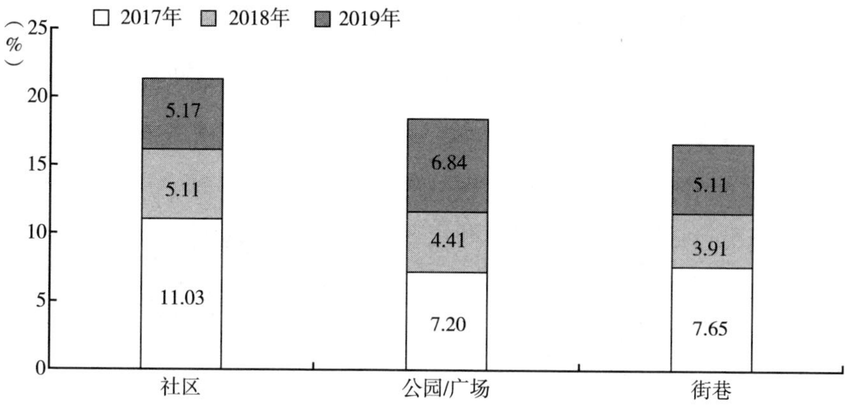

图 24　“遛宠物时不清理宠物排泄物”指标不同观测点不文明现象发生率 2017~2019 年比较

较，以 2019 年为例，在这 3 个观测点中，不文明现象发生率最高的是医院（4.90%），最低的是公交车站（2.80%），不文明现象发生率从高到低依次为医院、地铁站、公交车站（见图 25）。

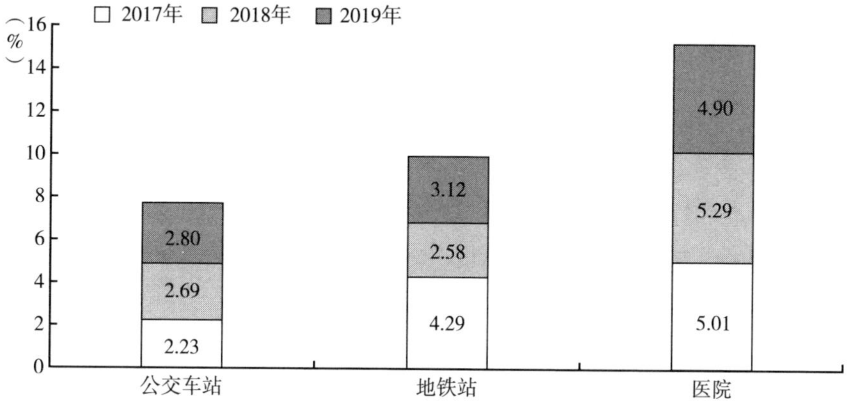

图 25　“排队时没有在规定区域等候”指标不同观测点不文明现象发生率 2017~2019 年比较

（六）机动车不在地面标示的规定区域内停车

该指标的观测点主要分布在社区和街巷，各观测点 2017~2019 年不文明现象发生率均呈现波动状态。同一年度不同观测点的横向比较，以 2019 年为例，在这 2 个观测点中，不文明现象发生率最高的是社区（8.58%），最低的是街巷（8.00%）（见图 26）。

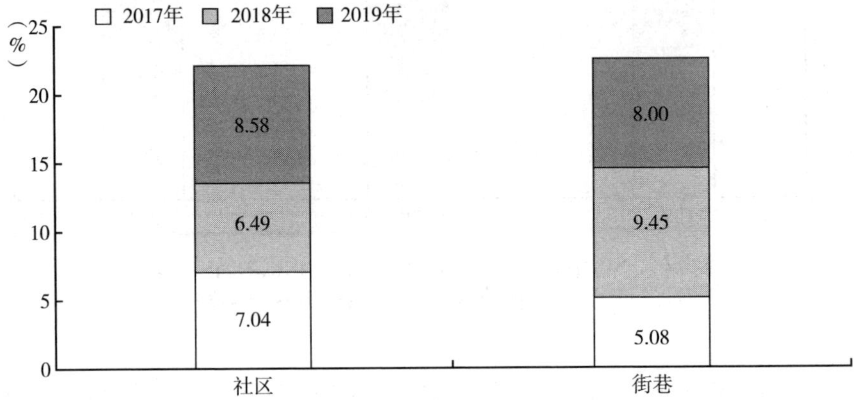

图 26　“机动车不在地面标示的规定区域内停车”指标不同观测点不文明现象发生率 2017~2019 年比较

（七）行人乱穿马路（包括闯红灯、翻栏杆等）

该指标的观测点主要分布在公交车站和交叉路口。其中，公交车站的不文明现象发生率在 2017~2019 年逐年上升，而在交叉路口不文明现象发生率在 2017~2019 年缓慢降低。同一年度不同观测点的横向比较，以 2019 年为例，在这 2 个观测点中，不文明现象发生率最高的是公交车站（6.29%），最低的是交叉路口（4.21%）（见图 27）。

（八）遛宠物时没有拴好绳子

该指标的观测点主要分布在社区、公园/广场和街巷。在这 3 个观测点中，公园/广场和街巷的不文明现象发生率在 2017~2019 年逐年下降，而社区的不文明现象发生率在 2017~2019 年出现波动。同一年度不同观测点的横向比较，以 2019 年为例，在这 3 个观测点中，不文明现象发生率最高的是社区（12.64%），最低的是公园/广场（7.89%），不文明现象发生率从高到低依次为社区、街巷、公园/广场（见图 28）。

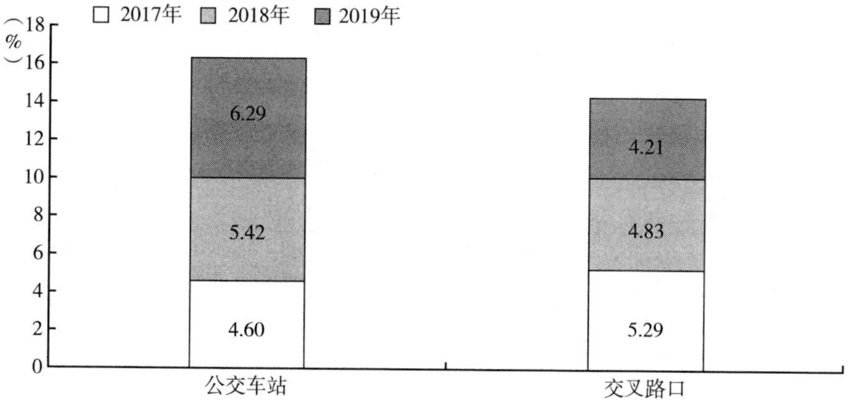

图 27　“行人乱穿马路（包括闯红灯、翻栏杆等）”指标不同观测点不文明现象发生率 2017~2019 年比较

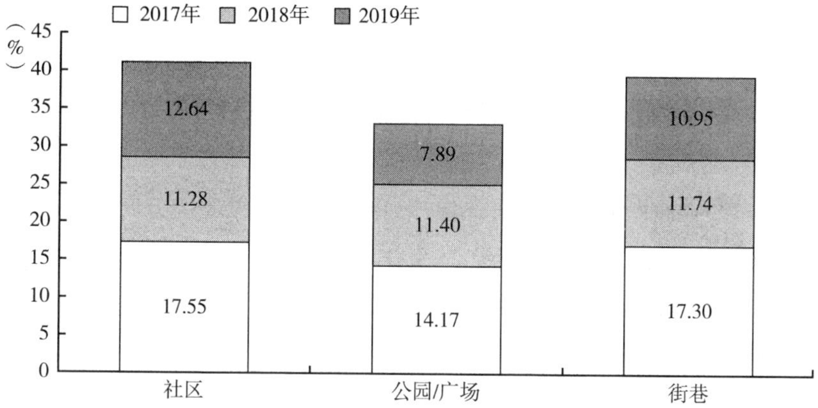

图 28　“遛宠物时没有拴好绳子”指标不同观测点不文明现象发生率 2017~2019 年比较

（九）向陌生人问询时没有礼貌回应

该指标的观测点主要分布在公交车站、社区、公园/广场和街巷，各观测点 2017~2019 年不文明现象发生率均呈现波动状态。同一年度不同观测点的横向比较，以 2019 年为例，在这 4 个观测点中，不文明现象发生率最高的是街巷（5.93%），最低的是公交车站（2.44%），不文明现象发生率从高到低依次为街巷、公园/广场、社区和公交车站（见图 29）。

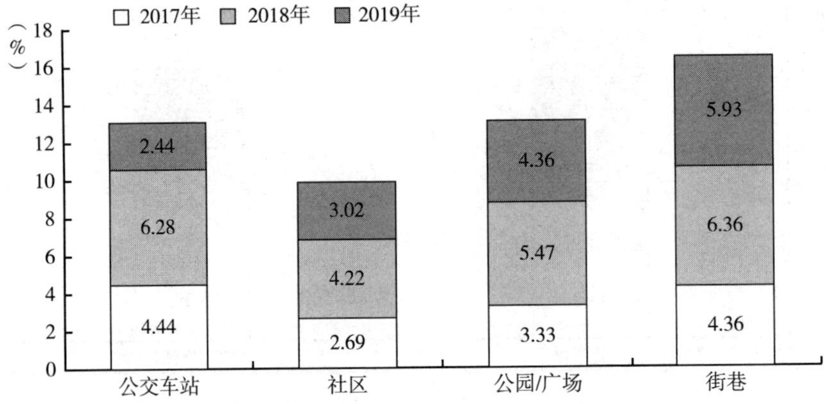

图 29　“向陌生人问询时没有礼貌回应”指标不同观测点不文明现象发生率 2017~2019 年比较

五　部分观测指标六年（2014~2019年）纵向对比

以 2019 年四个方面 19 个可比指标为例，属于公共卫生方面的有 4 个，属于公共秩序方面的有 9 个，属于公共交往方面的有 2 个，属于公共观赏方面的有 4 个，具体如表 2 所示。在公共卫生、公共秩序、公共交往、公共观赏四个方面，对比 6 年数据，四个方面无一出现连续上升或连续下降的状态，均呈现波动状态（见图 30）。

在 19 个指标中，有 3 个指标的不文明发生现象发生率 2016~2019 年连续四年下降，有 1 个指标的不文明发生现象发生率 2017~2019 年连续三年下降，有 2 个指标的不文明现象发生率 2018~2019 年连续两年下降；有 1 个指标的不文明现象发生率 2018~2019 年连续两年上升；其余 12 个指标的不文明现象发生率均出现了不同程度的波动。

在公共卫生方面，可比较的 4 个指标（“投放垃圾时没有进行分类”“随地吐痰、便溺”“在禁烟场所抽烟”“遛宠物时不清理宠物排泄物”）的不文明现象发生率均呈现无规律波动状态。其中“在禁烟场所抽烟”指标不文明现象发生率在近两年连续上升（见图 31）。

表 2　2014~2019 年杭州市民公共文明行为现场观测各指标不文明现象发生率比较

单位：%

2019 年观测指标		2014 年	2015 年		2016 年		2017 年			2018 年			2019 年	
										9 个区		10 个区		
		发生率	发生率	变化趋势	发生率	变化趋势	发生率	变化趋势	9 个区	发生率	变化趋势	发生率	发生率	变化趋势
公共卫生	投放垃圾时没有进行分类	36.47	20.68	↓	18.66	↓	9.31	↓	9.31	9.63	↑	10.41	8.29	↓
	随地吐痰、便溺	0.68	0.31	↓	0.79	↑	0.93	↑	0.93	0.97	↑	1.02	0.97	↓
	在禁烟场所抽烟	1.01	0.47	↓	0.51	↑	0.41	↓	0.41	0.40	↓	0.45	0.55	↑
	遛宠物时不清理宠物排泄物	26.07	18.89	↓	16.94	↓	9.67	↓	9.67	4.67	↓	4.68	5.81	↑
	小计	2.54	0.88	↓	1.44	↑	1.34	↓	1.17	1.23	↑	1.35	1.13	↓
公共秩序	乘坐公交车时没有做到有序排队上下车	4.48	3.59	↓	2.60	↓	1.56	↓	1.56	2.48	↑	2.59	2.90	↑
	乘坐地铁时没有做到有序排队上下车		3.59		2.07	↓	2.35	↑	2.35	1.91	↓	1.91	2.64	↑
	排队时没有在规定区域等候		3.59		5.10	↑	3.72	↓	3.72	3.17	↓	3.26	3.73	↑
	机动车不在地面标示的规定区域内停车	2.67	5.62	↑	7.96	↑	6.49	↓	6.49	6.10	↓	7.15	7.66	↑
	非机动车闯红灯、走机动车道、逆向骑行	7.54	9.39	↑	8.56	↓	4.04	↓	4.04	4.51	↑	4.74	3.62	↓
	非机动车越线停车				8.56		7.80	↓	7.80	6.86	↓	7.50	8.45	↑
	行人乱穿马路（包括闯红灯、翻栏杆等）	7.54	8.43	↑	6.90	↓	5.05	↓	5.05	4.84	↓	5.06	4.98	↓
	乘坐直行电梯时没有做到先出后进				4.69		5.22	↑	5.22	4.24	↓	4.45	6.09	↑
	遛宠物时没有拴好绳子		31.78		32.31	↑	16.77	↓	16.77	9.88	↓	11.41	8.98	↓
	小计	3.33	5.02	↑	4.34	↓	4.14	↓	5.29	4.85	↓	5.17	6.54	↑

续表

2019 年观测指标		2014 年	2015 年		2016 年		2017 年			2018 年			2019 年	
										9 个区		10 个区		
		发生率	发生率	变化趋势	发生率	变化趋势	发生率	变化趋势	9 个区	发生率	变化趋势	发生率	发生率	变化趋势
公共交往	向陌生人问讯时没有礼貌回应	4.51	3.58	↓	4.21	↑	3.63	↓	3.63	4.80	↑	5.34	3.80	↓
	没有给老、弱、病、残、孕及怀抱婴儿者让座	6.01	5.82	↓	4.45	↓	5.03	↑	5.03	3.46	↓	3.68	5.56	↑
	小计	2.26	2.67	↑	5.04	↑	3.79	↓	3.79	4.34	↑	4.27	4.65	↑
公共观赏	观看时交头接耳，大声喧哗，随意走动	7.06	7.31	↑	4.63	↓	4.48	↓	4.48	4.19	↓	4.19	2.51	↓
	观看时使用手机影响他人（包括出现光亮与发出声音）	5.67	6.97	↑	6.23	↓	12.75	↑	12.75	6.80	↓	7.14	4.08	↓
	观看时吃零食影响他人（包括发出声音与散发出气味）		16.19		13.25	↓	13.66	↑	13.66	9.64	↓	9.77	7.20	↓
	观看结束后不自觉清理并带走垃圾		52.22		25.83	↓	25.71	↓	25.71	21.50	↓	21.93	14.70	↓
	小计	22.70	8.29	↓	5.11	↓	6.06	↑	12.24	8.42	↓	8.61	5.19	↓
	合计	2.89	3.54	↑	3.47	↓	3.34	↓	3.78	3.76	↓	3.99	4.55	↑

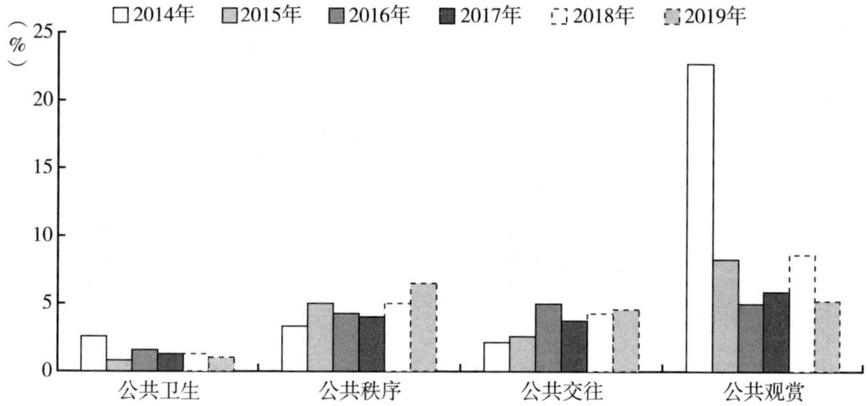

图 30　四个方面对比指标 2014～2019 年不文明现象发生率比较

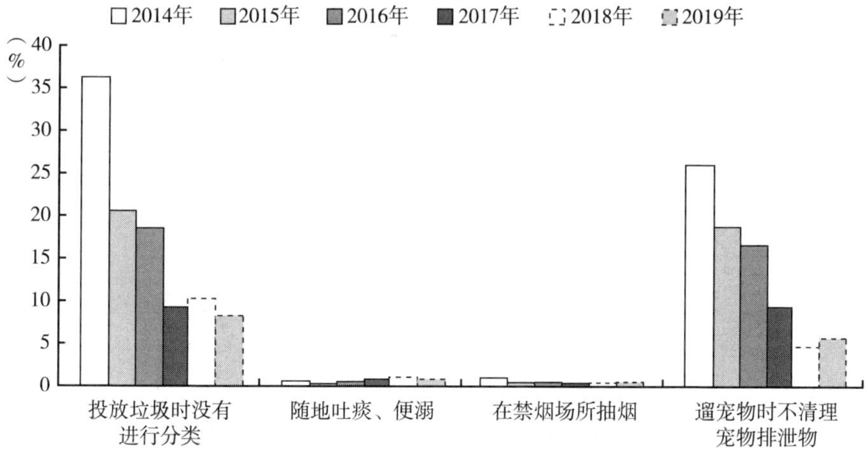

图 31　公共卫生方面对比指标 2014～2019 年不文明现象发生率比较

在公共秩序方面，可比较的 4 个指标［“乘坐公交车时没有做到有序排队上下车”“机动车不在地面标示的规定区域内停车”“非机动车闯红灯、走机动车道、逆向骑行”“行人乱穿马路（包括闯红灯、翻栏杆等）”］的不文明现象发生率均呈现无规律波动状态。其中“乘坐公交车时没有做到有序排队上下车”和“机动车不在地面标示的规定区域内停车”这两个指标不文明现象发生率在近三年逐渐上升（见图 32）。

在公共交往方面，可比较的 2 个指标（“向陌生人问询时没有礼貌回应”

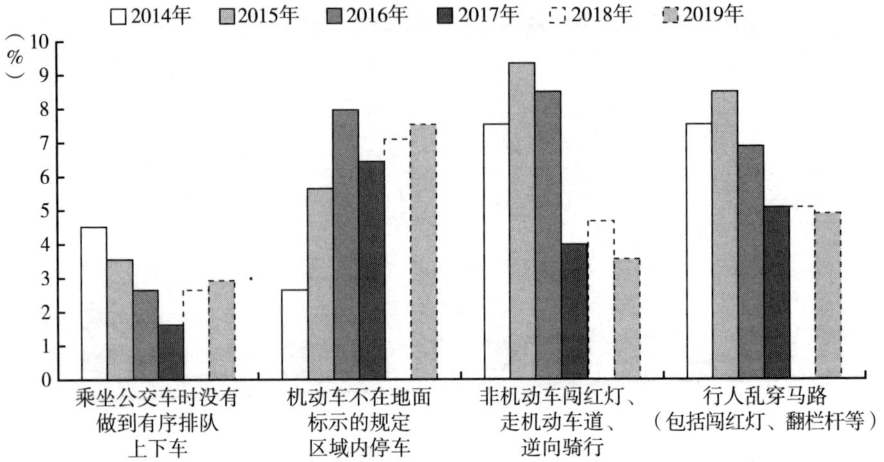

图 32　公共秩序方面对比指标 2014~2019 年不文明现象发生率比较

和“没有给老、弱、病、残、孕及怀抱婴儿者让座”）的不文明现象发生率均呈现波动状态（见图 33）。

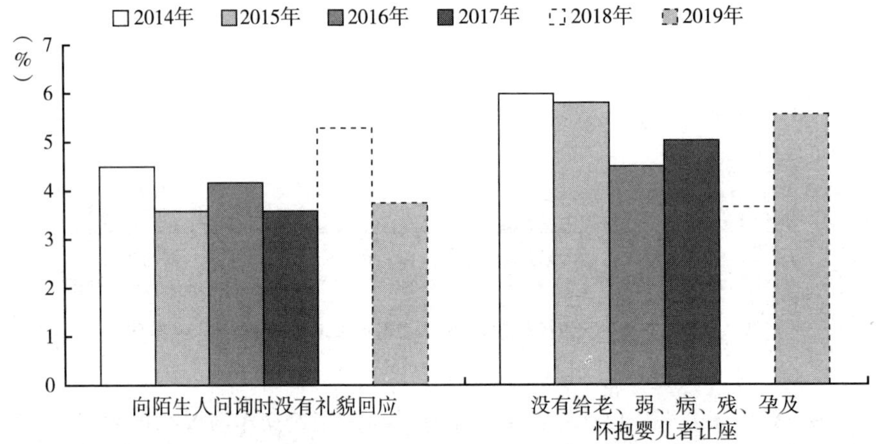

图 33　公共交往方面对比指标 2014~2019 年不文明现象发生率比较

在公共观赏方面，可比较的 2 个指标［“观看时交头接耳，大声喧哗，随意走动”和“观看时使用手机影响他人（包括出现光亮与发出声音）”］的不文明现象发生率呈现波动状态。其中“观看时交头接耳，大声喧哗，随意走动”的不文明现象发生率近五年来连续下降，“观看时使用手机影响他人（包括出现光亮与发出声音）”指标不文明现象发生率近三年也连续下降（见图34）。

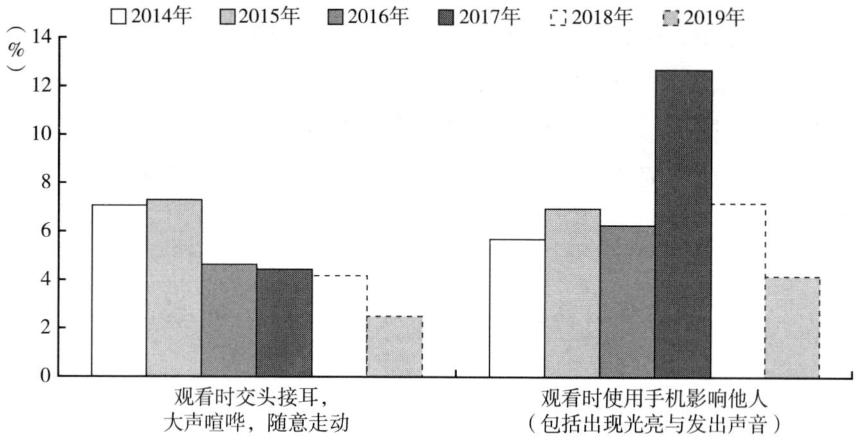

图34　公共观赏方面对比指标2014~2019年不文明现象发生率比较

从四个方面来看，2019年公共秩序方面不文明现象发生率比2018年有较大反弹；对比六年数据发现，2016~2018年该方面均有一定程度下降，但在2019年有明显翘头上升趋势。从具体指标来看，公共秩序方面6个指标即“乘坐公交车时没有做到有序排队上下车”“乘坐地铁时没有做到有序排队上下车”“排队时没有在规定区域等候”“机动车不在地面标示的规定区域内停车”“非机动车越线停车”“乘坐直行电梯时没有做到先出后进”的不文明现象发生率均比2018年有所上升，其中“非机动车越线停车”和“乘坐直行电梯时没有做到先出后进”的反弹幅度较大。另外，公共卫生方面的“遛宠物时不清理宠物排泄物”这一指标在连续四年下降后也首次出现反弹，且幅度不小。

从观测点来看，公交车站观测点“乘坐公交车时没有做到有序排队上下车”“排队时没有在规定区域等候”“行人乱穿马路（包括闯红灯、翻栏杆等）”、地铁站观测点“排队时没有在规定区域等候”、医院观测点“在禁烟场所抽烟”、交叉路口观测点“非机动车越线停车”、社区观测点“遛宠物时不清理宠物排泄物”“机动车不在地面标示的规定区域内停车”、农贸市场观测点“在禁烟场所抽烟”、公园/广场观测点“投放垃圾时没有进行分类”“随地吐痰、便溺”“遛宠物时不清理宠物排泄物”、街巷观测点“遛宠物时不清理宠物排泄物”、公交/地铁线路观测点“没有给老、弱、病、残、孕及怀抱婴儿者让座”等指标 2019 年不文明现象发生率均出现较大程度的反弹。

个别观测指标和观测点不文明现象发生率出现反弹的原因可能在于：一方面，市民文明意识和文明行为的改善是一个持久的过程，并非一劳永逸的；另一方面，观测时间、观测地点、观测对象的选取也有一定的随机性，对于这部分观测指标的变化趋势，需要一个较长的样本周期，才能得到较为准确的结论。

六　2019年各城区现场观测情况及典型案例

2019 年杭州市和各城区的可比指标的不文明现象发生率较 2018 年有不同程度的下降，课题组在观测过程中发现了一些城区在某些细节改善上付出的努力。

（一）余杭区、西湖区：打造引领垃圾分类新时尚

2019 年余杭区“投放垃圾时没有进行分类”这一指标的不文明现象发生率为 7.83%，较 2018 年的 13.35%有明显下降，现场观测小组也真切感受到了余杭区在垃圾分类方面尝试多样做法后成效显著。作为全省创新高地，从东、北、西三面环绕杭州主城区的余杭区，东西跨度大，呈“多中心”发展格局，既有临平副城这样的纯城区，也有乔司、崇贤这样的城乡接合部，更有径山、鸬鸟这样的农村地区，社会结构多样，在该区 1200 多平方公里的土地上开展垃圾分类整治工作，蔚为大观。以临平城区为例，在城市社区，垃圾巡检员志愿者走街串巷对易腐垃圾开袋检查，并打分公示，督促市民养成习惯；生活垃圾投放错误的楼层，就会被拍下照片张贴在“垃圾分类曝光台”上公示；引入“虎哥”的互联网+生活垃圾分类模式（“虎哥回收”于 2017 年进驻余杭区，以 1000 户左右的建成小区居民为一个单位，设立社区居民生活垃圾分类和商品配送服务站，通过“互联网+物联网”模式，实现生活垃圾源头分类、收运和分选处置的全过程智慧管理）；道路垃圾桶撤桶入巷，为沿街商户开辟

“垃圾音乐线”，街边的水果店里，店家也把产生的垃圾按干湿进行分类，定时定点投放到垃圾清运车；发起垃圾分类“新时尚指数”（由垃圾控量得分和现场检查得分两部分组成，各占50%；每15天更新一次）和“时尚达人”等评比；在街头、车站、商场等各种公共场所，垃圾分类的公益宣传随处可见（见图35），做法活、易操作、覆盖广、成效显，令观测团队印象深刻。

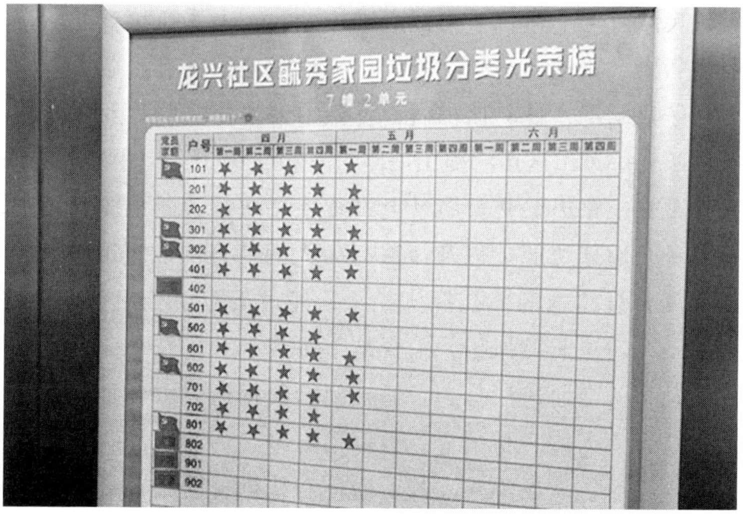

图35　余杭区垃圾分类新时尚佐证

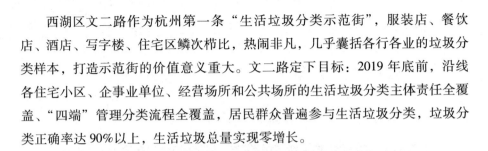

西湖区文二路作为杭州第一条“生活垃圾分类示范街”，服装店、餐饮店、酒店、写字楼、住宅区鳞次栉比，热闹非凡，几乎囊括各行各业的垃圾分类样本，打造示范街的价值意义重大。文二路定下目标：2019 年底前，沿线各住宅小区、企事业单位、经营场所和公共场所的生活垃圾分类主体责任全覆盖、“四端”管理分类流程全覆盖，居民群众普遍参与生活垃圾分类，垃圾分类正确率达 90%以上，生活垃圾总量实现零增长。

（二）萧山区：大招整治行人和非机动车交通违法

2019 年萧山区“非机动车闯红灯、走机动车道、逆向骑行”和“行人乱穿马路（包括闯红灯、翻栏杆等）”这两个指标的不文明现象发生率分别为 2. 50%和 3. 36%，而 2018 年以上两个指标不文明现象发生率分别为 2. 91%和 6. 70%，相比均呈现下降趋势。非机动车过马路闯红灯、逆向骑车、骑车带人……以往对于这些交通违法行为，很多时候除了交警现场执法查处，很难有其他管理办法。

从 2019 年 7 月 11 日开始，萧山交警启用城区 200 组电子监控，对行人、非机动车路口交通违法进行抓拍。在此次启用的 200 组高清电子监控中，萧山交警选取了市心路博学路口、市心路金惠路口、市心路山阴路口和市心路人民路口 4 个路口作为试点进行处罚。主要抓拍查处的交通违法行为包括：行人、非机动车闯红灯，非机动车逆行、违法载人等。每个路口将设置电子显示屏，自动抓拍后，对抓拍到的违法照片及违法行为人进行实时公开曝光。萧山区市心路山阴路口（位于萧山区市中心），车流量和人流量都非常大。路边的交警岗亭上设置了一块巨大的电子显示屏，上面滚动播放各种交通违法照片以及违法行为人的信息。谁闯了红灯，谁骑车逆行，马上就会被路边的监控探头拍下，经过后台审核后就实时曝光了。行人、非机动车违法监控抓拍，主要是采用视频分析技术，自动识别分析行人、非机动车的交通违法行为。抓拍到的数据通过大数据的碰撞，就能自动获取违法行为人的身份信息。数据信息经过后台工作人员的审核，无误后将被录入系统。现场观察发现，即使有执勤交警在现场，个别市民还是无视信号灯，在车流中随意穿马路，那势必将被拍，逾期不接受处理的，将会影响个人信用档案。

（三）江干区、余杭区、拱墅区、西湖区：公共遛犬文明多

近年来，人狗冲突越来越多也越来越严重，狗咬人事件时有发生，轻则致伤，重则致死，引起了很多不养狗市民的反感和不满。为了缓和、化解人狗冲突，有不少不养狗的市民主张直接禁止小区业主养狗，禁止在市区里养狗，杭州市相关部门也曾出台了“史上最严养狗规定”，甚至“一刀切”地禁止白天遛狗，只允许晚上、夜间遛狗。但由于执法成本过高，出台的“史上最严养狗规定”形同虚设，往往沦为一纸空文，就往年观测数据来说，“遛宠物时不清理宠物排泄物”和“遛宠物时没有拴好绳子”这两个指标的不文明现象发生率均较高。

2019 年江干区“遛宠物时没有拴好绳子”这一指标的不文明现象发生率为 5.26%，较 2018 年的 6.20%有较大幅度下降。江干区积极配合杭州市城管部门工作，推出小区文明遛犬区首批两个试点小区——四季青街道的运新花苑一区、笕桥街道曙光之城。

2019 年余杭区“遛宠物时没有拴好绳子”这一指标的不文明现象发生率为 10.81%，较 2018 年的 15.43%明显下降。杭州余杭区、拱墅区、西湖区和钱塘新区试点另辟蹊径，设立开放“公共遛犬区”，让市民白天可以在“公共遛犬区”“自由”地遛狗，这种疏导性办法，相比较一些城市禁止市民养狗、禁止白天遛狗的规范养狗管理手段来说要更靠谱、更人性化，实质上是化解城市人狗冲突的务实之策。拱墅区康桥镇独城公园、余杭区人民大道与星河路交叉口公共绿地、钱塘新区之江路与 11 号大街交叉口公共绿地、西湖区三墩镇紫金港入城口西北侧是杭州市推出的四个公共遛犬区。市民在这些公共遛犬区内遛犬，时间可以不受杭州现行的 19 时至次日 7 时这个遛犬时间限制。设立“公共遛犬区”，不只是化解人狗冲突的务实之策，还是对市民养狗权利、养狗市民遛狗权利的保护，也是对不养狗市民合法权益的一种保障。文明遛犬区，重点还在文明上。

七　政策展望

杭州，是国家首批历史文化名城。5000 多年前，良渚先民在此繁衍生息，

用智慧和双手创造出了“良渚文明”。西湖、中国大运河两大世界文化遗产见证了城市的沧桑与辉煌。今日杭州也是创新活力之城，以“互联网+”为主要特征的新经济快速发展，一派生机盎然。杭州在创建全国文明城市过程中所积累的经验、取得的成绩，大家有目共睹。2016 年，举世关注的 G20 峰会在杭州召开，已经深入人心的“机动车在斑马线前礼让行人”成了杭州的一张“金名片”，得到了来杭国际友人的高度赞赏。2018 年，为进一步升级“礼让斑马线”，杭州设立了“1.11 斑马线互敬日”，在司机“斑马线礼让行人”的基础上，也倡导行人在快步走过的同时给予回礼点赞，让斑马线礼让成为司机与行人的和谐互动，对人温柔以待。“文明一米线”正日益成为杭州地铁寻常而动人的风景。特别是 2016 年 G20 杭州峰会、2017 年全国学生运动会、2018 年世界短池游泳锦标赛、2019 年世界环境日全球主场活动等大型活动的成功举办，使杭州连续 12 年荣获“中国最具幸福感城市”称号，在世界城市研究机构之一 GaWC 发布的《2019 年世界级城市名册》中，杭州拥有了“世界一流城市”的荣誉，这极大地提升了杭州的国际化、现代化水平和市民的整体文明素养。在现场观测期间，大家对此深有感受，无比自豪。

对比 2014~2019 年的现场观测数据，值得高兴的是，市民在垃圾分类投放、公共观赏、遛宠物时拴好绳子等方面已有一定程度改善；而在非机动车越线停车和遛宠物时不清理其排泄物等方面还需要进一步地继续努力。值得关注的是，2019 年新增指标“骑电动车时没有按规定佩戴头盔”的不文明现象发生率（15.13%）高居榜首，需要下大力气加以宣传与整治，以提升杭州市民公共文明行为整体水平。根据现场观测数据与实地观测感受，以下就骑电动车佩戴头盔和文明养犬问题提出建议。

（一）骑电动车佩戴头盔

据统计分析，在涉及电动自行车交通事故死亡人员中，因未佩戴头盔造成颅脑损伤死亡的，占 82.74%。2019 年，杭州市重拳整治电动自行车交通违法行为，4 月 15 日，杭州市正式实施新的电动自行车管理标准。无牌无证电动车禁止上路，同时交警部门加大对无牌电动车的查扣力度，对未按规定佩戴安全头盔等各类交通违法行为也开展了一系列的集中整治行动。按照标准，对驾驶人和乘坐儿童不佩戴头盔、逆向行驶、闯红灯等重点电动自行车交通违法行为，将给予处罚。杭州交警对电动自行车骑行人不戴安全头盔行为的宣教、劝导力度不断加大。

实施新标准很及时也很必要，但是也出现了一些实际问题，如骑行者中佩戴头盔比例不足50%、头盔佩戴不舒服、佩戴头盔弄乱头发、夏季佩戴头盔有苦衷、头盔没有被合理安置存放空间、外卖/快递小哥等职业人群的佩戴情况不佳、共享电动车未配备头盔等。为此，课题组提出以下针对性建议。

1. 设置“不文明交通曝光台”

在部分社区、宾馆和写字楼推出“不文明交通曝光台”，让不按规定佩戴头盔的交通违法者“红红脸”，也让邻里街坊互相监督。对电动自行车骑行人的违法情况抄告单位、社区，共同治理不文明现象。除了曝光，交警部门还需联合社区、企业，组织交通劝导员助力交通秩序管理，招募更多交通劝导员，实现警民共治，让老百姓自觉做到平安出行。

2. 加大驾驶人佩戴头盔的宣传力度

加大力度宣传正确佩戴头盔的方式、意义与作用，推动行业协会、企业共治共管，以提高电动自行车驾驶人自觉佩戴头盔比例，特别是快递、外卖从业人员要达到100%。

3. 提升电动车（共享电动车）的车辆实用性

可以加宽座椅或者加深座椅深度，以便放置头盔，让使用者使用不尴尬（比如头盔放车篓被偷、拿在手里又重又多余等问题）。关于共享电动车目前未配备头盔的，请相关电动车服务企业积极思考相应对策，如从车篓设计上切入等。

4. 设计舒适美观适时的多功能头盔

很多市民不愿意戴头盔，是因为它的确不美观，质量也一般，还没有季节区分。如果有专门的企业来创新设计舒适美观头盔，加入文创元素，考虑佩戴季节等因素，推向市场，相信会吸引大批头盔粉丝自觉佩戴，他们甚至会引以为傲，由此渐渐让戴头盔成为日常行为，甚至掀起一股潮流。

（二）文明养犬

将遛狗时间限定在19时至次日7时这个区间一度引发争议，杭州相关管理部门积极针对问题提出政策措施，体现出杭州城市的包容性以及解决问题的智慧和主观性。先推出小区文明遛犬区首批两个试点小区——四季青街道的运新花苑一区、笕桥街道曙光之城，又推出公共遛犬区试点，拱墅区、余杭区、钱塘新区、西湖区四处试点对外开放。

为规范市民养犬行为，规避不必要的社会风险，课题组提出以下针对性建议。

第一，加快推进杭州市养犬管理法规的立法工作，早日制定出台符合杭州市实际的养犬管理法规，明确统一的管理部门、增加人员和经费、明确处罚细则、建立问责机制等，让文明养犬有法可依。建议公安机关加大养犬执法管理力度，加大犬类防疫力度和执法力度，针对流浪犬集中出没地段、犬只扰民问题高发区域，进行重点巡查，及时捕捉无证犬、流浪犬，依法查处违规养犬行为，对违规养犬的市民予以处罚。

第二，建议改变以往犬类管理单靠政府的模式，以公安部门为主，联合社区、卫生、畜牧、交通等各部门，动员居民、犬主及社区基层组织共同参与，各司其职、各负其责、密切配合，形成齐抓共管的良好局面。

第三，文明遛犬区，重点还在文明上。虽然划定了专门区域，但并不意味着这就是一块自留地，想怎么遛就怎么遛，该守的规矩一点都不能少，该有的装备一个都不能少。除了遛犬区需要进行一定的处置，装上警示牌以及必要的设施以外，在遛犬区，主人和宠物都得遵守相应的规范。首先，大型犬只绳子一定要牵牢，这是法规规定，必要时还要戴上嘴套，同时，宠物排泄物也要及时处理好。设置了遛犬区，狗不免会在一个地方集中起来，这就要防止狗与狗之间打闹扯咬，酿成突发事故。

第四，建议有关部门建立以养犬登记管理和强制免疫管理为核心的管理制度，严格执行有证养狗制度，禁止无证养狗，以有效解决烈犬伤人后的索赔问题，以及避免遗弃宠物狗、流浪狗行为的发生。

第五，社区街道办和住宅小区的物业公司联合行动。对各自管辖区内的所有养狗业主进行登记注册，并定期检查核实。监督养狗业主定期去防疫部门给自家宠物狗打狂犬疫苗。鼓励小区结合实际探索符合本小区实际情况的管理行为，如社区组建专门志愿者队伍实行巡逻监督。

第六，设立专门的宠物狗繁育基地，让计生部门和各宠物医院合作，适当对宠物狗进行绝育手术，对宠物狗数量进行有效控制，防止出现宠物狗泛滥成灾而贬值，进而被弃养的现象。

作为世界一流城市、全国唯一连续17年获得“中国最具幸福感城市”称号的城市，杭州的发展令人惊喜，未来杭州将继续迎来快速发展，杭州市民的公共文明素养也将迎来新的检验。特别是2023年杭州亚运会办赛理念为“绿色、智能、节俭、文明”。文明不仅是亚运会窗口期的重要风采展示，而且是亚运会时代杭州这座城市底蕴的重要组成部分。市民要增强个人的文明自觉，争当魅力杭州的宣传者、美丽城市的建设者、和谐社会的监督者和良好文明的传递者。

杭州打造“志愿名城”的现状、问题和路径研究

打造“志愿名城”是杭州在多年志愿服务发展基础上建设“独特韵味别样精彩世界名城”的有机组成部分。进入21世纪后，杭州志愿服务工作经历了两个重要时间节点。一是西博会。2002年7月，杭州在全国副省级城市中率先成立了事业单位属性的全市志愿服务工作指导管理机构——杭州市志愿者工作指导中心。2004年3月，《杭州市志愿服务条例》正式颁布实施，这也是全国副省级城市出台的第一部志愿服务规范性法规。之后，杭州还先后出台了《关于进一步改进和完善杭州市志愿者服务工作的实施意见》《关于推进杭州市志愿服务制度化的实施意见》等政策法规。二是G20杭州峰会。出现“小青荷”等品牌项目，建立高校志愿服务联盟和校地合作办公室；2016年8月，团中央在杭州设立中国青年志愿者赛会服务研究培训基地；2017年6月，召开中国青年志愿者赛会服务交流研讨会，成立全国专家指导委员会；推动成果转化，出版《2016年G20杭州峰会志愿服务组织与管理》《大型赛会志愿服务工作研究》《国际志愿者服务教程》等相关书籍，实现赛会志愿服务工作的成果转化。

打造“志愿名城”，在加快杭州城市社会资本生成、落实公共参与、发挥服务型治理作用等方面都有深远意义。首先，打造“志愿名城”将加快杭州城市社会资本的生成与提升。社会资本是存在于社会结构中的个人资源，它为结构内的行动者提供便利，包括规范、信任和网络等形式。发展志愿服务既能提升受助者和整个城市的社会资本，也能提升志愿者自身的社会资本。因此，通过发展志愿服务，加快城市社会资本生成与拓展，对杭州城市发展具有以下正面作用：更加轻松地解决集体问题，在一定程度上摆脱集体行动的困境；促使杭州市民提升相互信任的程度，提高重复互动的可能性，从而降低日常的商业和社会交往成本；拓宽各阶层市民之间的相互认知，培育健康人格；通过心

理和生理的过程来提高杭州市民的生活品质。①

其次，打造“志愿名城”是杭州体现治理理念、落实公众参与的重要途径。朱光磊阐释了全面深化改革进程中的中国新治理观，把新政社观概括为发挥社会组织在治理和服务中的积极作用；强调新政绩观，即处理好经济建设与公共服务的关系，强调建设服务型政府，并以核心-基本-全面三个层次为基本的空间架构和次序设计。② 党的十九届四中全会进一步提出，“完善党委领导、政府负责、民主协商、社会协同、公众参与、法治保障、科技支撑的社会治理体系”。③ 习近平总书记在2019年1月指出：“志愿服务是社会文明进步的重要标志，是广大志愿者奉献爱心的重要渠道。”2019年8月23日，时任民政部部长黄树贤在学习贯彻习近平总书记关于志愿服务重要指示精神座谈会上提出：推动志愿服务在为民服务中发挥积极作用；推动志愿服务在促进社会文明进步中发挥积极作用；推动志愿服务在社会治理中发挥积极作用；推动志愿服务在实现“两个一百年”奋斗目标、实现中国梦的伟大实践中发挥积极作用。④ 因此，发展志愿服务是杭州落实社会协同和公众参与的基本途径之一。

最后，打造“志愿名城”有利于充分发挥服务型治理的作用。王思斌将社会治理分为四种，即管控型治理、博弈式治理、协商式治理和服务型治理。⑤ 志愿服务作为服务型治理，对于杭州社会治理创新具有重要意义。志愿服务（组织）与政府部门可能存在目标差异、非平等合作关系、潜在的维稳思维等张力，需要从价值普遍化、互为主体性和承认实践等方面入手去缓解这些张力。⑥ 从服务型治理的视角去看，检验杭州志愿服务（组织）强弱的主要标准是志愿服务的数量和质量，或者说是在多大程度上回应了杭州市民的关切。

2023年杭州亚运会的成功举办将杭州志愿服务推到一个新的高度，杭州

① 参见罗伯特·帕特南《独自打保龄：美国社区的衰落与复兴》，刘波等译，北京大学出版社，2011。

② 朱光磊：《全面深化改革进程中的中国新治理观》，《中国社会科学》2017年第4期。

③ 《中共中央关于坚持和完善中国特色社会主义制度　推进国家治理体系和治理能力现代化若干重大问题的决定》，《人民日报》2019年11月6日。

④ 《民政部召开座谈会学习贯彻习近平总书记关于志愿服务重要指示精神》，《中国民政》2019年第16期，第9页。

⑤ 王思斌：《实现有效的社会治理》，《社会治理》2019年第1期。

⑥ 王思斌：《社会治理结构的进化与社会工作的服务型治理》，《北京大学学报》（哲学社会科学版）2014年第6期。

市民尽显志愿风采。在后亚运时代，杭州打造“志愿名城”的现状和基础如何？会面临哪些挑战和机遇？可以向北京奥运会志愿服务和广州亚运会志愿服务借鉴哪些经验？未来三年如何谋篇布局？

本报告主要运用问卷调查和访谈的方法，来回答上述问题。问卷调查包括线下的“杭州市民公共文明行为调查”（未特别说明的数据均来自该调查）和线上的“杭州市民志愿服务情况调查”（以下简称线上调查）。线上调查一共有516人参加，其中497人在杭州居住时间超过半年，回答了解志愿服务的有434人，有332人曾经作为志愿者参加过志愿服务，151人目前加入了志愿者组织。另外，课题组还调研了桐庐县新时代文明实践中心、上城区张能庆公益服务站、上城区“湖滨晴雨”工作室、江干区凯旋街道南肖埠社区等志愿服务（组织）。

一　杭州打造“志愿名城”的现状

（一）形成“1+4+1”志愿服务工作体系

杭州现有志愿服务组织3.2万余个，截至2018年底，杭州市志愿者总数已达268万人，占全市常住人口的27.41%。[①] 杭州建立了以志工委为运转核心，以市志愿者协会、西子志愿服务发展中心、青年公益社会组织服务中心、青荷公益基金会为运转平台，以志愿汇为信息管理系统的“1+4+1”志愿服务工作体系。其中，市志愿者协会的职能定位是“做项目、育队伍”，下设专业服务队20支；西子志愿服务发展中心的职能定位是“做培训、强研究”，承接全国志愿服务培训，研发赛会志愿服务等课程体系；青年公益社会组织服务中心的职能定位是“汇组织、聚资源”，链接了268家青年公益组织，建立了融合社会组织、企业、媒体、学者等的“公益伙伴圈”；青荷公益基金会的职能定位是“找资金、促项目”，成立1年多来，已募得资金792万元，扶持项目30余个。

（二）志愿服务氛围比较浓厚

23.8%的受访者认为杭州市志愿服务氛围很好，49.7%的受访者认为好，

① 杨佩佩：《备战亚运，走向志愿名城》，《杭州》（周刊）2019年第20期。

两者合计为73.5%；24.8%的受访者认为杭州市志愿服务氛围一般，认为氛围差和很差的，分别只有1.2%和0.6%（见表1）。

表1　杭州市民对我市志愿服务氛围的评价

单位：%

对志愿服务氛围的评价	比例	对志愿服务氛围的评价	比例
很好	23.8	差	1.2
好	49.7	很差	0.6
一般	24.8	合计	100

（三）市民公益行为表现良好

在调查中，有29.1%的受访者认为自己在公益行为上的总体表现很好，有36.6%的受访者认为总体表现好，两者合计为65.7%；认为总体表现一般的有31.1%；认为总体表现差和很差的分别只有2.4%和0.7%（见表2）。在积极参加各类赛会志愿服务活动方面，有40.5%的受访者认为自己很符合，有26.3%的受访者认为较符合，两者合计达到66.8%。

表2　杭州市民在公益行为上的总体表现

单位：%

在公益行为上的总体表现	比例	在公益行为上的总体表现	比例
很好	29.1	差	2.4
好	36.6	很差	0.7
一般	31.1	合计	100

二　亚运会志愿服务的群众基础分析

（一）市民高度认可亚运会志愿服务的意义，做亚运会志愿者的意愿过半

在线上调查中，了解志愿服务的受访者中，有80.4%的受访者认为志愿服

务很有意义，19.1%的受访者认为比较有意义，只有0.5%的受访者认为志愿服务不太有意义。

有53.2%的受访者表示，如果有时间和精力，愿意做亚运会志愿者；另外有28.7%的受访者表示要看具体情况定；也有18.1%的受访者表示不愿意（见表3）。

表3　杭州市民做亚运会志愿者的意愿

单位：%

做亚运会志愿者的意愿	比例	做亚运会志愿者的意愿	比例
愿意	53.2	不愿意	18.1
看具体情况定	28.7	合计	100

（二）参与亚运会志愿服务动机多元，以情感性支持为主

在志愿服务的价值取向上，比较普遍的观点是社会成员参与志愿服务的动机是比较多元的。例如，穆青引用李凌的发言内容，认为在志愿服务的价值取向上，主要表现为社区意识、志趣导向、社会责任和理性选择。[①] 在本次问卷调查中，有67.6%的受访者表示，参与亚运会志愿服务最大的意义是为举办亚运会出一份力；有16.6%的志愿者选择“锻炼自己的能力”，有8.1%的受访者选择“与各国运动员近距离接触，增长见闻”，5.6%的受访者选择“通过志愿服务获得其他实习和工作机会”。

在线上调查中，受访者参加志愿服务的原因比例从高至低排列分别是：帮助有需要的人占73.2%；收获自我成长占67.5%；实现自己的价值占59.0%；回馈社会，增强归属感占52.4%；实现志愿公益理想占50.6%；组织安排，一定要参加占29.8%（见表4）。

① 穆青：《奥运志愿服务与志愿服务事业发展学术研讨会综述》，《北京青年政治学院学报》2009年第2期。

表 4　参加志愿服务的原因（可多选）

单位：%

参加志愿服务的原因	比例	参加志愿服务的原因	比例
帮助有需要的人	73.2	回馈社会,增强归属感	52.4
收获自我成长	67.5	实现志愿公益理想	50.6
实现自己的价值	59.0	组织安排,一定要参加	29.8

不同户口身份受访者在参与亚运会志愿服务的动机方面存在差异。“为举办亚运会出一份力”的比例，由高到低分别是：杭州城镇 71.8%，杭州农村 64.8%，外地农村 55.8%，外地城镇 54.2%。“锻炼自己的能力”的比例，由高到低分别是：外地农村 20.1%，杭州农村 18.7%，外地城镇 17.7%，杭州城镇 15.4%。“与各国运动员近距离接触，增长见闻”的比例，由高到低分别是：外地城镇 14.3%，外地农村 11.6%，杭州农村 10.1%，杭州城镇 6.4%。“通过志愿服务获得其他实习和工作机会”的比例，由高到低分别是：外地城镇 9.9%，外地农村 8.8%，杭州农村 5.2%，杭州城镇 4.7%（见表 5）。

表 5　不同户口身份市民参与亚运会志愿服务的动机差异

单位：%

户口身份	参与亚运会志愿服务的动机			
	为举办亚运会出一份力	锻炼自己的能力	与各国运动员近距离接触,增长见闻	通过志愿服务获得其他实习和工作机会
杭州城镇	71.8	15.4	10.1	4.7
杭州农村	64.8	18.7	6.4	5.2
外地城镇	54.2	17.7	14.3	9.9
外地农村	55.8	20.1	11.6	8.8

整体来看，杭州城镇受访者参与亚运会志愿服务更多是情感上的支持，其动机主要是基于对自己居住城市的认同感和归属感。外地户口受访者则有比较多的功利性考虑，如锻炼能力、增长见闻以及获得实习和工作机会。

（三）不同志愿服务类别的专业程度影响市民参与选择

通过问卷调查发现，由于各个亚运会志愿服务类别对志愿者的专业要求不同，所以市民的参与意愿也会出现差异。整体来看，专业性要求越高，市民参与意愿相对越低。在参与亚运会志愿服务的类别方面，按照受访者愿意比例排列如下：观众指引 69.6%，物品发放 69.3%，交通服务 66.1%，安全保卫 59.7%，礼宾接待 58.8%，竞赛组织支持 58.1%，文化活动组织支持 55.5%、医疗卫生服务支持 51.9%（见表6）。

受访者的职业对上述回答有一定影响。观众指引方面，负责人有 77.3%表示愿意，学生有 76.5%，办事人员和有关人员有 72.6%。物品发放方面，学生有 75.9%，负责人有 73.2%，专业技术人员有 71.4%。交通服务方面，负责人有 72.4%，学生有 68.1%。安全保卫方面，负责人有 69.5%，学生有 65.7%。礼宾接待方面，学生有 70.5%，负责人有 64.2%。竞赛组织支持方面，学生有 65.5%，负责人有 62.4%。文化活动组织支持方面，负责人有 62.8%，学生有 61.2%。医疗卫生服务支持方面，学生有 58.2%，专业技术人员有 56.7%。

表 6　市民参与亚运会志愿服务的类别（可多选）

单位：%

参与亚运会志愿服务的类别	比例	参与亚运会志愿服务的类别	比例
观众指引	69.6	礼宾接待	58.8
物品发放	69.3	竞赛组织支持	58.1
交通服务	66.1	文化活动组织支持	55.5
安全保卫	59.7	医疗卫生服务支持	51.9

整体而言，党的机关、国家机关、群众团体和社会组织、企事业单位负责人和学生参与亚运会各个类别志愿服务的动机最强。

（四）市民对参与志愿服务所需支持的认识不足

市民对参与志愿服务所需支持的 3 个选项应答率都不到一半，显示对志愿服务的严格要求及可能出现的压力认识不足，需要引起组织者重视，并在志愿服务筹备工作中做出合理安排。受访者认为如果要参与亚运会志愿服务，最希望获得的支持分别是：成立专门的亚运会志愿服务组织（41.7%）、专门的体育赛事志愿者培训课程（31.8%）以及以精神奖励为主的志愿者奖励政策（23.2%）。

表 7　参与志愿服务所需要提供的支持

单位：%

所需要提供的支持	比例	所需要提供的支持	比例
成立专门的亚运会志愿服务组织	41.7	其他	3.3
专门的体育赛事志愿者培训课程	31.8	合计	100
以精神奖励为主的志愿者奖励政策	23.2		

三　亚运时代杭州志愿服务面临的新挑战与新机遇

与全国其他城市类似，杭州的志愿服务组织在发展过程中不同程度地存在以下问题：志愿者组织管理的归属复杂、缺乏沟通，难以形成应有的合力；志愿服务提供与需求之间缺乏桥梁；资金匮乏；现有法律制度不完善。尤其是面对亚运会志愿服务的新挑战，杭州还比较缺乏国际体育赛事志愿服务经验，存在管理体制不够完善、服务活动不够规范、激励保障机制不够健全等问题。①

（一）志愿者队伍的素质水平有待提高

1. 活跃志愿者比例低

有访谈对象认为“志愿汇”平台的志愿者人数很好看，但活跃的志愿者比例不高。这一情况也得到了线上调查数据的印证。在线上调查中，332 名参加过志愿服务的受访者中最近一次参加志愿服务的时间是 2019 年的占 51.5%，2016~2018 年的占 31.0%，2015 年或更早的占 11.1%；还有 6.3%的受访者表示参加过志愿服务，但忘记时间了。另外，线上调查数据显示，只有 57.2%的受访者在参加志愿服务前接受过培训。

在线上调查中，332 名参加过志愿服务的受访者中，24.7%认为志愿者队伍素质水平很高，53.6%认为高，两者合计为 78.3%；20.5%认为志愿者队伍素质水平一般，极小比例认为低或很低。

2. 志愿服务组织整体能力不强

以上城区调研情况为例，多数志愿服务组织比较松散，也不经常开展活

① 杨佩佩：《备战亚运，走向志愿名城》，《杭州》（周刊）2019 年第 20 期。

动；相关工作人员认为整个上城区人数多、运行常规化，能够承接急难险重任务的志愿服务组织只有3个（张能庆公益服务站、“湖滨晴雨”工作室、上羊市街社区）。

在线上调查中，参加过志愿服务的332名受访者中，有45.5%加入了志愿服务组织，他们在志愿服务组织中分别扮演以下角色：负责人7.9%，主要成员18.5%，普通成员70.9%，其他2.7%。他们认为志愿服务组织管理能力很高的占29.8%，高的占39.1%，两者合计为68.9%，评价好于调研情况。

（二）行政动员仍然是主要的动员方式

访谈对象认为政府行政指令性质的应急型志愿活动较多，志愿服务组织负责人普遍觉得比较累。在线上调查中，参加过志愿服务的332人中，其参加过的志愿服务的组织主体是所在单位的比例最高（64.2%），社会组织比例为51.2%，社区比例为45.5%，个人自发做的志愿服务比例为25.6%（见表8）。

表8　参加过的志愿服务的组织主体（可多选）

单位：%

参加过的志愿服务的组织主体	比例	参加过的志愿服务的组织主体	比例
所在单位	64.2	社区	45.5
社会组织	51.2	个人自发	25.6

行政动员很难回应新型志愿服务需求，造成志愿服务数据碎片化。例如，“和众泽益”联合“南方周末”中国企业社会责任研究中心在2019年7月26日发布的《2019中国企业志愿服务发展报告》中披露有75%的受访者带着孩子和家人，以家庭的方式参与过志愿服务，最主要的组织者是子女所在学校。该报告的数据还显示，69%的企业志愿者没有在政府官方平台注册，虽然受访者中有81%愿意成为政府官方平台的志愿者，得到政府官方认可。这也导致68%的企业志愿者没有收到相关的志愿服务时间证明，其志愿服务数据不能与国家的平台对接。

（三）社区志愿服务与赛会志愿服务之间存在张力

在调研中，上城区社区工作者反映志愿服务组织工作只是社区工作中非常小的一部分，但占用了他们很多时间，需要应付不同政府部门的组织动员任务。江干区凯旋街道南肖埠社区的社区工作者则认为：社区志愿服务作为社区治理内在组成部分，鼓励居民参与社区事务，增强了他们对社区的归属感、认同感；主要挑战是：缺少资金；以老年居民为主；专业化水平不高，如写东西、做 PPT 比较困难，很难参加制度化的公益投创等，需要在制度设计方面专门予以考虑。

在线上调查中，受访者对各类志愿服务的知晓率从高到低分别为：社区志愿服务 95.2%，大型活动志愿服务 82.5%，环境保护志愿服务 80.4%，应急救援志愿服务 72.1%，扶贫行动 47.0%，海外志愿服务活动 40.3%。相比较而言，与受访者日常生活最接近的社区志愿服务要比包括大型体育竞赛在内的大型活动志愿服务知晓率高 12.7 个百分点。

在线上调查中，有 64.3%的受访者（332 人）参加过志愿服务。按照类别来看，参加比例从高至低依次为：社区志愿服务 80.1%，大型活动志愿服务 45.8%，环境保护志愿服务 39.2%，应急救援志愿服务 14.8%，扶贫行动 7.2%，海外志愿服务活动 3.6%（见表 9）。因此，无论是在知晓率还是实际参与率上，社区志愿服务都远高于赛会志愿服务，两者的对接、转化、协调成为一项需要重视的工作。

表 9　参加过的志愿服务类型（可多选）

单位：%

参加过的志愿服务类型	比例	参加过的志愿服务类型	比例
社区志愿服务	80.1	应急救援志愿服务	14.8
大型活动志愿服务	45.8	扶贫行动	7.2
环境保护志愿服务	39.2	海外志愿服务活动	3.6

（四）赛会志愿者可能面对较大的压力和风险

与社区志愿服务等常规工作相比，亚运会等大型赛会志愿服务面临更加复杂的工作环境和语言要求，在这样的特定压力下，赛会志愿者可能更容易产生心理压力和问题。林永和（2009）总结大型赛会志愿者在服务过程中可能产生以下心理问题：偶然事件造成的情绪波动，因担心服务质量而造成的压力，志愿服务与工作、学习发生冲突造成的心理问题，因待遇不公而造成的冲突等。[①] 曲清和等（2011）基于北京奥运会大学生志愿者的访谈，认为要特别关注大型赛事中志愿者可能经历的心理压力，主要是：心理契约的破坏、沟通挫折感、工作超负荷和工作满意度降低。[②]

（五）有北京、广州等城市大型赛会志愿服务经验可供借鉴

北京奥运会志愿服务特色模式主要由思想体系、组织体系和活动体系三个层次构成。思想体系的核心是人文奥运理念下的“微笑北京”志愿服务；组织体系是建立了场馆-高校-区县联动的工作机制；活动体系由赛会志愿者、城市志愿者、社会志愿者、“迎奥运”志愿服务、奥组委前期志愿者、奥运会志愿者工作成果转化等六个项目和“微笑北京”主题活动组成的总体格局。[③] 其经验主要是：组织计划周密，项目式运作规范；以青年大学生为主，广泛动员社会参与；借奥运志愿服务契机，推动北京志愿服务发展；融合传统理念，展现现代奥运志愿服务风采；认同志愿服务价值，激励更多人参与服务[④]；完善的宣传措施、细致的培训工作、有效的激励机制、引进国际力量[⑤]。

广州亚运会志愿服务的模式创新主要是：创新志愿文化，丰富志愿精神；创新志愿项目，充实志愿生活；创新志愿组织，完善志愿体系。[⑥] 在创新志愿项目方面，一是根据社会时尚与民众爱好设计志愿项目，如“大拇指行动”将文明劝导转变为激励文明行为，“亚运志愿信使”通过鼓励市民在国内外旅

---

① 林永和：《大学生奥运志愿者的心理成长》，《时事报告》（大学生版）2008 年第 5 期。

② 曲清和等：《大学生奥运志愿者志愿工作心理压力研究》，《中国健康心理学杂志》2011 年第 1 期。

③ 涂敏霞等：《走向后亚运时代的志愿服务》，《青年探索》2011 年第 1 期。

④ 丁元竹、江汛清：《志愿服务：从北京奥运到广州亚运》，《广州青年干部学院学报》2009 年第 4 期。

⑤ 王媛媛：《北京奥运志愿服务及其对广州亚运会的启示》，《广州青年干部学院学报》2009 年第 3 期。

⑥ 谭建光：《广州亚运会志愿服务模式分析》，《青年探索》2010 年第 5 期。

游的时候宣传广州亚运会，邀请各国、各地嘉宾来观摩亚运会；二是善于将市民（热心市民、热心大学生）自发开展的志愿项目纳入亚运系列，并支持和推动这些项目，使之发展成为富有影响力的项目。上海世博会志愿服务特色模式尤其体现在：通过志愿者激励保障制度和“第三方督导”等评价体系，确保博览会期间志愿者的热情和服务水平达到最高水平。①

2019 年 5 月 10 日，北京冬奥组委发布《北京 2022 年冬奥会和冬残奥会志愿服务行动计划》，发布志愿服务五大项目，即前期志愿者项目、测试赛志愿者项目、赛会志愿者项目、城市志愿者项目和志愿服务遗产转化项目。其 6 个运行计划则包括：宣传动员计划、招募选拔计划、公益实践计划、教育培训计划、激励保留计划和岗位运行计划。

（六）有志愿服务法规政策及社工+志愿者协作机制的保障

2017 年 12 月 1 日，《志愿服务条例》开始实施。其中第五条规定：国家和地方精神文明建设指导机构建立志愿服务工作协调机制……县级以上地方人民政府民政部门负责本行政区域内志愿服务行政管理工作。这是在国家法律层面首次明确政府部门在志愿服务工作中的直接参与及其职责。民政部慈善事业促进与社会工作司的设置，使社会工作和志愿服务政策、社会工作人才队伍建设和志愿者队伍建设更加容易实现联动。

2019 年 10 月 31 日，浙江省委组织部、省教育厅、省民政厅、省财政厅、省人社厅联合印发《关于加强社会工作专业人才队伍建设加快推进社会工作发展的意见》，强调推广“社会工作专业人才+志愿者”协作机制，鼓励有条件的志愿服务组织配备社会工作专业人才，负责志愿者的招募、组织、管理、培训和监督等工作；也支持社会工作服务机构广泛招募使用志愿者，并且搭建社会工作专业人才和志愿者信息联动平台，实现两者信息共享、优势互补、资源共享。

四　杭州打造“志愿名城”的建议

共青团杭州市委在 2019 年 3 月的年度工作计划中提出：以“推动全民志

① 涂敏霞等：《走向后亚运时代的志愿服务》，《青年探索》2011 年第 1 期。

愿，建设志愿名城”为任务目标……深入打造“洋雷锋”品牌，在国际友人居住区试点建设国际“微笑亭”，深入丰富志愿服务国际化元素。未来三年，除了围绕杭州亚运会筹备的四大理念（绿色、智能、节俭和文明）做好组建机构、前期造势、理论研究、干部锻炼（市校合作），以及培养志愿者的荣誉感和骄傲感，凸显杭州特色等工作以外，我们建议2020~2022年重点做好以下四个方面的工作。

（一）推进志愿服务社会化，平衡政府动员与市民参与

在党委领导、政府负责、民主协商、社会协同、公众参与、法治保障、科技支撑的社会治理体系中，志愿服务社会化是题中应有之义，也需要平衡政府动员与市民参与两大组织方法。北京奥运会志愿服务建立了政府主导、社会参与相结合的青年志愿服务动员机制，其优势是既保证资源集中利用，又可以广泛调动各种类型、各种阶层青年参与志愿服务活动的积极性。广州亚运会志愿服务的新模式，特别注重“行政化之后的社会化、形式化之后的生活化”，既重视党政部门的支持，依托行政力量推动，也重视将亚运会志愿服务的成果转变成为市民喜闻乐见的生活时尚，进而成为市民的一种生活习惯和生活方式。

从线上调查数据来看，杭州市民参与志愿服务的组织主体主要是所在单位、社会组织和社区，应该将这三类主体完整纳入市志工委、市志愿者协会的工作体系，其志愿者和志愿服务活动信息也应整合进“志愿汇”平台。同时，对市民中存在的一些比较“功利化”的志愿服务参与动机，也应予以承认，只要在志愿服务大方向上存在共识即可。在合法合规前提下，支持市民自主开展志愿服务活动，更加开放地对待由市民主导的志愿服务自组织，满足其多元参与需要。

（二）建立赛会志愿服务与社区志愿服务的对接机制

从调查数据来看，杭州市民认识和参与社区志愿服务超过赛会志愿服务，需要在两者之间建立起高效的对接机制。社区志愿服务为亚运会志愿服务创造良好的基础和氛围，根据赛会志愿服务的需要，提前与适合的社区志愿服务组织建立联系，可以建立庞大的赛会志愿者数据库；根据亚运会要求，设计志愿

服务培训课程，提前分批培训社区志愿者，使其可以快速加入亚运会志愿服务。亚运会志愿者拥有独特的赛会志愿服务经验，应该引导这支队伍与居住地社区的志愿服务组织建立联系，开展志愿服务社区分享会，并支持他们积极参与社区志愿服务活动。

（三）加强与专业社会工作的联动，引导不同情况的志愿服务组织分层发展

充分借助专业社会工作在组建团队、规范服务、拓展项目、培训策划等方面的优势，有效提升志愿服务的质量和水平。联动的具体路径可以是：培育多类型的合作促进组织，开发多样化的合作促进项目，创造多视角的合作促进理论。在赛会服务中，应该调动浙江大学等 7 所在杭高校社会工作专业教师和本科生、研究生的积极性，发挥其在服务团队协调、志愿者培训、服务技巧辅导以及相关研究中的专业作用。还应该发挥本市社会工作机构的作用，考虑由社会工作机构为志愿服务组织提供专业协调，包括：为志愿服务组织规范管理提供专业人员；为志愿服务项目策划提供专业技巧；为志愿人员培训辅导提供专业知识；为志愿服务理论创新提供专业途径。

目前，杭州市已经涌现出一批成员众多、运行规范、服务能力较强的志愿服务组织，其服务范围和服务内容都在不断拓展，可以通过政策倾斜、资金扶持、专业督导等形式，进一步引导其向适度专业化方向发展。同时还有更多数量的草根型志愿服务组织，他们有服务热情，但其组织管理、运用新技术、设计和开展项目的能力较弱。这一类志愿服务组织应该成为与专业社会工作联动的重点对象。

（四）利用区块链等创新技术，推动志愿服务向“数据驱动+网络平台”的方向发展

习近平总书记在中央政治局第十八次集体学习时强调，“把区块链作为核心技术自主创新重要突破口”“加快推动区块链技术和产业创新发展”。区块链是一个分布式的共享账本和数据库，具有去中心化、不可篡改、全程留痕、可以追溯、集体维护、公开透明等特点，其应用场景涉及存证、共享、信任、协作。落实到志愿服务领域，存证可以实现市民志愿服务高效记录，共享可以

实现不同志愿服务组织的信息共享，信任可以解决志愿服务中的信息不对称问题，协作可以使不同志愿服务组织高效协同，降低沟通成本。

杭州市西湖区在2019年10月将区块链技术引入志愿服务体系，志愿者通过刷脸认证志愿服务时长，并且保障志愿者在累计服务时长和兑换各类优惠时的个人信息安全。区块链技术在志愿服务培训、志愿服务保险、志愿服务激励、“时间银行”等场景中都有很大的应用空间。建议在此基础上，考虑在全市志愿服务领域推广使用区块链等创新技术，挖掘数据技术和网络平台在需求识别、服务设计、成效评估等方面的潜力，推动志愿服务向“数据驱动+网络平台”的方向发展。

参考文献

［1］陈碧红、余晓婷：《以“亚运练兵”提升志愿服务水平》，《杭州》（周刊）2019年第20期。

以社会关爱助力打造“善城杭州”

——杭州市民社会关爱分析报告

公共文明是现代城市文明的显性指标，是市民在公共空间和公共活动中所表现出来的精神状态和行为规范的总和，是检视一座城市文明水平的重要依据。公共文明包括多个方面，社会关爱是公共文明的重要表现之一。社会关爱汇聚“善”的点滴力量，在传递爱的同时传递文明。2019 年 12 月 27 日，中共杭州市委十二届八次全会审议通过《中共杭州市委关于高水平推进杭州城市治理现代化的决定》，该决定提出，推进人文之治，打造有情怀的城市。其中强调指出，全景式展现城市中点点滴滴的温暖，努力使杭州成为“最有温情的善城”。

社会关爱既是衡量“城市温情”的重要标尺，也是打造“善城”“暖城”的关键阵地。一个城市对生活在其中的人给予尊重和关爱，能够拉近市民与市民之间的距离，对外地游客而言，也促使他们对一个城市留有非常好的印象。近年来，围绕建设独特韵味别样精彩世界名城和打造展示新时代中国特色社会主义重要窗口的目标，杭州市在推进城市的社会关爱进程中，已经缔造形成了“微笑亭”“温馨岛”“最美现象”等多项展现杭州温度、杭州温情的品牌和先行先试经验。

城市的温情是城市的根与魂，是城市治理现代化的最深厚支撑。社会关爱在增强市民对城市的归属感和认同感，以及促进城市共建共治共享格局形成方面扮演着重要角色。高水平推进杭州城市治理现代化的新目标对社会关爱建设工作而言，一方面，有必要继续总结杭州市社会关爱领域形成的实践成果及实践经验，挖掘社会关爱领域的标杆和社会风尚，并对一些实践成果的可复制性与可推广性，以及实践经验是否可上升为制度规范等做出可行性分析；另一方面，需要针对新目标与新起点，进一步把握新时期杭州市民的社会关爱状况，查找社会关爱建设中面临的挑战与存在的问题，并寻找提升市民社会关爱的更优方案。

基于此，社会关爱的专题报告由四个部分的内容构成：一是杭州市民的社会关爱总体现状；二是不同群体的社会关爱表现比较；三是杭州市社会关爱的典型案例；四是基于社会关爱提升杭州城市温情的对策建议。

一　杭州市民的社会关爱总体现状

对于社会关爱的认识与理解可以有多样化的角度，一般而言，它是指在公共交往过程中为他人提供便利、帮助及服务社会等行为。就市民个体而言，他们的社会关爱大致表现在两个方面。一是组织化形式社会关爱，即市民通过参加各级政府及其部门、单位、社会组织等各类组织发起或举办的志愿服务活动，有组织地为他人提供便利、帮助及服务社会的行为。二是非组织化形式社会关爱，即市民以个人的名义在本职工作外为他人提供一些力所能及的帮助与服务的行为。本报告将主要围绕杭州市民这两个方面的社会关爱行为做出具体分析。

根据《2019 年杭州市民亚运文明素养》调查问卷，衡量杭州市民社会关爱表现的主评题目共 12 题，具体包括 Q23、Q24、Q25、Q27、Q28、Q50、Q41、Q36、Q37、Q38、Q39、Q40（见表 1）。每个题目对应一项社会关爱的内容，如 Q28 表示对残疾人群体的关爱。这 12 个题目用于衡量杭州市民社会关爱的总体情况。其中，前面 7 个题用于衡量杭州市民的非组织化形式社会关爱的表现情况，后面 5 个题则用于测量杭州市民的组织化形式社会关爱的状况。每个题目设置的答案从很不符合（很差）到很符合（很好），编号分别是 1、2、3、4、5，相对应的分数分别为 0 分、25 分、50 分、75 分、100 分，还有答案选项“不适用”不计分。也就是说，杭州市民在每一项社会关爱内容上的得分最低分为 0 分，最高分为 100 分。

表 1　衡量社会关爱的题目

社会关爱的类型	具体题目
非组织化形式社会关爱	Q23 陌生人问路时，耐心解答
	Q24 主动给予外地游客方便或帮助
	Q25 能给老、弱、病、残、孕及怀抱婴儿者提供让座等便利
	Q27 尊重、善待基层服务业从业人员（保洁/保安/环卫工人等）

续表

社会关爱的类型	具体题目
非组织化形式社会关爱	Q28 尊重、善待残疾人群体
	Q50 能热情友善对待外国人,并愿为其提供力所能及的帮助与服务
	Q41 自发做公益服务活动
组织化形式社会关爱	Q36 积极参加爱心捐助类公益活动
	Q37 积极参加各类赛会志愿服务活动
	Q38 积极参加单位组织的公益活动
	Q39 积极参加社区举办的公益活动
	Q40 积极参加社会组织发起的公益活动

社会关爱报告分析所针对的样本以《杭州市民亚运文明素养》调查样本为基础。《杭州市民亚运文明素养》调查样本为 3400 人，最后回收有效问卷 3212 份，有效率为 94.47%。样本的基本情况如表 2 所示。

表 2　样本的基本情况

单位：人，%

		人数	占比
性别（N=3212）	男	1591	49.5
	女	1621	50.5
年龄（N=3211）	16~34 岁	1098	34.2
	35~59 岁	1557	48.5
	60~69 岁	556	17.3
学历（N=3205）	初中及以下	919	28.7
	高中/中专/技校	794	24.8
	大专	663	20.7
	本科	782	24.4
	研究生及以上	47	1.5
政治面貌（N=3202）	群众	2045	63.9
	共青团员	308	9.6
	中共党员	828	25.9
	民主党派	21	0.7
户口身份（N=3176）	杭州城镇	2077	65.4
	杭州农村	489	15.4
	外地城镇	235	7.4
	外地农村	375	11.8

续表

		人数	占比
在杭居住年限（N=3189）	10 年及以下	823	25.8
	11~30 年	938	29.4
	31~50 年	782	24.5
	50 年以上	646	20.3
职业（N=3203）	党和国家机关、社会组织、企事业单位负责人	308	9.6
	专业技术人员	308	9.6
	办事人员和有关人员	476	14.9
	社会生产服务和生活服务人员	690	21.5
	农、林、牧、渔业生产及辅助人员	106	3.3
	生产制造及有关人员	200	6.2
	军人	21	0.7
	不便分类的其他从业人员	507	15.8
	无业失业人员	387	12.1
	学生	200	6.2

（一）总体社会关爱的表现

杭州市民的总体社会关爱主评得分平均分为 84.2 分。最高分为 100 分，人数占比为 28.1%。主评得分 90 分以上的人数占比为 42.8%，主评得分 80 分以上的人数占比为 61.5%，主评得分 60 分以下的人数占比为 7.2%。最低分为 22.92 分。总体而言，杭州市民的社会关爱表现良好，且存在一部分市民对自己的社会关爱表现给予了高度评价的现象。但与此同时，依然有一定比例的市民认为自己的社会关爱表现不太理想。进一步分析发现，这些群体主要是对自己在“自发做公益服务活动”“积极参加各类赛会志愿服务活动”“积极参加社会组织发起的公益活动”等方面给予了比较低的评价。由此，如何吸引市民积极参与志愿服务活动、公益活动等需要重点关注。

杭州市民对不同社会关爱内容的主评得分差异比较大（见表 3）。杭州市民的主评得分位列前三名的社会关爱内容分别为：“尊重、善待残疾人群体”（91.33 分），“尊重、善待基层服务业从业人员（保洁/保安/环卫工人等）”（91.00 分），“能给老、弱、病、残、孕及怀抱婴儿者提供让座等便利”

（90.52 分）。杭州市民的主评得分位列后四名的社会关爱内容具体包括：“积极参加社区举办的公益活动”（77.50 分），“积极参加社会组织发起的公益活动”（75.86 分），“积极参加各类赛会志愿服务活动”（73.49 分），“自发做公益服务活动”（68.61 分）。杭州市民在这四项社会关爱内容上的主评得分均低于 80 分。这些差异反映出，杭州市民对弱势群体普遍给予了尊重和关爱，这些弱势群体不仅涉及传统认知上的老、弱、病、残，还包括因工作特殊性而应当得到尊重和关爱的群体。另外，杭州市民对自己在参加各类赛会志愿服务活动、公益服务活动等关爱方面的自我评价不高。

各项社会关爱内容的主评得分标准差反映出，杭州市民在“自发做公益服务活动”上给出的主评得分离散程度最大，7.3%的杭州市民的主评得分为 0 分，6.7%的杭州市民的主评得分为 25 分，26.9%的杭州市民的主评得分为 50 分，22.7%的杭州市民的主评得分为 75 分，36.5%的杭州市民的主评得分为 100 分。相较于其他的社会关爱内容，“尊重、善待残疾人群体”的主评得分最为集中，标准差为 15.09。0 分的人数占比为 0.1%，25 分的人数占比为 0.3%，50 分的人数占比为 5.7%，75 分的人数占比为 22.2%，100 分的人数占比为 71.7%。这些数据表明，“尊重、善待残疾人群体”已经得到杭州市民的广泛认同，并被其付诸实践。

表 3　各项社会关爱内容的主评得分

排序	社会关爱的内容	得分均值	标准差
1	Q28 尊重、善待残疾人群体	91.33	15.09
2	Q27 尊重、善待基层服务业从业人员（保洁/保安/环卫工人等）	91.00	15.14
3	Q25 能给老、弱、病、残、孕及怀抱婴儿者提供让座等便利	90.52	16.11
4	Q23 陌生人问路时，耐心解答	89.47	16.31
5	Q50 能热情友善对待外国人，并愿为其提供力所能及的帮助与服务	88.54	17.43
6	Q24 主动给予外地游客方便或帮助	86.16	19.29
7	Q38 积极参加单位组织的公益活动	79.00	25.04
8	Q36 积极参加爱心捐助类公益活动	77.92	24.39
9	Q39 积极参加社区举办的公益活动	77.50	26.15
10	Q40 积极参加社会组织发起的公益活动	75.86	26.83
11	Q37 积极参加各类赛会志愿服务活动	73.49	27.82
12	Q41 自发做公益服务活动	68.61	30.51

（二）非组织化形式社会关爱的表现

杭州市民的非组织化形式社会关爱的主评得分为 87.27 分。最高分为 100 分，人数占比为 30.4%。主评得分 90 分以上的人数占比为 51.2%，主评得分 80 分以上的人数占比为 71.6%，主评得分 60 分以下的人数占比为 4.3%。最低分为 32.14 分。总体而言，非组织化形式社会关爱的高分者比例比较高，而低分者比例相对较低，这表明绝大多数的杭州市民会以个人的名义在本职工作外为他人提供一些力所能及的帮助与服务。

各项非组织化社会关爱内容的主评得分差异化比较明显，3 项社会关爱内容的得分在 90 分以上，6 项社会关爱内容的得分在 85 分以上（见图 1）。主评得分在 90 分以上的非组织化形式社会关爱内容包括："尊重、善待残疾人群体"（91.33 分）、"尊重、善待基层服务业从业人员（保洁/保安/环卫工人等）"（91.00 分）、"能给老、弱、病、残、孕及怀抱婴儿者提供让座等便利"（90.52 分）。与其他非组织化形式社会关爱内容的得分差距比较大的为："自发做公益服务活动"（68.61 分）。

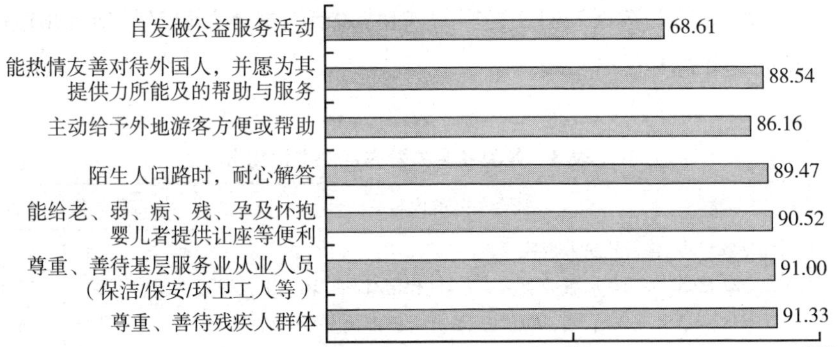

图 1　各项非组织化形式社会关爱的主评得分

这些数据表明，无论是弱势群体还是特殊群体，杭州市民都能够比较好地给予尊重和关爱。相较于对弱势群体的尊重和关爱，对特殊群体（陌生人、外地游客、外国人）的关爱程度略低。该结果的形成可能与诸多原因有关，比如，弱势群体与特殊群体之间的固有差异；任何个体与弱势群体的心灵距离都比较近；城市对市民关爱弱势群体的引导；等等。区别于"尊重、善待残疾人群体”“尊重、善待基层服务业从业人员（保洁/保安/环卫工人等）”等关爱内容，“自发做公益服务活动”对普通市民而言，需要具备一定的专业素养，并且要求市民有足够的时间开展，因此该项社会关爱内容的主评得分最低。尽管这项关爱内容的实践存在一些难度，但倡导和引导市民形成做公益服务的意识和主动性需要得到关注。

（三）组织化形式社会关爱的表现

杭州市民的组织化形式社会关爱的主评得分为77.90分。最低分为0分，人数占比为1.0%；最高分为100分，人数占比为34.8%。主评得分90分以上的人数占比为43.8%，主评得分80分以上的人数占比为52.7%，主评得分60分以下的人数占比为22.1%。总体而言，杭州市民对非组织化形式社会关爱的主评得分高于组织化形式社会关爱，主评得分平均值相差9.37分。这些数据反映出，杭州市民在一定程度上能够去参加志愿服务活动，关爱社会，但是这类关爱行为的程度有待进一步提高。另外，值得注意的是，组织化形式社会关爱的主评得分最高分100分的人数占比（34.8%）略高于非组织化形式社会关爱的人数占比（30.4%），这意味着有一部分市民积极参加了各级政府及其部门、单位、社会组织等各类组织发起或举办的志愿服务活动，为他人提供便利、帮助及服务社会，因此，对于各类志愿服务活动中的先进人物和标杆人物有必要大力挖掘。

各项组织化形式社会关爱内容的主评得分均低于80分，且各项得分差距比较小，主要集中于73~79分（见图2）。主评得分从高到低的组织化形式社会关爱内容依次为：“积极参加单位组织的公益活动”（79.00分），“积极参加爱心捐助类公益活动”（77.92分），“积极参加社区举办的公益活动”（77.50分），“积极参加社会组织发起的公益活动”（75.86分），“积极参加各类赛会志愿服务活动”（73.49分）。总体而言，杭州市民针对各类公益活动均有所参加，市民在不同组织方的活动上参与程度存在一些差异，爱心捐助类公益活动与单位、社区举办的公益活动的参与情况略微好于社会组织或赛会的志愿服务活动，这在很大程度上与公益活动的组织方、活动的广泛性、参与的便利性等因素有关。因此，为了进一步提高市民的组织化形式社会关爱程度，一方面，应当提供丰富多样的公益活动；另一方面，需要提高公益活动信息获取的广泛性，加大公益活动的宣传力度，提升公益活动的吸引力与影响力。

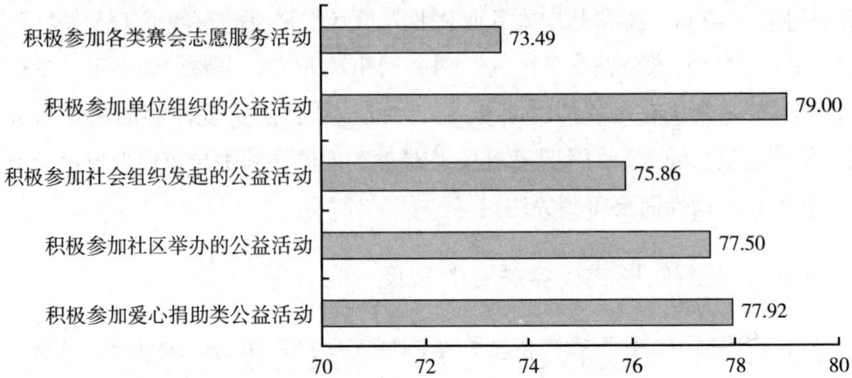

图 2　各项组织化形式社会关爱的主评得分

二　不同群体的社会关爱表现比较

（一）不同性别群体的比较

无论是总体社会关爱，还是非组织化形式社会关爱与组织化形式社会关爱，女性群体的主评得分均略高于男性群体（见图 3）。女性群体的总体社会关爱主评得分最低为 29. 17 分，人数占比为 0. 1%；组织化形式社会关爱的主评得分最低为 0 分，人数占比为 1. 2%；非组织化形式社会关爱的主评得分最低为 32. 14 分，人数占比为 0. 1%。男性群体的总体社会关爱主评得分最低为 22. 92 分，人数占比为 0. 1%；组织化形式社会关爱的主评得分最低为 0 分，人数占比为 0. 8%；非组织化形式社会关爱的主评得分最低为 35. 71 分，人数占比为 0. 1%。该数据表明，市民呈现的社会关爱表现在不同性别群体中存在差异，相对而言，女性更加会给予他人关爱。

各项社会关爱内容的主评得分数据显示，男性群体只有在“积极参加单位组织的公益活动”“自发做公益服务活动”两项内容上的主评得分高于女性群体，其他社会关爱内容的主评得分均低于女性群体（见图 4）。从男女群体各自的主评得分较高项和最低项的数据来看，他们的表现具有一些相似性。“尊重、善待残疾人群体”“尊重、善待基层服务业从业人员（保洁/保安/环卫工人等）”“能给老、弱、病、残、孕及怀抱婴儿者提供让座等便利”等社会关爱内容均位列男女群体主评得分前三名。男女群体主评得分最后三名均为“积极参加社会组织发起的公益活动”“积极参加各类赛会志愿服务活动”“自发做公益服务活动”。

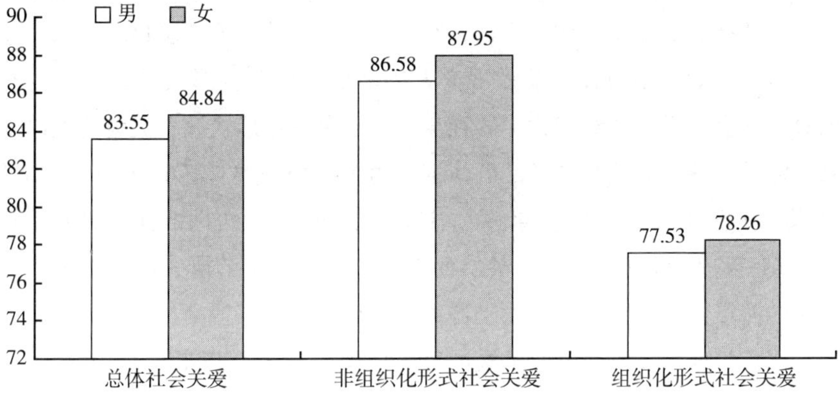

图 3　男女群体的三类社会关爱表现

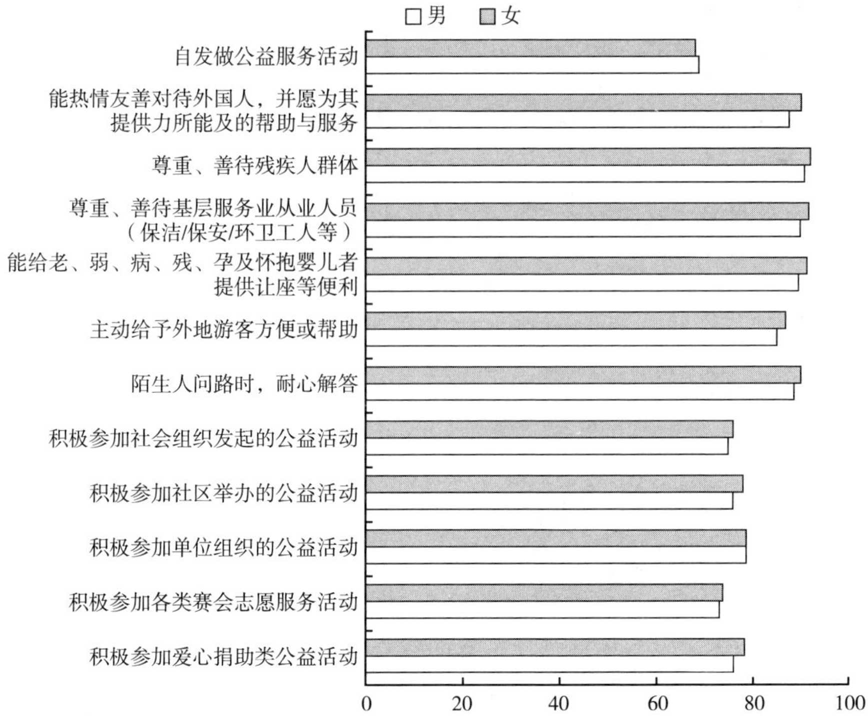

图 4　男女群体的各项社会关爱内容表现

（二）不同年龄群体的比较

不同年龄群体的知识积累、兴趣爱好、人生经历等状况不同，通过对不同年龄群体的社会关爱做出比较分析，有助于根据年龄特征开展相应的社会关爱提升行动。年龄大小与社会关爱程度大致呈现“倒 U”形关系。41~59 岁群体的总体社会关爱、非组织化形式社会关爱、组织化形式社会关爱的主评得分最高，之后主评得分从高到低的群体依次为 26~40 岁群体、60 岁及以上群体、25 岁及以下群体（见图 5）。年龄大小与社会关爱程度之间的关系表明，有必要瞄定 41~59 岁与 26~40 岁年龄层的市民，这两个年龄层的群体处于工作相对稳定的阶段，应充分发挥这两类群体给予他人尊重、帮助、关爱等方面的积极性，以点带面推动形成社会关爱的良好风尚。25 岁及以下与 60 岁及以上两类群体的组织化形式社会关爱的主评得分分别为 74. 86 分、76. 75 分。由于个体生命周期的特点，这两类群体一般被视为关爱的对象，他们对自己以组织化形式或非组织化形式给予他人关爱的评价偏低，不过，应当注重 25 岁及以下群体关爱意识的培养。

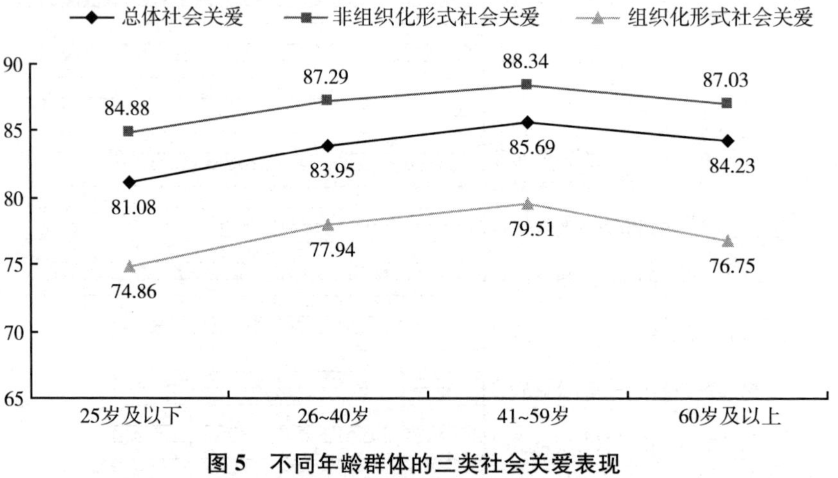

图 5　不同年龄群体的三类社会关爱表现

从各项社会关爱内容的主评得分的最高分来看，41~59 岁群体共占据 9 项，包括“陌生人问路时，耐心解答”“尊重、善待残疾人群体”“尊重、善待基层服务业从业人员（保洁/保安/环卫工人等）”“主动给予外地游客方便或帮助”等。26~40 岁群体共占据 2 项，包括“能给老、弱、病、残、孕及怀抱婴儿者提供让座等便利”“积极参加爱心捐助类公益活动”。60 岁及以上群体占据 1 项，表现在“能热情友善对待外国人，并愿为其提供力所能及的帮助与服务”（见图 6）。所有的年龄层群体都对“自发做公益服务活动”的主评得分最低。

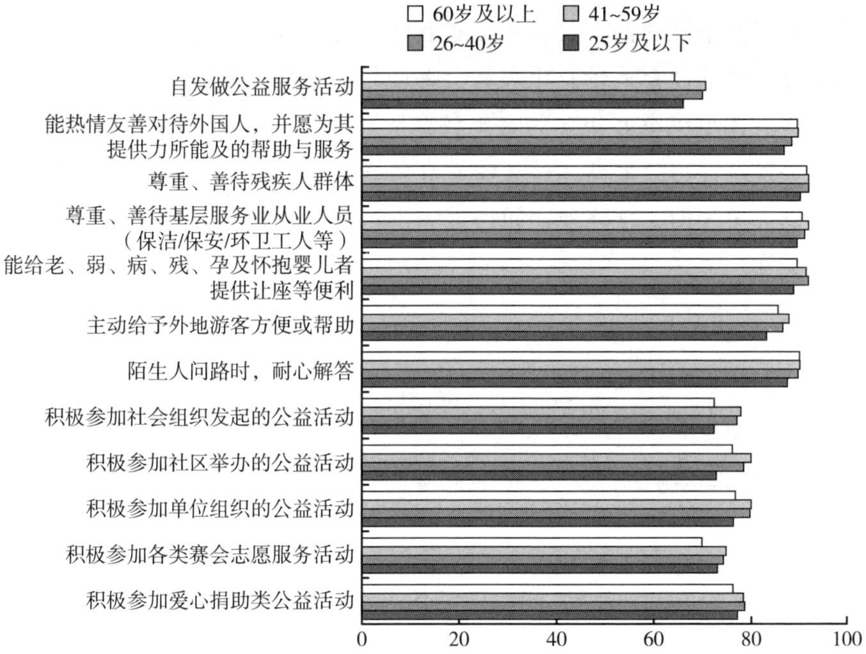

图 6　不同年龄群体的各项社会关爱内容表现

（三）不同学历群体的比较

不同学历群体受到的教育范围和教育程度不同，通过对不同学历群体的社会关爱表现进行比较分析，有助于发现教育在提升市民社会关爱程度上的作用。总体而言，随着学历水平的不断提高，杭州市民的总体社会关爱、非组织化形式社会关爱、组织化形式社会关爱等主评得分呈现不断上升的趋势，除了本科群体的组织化形式社会关爱主评得分略高于研究生群体（见图 7）。初中及以下学历群体对这三类社会关爱的主评得分最低分分别为 31.25 分、35.71

分、0分，相较于其他群体，最低分都比较低。高中/中专/技校学历群体同样存在组织化形式社会关爱的主评得分为0的情况，人数占比为1.1%，该群体非组织化形式社会关爱的主评得分最低分为32.14分。研究生学历群体对总体社会关爱、非组织化形式社会关爱的主评得分最低分均在60分以上，表明这类学历群体的主评得分非常低的情况较少。

根据这些数据，能够发现教育对提升市民的社会关爱表现的重要性。因此，在提升市民的社会关爱程度过程中，有必要继续通过各级各类教育机构加强市民的社会关爱意识和社会关爱行为的宣传教育，并加大力度针对低学历群体组织举办相关的宣传教育活动。另外，本科群体的组织化形式社会关爱主评得分最高，这意味着高等学校是组织动员学生给予他人尊重、帮助、关爱的关键阵地，如何进一步把握和发挥高等学校的这一作用应引起关注。

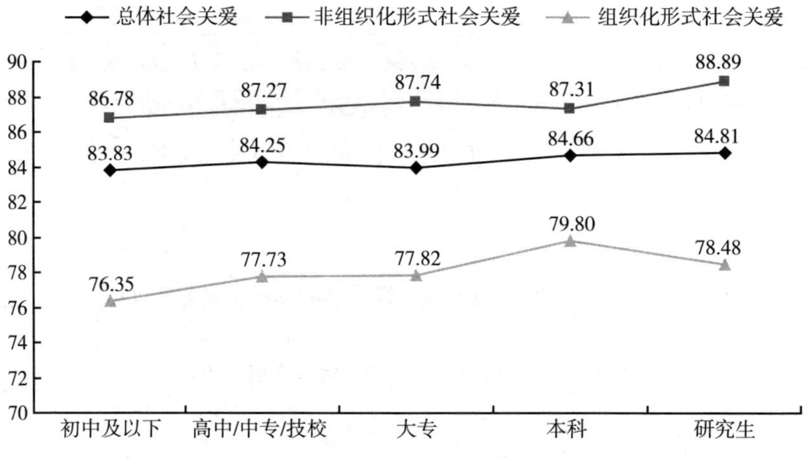

图7　不同学历群体的三类社会关爱表现

不同学历群体在每项社会关爱内容上的主评得分表明（见图8），研究生学历群体的非组织化形式的社会关爱表现最佳。该群体共有8项社会关爱内容的主评得分最高，如“陌生人问路时，耐心解答”“尊重、善待残疾人群体”“尊重、善待基层服务业从业人员（保洁/保安/环卫工人等）”等。其他4项内容的主评得分最高者为本科学历群体，这些内容均属于组织化形式社会关爱，如“积极参加社区举办的公益活动”“积极参加社会组织发起的公益活动”等，这反映出本科学历群体的组织化形式社会关爱程度最高。

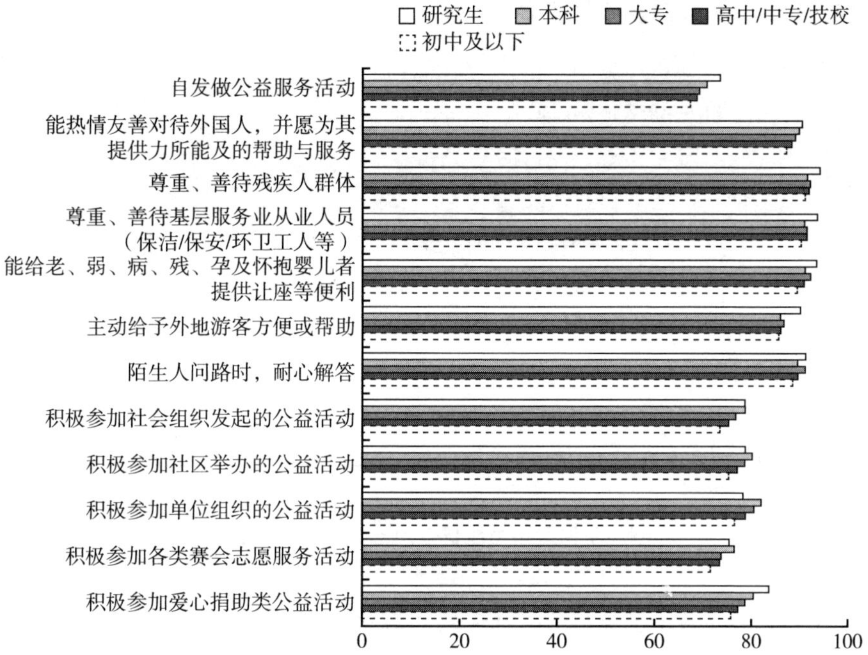

图 8　不同学历群体的各项社会关爱内容表现

“尊重、善待残疾人群体”“尊重、善待基层服务业从业人员（保洁/保安/环卫工人等）”“能给老、弱、病、残、孕及怀抱婴儿者提供让座等便利”等社会关爱内容位列所有学历群体的主评得分前三名，且绝大多数得分在 90 分以上。不同学历群体的社会关爱主评得分靠后的内容主要集中在“积极参加社会组织发起的公益活动”“积极参加单位组织的公益活动”“自发做公益服务活动”“积极参加各类赛会志愿服务活动”。

（四）不同政治面貌群体的比较

根据统计数据，社会关爱表现在不同政治身份群体中存在差异，党员群体的总体社会关爱、非组织化形式社会关爱、组织化形式社会关爱的主评得分在所有政治面貌群体中最高。这些数据表明，一方面，党员在社会关爱表现上的先进性得到体现，应当充分发挥党员的先锋模范作用，以此影响其他个体的社会关爱行为；另一方面，有必要进一步引导和吸引群众或团员群体参与社区、单位、社会组织等组织的公益活动。

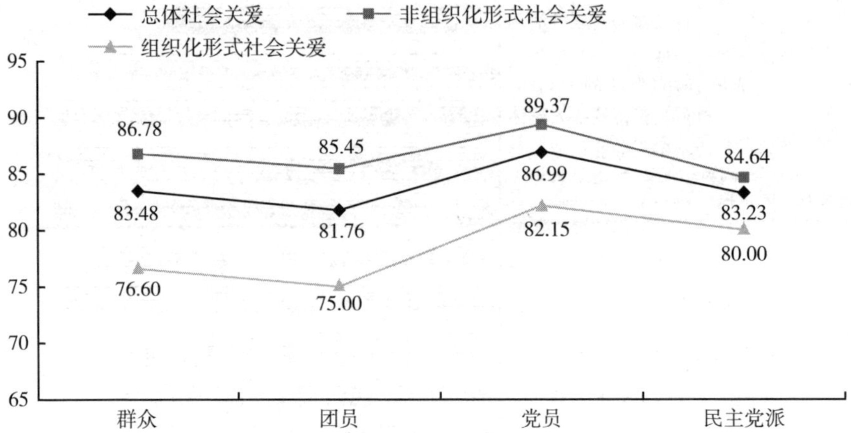

图 9　不同政治面貌群体的三类社会关爱表现

无论哪一类政治面貌群体，他们的“尊重、善待残疾人群体”“尊重、善待基层服务业从业人员（保洁/保安/环卫工人等）”“能给老、弱、病、残、孕及怀抱婴儿者提供让座等便利”的主评得分位列所有社会关爱内容主评得分的前三名，且绝大多数得分在 90 分左右。“自发做公益服务活动”则位列任何一类政治面貌群体的主评得分最后一名（见图 10）。

根据各类社会关爱内容的主评得分最高分的分布情况，除了“积极参加各类赛会志愿服务活动”“积极参加社会组织发起的公益活动”“自发做公益服务活动”这三项的最高分由民主党派群体占据外，其余 9 项社会关爱内容的最高分均由党员群体占据。

（五）不同户籍群体的比较

不同户籍和在杭居住年限的群体对自己的社会关爱行为表现的评价具有差异性。随着户籍向杭州城镇、杭州农村、外地城镇、外地农村的变化，杭州市民的总体社会关爱、非组织化形式社会关爱、组织化形式社会关爱的主评得分呈现不断递减的趋势（见图 11）。其中，杭州城镇、杭州农村等两类群体与外

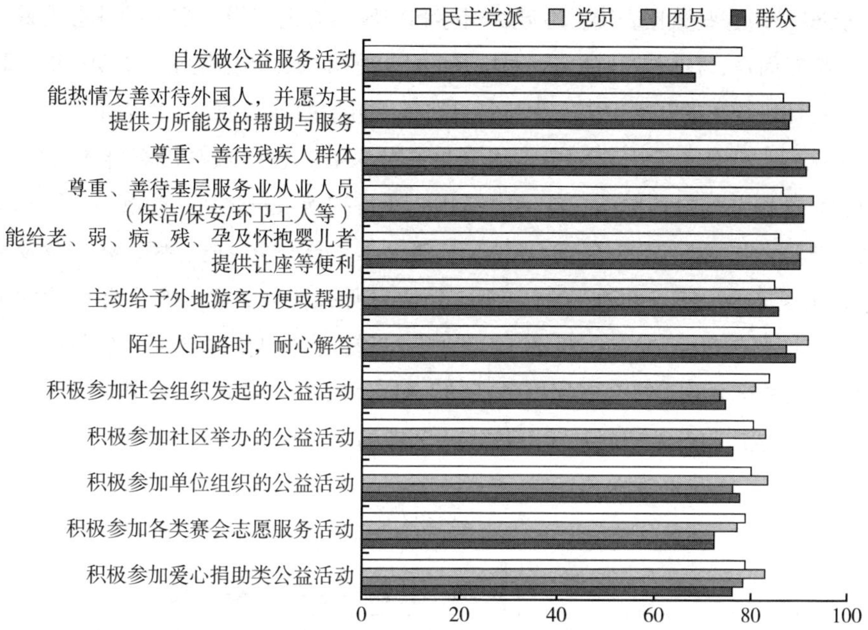

图 10　不同政治面貌群体的各项社会关爱内容表现

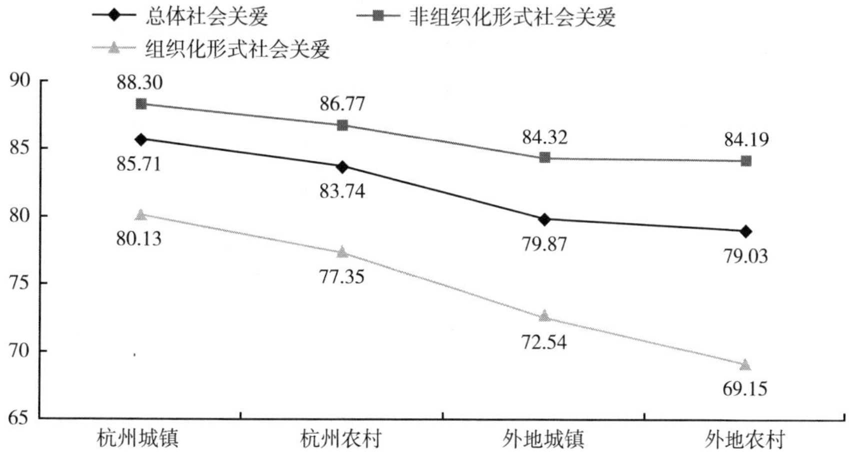

图 11　不同户籍群体的三类社会关爱表现

地城镇、外地农村两类群体在组织化形式社会关爱的主评得分上差异较为明显，外地城镇、外地农村等户籍群体的总体社会关爱、组织化形式社会关爱主评得分低于80分。这些数据表明，地域认同感和归属感有助于提升市民的社会关爱表现。相对而言，杭州户籍的市民对杭州的认同感和归属感比较强，主动意识比较强，更加愿意主动帮助他人，为杭州打造最有温情的善城贡献一份力量。

从各类社会关爱内容的主评得分最高分来看，杭州城镇户籍群体占据12项。无论哪一类户籍群体，他们“尊重、善待残疾人群体”“尊重、善待基层服务业从业人员（保洁/保安/环卫工人等）”“能给老、弱、病、残、孕及怀抱婴儿者提供让座等便利”的主评得分位列所有社会关爱内容主评得分的前三名，且都在90分左右（见图12）。所有户籍群体均在“自发做公益服务活动”“积极参加各类赛会志愿服务活动”社会关爱内容的主评得分比较低，其中，外地城镇和外地农村户籍群体在这两项的主评得分均低于70分。

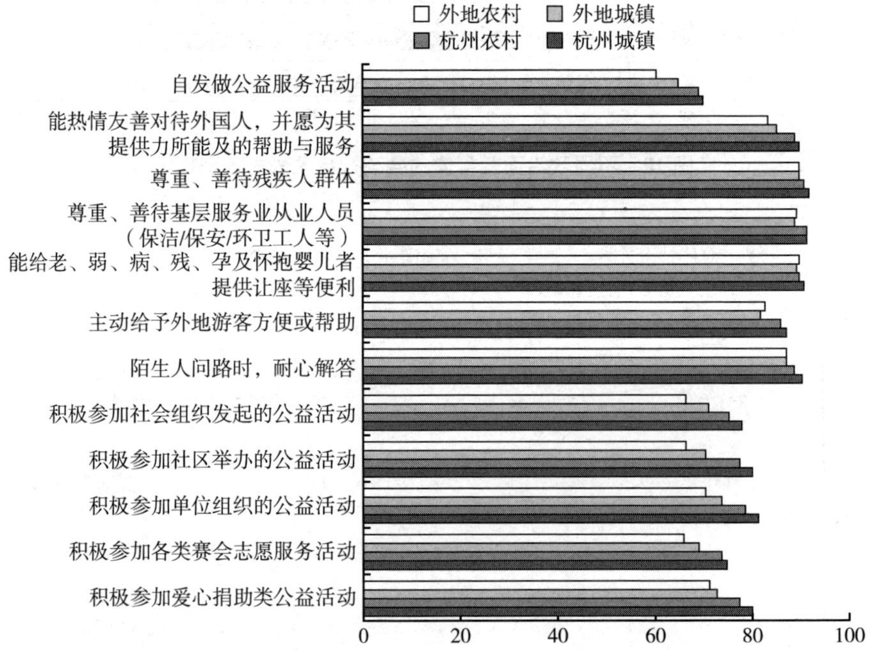

图12　不同户籍群体的各项社会关爱内容表现

（六）不同文明认知水平群体的比较

市民的文明认知水平主要通过“是否在单位或社区接受过公共文明方面

宣传教育”“是否对文明行为提示关注”“是否了解‘最美人物’‘平民英雄’‘道德模范’等榜样人物”三个题目衡量。统计结果显示，市民的社会关爱表现在不同的文明认知水平上存在差异，文明认知水平越高，市民的社会关爱表现越好。这意味着，针对市民开展公共文明方面的宣传教育、在公共场所设置文明行为的提示并吸引市民关注，以及对“最美人物”“平民英雄”“道德模范”等榜样人物进行宣传非常有必要。

在单位或社区接受过公共文明方面宣传教育的群体的总体社会关爱、非组织化形式社会关爱、组织化形式社会关爱的主评得分显著高于没有接受过公共文明方面宣传教育的群体（见图 13）。其中，没有接受过公共文明方面宣传教育的群体的组织化形式社会关爱主评得分比较低，为 67.98 分。

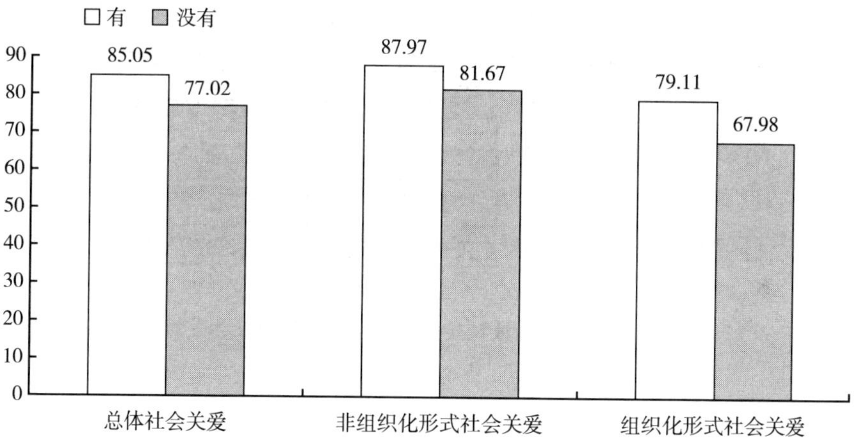

图 13 不同公共文明宣传教育接受状况群体的三类社会关爱表现

从各项社会关爱内容的主评得分来看，在单位或社区接受过公共文明方面宣传教育的群体主评得分同样显著高于没有接受过公共文明方面宣传教育的群体（见图 14）。没有接受过公共文明方面宣传教育的群体主评得分低于 70 分的社会关爱内容共占 6 项，且主评得分最低的内容为“自发做公益服务活动”，得分为 57.21 分。

对文明行为提示关注程度不同的群体对社会关爱的主评得分存在差异。很关注公交、地铁或其他公共场所里文明行为提示的群体的总体社会关爱、非组织化形式社会关爱、组织化形式社会关爱的主评得分显著高于其他群体（见图 15），且所有社会关爱内容主评得分的最高分均由这类群体获得（见图 16）。

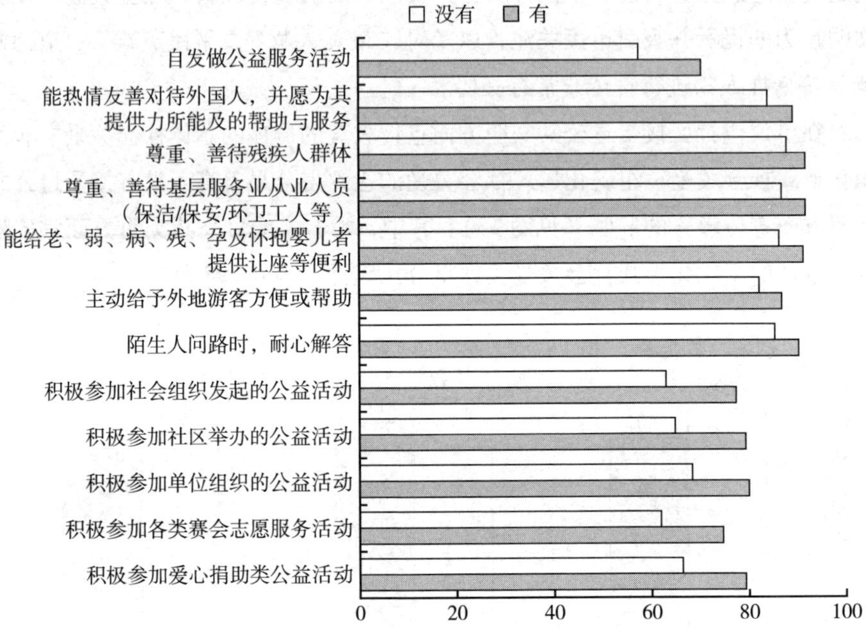

图 14　不同公共文明宣传教育接受状况群体的各项社会关爱内容表现

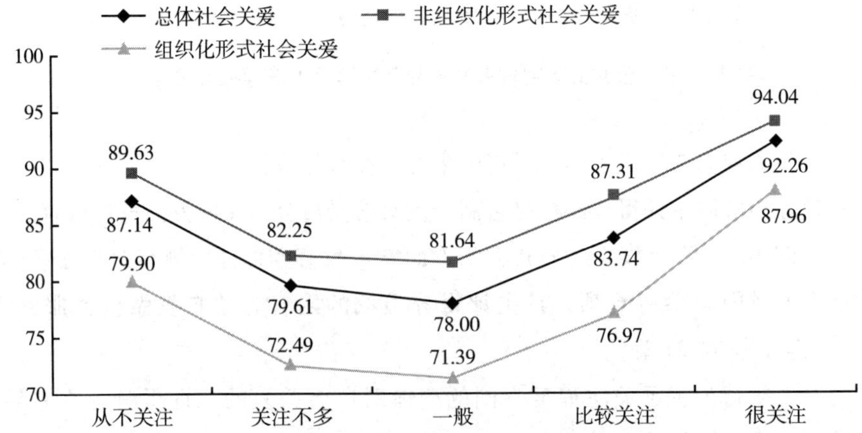

图 15　不同文明行为提示关注程度群体的三类社会关爱表现

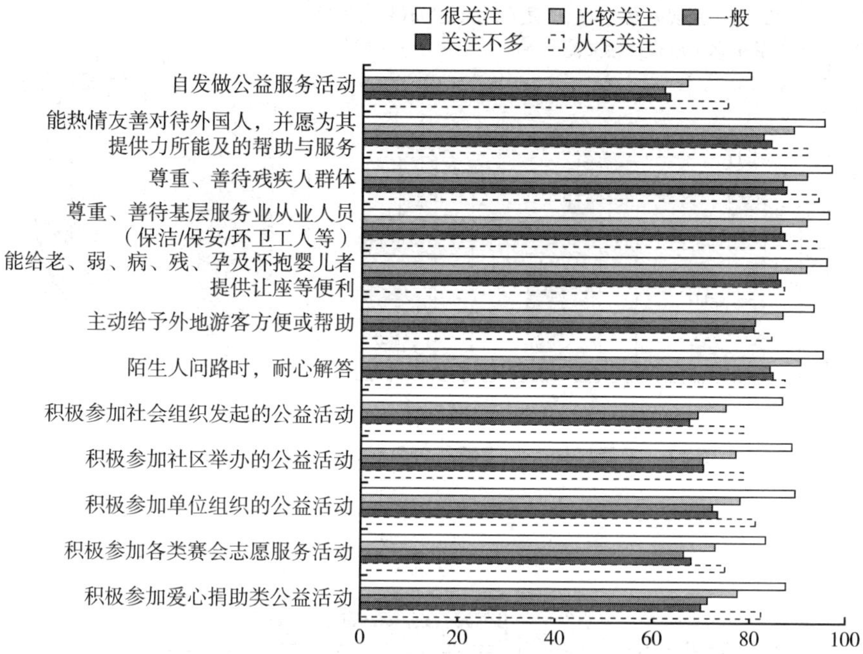

图 16　不同文明行为提示关注程度群体的各项社会关爱内容表现

杭州市民对“最美人物”“平民英雄”“道德模范”等榜样人物的了解程度越高，他们的社会关爱主评得分越高（见图 17）。这反映出，对榜样人物进行宣传，加深市民的认知与了解非常重要。对榜样人物了解很多的群体的总体社会关爱、非组织化形式社会关爱、组织化形式社会关爱的主评得分最高，且均在 90 分以上，显著高于其他群体。对榜样人物完全不了解的群体的总体社会关爱、非组织化形式社会关爱、组织化形式社会关爱的主评得分最低，其中，组织化形式社会关爱主评得分为 60. 07 分。

各项社会关爱内容的主评得分最高分均由对榜样人物了解很多的群体获得，且他们在各项内容上的主评得分显著高于其他群体，仅 1 项为 87. 26 分，其他 11 项的得分均在 90 分以上，其中 5 项的得分在 95 分以上（见图 18）。对榜样人物完全不了解的群体主评得分在 60 分左右的社会关爱内容比较多，尤其是“自发做公益服务活动”，主评得分为 49. 65 分。

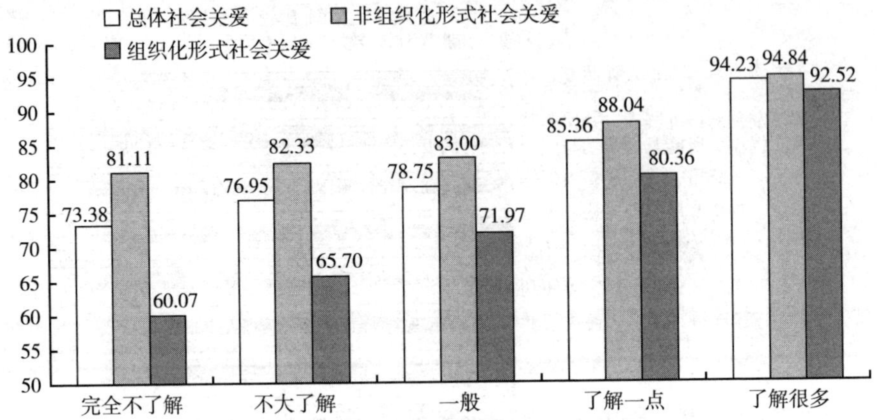

图 17　不同榜样人物了解程度群体的三类社会关爱表现

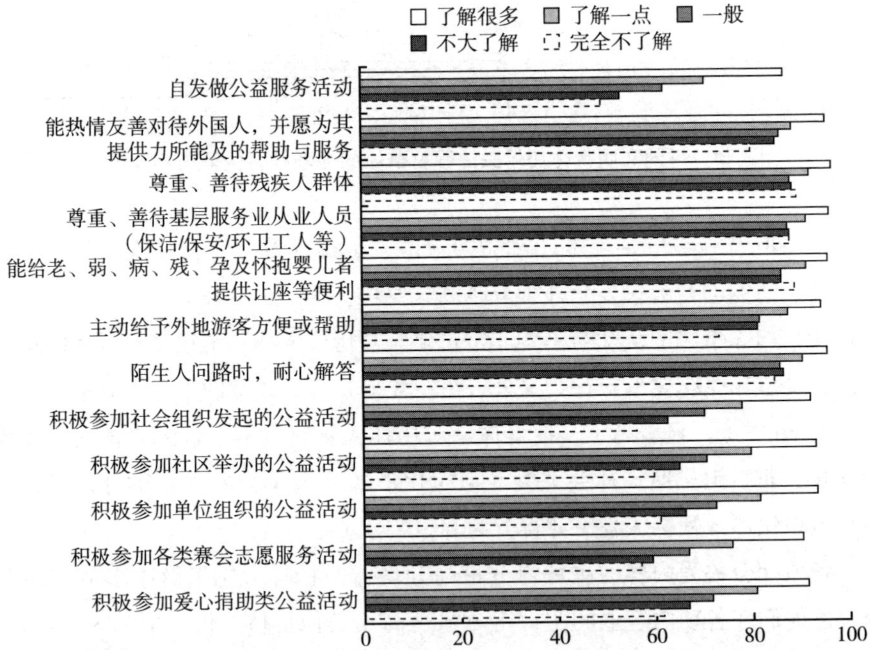

图 18　不同榜样人物了解程度群体的各项社会关爱内容表现

三　杭州市社会关爱的典型案例

因篇幅限制，本报告中所列的典型案例主要集中在志愿服务活动、关爱特殊群体和弱势群体、关爱邻里等方面。

（一）"微笑亭""温馨岛"等志愿阵地蓬勃发展

2018 年 3 月，杭州的城市志愿服务"微笑亭"入选第四批 50 个全国学雷锋活动示范点。"微笑亭"从 2009 年开始融入杭州，首批 50 座。之后，"微笑亭""温馨岛"等志愿阵地越来越广泛地被设立在杭州的主要景点、车站等区域，成为杭州市民传递文明、传递关爱的重要载体。"微笑亭"围绕杭州景点、广场、车站、人流聚集地等的人群的需求，将志愿者汇集起来无私传递文明与关爱，减少在杭居住者、游客、老/弱/病/残群体等外出的困难，感染和激发了更多向善的力量。"微笑亭""温馨岛"等志愿阵地俨然成为标识杭州善城的金名片。

"微笑亭"多为面积两平方米左右的小屋，从首批 50 座"微笑亭"诞生至目前，"微笑亭"数量已增加到 122 座。"微笑亭"的设立点也从西湖旅游景点、广场、车站等大型公共设施点扩展到钱江新城、滨江白马湖、萧山湘湖、杭州市肿瘤医院等人流聚集地。"微笑亭"成为志愿者开展志愿服务的阵地。相关数据显示，"微笑亭"设立与实施 10 年间，已经组织志愿者约 6.4 万人次，志愿者的服务时数累计达 50 万余小时。2017 年 7 月正式开亭的青芝坞"微笑亭"，已累计服务 1600 余人次。杭州东站"微笑亭"的志愿者来源广泛，包括社区、学校、社会组织、企事业单位、辖区"同心圆"单位等多个地方。

"微笑亭"中志愿者提供的服务能够实现 365 天常态化，志愿服务内容最初主要为帮忙指路，现如今志愿服务内容越来越多样与细致，并且还会根据"微笑亭"的志愿者类型、设立地点等的差异，提供个性化的志愿服务。比如，西湖景点的"微笑亭"不仅为游客提供指路和解答困惑等服务，还提供旅游讲解、免费凉茶、免费馒头、免费粥、免费花籽、困难救助等服务。杭州市肿瘤医院附近的"微笑亭"中志愿者主要由该院的医生、护士、工作人员构成，他们除了为游客提供常态化服务外，还为病患及市民提供免费的咨询和帮助。杭州东站的“微笑亭”备有导游图、针线包、公益伞、医药箱、打气筒、充电器等16项便民设施，既能够提供购票取票、交通换乘、路线指引等各类问询服务，又能为旅客，尤其是老、弱、病、残等特殊旅客提供轮椅租借、义务问诊、爱心馒头、爱心粥等服务，形成“咨询引导、平安巡防、应急救助、助老助残、外语服务、形象展示、文化宣传、思想教育、温情春运、社会实践”十大服务。青芝坞“微笑亭”提供的主要服务包括：指引道路或商户；发放青芝坞手绘地图；供应便民医疗包、爱心雨披、针线包、充电服务等；整理青芝坞共享单车；帮助残疾老人推车充电等。

杭州“微笑亭”之所以能够常态化地传递文明、传递关爱，原因在于“微笑亭”的一套管理体系。杭州市通过确立《“微笑亭”活动志愿服务队志愿服务章程》《“微笑亭”活动志愿服务指导手册》等规定，对“微笑亭”中志愿者的组织、服务、管理等各项流程进行了规范化管理，建立了包括志愿者队伍队长、分队长、组长等在内的志愿者服务架构。

（二）“制度关爱+节日关爱”贴心服务环卫工人

环卫工人被人们赞誉为“城市黄玫瑰”、“马路天使”和“城市美容师”。环卫工人作业具有特殊性，歇脚与吃饭在路上是一种常态，长期以来，他们作业期间面临歇脚休息、热饭喝水、避雷遮雨、御寒纳凉等困难。在杭州，关爱“城市美容师”环卫工人并为他们提供贴心服务构成杭州温度的靓丽风景。

1. 从沿街爱心休息点到高标配的城管驿站

沿街爱心休息点和城管驿站是为环卫工人或其他一线工人提供避暑纳凉、御寒休息等多层次服务的温暖空间，通过多年的建设发展，这些空间成为融合社会企业和志愿服务等爱心力量、开展各具特色和主题鲜明的爱心活动、温暖特殊工作性质群体的重要载体。2013年，《都市快报》联合杭州市城管委发起爱心倡议，倡导沿街商铺、企业、机关单位为环卫工人和其他一线工人提供爱心歇脚点。同年7月26日，首批135个爱心休息点挂牌。近些年，爱心休息点的数量和功能均发生了变化。在爱心休息点的数量方面，爱心休息点已经从沿街商户和企业等免费设立且提供简单的雨伞等设备和工具升级到高标配的城管驿站。2016 年夏天，位于新塘路庆春路口的杭州首个城管驿站对外开放。2018 年《城管驿站管理规范》颁布，明确了驿站的软件和硬件的指标和标准。截至 2019 年底，杭州市已经正式建成城管驿站 179 个，到 2020 年底将建成 220 个以上。在爱心休息点的功能方面，爱心休息点从过去遮风避雨的临时居所变成冬暖夏凉和满足多种需求的温馨小室。这些爱心休息点不断地刷新着它们的数量和功能，也刷新着杭州市对环卫工人关爱的程度。

目前，杭州市为环卫工人提供的沿街爱心休息点和城管驿站等温暖空间共包括三类。第一类是沿街商铺、企业、机关单位为环卫工人提供的免费爱心休息点。比如，中国移动营业厅、中国联通营业厅、麦当劳、必胜客、杭州方回春堂集团有限公司旗下的医馆，以及各大银行网点等单位，无条件为环卫工人提供休息点。第二类是由城管系统的站房改建而成的爱心休息点。比如，景苑路 6 号的北大桥公厕，该公厕的工具间布置整齐，配备了微波炉、空调、躺椅等设施，供环卫工人休息；紫金港路上的蒋村环卫所，该所开辟了 2 间共计 60 多平方米的房子，内部设有文化墙、冰箱、沙发等设施。第三类是城管驿站，这类爱心休息点结构更丰富、配置更齐全。城管驿站的室内设计成居家风格，宽敞明亮，入口处有“欢迎回家”4 个字，充满暖意。城管驿站一般配备有常用设施、应急设施、休闲娱乐设施等多类设施，具体包括休息间、茶水间、冷暖型空调、电风扇、微波炉、热水壶、电子血压仪、医用药箱、充电器、书柜、阅读区、免费 Wi-Fi 等。

在炎炎夏日的杭州街头，还会出现装满各种冷饮的冰柜。这些冰柜是杭州市沿街单位为环卫工人、快递员、外卖员与交警等室外高温工作者提供的免费冷饮，冰柜上常常会附上“冷饮补给随时取用”“酷暑高温，你们辛苦了”等标语，体现着城市对这些工作者的关爱。除此之外，杭州市各界人士也会为一线环卫工人慰问捐赠爱心保单、围巾手套、米和油、遮阳眼镜、防暑药品、清凉饮料等物品。

2. 环卫工人专属节日

设置环卫工人专属节日旨在肯定环卫工人为城市做出的贡献与更广范围地关心关爱环卫工人。每年的 10 月 26 日是浙江省的环卫工人专属节日。在这一天，杭州市城管系统会通过选树与表彰先进典型、关爱困难环卫工人、举办技能比武、联网联播宣传片等多种多样的方式为环卫工人庆祝他们的专属节日，丰富他们的职业生活，并给予他们各种关爱和帮助。2019年，专门为环卫工人等城市管理者提供帮扶的基金会——杭州市城橙公益基金会成立。该基金会为社会各界关爱环卫工人等城市管理者提供了平台，将更系统化和有针对性地提供帮扶与扶危济困。

每年5月6日是桐庐县的“百姓日”。百姓日当天，整个城区的环卫工人将放假一天，桐庐县的大街小巷将看不到穿着黄色背心的环卫工人，而是多了一群穿着红马甲的志愿者。这些志愿者接替“城市美容师”环卫工人的工作，拿起打扫工具，成为保洁志愿者。百姓日当天，桐庐县还会组织开展“环卫工人幸福游”活动，安排环卫工人乘坐高铁、参观G20峰会会场、县内旅游等活动。

（三）多举措多形式地关爱老年群体

“孝”文化是城市文明的基石，关爱老年群体是体现一个城市社会关爱程度的重要面向。杭州市在关爱老年群体方面的典型案例可聚焦到孝心车位、具有广覆盖与多样化特征的关爱老年群体志愿服务。

1. 以孝心车位引导市民践行孝善

孝心车位是杭州市一些社区专门为来看望父母的子女提供的车位。随着小汽车数量的增加，城市停车越来越难，尤其是在一些没有地下停车场的老小区。为此，停车难、停车位不足常常成为横亘在子女行孝路上的“绊脚石”，导致他们减少看望父母的次数或减少父母子女相聚的时间。免费提供孝心车位成为宣传和弘扬尊老敬老的一项创新式举措，在满足子女“常回家看看”停车需求的同时，也提高了老人的幸福感，更树立起关爱和尊重老年群体的风向标。

杭州市一些社区根据实际情况，采用内部挖潜、外部文明单位共建等方法，设置了孝心车位。这些孝心车位的设置，促使子女来看望父母不再匆匆忙忙，而是更加从容地陪父母一起做饭、唠唠家常、周边逛逛。为了更好地满足社区各类家庭行孝的需求，一些社区组织力量并借助信息化手段以提高孝心车位的流转率。比如，拱墅区在封闭式的老旧小区，通过探索“城市眼·云共治”系统共治模式，实现对孝心车位的信息化、流程化、规范化管理。小河街道明真宫社区在孝心车位区域安装车位地磁，实时掌握孝心车位状态，让孝心车位运转更为流畅。一些回迁小区，通过建立社区老年居民子女数据库，以孝心车位共享群等辅助方式，跟踪车位使用情况，车子驶离后，孝心车位便恢复为普通车位。祥符街道专门制定了孝心专属积分兑换制度，对每月子女探望老人达到一定次数和主动提供流动孝心车位的业主，都会给予一定的积分，可以兑换共建单位提供的中医问诊、理发等项目。米市巷街道文一大院社区对申请孝心车位的车主引入信用管理机制，当免费停放额度使用完毕后，将及时引导给其他孝心车位预约车主使用，同时，如预约车主无故取消预约，将对其以后预约产生一定影响。各个社区针对孝心车位的各个方面实践探索，比如志愿服务、数字赋能、共建共享、孝心公约等，均在助力孝心车位成为引导市民尊老敬老的扎实举措。

2. 广覆盖与多样化的关爱老年群体志愿服务

杭州市以老年群体多样化的需求为导向，提供广覆盖、多样化的志愿服务，关爱老年，为老年人增添温暖。目前，针对老年群体的志愿服务已覆盖各社区，服务项目和内容多样化，具体包括科普类，如老年自救知识、应急逃生知识等；健康类，如开展义诊以及糖尿病、冠心病、老年痴呆等疾病的防治等；精神类，如聊天、近地游玩、读报等；关怀类，如节日慰问、定期探访、上门服务等；培训类，如开展老年手工，引导老人参加文体活动，为老人提供培训和讲座等。

上城区近江西园社区的“银发无忧助老小组”，共有 520 余名志愿者，为 800 多名空巢老人提供搞卫生、代买生活用品、陪聊、读报、陪同过节等多项服务。西湖区上保社区的夕阳关爱“1+1+1”小组，共有志愿者 100 多人，采用一名志愿者和一名邻居服务一名空巢老人的形式，开展帮扶活动，扮演亲人角色。天水街道组建了包括辖区领导、党员骨干、共建单位、学校师生等在内的七支特色志愿者队伍，形成了街道有大队、社区有支队、辖区单位有分队、楼道墙门有小组的四级志愿者服务网络，志愿者人数占总人口的 20%以上，形成了“12345”助老服务平台、“五金工程”、“八个一”服务等深受老年人欢迎的服务特色。杭州市拱墅区和睦街道“巧媳妇”团队，专为老年人提供情感沟通、应急救助、家政、膳食制作等服务。这些巧媳妇不仅在生活上服务老年人，还组建了舞蹈队，让更多老年人参与其中，使其过得更开心、更有活力。

（四）提供智能母婴室等有温度的公共空间

传统母婴室经常作为洗手间的“附属”出现，不仅环境差、空间狭小，配置上也不尽如人意，无法全面解决妈妈与宝宝外出时的应急需求。为了让妈妈们放心哺乳、舒心出行，杭州市政府提供了智能母婴室，这些母婴室展现了一个城市对妇女儿童的关爱不只停留在标语上，更切实落到了实处。智能母婴室为哺乳的妈妈与可爱的宝宝提供了一个私密、安全、便捷的场所，用来哺乳、更换尿布，甚至是小憩，让母乳喂养的妈妈避免了在大庭广众之下的尴尬，也为父母出行时护理宝宝提供了方便。母婴室的室内设计各具特色，包括温馨风格、活泼风格，以及呼应所在建筑风格或周边环境。

杭州市已建成的母婴设施均符合《杭州市公共场所母婴设施建设管理服务规范（试行）》规定，分为基本型 A、基本型 B、标准型、舒适型 A、舒适型 B 五类，面积一般不低于 10 平方米，配有防滑地面、保护哺乳私密性的门和帘子等遮挡设备、带安全扣的婴儿尿布更换台、提供热水和洗手液的洗手台、婴儿床、便于哺乳的座椅、桌子、电源插座、垃圾桶等，并提供纸巾、湿巾，有些母婴室还实现 Wi-Fi 覆盖。

为了能够使妈妈们在需要之时，快速且准确地找到最近的母婴室，杭州市将建成的智能母婴室上传至“杭州健康通”App，只需要在该 App 内搜索即可找到母婴室。同时，打开百度地图语音或文字输入“母婴室地图”，同样可以看到粉色的母婴室定位图，为妈妈们精准指引方位。

（五）打造邻里守望互助共同体

邻里互助一直都是中华民族的传统美德，但随着时代的发展和变迁，城市生活节奏的加快，再加上城市小区居住格局的固有特点，城市邻里之间的往来变得疏远，门对门而不相往来的情况较为普遍，因此，“远亲不如近邻”“近邻不如对门”的场景和融洽的邻里关系显得尤为珍贵。杭州市通过邻居（邻里）节、邻里互助站增进邻里之间的关系，增强邻里的团结互助意识，推进邻里之间和睦相处与相互关爱，形成邻里守望互助共同体。

1. 邻居（邻里）节

2004 年，杭州市稻香园社区，一个叫沈馨的 6 岁女孩，敲开了邻居家的门。与此同时，也敲出了杭州首届邻居节。目前，杭州邻居节已经举办到第十六届。邻居节为杭州各社区各小区中邻里提供了一个互相熟悉、沟通的契机，是增进邻里感情的一个有效载体。它通过让邻里居民广泛接触、互帮互学、加强沟通，增进了邻里之间的关系，增强了邻里居民的幸福感。

邻居节当天，街坊邻居齐聚一堂，参加丰富多彩的活动。每一届邻居节上的活动都将突出不同的活动主题，活动形式灵活多样，活动内容既包括常规化活动，也包括个性化活动。在邻居节上，邻里居民不仅能够聆听到许多感人的邻里故事，还在参与活动过程中感受到欢声笑语和邻里情谊，形成了一种“与邻为和、与邻为学、与邻为乐、与邻为善、与邻为助”的睦邻氛围和良好风尚。

2. 邻里互助站

杭州铁关社区推出的杭州首个居民自治服务平台“818 邻里互助站”同样成为打造邻里互助共同体的有效载体。“818 邻里互助站”是在社区指导下，为居民之间的相互帮助搭建的一个“自我管理、自我服务、自我教育、自我监督”的平台。“818”的谐音是“帮一帮”或“帮一把”，也是该互助站热线电话 85857818 最后三位数字，体现了倡导社区居民之间自助、互助、协助的理念。

“818 邻里互助站”会聚了一批具有专业所长的志愿者，他们均为社区各楼道的居民，为楼道其他居民的各种日常生活困难提供无偿帮助。“818 邻里互助站”的受助群体具有广泛性特征，除了确实需要帮助的对象外，任何居民都可以参与其中，这类参与包括为他人提供服务和享受他人为自己提供服务。志愿者每次为他人提供服务，可将服务回执单送回到互助站，站里将会根据被服务人的满意程度，给志愿者记录一定的爱心积分。年底根据积分情况评选并表彰功勋志愿者，以此形成邻里之间“关爱—被关爱—关爱—被关爱”的爱心环。目前，“818 邻里互助站”已经拥有多名坐堂接待员和互助员，能够提供水电维修、管道疏通、代购物品、家政服务、陪医拿药、做饭买菜、散步闲聊等十类互助服务项目。

四　基于社会关爱提升杭州城市温情的对策建议

社会关爱是促进杭州打造最有温情的善城的关键阵地。提高城市的社会关爱程度是一项复杂系统工程，基于问卷调查的结果和社会关爱理论基础，针对杭州市社会关爱领域的主要问题和短板，结合杭州市的一些实践已形成的经验，本报告从关爱意识和关爱行为的自觉性、保障条件、示范引领、品牌阵地和品牌活动、宣传引导教育、精准关爱等六个方面提出相关建议。

（一）有重点地强化市民的关爱意识和关爱行为的自觉性

数据分析反映出，市民的个体特征与他们的社会关爱表现具有相关性，社会关爱的表现在不同性别群体、不同年龄群体、不同政治面貌群体、不同户籍群体等之间存在差异。因此，为了提高市民的社会关爱程度，应当有所侧重，尤其需要关注重点的市民群体、重要的社会关爱内容、凸显的差距与短板。

一是要针对重点的市民群体，开展有针对性的宣传教育活动。将社会关爱主评得分相对较低者作为重点对象，这些群体包括男性群体、低学历群体、外地户籍群体等，结合这些群体的性质特征，丰富宣传教育和志愿服务实践等活动，从多个方面引导他们的社会关爱意识和行为，以提高他们的社会关爱程度。二是以主评得分位于前列的社会关爱内容营造社会关爱风尚。根据各项社会关爱内容的主评得分，“尊重、善待残疾人群体”“尊重、善待基层服务业从业人员（保洁/保安/环卫工人等）”“能给老、弱、病、残、孕及怀抱婴儿者提供让座等便利”三项社会关爱内容位列所有社会关爱内容主评得分前列，应当将杭州市民的这些良好风尚进行有效的宣传与推广，由点及面地营造良好的社会关爱风尚。三是找准杭州市民社会关爱的差距和短板。社会关爱的调查数据表明，杭州市民在一定程度上能够去参加各级政府及其部门、单位、社会组织等各类组织发起或举办的志愿服务活动，为他人提供便利、帮助及服务社会，但是这类社会关爱行为的表现有待进一步提高。另外“自发做公益服务活动”“积极参加社会组织发起的公益活动”“积极参加各类赛会志愿服务活动”等社会关爱内容的主评得分显著低于其他社会关爱内容。应综合运用激励、呼吁和劝告、服务能力建设、示范等措施改善杭州市民在这些社会关爱内容上的表现。

（二）将城市建设和城市服务作为提升社会关爱程度的保障

一个城市的经济发展状况、文化繁荣程度、生活的秩序化、生态环境的优越性、公共基础设施完备性、公共服务提供水平等会影响到市民给予城市其他群体关爱的程度。调查发现，地域认同感和归属感有助于改善市民的社会关爱表现。相对而言，杭州户籍的市民对杭州的认同感和归属感比较强，主动意识比较强，更加愿意主动帮助他人，为杭州打造最有温情的善城贡献一份力量。而城市市民对所在城市的建设和公共服务的满意度又能够增强市民对城市的认同感和归属感。因此，为提高城市市民的社会关爱程度，应当加大城市建设力度和提高城市服务水平。

一方面，强化市容环境的治理和平安社区的建设。以市容环境、交通秩序、窗口服务、社区环境、集贸市场、老旧小区为主要落实点，开展监督检查，营造整洁、文明的市容环境秩序。充分挖掘和调动社区的志愿者力量，形成社区行政力量-物业市场力量-居民社会力量等合力，运用智慧技术等信息技术，打造平安社区。另一方面，以市民面临的难点热点问题，改善城市公共基础设施和公共服务的供给。随着户籍向杭州城镇、杭州农村、外地城镇、外地农村的变化，市民的总体社会关爱、非组织化形式社会关爱、组织化形式社会关爱的主评得分呈现为递减趋势。不同户籍身份市民的社会关爱程度存在差异。针对新市民，为他们的社会融入提供一些便利，增强他们对杭州的归属感与认同感。

（三）强化典型的示范引领作用

党员群体的总体社会关爱、非组织化形式社会关爱、组织化形式社会关爱的主评得分在所有政治面貌群体中最高，党员在社会关爱表现上的先进性得到体现。市民对“最美人物”“平民英雄”“道德模范”“慈孝之星”等榜样人物的了解程度越高，他们的社会关爱主评得分越高。因此，应当强化典型的示范引领作用。

一是充分挖掘富有示范引领作用的先进典型，围绕杭州市民的各项善举，完善社会关爱方面模范人物的发现和选树机制，深入开展“最美人物”“道德模范”“敬老爱老”等先进典型的评选与宣传活动，优化征集和推荐的载体，增强模范典型的说服力和感召力。二是创新多项载体以发挥先进典型的示范引领作用。组成“最美人物”“道德模范”“敬老爱老”等先进典型先进事迹报告团，组织他们在各类社区开展宣传活动，在社区形成学习模范、争创模范的氛围，以教育引导和激励市民。对“最美人物”“道德模范”“敬老爱老”等先进典型先进事迹进行统筹策划，结合杭州本地特色创作出相关的艺术作品，广泛展演展播。综合运用传统媒体和新兴媒体，创新宣传手段，让“最美人物”“道德模范”“敬老爱老”等先进典型先进事迹的社会覆盖面更宽、更广。三是进一步完善道德模范的关爱帮扶机制。评估《杭州市道德模范关心关爱制度若干规定（暂行）》中各项激励措施的实施效果，关注道德模范的发展变化与新需求。引入社会力量，设立城市榜样公益资金，形成政府、市场、社会多元化参与投入机制，着力培育道德模范典型，进一步促进“最美人物”“道德模范”等先进典型群体的培育、发展、壮大，树立“好人好报、德者有得”的价值导向。四是加大“不孝”“占用母婴室”“占用老弱病残座位”等负面典型的曝光力度，引导社会舆论对此进行谴责与评判，促使市民自觉树立社会关爱意识和做出社会关爱行为。

（四）做精“微笑亭”等品牌阵地和“邻居节”“环卫工人专属节日”品牌活动

“微笑亭”“温馨岛”等志愿阵地传递关爱和文明，感染和激发了更多向善的力量。应进一步做好“微笑亭”等志愿阵地的建设，引导广大市民踊跃参与志愿服务，汇聚力量，传播关爱。做好以评促进，评选出示范“微笑亭”，推进“微笑亭”的标准化建设。进一步扩大“微笑亭”的设立规模，加强人流聚集地的“微笑亭”设置与建设，便于市民参与以社会关爱为主题的志愿服务。

“环卫工人专属节日”旨在肯定环卫工人为城市做出的贡献与更广范围地关心关爱环卫工人，已经成为温暖特殊工作性质群体的重要活动载体。应当充分发挥“环卫工人专属节日”的社会意义，一方面，以“环卫工人专属节日”为平台，动员更多的社会力量为环卫工人以及其他特殊工作性质群体提供支持和帮助；另一方面，围绕环卫工人的需求特征，将“环卫工人专属节日”作为广大环卫工人沟通交流、切磋技能、展示风采的平台，丰富环卫工人的业务生活，进一步激发和调动环卫工人的工作热情。除此之外，应当增加环卫工人在“环卫工人专属节日”享受的服务内容，提高关爱层次。

“邻居（邻里）节”、邻里互助站有助于邻里之间的和睦相处与相互关爱，形成邻里守望互助共同体。因此，进一步完善“邻居（邻里）节”、邻里互助站的组织工作，推动各社区精心组织“邻居（邻里）节”“环卫工人专属节日”等品牌活动，开展社区“邻居（邻里）节”的展示、交流、评比，丰富“邻居（邻里）节”活动形式和活动内容，吸引邻里广泛参加，增进感情，互帮互助。

（五）深化社会关爱的宣传引导教育工作

市民社会关爱意识和行为的养成和提高是一个潜移默化的过程，需要不间断地灌输和引导。数据结果反映出，接受过公共文明方面宣传教育的市民群体的总体社会关爱、非组织化形式社会关爱、组织化形式社会关爱的程度较高。在杭州市的社会关爱典型案例中，诸如免费提供孝心车位等举措，有效地宣传和弘扬了尊老敬老文化，还引导子女常回家看看。

针对社会关爱的宣传引导教育工作，应重点做好“强化”“拓展”“创新”三个方面的工作。一是强化舆论宣传。不断深化对宣传工作的认识，把握各种媒体的特征与优势，加大主流媒体和新兴媒体（微博、微信、移动客户端、文明办官网等）的宣传力度，在全社会营造浓厚的社会关爱宣传氛围，使践行社会关爱成为社会共识。二是拓展宣传教育活动。通过形式多样的宣传教育活动，大力推进社会关爱培育和建设。围绕提升社会关爱程度，在公共场所、主次干道、居民小区等，全面覆盖公共文明、社会关爱等宣传语。组建“最美人物”“平民英雄”“道德模范”“慈孝之星”等典型先进人物基层巡回演讲团，深入社区、校园、企业、机关等单位，通过报告、演讲、座谈、互动等形式开展公共文明、社会关爱等宣讲活动。突出亚运会的特点，以关爱游客、关爱外国人、关爱运动员为主要内容，组织开展咨询引导、平安巡防、应急教育、形象展示等宣传教育活动。三是创新宣传引导教育工作。追踪评估孝心车位的积极影响，关注各个社区孝心车位的设置情况，以智能化、参与性等优化孝心车位的管理。以孝心车位为先行，围绕打造最有温情的善城涉及的社会关爱内容，不断探索创新小举措彰显大关爱的宣传引导措施，形成社会关爱宣传引导教育的新格局。

（六）以关爱需求为导向提供精准化关爱服务

通过杭州市社会关爱典型案例发现，杭州市以老年群体多样化的需求为导向，提供了广覆盖与多样化的志愿服务，包括科普类、健康类、精神类、培训类、关怀类等多个方面的关爱服务，营造了关爱氛围，也切实为不同类型的老年人增添了温暖。针对妈妈与宝宝外出时的应急需求，杭州市积极打造智能母婴室等有温度的公共空间，弘扬对妇女儿童的关爱，受到市民的广泛欢迎。

社会关爱对象既可以是多个类别的群体，如老年群体、残疾人群体、环卫工人群体、孕妇群体等，又可以是一个个鲜活的个体，他们有着独特的年龄结构、个性特征和多样需求。因此，社会关爱除了提供统一的服务外，还应该重视精准地提供关爱服务。把握社会关爱对象的需求是精准提供关爱服务的基础，应注重关爱需求的调研，综合运用“大数据”、“档案”、引入社会力量等方法，摸清社会关爱对象的基本情况，建立翔实完备、动态更新的关爱对象信息库，精准定位特殊关爱对象的个人情况和家庭情况，了解他们的需求性质和帮扶着力点，给予有针对性的关怀。

杭州市民文明养犬报告

——基于2019年的实地调查

引 言

宠物犬饲养，从表面上看是公民的个人行为，但当这种个人行为涉及公共利益的时候，就成为社会的公共问题。课题组从杭州市城管部门了解到，目前杭州有证犬只将近4万只，未办证犬只数量估计为有证犬只数量的5倍。也就是说，杭州目前宠物犬数量在24万只左右。宠物犬的生存模式需要占有一部分本就有限的公共空间，如此庞大规模的犬只数量所引起的一个直接后果是人与狗的矛盾日益凸显。杭州市疾控中心的一组数据更加直观：2018年，杭州市犬伤门诊共接诊约15万人次，每年7~9月是犬伤就诊高峰期。[①] 矛盾凸显的背后，既有养犬人不文明养犬导致的直接冲突，比如遛狗不牵绳导致犬只伤人、排泄物不清理破坏环境、不打疫苗危害狂犬病防治、遗弃导致流浪狗数量增加等，也折射出城市养犬管理中关于治理体系“密度”以及治理能力“精度”上存在的问题和瓶颈，比如完善现有养犬管理规范、探索有效执行规定的途径以及健全合理有效的管理配套制度等。

在公共空间中，人与狗怎样和平共处已经成为文明城市建设的关注点之一。市民文明养犬行为的养成，一方面是养犬人责任意识及文明素质提高的表现，另一方面离不开政府部门的管理。文明行为其实是一系列因素联动影响的结果：文明的背后要有严格执行的规则约束惩戒，规则背后有合理的配套机制辅助。因此，本报告拟从以下三方面对城市文明养犬现状进行分析，并试图就进一步优化养犬管理和推进市民文明养犬做对策性探

---

① 沈听雨：《犬伤门诊进入就诊高峰期　杭州疾控发布安全提醒》，《杭州日报》2019年7月9日，第6版。

讨：杭州市民文明养犬行为分析；政策条例与执行力度；配套机制与精细化管理。

一　调查方法和样本介绍

调查采用半结构访谈结合政策比较研究，并结合《杭州市民亚运文明素养》调查问卷的结果进行分析。因此报告的调查样本分为两个部分：第一部分是通过问卷筛选出的1672人，第二部分是接受访谈的68人。

接受访谈的68人中，重点限养区有36人（犬主23人，非犬主13人），一般限养区有32人（犬主22人，非犬主10人，受访者基本情况见附表1）。[①]访谈内容包括四个方面：养犬行为的自我评价及对他人的客观评价；对养犬及相关防疫知识的了解；对现行养犬规定的了解及反馈；对养犬管理的评价及建议。在政策比较方面，报告收集并分析了在犬只管理方面比较成熟或正在积极探索新举措的国内外主要城市（包括美国、英国、德国、法国、加拿大、日本以及中国的深圳、广州、上海等）的法律法规和管理措施，对比杭州养犬管理的优势和不足，尝试通过借鉴成功经验提出规范城市文明养犬行为及管理的针对性建议。

问卷分析显示，在1672个样本中，男性845人，占比为50.5%；女性827人，占比为49.5%。受访者性别分布情况显示男性24人，占比为35.3%；女性44人，占比为64.7%（见图1）。

从年龄上看，问卷调查样本中，20岁及以下47人，占比为2.8%；21~30岁325人，占比为19.4%；31~40岁444人，占比为26.6%；41~50岁306人，占比为18.3%；51~60岁314人，占比为18.8%；60岁以上236人，占比为14.1%。个案访谈受访者中，21~30岁15人，占比为22.1%；31~40岁28人，占比为41.2%；41~50岁13人，占比为19.1%；51~60岁6人，占比为8.8%；60岁以上6人，占比为8.8%（见图2）。

① 访谈编号采用如下方式：Z/Y-Q/FQ-XX，其中Z代表受访者来自重点限养区，Y代表一般限养区；Q代表受访者为犬主-养犬人，FQ代表非犬主-不养犬人；XX为该组内访谈顺序编号。比如Z-FQ-01为重点限养区非犬主01号受访者。

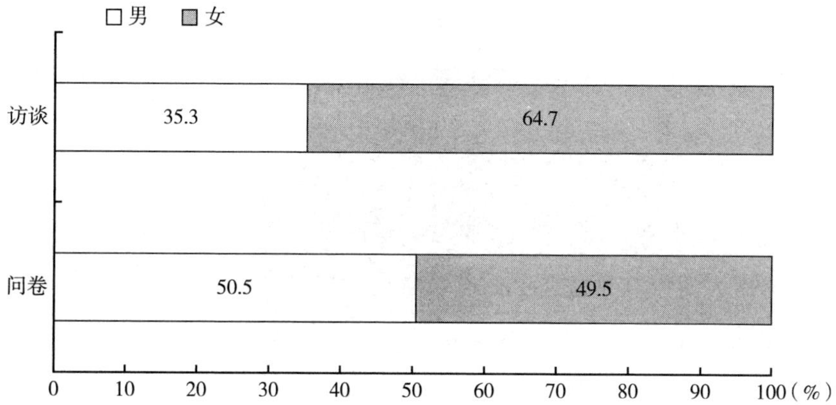

图 1　性别分布情况

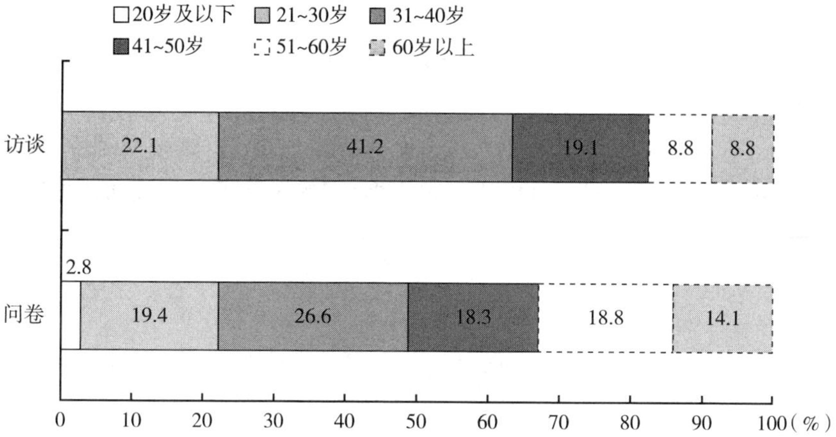

图 2　年龄分布情况

从学历分布上看，问卷调查样本中，初中及以下占比为 23.3%；高中/中专/技校占比为 25.1%；大专占比为 26.3%；本科占比为 23.7%；研究生及以上占比为 1.6%（见图 3）。

从职业分布上看，问卷调查样本中，党的机关、国家机关、群众团体和社会组织、企事业单位负责人 161 人，占比为 9.9%；专业技术人员 148 人，占比为 9.1%；办事人员和有关人员 253 人，占比为 15.6%；社会生产服务和生活服务人员 329 人，占比为 20.3%；农、林、牧、渔业生产及辅助人员 68 人，占比为 4.2%；生产制造及有关人员 111 人，占比为 6.8%；军人 11 人，占比

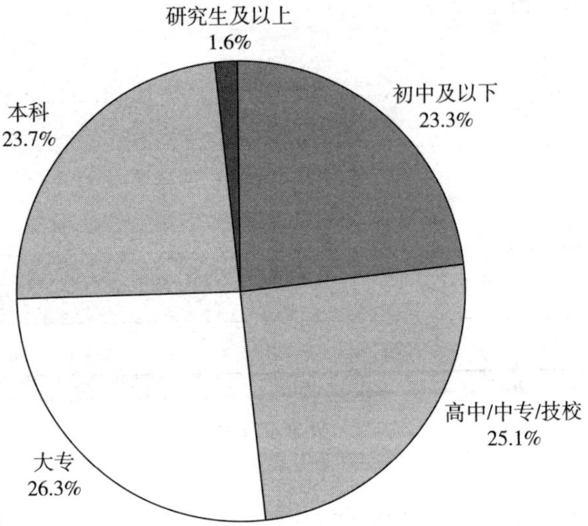

图 3　学历分布情况

为 0.7%；不便分类的其他从业人员 280 人，占比为 17.3%；无业失业人员 149 人，占比为 9.2%；学生 112 人，占比为 6.9%（见图 4）。在访谈中我们同

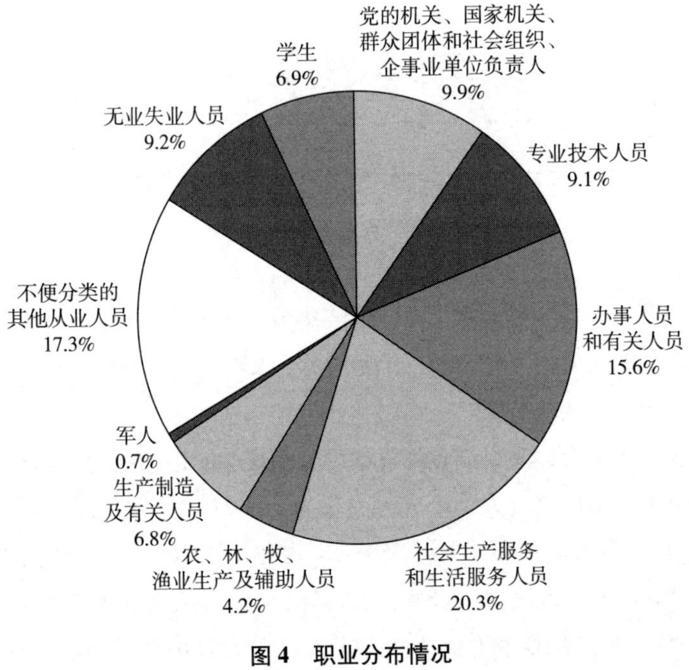

图 4　职业分布情况

样收集了受访者的工作信息，主要用于了解受访者的工作模式和其遛犬时间的关系。其中，个体经商 7 人；公务员 3 人；公司职员 28 人；医务工作者 2 人；学生 1 人；幼师 1 人；无工作 4 人；电台主播 1 人；自由职业 5 人；退休 9 人；高中老师 1 人；高校教师 6 人。

在家庭经济状况上，问卷分析显示，远低于平均水平 102 人，占比为 6.1%；低于平均水平 272 人，占比为 16.3%；平均水平 1112 人，占比为 66.6%；高于平均水平 172 人，占比为 10.3%；远高于平均水平 11 人，占比为 0.7%（见图 5）。

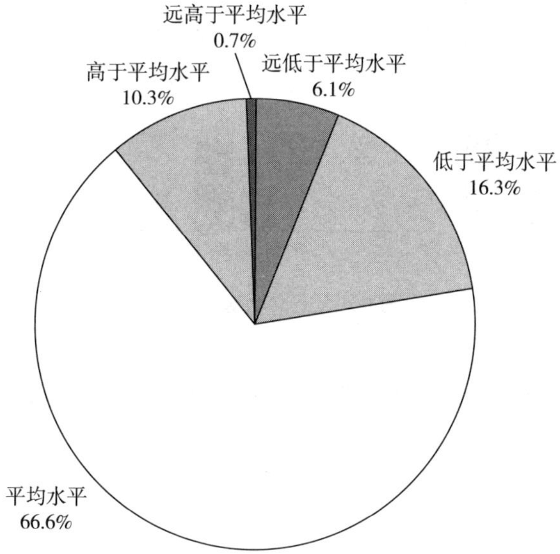

图 5　家庭经济状况

二　杭州市民文明养犬行为分析

（一）不同年龄、学历、家庭经济状况的犬主在文明遛犬行为上存在显著差异

从问卷统计结果来看，大部分犬主可以做到遛狗时主动清理其排泄物（62.0%），遛狗时拴好绳子（68.2%），以及不带狗进入超市、商场、医院、餐馆等公共场合（67.6%）（见图 6）。但是当我们将犬主信息及遛犬行为做

Pearson 相关显著性分析时，可以发现不同年龄、学历、家庭经济状况的犬主在文明遛犬行为上存在显著差异。表 1 为犬主信息及遛犬行为的 Pearson 相关分析矩阵。可以发现，年龄越小、学历越高、家庭经济状况越好的犬主，越倾向于文明遛犬的行为。

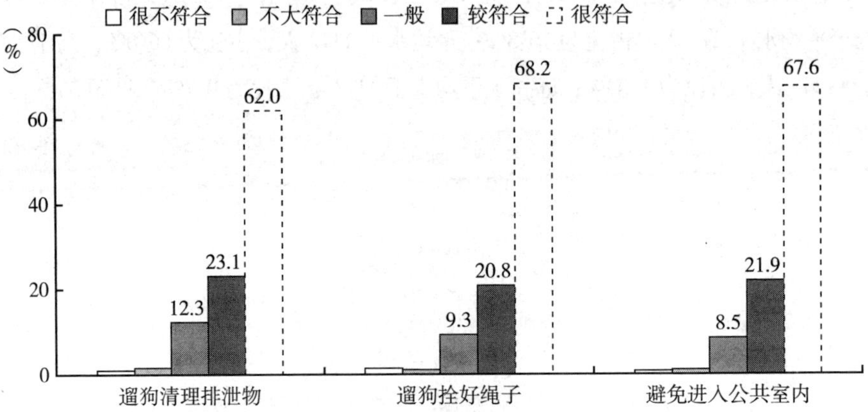

图 6　犬主文明遛犬比例

表 1　犬主信息及遛犬行为的 Pearson 相关分析矩阵

		遛狗清理排泄物	避免进入公共室内	遛狗拴好绳子
年龄	Pearson 相关	0.086 **	0.078 **	0.078 **
	显著性（双尾）	0.000	0.000	0.000
	N	1669	1672	1672
学历	Pearson 相关	0.069 **	0.075 **	0.075 **
	显著性（双尾）	0.005	0.002	0.002
	N	1667	1667	1667
家庭经济状况	Pearson 相关	0.070 **	0.092 **	0.075 **
	显著性（双尾）	0.004	0.000	0.002
	N	1669	1669	1669

注：** 代表相关性在 0.01 层面上显著（双尾）。

这一结论也可以从访谈调查中得到进一步确认。与年龄较大的受访者相比，中青年犬主普遍对杭州市现行的养犬规定更加了解，且科学养犬的知识储备较为丰富，认为定期携带犬只打疫苗、驱虫和做体检的必要性较高。他们表示自己在遛狗时会牵绳，随身携带垃圾袋和狗嘴套，主动清理遛狗排泄物，并在必要时给狗佩戴嘴套防止误食垃圾（Z-Q-21，女，38岁，自由职业；Y-Q-14，男，27岁，公司职员；Y-Q-20，女，35岁，高校教师）。而有些年龄较大的受访者则表示“很多人不怕小狗，没必要牵绳”（Z-Q-19，男，58岁，退休），“狗是需要放开跑一跑做运动的，不然它们过得也不开心不健康”（Z-Q-09，女，60岁，退休），或者“草坪树丛里的狗屎没必要捡，就当上肥料了”（Y-Q-04，女，70岁，退休）。

（二）犬主对文明养犬行为的理解与现行养犬规定存在偏差

杭州市现行的犬只管理规定为2004年颁布的《杭州市人民代表大会常务委员会关于修改〈杭州市限制养犬规定〉的决定》，该决定是基于1996年实施的《杭州市限制养犬规定》的修改。杭州市城管委在2018年启动的“文明养犬”集中整治期间，根据该规定界定的城市文明养犬行为包括：定期携带犬只接受免疫接种，办理养犬许可证，按照规定时间遛犬，不携带犬只进入商场超市等公共场所，遛犬时使用牵绳嘴套并及时清理粪便等。但是调查发现，犬主对于文明养犬行为的理解与犬类管理部门的界定存在较大偏差。

在访谈过程中，我们请受访者列举其认定的文明养犬行为。表2为受访者类型（Q-FQ）与文明养犬行为频数（频率）交叉分析，其中Q为45人，FQ为23人。表3为受访者地区（Z-Y）与文明养犬行为频数（频率）交叉分析，其中Z为36人，Y为32人。可以看到，所有的受访者一致同意的文明养犬行为包括：接种疫苗（86.8%）、不携带犬只进入商场超市等公共场所（82.4%）、遛狗牵绳（89.7%）、清理粪便（97.1%）。从受访者类型来说，非犬主认定的文明养犬行为基本符合犬类管理部门的界定；而犬主在办理狗证（57.4%），按照规定时间遛狗（51.5%），尤其是遛狗时佩戴嘴套（35.3%）上与规定存在较大偏差。从受访者地区来说，重点限养区的受访者认定的文明养犬行为与一般限养区的受访者相比，更符合犬类管理部门的界定；其原因有可能是重点限养区的管理更为严格，文明养犬的宣传力度更大。

表 2　受访者类型与文明养犬行为频数（频率）交叉分析

受访者类型	文明养犬行为						
	接种疫苗	办理狗证	按照规定时间遛狗	不携带犬只进入商场超市等公共场所	遛狗牵绳	清理粪便	佩戴嘴套
Q(45 人)	36 (80%)	21 (46.7%)	18 (40%)	35 (77.8%)	40 (88.9%)	43 (95.6%)	8 (17.8%)
FQ(23 人)	23 (100%)	18 (78.3%)	17 (73.9%)	21 (91.3%)	21 (91.3%)	23 (100%)	16 (69.6%)
总计 68 人	59 (86.8%)	39 (57.4%)	35 (51.5%)	56 (82.4%)	61 (89.7%)	66 (97.1%)	24 (35.3%)

表 3　受访者地区与文明养犬行为频数（频率）交叉分析

受访者地区	文明养犬行为						
	接种疫苗	办理狗证	按照规定时间遛狗	不携带犬只进入商场超市等公共场所	遛狗牵绳	清理粪便	佩戴嘴套
Z(36 人)	35 (97.2%)	29 (80.6%)	30 (83.3%)	33 (91.7%)	35 (97.2%)	36 (100%)	17 (47.2%)
Y(32 人)	24 (75%)	10 (31.3%)	5 (15.6%)	23 (71.9%)	26 (81.3%)	30 (93.8%)	7 (21.9%)
总计 68 人	59 (86.8%)	39 (57.4%)	35 (51.5%)	56 (82.4%)	61 (89.7%)	66 (97.1%)	24 (35.3%)

通过进一步访谈，我们了解到被访者在遛狗时间和佩戴嘴套上的认识与规定存在较大分歧的原因，可以归结为不人性化或不现实。

大多数犬主认为，杭州规定早上 7 点到晚上 7 点禁止遛狗过于严苛不人性化，既不符合宠物犬的生存需要，也不方便养狗人。首先，从受访者的工作情况来看，一部分犬主为年龄较大的退休及无业人群，时间较自由，这些人更倾向于在白天出门的时候，比如遛弯晒太阳，和邻居社交，以及买菜的过程中顺便遛狗。另一部分犬主虽然是在职人员（如自由职业、个体经商、公司职员等），但大多从事的并不是朝九晚五的规律时间工作。因此这些人会根据自己的工作情况而定，遛狗的时间或为白天，或为晚上，有的甚至在深夜凌晨，并不固定。其次，犬主提出现行规定的时间安排并不合理，因为晚上7点到9点其实是人们饭后散步、广场舞聚集活动、大人带小孩出门嬉戏玩耍的高峰时段。这个时间段各个街心公园、广场、绿地等公共空间的使用率高、人群密度大，并不适合遛狗。从表3也可以看出，与重点限养区相比，一般限养区的受访者认为规定遛狗时间并不重要。不少犬主，尤其是饲养体型较大犬种的人，会主动避开人多的时间段遛狗。受访者Y-Q-09（男，28岁，公司职员）表示，“其实在我住的这里，白天遛狗街上人更少，更不会打扰别人。只要能做到规范文明遛狗，时间上不应该限制的”。有些非犬主对遛狗时间的规定也有异议，“我们楼下的养狗人为了早上7点前遛狗，五六点就出门了。狗碰到一起要叫，吵得人睡不好，还不如白天大家都上班了再出来遛狗。这个规定很没有逻辑”（Z-FQ-06，女，28岁，公司职员）。

对于遛犬时佩戴嘴套，犬主普遍持有抵触反馈，认为这个规定不现实且与科学养犬相悖。犬主指出并不是所有的狗都可以戴嘴套，比如面部扁平和嘴短的犬种本身就存在一定程度的呼吸障碍，需要张嘴吐舌辅助喘气，因此佩戴嘴套会妨碍它们呼吸。即便对于可以戴嘴套的犬种，在遛狗时行走了几十分钟后，多数狗也要伸出舌头散热；尤其是天气炎热的夏天，狗只有脚底和舌头上有汗腺，戴嘴套遛狗更是不可能。“要求遛狗一直佩戴嘴套肯定不现实，但是可以由主人视情况决定，在需要的时候，比如进入电梯的时候佩戴。”（Y-Q-17，男，30岁，公务员）

另外表2及表3显示出受访者对于办理养犬许可证的认识度不高，尤其是一般限养区的犬主。未办理养犬许可证的犬主表示，在文明养犬集中整治期间，他们以及大多数“狗友”都考虑过去办狗证，主要是应付检查。但受访犬主普遍认为缴纳的养犬登记费“不值，不知道用在哪里”（Y-Q-19，女，45岁，自由职业），“交钱以后没有服务”（Z-Q-05，女，56岁，退休）是他们对办证持观望态度的最大因素。大多数城市收取的养犬管理费，主要用于养犬信息管理系统的开发和维护、养犬登记工作、宣传培训、管理队伍行政运作、犬只收容救助处置以及环卫工作支出等。然而这些工作的效果犬主感受并不明显。“2015年我养狗的时候，我家狗六个月的时候就办了证。交了两年钱，也没什么服务。第三年就没交了也没事。有种只收钱没人管的感觉。”（Z-Q-10，女，38 岁，自由职业）“我是前年‘严打’的时候办的狗证。办证以后可以给狗免费打狂犬疫苗，不过我还是选了自费的打。宠物医院说免费的是国产的，一年要打两次；自费的进口疫苗比较好。”（Z-Q-14，女，28 岁，个体经商）

其实杭州在提供养犬服务上已经在做新的尝试。比如 2019 年 4 月，杭州市城管局选址开辟了 3 个“公共遛犬区”试点，并且在 9 月新增 1 个试点。持有狗证的犬主在这些公共遛犬区内遛犬，时间可以不受限制。但我们在调查中发现，受访犬主对公共遛犬区的使用率并不高。主要原因是公共遛犬区设置的地点多为地段较偏僻的绿地，数量也少，离家远，并不适合日常遛狗；只有距离稍近（车程在十几分钟）的偶尔会在节假日开车带着狗去玩耍。居住在下沙江边的几位犬主表示，沿江地带本来就有大量人烟稀少的绿地适合日常遛狗，而位于之江路与 11 号大街交叉口的公共遛犬区周边工厂多，离居民区较远，专门去遛狗的人就更少。“下沙的遛犬区我和朋友去找了两次，根本没找到在哪里，网上查的管理电话打过去也没人接，都不知道还开不开了。那里有片树林，还有大片绿地，周围是工厂，人特别少。我们就干脆在树林旁边的绿地上让狗玩了一会。”（Y-Q-06，女，50 岁，无工作）

由此可见，在公共遛犬区的设置，以及公共遛犬区体现管理服务效果的程度上，管理部门还需要进一步考量和论证。在访谈调查中，多数犬主提到希望管理部门能配合目前给宠物狗注射芯片的制度，把管理费用更多体现在犬只收容救助上。“如果我的狗丢了，我可以及时查看杭州各个官方和民间流浪犬救助机构公布的资料，第一时间知道我的狗有没有被收容。我愿意办证注射芯片，每年交管理费，甚至交罚款去把我家狗领回来。”（Z-Q-01，女，36 岁，高校教师）

三　养犬政策条例与执行力度分析

出现不文明养犬行为的本质原因，是养犬人自身素质不高，文明养犬意识淡薄。这些人在养犬的时候忽略了他人对居住环境安全整洁的合理诉求。就如引言中所提到的，文明养犬行为的形成是一系列因素联动影响的结果。科学合理地完善现行犬只管理规定是前提和基础，而严格高效执行规定是关键所在。这背后反映出的是一个城市治理体系的密度是否合理，以及治理能力的精度是否准确。因此接下来，报告将基于杭州犬只管理的实际情况，结合政策比较对杭州养犬的政策条例与执行力度进行分析。

（一）犬只管理规定的科学合理化

在访谈调查中，我们请受访者对现行犬只管理规定进行反馈，经常听到的评价是“不太管用”和“不太合理”。“不太管用”反映出的往往是执法不严，而“不太合理”则是影响执法不严的一个重要原因。杭州目前养犬规定的“不合理”来源于两个因素：一是规定滞后于社会发展；二是规定的设置缺乏与现实的反向适配。

杭州现行的养犬规定是2004年修订的，虽然再次修订的工作在2016年就被列入杭州市政府立法工作计划的调研项目中，但新的规定到目前为止还没有出台。因此城管部门出台的一些管理细则，比如2007年规定的限养区和禁养犬，以及2018年文明养犬集中整治行动中的办证条件和处罚措施等，都是以2004年的规定为基础，其中有些条例难免滞后于目前的社会需求。

此外，规定设置与实际情况“反向适配”，是健全完善城市治理体系的一个重要原则。相关研究表明，在城市治理中，并不是治理体系越先进、规则越精细，治理能力就越强、效果越好；反之亦然。其实两者间没有先进与落后的因果关系，只有适合与不适合的关系。[①] 与治理能力和社会现实不相匹配的规则和制度，制定得再详尽，设计得再精妙，如果被管理人想方设法敷衍、逃避甚至消极抵触，这些规则和制度也难免陷入有名无实的尴尬境地，还极大损害了规则和制度本身的严肃性和权威性。因此，养犬规定的科学合理化，是提升养犬管理能力，有效整治不文明养犬行为的前提与基础。

在访谈调查中，受访者反馈较为集中的不合理养犬条款如下。

“经批准个人养犬的户只准养一只。”但一般限养区的受访者中有不少家里养了两只小型犬，有的家中甚至有三只。按照现行规定每户只能办一个犬证，另外的狗就势必成为无证犬，难以监管。受访者提出是否可以考虑一般限养区与重点限养区区别管理。

① 唐皇凤：《我国城市治理精细化的困境与迷思》，《探索与争鸣》2017年第9期，第92~99页。

“大型犬必须圈（拴）养，不得出户。”从科学养犬的角度来讲，提倡每天遛狗。最重要的原因并不是方便狗解决生理问题，而是锻炼它们的社交能力，提高狗的社会化程度。社会化程度高的狗性格温顺稳定，而圈养的狗则容易产生心理问题形成攻击性。

“不得携犬进入……公园、公共绿地……以及其他公共场所。”不携带犬只进入市场、商店、饭店、医院、展览馆、影剧院等场所比较合理，但包括犬主和非犬主在内的多数受访者认为，只要是规范遛犬，城市主要道路、公共绿地、公园、露天广场等公共场所不应该禁止犬只进入。这些地方虽然在规定上不开放，但实际上显然已经成为主要的遛狗空间。

“19 时至次日 7 时”的遛犬时间。这个条款前面已经探讨过，因为与多数养犬人的工作生活情况不相符，不方便养犬人而执行难度大，容易被消极抵触。

“不得私自繁衍犬只。”按照从源头治理的思路进行犬只管理，其实是一个科学的方向。但问题是在没有配套制度的配合下，比如给宠物犬进行科学绝育的规定，以及对宠物市场的严格规范管控，该条款在实际中无法操作，变得有名无实。

“开办犬类诊疗所，必须远离公共场所和居民聚居区。”小型犬类诊所靠近居民区，更方便犬主携带犬只接种疫苗和做检查。而在实际中，大多数宠物医院也是开在人烟密集的居民区附近。

此外，对于杭州市城管部门实施的其他犬只管理细则及尝试，受访者反馈较为集中的有以下几个方面。

虽然杭州对于禁止饲养的烈性犬品种有明确规定，但由于缺乏源头控制，很多烈性犬可以在宠物店买到，从而导致这些狗无法办理犬证，游离于监管体系之外。

前面也提到，对于遛犬时佩戴嘴套，犬主普遍持有抵触反馈，认为这个规定不现实且与科学养犬相悖。也有犬主提到，在大多数国家的养犬规定中，只有危险犬种和被认定有危险行为的狗才需要强制性佩戴嘴套，杭州的规定是否也可以参考国外，要求有伤人记录的狗外出时必须佩戴嘴套，而不是所有的狗。

公共遛犬区的设置和管理细则还有待进一步论证。首先，在信息公开方面，受访者表示公共遛犬区的地点和开放时间找不到官方公告，只能从新闻报道里获取。而新闻报道提供的信息并不一致，在地点和时间上互相都有出入，从而导致受访者开车带着狗去了却找不到地方的情况出现。其次，使用过公共遛犬区的受访者表示，带着狗专门去遛，其实是想让狗和其他同伴好好玩耍一下。如果在公共遛犬区里还是要严格遵守牵狗绳、戴嘴套的规定，就和平时在路边遛狗没有区别，专门驱车去遛狗的意愿也就不强了。另外还有受访者认为，目前人与狗的矛盾来源于人们对不文明养犬的厌恶。只要犬主增强文明养犬意识，规范遛犬，平时牵着绳子在城市道路、公共绿地、街心公园、露天广场等地方遛狗已经完全能满足日常养犬需要。因为国内的公共空间本就有限，其实没有必要专门开辟大片的遛狗专用区域，只需要严格限制禁止遛狗区域即可（如室内公共场所、儿童游乐区域及公园健身区域等），反而更应该把钱花在管理配套的建设上（如犬只收容、芯片管理体系等）。

需要指出的是，强调犬只管理规定的合理化，并不是要规则向现实做出妥协，也不是迁就养犬人的所有需求。最终目的是为规定的严格化和执行的有效化打好现实基础，使犬只管理规定脱离民众印象中“不太管用”的尴尬境地，重塑权威性。

如何寻找合理化的平衡点？随着犬只管理逐渐成为城市管理体系中的重要分支，国内各城市纷纷出台号称“最严养狗令”的管理条例。综观各条例，所谓最严是对养犬细节做了更多规定。比如 2019 年 11 月 1 日起实施的《太原市养犬管理条例》，规定遛犬牵绳长度不得超过 1.2 米；遛狗乘坐电梯需避开高峰期。同日起实施的《银川市养犬管理条例》中，同样对牵绳长度做出 1.5 米的限制，并要求犬主在乘坐电梯时将犬只抱起、佩戴嘴套或者装入犬袋犬笼。广州在 2019 年 10 月公示的《广州市养犬管理条例（修订草案）》中规定，宠物医院不得为未登记犬只服务。仔细斟酌，这些规定其实有不少问题，也遭到了公众的广泛质疑。比如规定牵绳长度，难道要管理者拿着尺子去量？如何定义电梯乘坐高峰期，电梯使用率相对一直较高的一梯多户高层住宅的犬主怎么办？嘴套尚可行，但谁会带着犬笼遛狗？宠物医院不服务无证狗，如果是有人捡到流浪狗去宠物医院救治算不算违反规定？同样类型的规定还有杭州规定的白天不许遛狗，但如果是犬主白天带着狗去家附近的宠物医院检查，或者是去宠物店洗澡呢？最重要的一点，如果违反以上这些细节规定该如何处罚？这些规定看似细致严格，但在实际操作中或者执行困难，或者难以监管，违反了也没办法处罚。这样的规定越多，就越容易使所谓的最严新条例再次陷入“不太管用”的尴尬中，从而形成规定越来越“严”，执行越来越难的怪圈。

因此，养犬管理条例合理化的一个重要原则，应该是从操作上尽可能避免出现执行困难或难以监管的细枝末节类规定。因为规则制定得再精细，考虑的细节再多，也无法完全涵盖现实中千差万别的情况。杭州在未来制定新规的时候，应参考其他城市的经验教训，避免出现这类舍本逐末的条款。除了对文明养犬几项共识性较高的行为做硬性规定外，可以从源头上直接加大对由不文明养犬行为导致的犬只伤害后果的惩罚力度，使犬主从思想上谨小慎微起来。这样既利于管理者高效严格地执行规定，又可以防止无效条款导致养犬“破窗行为”的出现。

（二）犬只管理规定的严格化

在规定合理化的基础上，管理条例的严格化与之并不冲突，并且是有群众基础的。我们在访谈中接触到的规范养犬者，均表示支持调整规定，让管理严格化。“该严格了，要是再这么放任下去，社会对狗和养狗人会越来越反感。”（Y-Q-13，男，27 岁，公司职员）“如果规定再不调整，养狗人和不养狗人之间的矛盾会常态化，这样也不利于建设和谐的文明社会。”（Y-Q-18，女，42 岁，医务工作）在犬只管理规定的严格化上，其实可以适当借鉴其他国家及城市的政策。

首先，各地方目前出台的管理规定均存在一个普遍问题，就是只设立义务却不涉及惩罚，或者惩罚过于笼统且力度不足。比如杭州限制养犬规定中，仅概括性地对七项违反行为处以 200 元以上 1000 元以下罚款：“1. 携犬进入公共场所或者乘坐公共交通工具的；2. 违反规定携犬出户的；3. 养犬侵扰他人正常生活经教育不改的；4. 不按期为犬注射预防狂犬疫苗的；5. 不按期注册验审，或者私自繁衍犬只的；6. 不按规定办理注销手续的；7. 重点限养区内，养犬人对犬在户外排泄粪便未及时清除的。”但在实际操作中，这些惩罚均因为执法资源有限和法规缺乏可操作性而无法执行；并且几百元的罚款对违规养犬人也无法形成实质性震慑。

就养犬管理问题，很多国家专门立法，制定了严格的法律条款。比如英国颁布的《危险犬法案》十分强调犬主对狗的监管责任，犬只伤人或致死的，犬主不仅要承担巨额罚金，还要面临高达 14 年的牢狱之灾。我国目前的一个现实情况是在国家层面缺乏养犬管理的法律法规，也没有明确规定主管部门职责、养狗人的权利义务和法律责任以及管理方式等内容。因此地方层面的管理也只有民事赔偿和行政责任，不可能设定刑事责任。但即便如此，在民事赔偿和行政责任的惩罚力度上，也可以通过提高标准和严格执行对违规养犬人形成实质性的打击。

比如美国明尼苏达州立法规中，第 347 章是关于养犬的规定，其中对犬只和行为不当的犬主均做出了明确处罚。以下是一些条款的摘录和简单翻译：347.01（b）条款，“若犬只追逐或杀死他人的家畜，犬主受到轻罪惩罚（petty misdemeanour）”；347.03 条款，“任何畜禽的主人若发现犬只惊扰、追逐、伤害自己的畜禽，可自行杀死涉事犬只”；347.04 条款及 347.06 条款，“经常惊扰、追逐平和行走在公共区域的路人的犬只，均可视为妨害公共安宁（public nuisance），受惊吓者可向地区法院提起诉讼……（法官）如果认为构成妨害公共安宁，应判决杀死或以其他方式妥善处理涉事犬只”；347.14 条款，“任何人都可以捕捉无证或无人看管的犬只；没有佩戴注册项圈的犬只可以视为无证……管理人员可视情况捕捉或杀死无证犬只”。[①] 明尼苏达州的法令中并没有明文要求犬主遛狗拴绳或戴嘴套，但狗主人考虑到面临的高额罚款和犬只有可能被杀死，也会妥善约束犬只的行为。类似地，美国的纽约州，要求犬主必须给狗办理注册牌照并强制节育；在遛狗时将牌照挂在狗身上，上面有狗主人的信息和狗注册狂犬疫苗的记录。如果行人在无过错情况下被狗攻击，狗的主人要承担全部医疗费用，赔偿法院判决的赔偿并支付高额罚金；涉事犬只将被收入政府设置的留检所里隔离 10 天，由专业人员评估犬只的性格行为是否有异常，留检期间的所有费用由犬主自行负担。[②]

国内的一些城市对养狗条例处罚的明确化和严格化也做了尝试。比如

---

① 2019 Minnesota Statutes, Chapter 347, “Dogs and Cats,” Last access on 2019-10-27, https://www.revisor.mn.gov/statutes/cite/347#stat.347.

② New York City Administrative Code, Chapters 3, Subchapter 6, “Dangerous Dog Regulation and Protection Law,” Last access on 2019-10-27, http://public.leginfo.state.ny.us/lawssrch.cgi?NVLWO.

《广州市养犬管理条例（修订草案）》增加了对未牵绳犬只伤人的处罚规定："携带犬只进行户外活动未用犬绳牵领，或者未遵守本条例其他规定，导致犬只伤害他人的，公安机关可以没收犬只，并对养犬人处以一万元罚款。养犬人放任犬只恐吓他人或者驱使犬只伤害他人的，由公安机关依照《中华人民共和国治安管理处罚法》予以处罚。"杭州也应加快出台完善犬只管理的规章制度，在广泛充分听取养犬人士、普通民众、专家学者的诉求和建议的基础上，合理化规范制度，并且增加不文明养犬行为的违规成本。

（三）犬只管理规定执行的有效化

有了管理规定的合理化和严格化作为保障，管理规定执行的有效化就是整治不文明养犬行为的关键所在。任何规章制度，不论制定得多么合理严格，如果不能得到有效执行，也只是一纸空文。

何为有效？有法必依，执法必严。在访谈中，一位曾经在纽约州居住过7年的犬主跟我们分享了他的一次遛狗受罚经历（Y-Q-15，男，36岁，高校教师）：有一次他带着狗去距离市中心一小时车程的湖边钓鱼，看到湖边的小公园门口写着允许宠物进入，周围又没其他人，就在公园里放开狗让它玩耍，却没想到几十分钟后一位巡逻警察出现，给他开了一张未按规定牵绳挂牌遛狗的罚单。从那以后这位犬主再也没有心存侥幸地不按照规定遛狗。

现阶段一些城市虽然制定了比较细致的犬只管理规定，但不文明养犬行为仍然屡禁不止，很深的根源在于规章制度没有得到有效执行。在执行过程中，不论是执法人员以宽松的姿态管理，还是以"一刀切"运动式执法，其实都不能达到有效管理的目的。有效管理是建立在合理且严格的规章之上的一个长效机制，需要各管理部门长期的配合和努力。

根据杭州市政府发布的市区犬只管理部门责任清单①，杭州市的犬只管理主要由市城管委、市公安局、市农业局、市卫生计生委以及市市场监管局五个相关部门负责。其中城管委负责犬类的饲养、诊疗等许可证的审批、核发，违章养犬的处理和狂犬野犬的捕杀；公安局负责烈性犬、大型犬饲养的初审工

① 《杭州市部门责任清单》，2019年10月27日，http：//hz.zjzwfw.gov.cn/art/2014/12/30/art_73001_19969.html。

作，处理犬类管理中的治安事件；农业局负责兽用狂犬疫苗的供应，犬只的防疫、检疫，犬类免疫证的核发，狂犬病等犬类疫情的检测，以及犬类诊疗所的监管工作；卫生计生委负责人用狂犬疫苗供应、接种，狂犬病人的诊治及监测工作；市场监管局负责犬类经营活动的管理。比如一位犬主，未按照规定办理养犬许可证，并在周边宠物店里给狗注射狂犬疫苗之后，将该犬繁殖的幼犬进行售卖。某日，该犬在户外抓伤邻居。邻居向城管部门进行举报，并到疾控中心注射了人用狂犬疫苗。城管部门接到举报后展开调查，调查过程中犬主暴力抗法，城管部门通知公安部门及相关部门介入，公安部门对暴力抗法的犬主进行治安处罚，城管部门对犬主的犬只伤人行为进行处罚并暂扣犬只，市场监管局对犬主售卖犬类的行为进行处罚，市农业局对没有资质但给犬只注射狂犬疫苗的宠物店进行查处。

从以上分工和案例来看，在养犬管理过程中，各个部门的信息联络共享以及联动配合显得尤为重要。城管部门主要承担了前端的日常管理工作，以及应对突发事件时的初步调查和部门间联络的工作。这也是杭州与其他城市不太相同的地方。在多数城市中，犬类管理是公安系统在负责执法处罚。在实际操作中，由公安部门管理一般是以被动应诉的方式出警处理犬只伤人事件，会产生更大的威慑力，在执法处罚中犬主会相对配合；而城管部门管理则以巡查管控、集中整治等主动方式为主，在执法过程中相对温和也比较宽松，遇到有些犬主不愿配合或故意抵触，会导致工作难度加大。

基于杭州的现实情况，城管部门在未来可能要投入更多的人力和资源以达到有效管理，比如效仿交通协管模式聘用城市养犬协管员，并授权协管员巡查取证和发放《养犬人违规遛犬/养犬告知单》，以达到对不文明养犬行为有效约束管理的目的。此外还可以考虑推动基于互联网大数据的管理平台，通过整合犬主养犬信息、视频监控数据以及设立网络举报受理平台等多种途径，实现各相关部门的信息联动，提升犬只管理规定执行的针对性和有效性。

四　犬只管理的配套机制与精细化管理

城市的犬只管理是一项持续性工作，需要各相关部门和前端管理人员长期的合作和精力投入。我们从城管部门了解到，杭州近年来每年查处的违法养犬案件和投诉呈逐年上升趋势，从2015年全年不足800起，增加到2019年1~9月的8000余起。因此，在合理严格的规则和有效的执行背后建立配套机制进行辅助就显得尤为重要。已有研究表明，一套完善的精细化的犬只管理体系，可以在很大程度上避免前端管理人员长期疲于应对突发案件，从而把更多精力投入良性管理的日常工作上。[①] 下面，报告将针对宠物犬饲养源头管理、流浪犬管理，以及犬只管理的社会力量参与做重点分析。

（一）宠物犬饲养源头管理

宠物犬饲养源头管理主要有三方面：控制宠物贩卖、控制宠物繁殖、犬只登记。

在控制宠物贩卖方面，包括德国、英国、日本在内的多个国家，都是立法禁止个人和宠物店贩卖犬只的。在宠物店里只能购买到宠物用品和食品。如果要购买犬只，只能到专业的繁殖场通过正规途径购买，而且价格非常昂贵。比如在英国，一条正规渠道购买的边境牧羊犬需要花费1000英镑左右（约合人民币9000元）；在德国，一条拉布拉多幼犬的价格则高达2000欧元（约合人民币16000元）。繁殖场出售的犬只基本是有血统证明的纯种犬，且犬类繁殖管制相当严格。在德国的繁殖场中，每只种母犬1年只能生产1次，一生只能繁殖3次。因为源头管理得严格，大多数想养狗的人，会选择去收容所收养一只宠物犬，以至于这些国家收容所的收养率非常高，其中德国更是高达90%以上。

目前杭州的养犬管理条例规定，从事犬类销售的，应当向工商行政管理部门申请办理营业执照并报犬类主管部门和农业部门备案；销售的犬只必须具有有效的狂犬病检疫免疫证明；且不得私自繁衍犬只。但这些规定仅停留在政策层面。在访谈调查中，我们询问了受访犬主的犬只来源，得到的答案是朋友那里买来的，从网上买的，或者从家附近的宠物店买的，基本是没有正规备案且没有免疫证明的“民间”渠道。在一些网络销售平台和公众论坛中搜索，可以看到大量的宠物狗贩卖信息，多数来自无资质狗舍和个人私自繁衍，禁养犬

① World Animal Protection，“Humane Dog Population Management，” Last access on 2019-10-28，https：//www.worldanimalprotection.org/sites/default/files/int_ files/humane-dog-management.pdf.

种也不在少数。这样的售卖私下进行，难以监管追踪，知情人也很少主动举报。在我国目前尚缺乏国家层面养犬管理法律法规，全面禁止宠物店和个人贩卖犬只的情况下，单靠工商行政管理部门在宠物犬贩卖源头管理方面可以说非常被动且不现实。而禁养犬种和危险犬种的贩售，也不得不依靠城管部门和公安部门的前端严格执法来进行管控。

因此，在积极推动国家层面立法的同时，目前的源头管理方向只能放在犬只繁殖控制和登记注册方面。

长期以来，多个犬只管理体系完善的国家和城市都将控制犬类繁殖作为缩小犬只种群规模的有效手段。比如美国纽约州，明确立法要求所有宠物犬必须绝育。[①] 而大量证据也表明，社区和犬主对犬只是否绝育的态度，会直接影响当地犬只的规模。[②] 犬只绝育的好处不仅局限于控制犬只规模，还可以降低犬只在交配季节因寻找配偶走丢的可能性；已绝育的犬只性格相对稳定，供给和争夺地盘的行为减少，相应地，也会减少犬只相互攻击以及犬类伤人的数量，降低相关疾病的发病率。[③] 由此可见，以绝育为主要手段来控制犬只繁殖，可以尝试作为我国在犬只源头管理方面的重要发展方向之一。

除了繁殖控制，犬只登记注册也是源头管理的必要手段。经过注册的犬只，可追踪到主人，既方便有针对性地做科学养犬的宣传教育，也有利于管理部门监管和对不负责任的犬主做出处罚。杭州目前已经建立了犬类审批监管系统，开通在线办理犬证的渠道。在访谈调查中，使用过线上办证系统的受访者对在线办理犬证的评价非常高。“我家狗的证就是在网上办的，所有证件资料只要拍照上传，就会有社区的人联络上门给狗拍照。交费和年审也可以在网上搞定。可以足不出户办狗证，非常方便。”（Y-Q-12，女，34 岁，高校教师）对于杭州目前正在推广的免费注射电子芯片，很多受访犬主也表示出积极观望

① New York City Administrative Code，Chapters 3，Subchapter 6，“Dangerous Dog Regulation and Protection Law，” Last access on 2019-10-27，http：//public. leginfo. state. ny. us/lawssrch. cgi?NVLWO.

② F. Macpherson，X. Meslin，& A. I. Wandeler，*Dogs*，*Zoonoses and Public Health*（New York：CABI Publishing，2000），pp. 17-62.

③ World Animal Protection，“Humane Dog Population Management，” Last access on 2019-10-28，https：//www. worldanimalprotection. org/sites/default/files/int_ files/humane-dog-management. pdf.

的态度。对于管理者来说，电子芯片一旦推广普及，相关管理部门可以通过电子芯片对犬主信息进行追踪，方便监管处罚，并可以在未来尝试将养犬纳入社会信用体系管理。而对于犬主来说，一旦芯片-扫描仪-数据库一套体系建立起来，并有效应用在养犬审批、执法和收容管理方面，万一宠物走失，他们找回宠物的可能性将大大提高；与狗牌相比芯片更不容易遗失，当走失犬被送到任何有扫描仪的机构时，都可以通过芯片找到犬主。“希望这个芯片系统的建立不要半途而废。未来相关的管理部门、宠物医院、官方和民间的收容所都能配备相关的设备。”（Z-Q-07，男，31 岁，公司职员）因此，杭州负责犬只管理的各部门如果能积极协调，并且在推广芯片系统建设的过程中保证经费、人手和其他配套措施到位，就可以在未来打通审批、执法和收容系统，极大提高犬只管理的能力和效率。

（二）流浪犬管理

近年来，随着宠物犬饲养在城市中普及，流浪犬也成为犬只管理必须面对的问题。在 2018 年 11 月开展的文明养犬综合整治中，杭州的城管部门因为捕杀流浪狗和无证狗的视频被推到舆论的风口浪尖。虽然后来证明这些当街杀狗和上门抓狗的视频都是被恶意炮制出的假新闻，但其仍然对城管部门的声誉产生了较大的不良影响。访谈中仍有受访者提到当时城管打狗的事情，且并不知道这是个假新闻。

我国目前的现实情况是犬类贩卖渠道难以管控，导致非正规私下交易泛滥。有些人一时兴起以低价购入宠物犬，饲养一段时间之后又以各种理由遗弃，或者在饲养的过程中不尽责任导致犬只走失。犬只在流浪过程中因缺乏繁殖控制，产生更多的流浪犬，又因为缺乏疫苗接种产生疫病传播等公共卫生问题，此外流浪犬只发生的伤人事件也会导致民众对狗产生恐惧情绪。这种恐犬情绪会进一步扩散到被正常饲养的宠物犬身上，导致非犬主和犬主之间的矛盾加深，不利于社会对犬只的接纳以及文明养犬的推广。

在流浪犬管理方面，有着丰富经验的世界动物保护协会在 2018 年发布的《犬只人道管理手册》中明确提到，基于协会多年的案例实践和大量研究表明，流浪犬的大规模捕杀是一种行动成本高但没有持续积极效果的流浪犬管理方式。“虽然捕杀行动之后犬只的规模和密度会急剧下降，但经过一段时间犬只数量就会快速回升。”① 管理手册中明确提出一套以七大要素组成的流浪犬只管理计划，建议管理部门根据自身资源（经济、人力与技术资源等）的可获得性来决定优先执行哪些要素。这七大要素如下所示。

犬主责任教育。流浪犬的产生，有很大一部分是人类行为的结果。对公众普及疾病、咬伤预防及犬只习性等知识，有助于犬主建立责任感，并且能让公众科学了解犬只给社区带来的益处和问题，改善人犬关系。

犬只卫生保健。包括控制流浪犬繁育和给流浪犬接种疫苗。为了防止流浪宠物大量繁殖，绝育（尤其是给母犬绝育）是一种普遍的做法；保证宠物犬疫苗接种以及尽量给流浪犬打疫苗，可以有效解决病疫传播的公共卫生问题和消除民众恐惧情绪。大量案例表明，与捕杀相比，犬只卫生保健对于减少流浪犬数量和控制疫病传播可以起到持续的积极作用，且更经济有效。

犬只识别与注册。通过对宠物犬的识别与注册，强调犬主责任养犬的重要性，并且有效区别宠物犬和流浪犬。

相关立法。推动立法及执法，关乎管理计划是否可以长期可持续性地执行下去。

收容与领养。建立收容领养机构可以为被遗弃的犬只提供被收养机会，帮助走失犬只与主人团聚，并且可以作为永久性或临时性的收益机构，提供犬类的预防治疗服务。

垃圾管理。减少流浪犬在垃圾中获取食物的可能性，从而减少疾病传播、提高公共卫生水平。

安乐死。在收容机构中对于患有疾病无法康复，或存在无法解决的行为问题的犬只实施安乐死，可以降低收容管理成本，为健康的可能被收养的流浪犬提供更多机会，并且防止无差别的犬只捕杀。

在流浪犬管理方面，杭州目前和大多数城市一样还没有建立起完整的管理体系，仍停留在城管巡查管控和每年多次的集中整治上，力度虽然较大，但依旧治标不治本。杭州已经在推广的芯片注册管理，加强宠物犬只登记，有望在流浪犬源头管控上发挥重要作用。未来需要进一步在犬类的收容与领养及安乐

① 世界动物保护协会：《犬只人道管理手册》，https：//d31j74p4lpxrfp. cloudfront. net/sites/default/files/cn_ files/20171113_ humanitarian_ dog_ management_ manual_ small. pdf。

死上做完善。杭州从 2013 年开始，在半山镇刘文村建立了一个犬类收容中心，主要用来收容无主犬只，并定期举办领养活动，向社会开放犬只领养。在访谈中，就有犬主表示家里的狗是从收容所领养来的，并对这种收容领养模式给出了很高的评价（Y-Q-22，女，42 岁，自由职业）。但仅靠一个官方收容所，在收容数量和能够提供的服务上都比较有限。如果能鼓励发展自负盈亏的民间收容机构，不仅可以减轻管理部门的负担，还能尝试探索更多样化的收容模式。

拿宠物的安乐死来说，深圳在 2019 年 9 月发布的《深圳市城市管理和综合执法局养犬管理规范（征求意见稿）》中规定，流浪狗在犬只收治中心接收后，若超过 14 天无人领养可实施无痛安乐。除此之外，诊断患有绝症的犬只、诊断患有危重传染病晚期的犬只、因难以治愈的创伤受苦且无治疗价值的犬只、属烈性犬品种且具有较强攻击性的犬只，均可以实施安乐死。深圳的做法其实是国际上对流浪犬管理通行的方法，但这项规定还是在民众中引起了广泛的讨论。在访谈中也有不少受访者做出了相应反馈，大部分非犬主表示正面支持；一些规范养犬的犬主也给予了正面的反馈，但表示前提是犬只登记和收容系统打通，以防有主宠物犬因没有得到及时认领而被实施安乐死（Z-Q-02，女，24 岁，自由职业；Z-Q-04，男，42 岁，公司职员；Z-Q-18，女，22 岁，公司职员；Y-Q-11，女，32 岁，公司职员）。还有几位受访者给出了比较多样化的建议，比如“无人领养的流浪动物由政府一手包办会滥用所有纳税人的钱，应该由社会机构主要负责，政府只负责监督”（Y-FQ-03，女，39 岁，个体经商）；“可以把待领养动物的照片和视频放在网上，鼓励社会捐款。如果有人愿意出钱延长即将被安乐死的动物的寿命当然就更好了”（Y-FQ-03，女，39 岁，个体经商）；“我个人非常赞同这种做法。我自己养狗，也去收容基地做过义工。超负荷运转是国内大多数领养基地存在的问题，经常造成恶性循环导致最后不堪重负而关闭”（Y-Q-10，男，36 岁，公司职员）。

杭州在今后的流浪犬管理中，也可以尝试制定类似的规定。公众对于对流浪犬实施安乐死的广泛讨论，不仅有助于增强犬主责任养犬的意识，还有助于民众了解犬只科学管理的原则，以理智的心态对待人犬关系。但是在推行的过程中，需要先做好几件事情。一是规范救助基地并把领养系统做好，比如开发流浪犬领养平台，在门户网站、公众号等大众平台广泛铺开，为社会提供更多领养渠道。二是如果能追溯遗弃犬主，可以对其征收流浪犬管理费，并将其纳入养犬黑名单。三是向社会大众普及犬类饲养知识、领养知识，提高领养率。四是考虑设立救助募捐基金，使救助基地良性运转，这样可以最大限度减少被实施安乐死宠物的数量。

（三）犬只管理的社会力量参与

在前面的流浪犬管理中，我们已经提到在犬只管理中引入社会力量参与的好处。城市养犬管理借助社会化手段，不仅可以降低管理部门的成本，还可以协同提升社会治理的效能。养狗涉及千家万户，城市政府的规定在社区层面落地实施，需要有具体的操作者；而相关的民间协会、社区的居委会、小区的物业管理公司和业委会，就成为促进文明养犬的重要力量。

犬类民间协会，尤其是民间收容机构拥有一支庞大的志愿者队伍，这些志愿者的经验、热情，和有关犬只饲养的知识和能力，对于整个城市的犬只管理体系建立来说是一笔宝贵的财富。城市管理者不妨积极联合这些民间机构来收容管理犬只，也可以鼓励更多有经验、有爱心的志愿者加入文明养犬知识普及的宣传活动中。

对于社区来说，居委会、业委会和物业管理公司的责任也要明确。居委会不能仅仅停留在挂条幅、贴宣传画的层面，应该积极配合相关协会和管理部门开展犬类知识的科普活动，并建立社区养犬档案，方便管理者在有必要时追踪辨认相关犬只和犬主。

对于普通民众来说，因为宠物狗数量多、分布广的特点，不可能要求前端管理人员对每一起不文明行为进行监督。在社区内利用熟人网络，发动民众举报不文明养犬行为，由居民拍照取证，社区建档辨别，利用网络举报受理平台，可以对不文明养犬人起到有效的监督作用。

说到底，文明养犬看似对犬主的约束，实际也是对整个社会的要求。一方面，要求犬主规范自己的行为，管好自己的犬只；另一方面，要求广大市民善待宠物犬，掌握犬类的一些基本知识。城管部门、行业协会、社区和物业管理公司等，均可以在犬主和广大市民间搭建起沟通的桥梁。城管部门辅助物业管理公司和社区，向市民普及有关犬类的基础知识，社区和物业管理公司也要配合城管部门做好监管，梳理掌握小区内犬只的信息，及时劝阻不文明养犬行为，化解业主之间因养犬产生的矛盾。城管部门、行业协会、社区之间也应该有更多合作，积极探索建立完善的城市养犬管理体系。

五　结论

本报告基于访谈和政策研究，对杭州市的文明养犬状况进行了三方面的分析：一是杭州市民文明养犬行为；二是养犬政策条例与执行；三是犬只管理的配套机制与精细化管理。

调查发现，杭州市民在文明养犬行为上普遍做得较好，不同地区、年龄、学历以及家庭经济状况的犬主在文明遛犬上存在显著差异。总体来讲，重点限养区好于一般限养区，且年龄越小、学历越高、家庭经济状况越好的犬主，越倾向于文明遛犬。进一步讲，犬主对文明养犬行为的认知与管理部门界定存在较大差异，犬主普遍对规定时间遛犬、佩戴嘴套的规定持有异议和抵触情绪，并且对管理部门的犬只登记注册服务提出了更高的要求。

因为文明养犬是一项系统性、综合性工作，文明行为是立法、执法、司法、守法各个环节共同作用的结果，因此报告对养犬政策和管理配套机制也做了进一步的探讨分析。调查发现，杭州目前的政策推进存在法律法规滞后且不够严格以及执行偏软性宽松的问题；应在未来制定新规的时候，注重规则细节的可执行性，提高不文明行为的违规成本，投入更多的人力资源以达到有效管理。在配套机制与精细化管理方面，杭州应重视从控制宠物犬繁殖和加强犬只登记上对宠物犬饲养源头进行管理，积极探索流浪犬的收容领养体系，并协同民间协会和社会力量探索国际通行的动物安乐死制度。

管理者应该意识到，一方面，人与包括犬只在内的各种动物和谐相处，是现代文明的体现；另一方面，严格管理，是构建良好人居环境、促进居民健康和人身安全的需求。与西方国家不同，中国社会对犬类的认可和接受度并没有达成广泛共识，因此在制定规则和实施管理中，应该适当将犬主的需求让位于主流社会对秩序的追求，首先满足普通民众在健康、安全和心理舒适方面的诉求。由此出发，有必要对一些管理措施，诸如对不文明行为以劝导警告为主、以偏“软”的方式执法以及建立专用遛狗区的必要性，进行进一步探讨。本报告认为，只有通过合理地规定、有效严格地执法以及制定精细化的配套机制，才能对城市不文明养犬行为进行彻底整治。在具体的措施上，本报告建议在以下几方面推进杭州文明养犬体系的完善与优化。

（1）在制定养犬规则上尽可能避免出现执行困难或难以监管的细枝末节类规定；（2）参考各地的规章制度，在广泛听取养犬人士、普通民众和专家学者的诉求基础上，加大处罚力度并严格化犬只管理制度；（3）效仿交通协管模式聘用城市养犬协管员以达到对不文明养犬行为的有效监督；（4）推行强制绝育以控制宠物犬繁殖；（5）继续推广芯片登记系统，保证经费、人手和系统配套措施到位，并协调各部门打通审批、执法、收容的信息管理渠道；（6）加快建设犬只收容所，探索多样化的流浪犬收容模式，并尝试推广动物安乐死制度；（7）充分借助民间力量，与犬类协会、社区居委会、小区业委会和物业管理公司合作管理，明确各方责任，并辅助支持社会力量参与犬类知识科普宣传；（8）推广全民监督体系，建立方便的网络举报受理平台，发动小区居民举报不文明养犬行为；（9）在推广犬只登记的基础上探索考试积分制度或信用管理制度。

附录

附表 1　受访者基本情况

单位：岁

访谈日期	受访者	性别	年龄	工作	访谈日期	受访者	性别	年龄	工作
2019 年 7 月 15 日	Z-Q-01	女	36	高校教师	2019 年 7 月 20 日	Z-FQ-05	男	36	个体经商
	Z-Q-02	女	24	自由职业		Z-FQ-06	女	28	公司职员
	Z-Q-03	男	61	退休		Z-FQ-07	男	22	公司职员
	Z-Q-04	男	42	公司职员	2019 年 7 月 24 日	Y-Q-01	女	32	高校教师
	Z-Q-05	女	56	退休		Y-Q-02	男	60	退休
	Z-FQ-01	女	33	公司职员		Y-Q-03	男	55	无工作
	Z-FQ-02	女	22	幼师		Y-Q-04	女	70	退休
	Z-FQ-03	男	53	无工作		Y-Q-05	女	44	公司职员
2019 年 7 月 20 日	Z-Q-06	女	68	退休		Y-FQ-01	女	39	公司职员
	Z-Q-07	男	31	公司职员		Y-FQ-02	女	38	公司职员
	Z-Q-08	男	35	公司职员		Z-Q-13	男	30	公司职员
	Z-Q-09	女	60	退休		Z-Q-14	女	28	个体经商
	Z-Q-10	女	38	自由职业		Z-Q-15	女	22	公司职员
	Z-Q-11	女	37	公司职员		Z-FQ-08	女	32	公司职员
	Z-Q-12	女	32	公务员		Z-FQ-09	女	48	公司职员
	Z-FQ-04	男	33	公司职员		Z-FQ-10	女	59	退休

续表

访谈日期	受访者	性别	年龄	工作	访谈日期	受访者	性别	年龄	工作
2019年7月24日	Z-FQ-11	女	34	个体经商	2019年8月28日	Y-FQ-03	女	39	个体经商
2019年7月29日	Z-Q-16	女	43	无工作		Y-FQ-04	女	40	公务员
	Z-Q-17	男	60	退休	2019年9月9日	Y-Q-13	男	27	公司职员
	Z-Q-18	女	22	公司职员		Y-Q-14	男	28	公司职员
	Z-Q-19	男	58	退休		Y-Q-15	男	36	高校教师
	Z-Q-20	男	48	个体经商		Y-Q-16	女	49	个体经商
	Z-Q-21	女	38	自由职业		Y-FQ-05	男	28	公司职员
	Z-Q-22	女	25	公司职员		Y-FQ-06	女	36	高中老师
	Z-Q-23	女	23	公司职员		Y-FQ-07	男	26	公司职员
	Z-FQ-12	女	36	医务工作者	2019年9月14日	Y-Q-17	男	30	公务员
	Z-FQ-13	男	32	公司职员		Y-Q-18	女	42	医务工作者
2019年8月28日	Y-Q-06	女	50	无工作		Y-FQ-08	女	44	高校教师
	Y-Q-07	男	30	公司职员		Y-FQ-09	女	49	公司职员
	Y-Q-08	女	21	学生	2019年9月17日	Y-Q-19	女	45	自由职业
	Y-Q-09	男	28	公司职员		Y-FQ-10	女	45	个体经商
	Y-Q-10	男	36	公司职员	2019年9月25日	Y-Q-20	女	35	高校教师
	Y-Q-11	女	32	公司职员		Y-Q-21	女	30	电台主播
	Y-Q-12	女	34	高校教师		Y-Q-22	女	42	自由职业

杭州市民对第19届亚运会的态度和社会参与研究

——基于对3212位杭州市民调查的分析

大型国际体育赛会的成功举办需要安全和谐的氛围、热情周到的服务、开放尊重的心态、良好适宜的赛场气氛和数以万计的志愿者，市民的广泛参与是必不可少的条件。市民参与将有助于展示城市软实力，推动“健康杭州”建设，打造“志愿名城”，也有助于进一步提升杭州的知名度和美誉度。杭州市民如何看待第19届亚运会？他们是否愿意为亚运会做出自己的贡献？他们又是否准备好了？我们随机抽取了3500名市民开展问卷调查，主要分析结果如下。

一　调查样本基本情况

在亚运会筹备阶段，我们启动了亚运会文明参与调查，以期掌握市民对亚运会的认识、了解、支持、参与方面的状况，在此基础上分析市民在认识、了解、支持、参与方面存在的问题，探讨进一步在亚运会筹备、举办过程中扩大市民参与面、丰富市民参与形式、提升市民参与层次的对策。调查范围为杭州市11个区23个街道44个社区，调查样本量为3212人，样本基本情况如表1所示。

表1　亚运会文明参与调查样本基本情况

单位：人，%

类别	个人属性	人数	比例
性别	男	1591	49.5
	女	1621	50.5
受教育程度	初中及以下	919	28.6

续表

类别	个人属性	人数	比例
受教育程度	高中/中专/技校	794	24.7
	大专	663	20.6
	本科	782	24.3
	研究生及以上	47	1.5
户籍状况	杭州城镇	2077	64.7
	杭州农村	489	15.2
	外地城镇	235	7.3
	外地农村	375	11.7
政治面貌	群众	2045	63.7
	共青团员	308	9.6
	中共党员	828	25.8
	民主党派	21	0.7
职业	党的机关、国家机关、群众团体和社会组织、企事业单位负责人	308	9.6
	专业技术人员	308	9.6
	办事人员和有关人员	476	14.8
	社会生产服务和生活服务人员	690	21.5
	农、林、牧、渔业生产及辅助人员	106	3.3
	生产制造及有关人员	200	6.2
	军人	21	0.7
	不便分类的其他从业人员	507	15.8
	无业失业人员	387	12.0
	学生	200	6.2
家庭经济状况	远低于平均水平	164	5.1
	低于平均水平	596	18.6
	平均水平	2121	66.0
	高于平均水平	307	9.6
	远高于平均水平	17	0.5

注：数据有缺失值，下同。

二　市民对杭州亚运会的认知与态度

（一）杭州亚运会知晓度高，了解渠道多样

在距离杭州亚运会召开还有三年的时间节点上，杭州亚运会总体上知晓度比较高，了解渠道多样，传统和现代媒体所起作用持平。在接受调查的市民中，知道杭州要承办亚运会的比例达到95.3%，知道杭州亚运会准确召开时间的比例达到81.0%（见表2）。从了解杭州亚运会相关信息的途径来看，排第一位、第二位的是一对传统和现代媒体的组合——电视和微信，选择比例均为51.9%，排第三位、第四位的也是一对传统和现代媒体的组合——App消息推送（如今日头条等）和报纸，分别占35.9%和30.0%，排第五位和第六位的依然是一对传统和现代媒体的组合——社区宣传和微博，分别占29.7%和23.6%，可见传统媒体和现代媒体在亚运会信息传递中所起作用基本持平。另外，亚组委官网信息传递的作用较小，选择比例仅为9.8%（见表3）。

表2　杭州承办亚运会知晓情况

单位：人，%

题项	选项	选择人数	选择比例
你知道杭州要承办亚运会吗？	是	3062	95.3
	否	145	4.5
杭州亚运会具体召开的时间？	2020年9月	176	5.5
	2021年9月	72	2.2
	2022年9月	2603	81.0
	不清楚	359	11.2

表3　了解杭州亚运会相关信息的途径

单位：人，%

选项	选择人数	选择比例
微信	1666	51.9
电视	1667	51.9
App消息推送（如今日头条等）	1154	35.9

续表

选项	选择人数	选择比例
报纸	965	30.0
微博	759	23.6
社区宣传	954	29.7
朋友介绍	457	14.2
亚组委官网	315	9.8
其他	34	1.1

（二）作用评价七个“超九成”，全面提升城市实力

成功举办一项大型赛事赛会往往会给一个城市的知名度带来巨大的提升，如每一轮奥运会申办的时候，北京都会因为举办了奥运史上最好的奥运会让世人想起，杭州因为G20峰会（虽然不是赛事赛会）而备受瞩目。承办城市也能借助筹备赛事赛会，尤其是长周期赛事赛会的契机，大幅度提升城市建设、经济发展、社会管理等的水平。本调查设置了7个题项来了解杭州市民对承办亚运会将给杭州带来什么的认识，结果显示对亚运会的认识可概括为七个“超九成”，即受访市民中，95.9%认为能提升杭州的知名度和美誉度，95.6%认为能提升城市国际化水平，94.0%认为能提升市民城市认同感和自豪感，93.8%认为能带动杭州经济发展，93.6%认为能改善市容市貌、交通等基础设施，93.4%认为能提升城市治安水平，91.9%认为能提升市民文明素质（见表4）。

表4　对亚运会影响的评价

单位：人，%

影响方面	认为有积极影响人数	人数比例
提升城市国际化水平	3070	95.6
提升杭州的知名度和美誉度	3081	95.9
改善市容市貌、交通等基础设施	3008	93.6
提升城市治安水平	3001	93.4
带动杭州经济发展	3014	93.8
提升市民城市认同感和自豪感	3018	94.0
提升市民文明素质	2953	91.9

（三）对举办城市充满信心，但硬件软件都还需改善

大型赛事赛会的承办并不容易，是一个地方甚至一个国家综合能力的展现，承办城市需要长达数年的全面准备，从场馆设施、交通基建、市容整治到赛会组织、市民动员等，那么在距离开幕还有三年的时间节点上，杭州人民认为杭州准备得如何了，是否能顺利成功承办亚运会了呢？从调查结果来看，杭州市民总体上对杭州信心充分，97.3%的受访市民有信心，其中近六成表示很有信心，四成左右表示有信心（见表5）。但是具体到各个方面的服务时，受访市民展现出杭州市民精致严格高要求的一面或者对追求美好生活的一面，认为窗口服务、城市建设、产品质量、人员素质等每个方面的每类服务尚需改善的比例都超过五成，其中窗口服务中的公用事业、交通运输，城市建设中的交通设施、公共道路，产品质量中的食品安全、商品质量（旅游纪念品）、涉及人身安全的公共设施设备，人员素质中的服务人员素质和市民文明素质等多个方面的比例超过六成（见表6）。

表5　对杭州亚运会成功举办的信心水平

单位：人，%

选项	选择人数	选择比例
很有信心	1833	57.1
有信心	1292	40.2
不是特别有信心	54	1.7
信心不足	27	0.8

表6　亚运会筹备期杭州需要改善的方面

单位：人，%

内容	项目	选择需要改善的人数	选择比例
窗口服务	公用事业	1948	60.6
	交通运输	2014	62.7
	生活服务	1860	57.9
	文化娱乐	1631	50.8
	公共服务管理	1875	58.4

续表

内容	项目	选择需要改善的人数	选择比例
城市建设	功能景观建筑	1712	53.3
	居民住宅	1900	59.2
	交通设施	2125	66.2
	公共道路	2119	66.0
产品质量	食品安全	2180	67.9
	商品质量（旅游纪念品）	1932	60.1
	涉及人身安全的公共设施设备	1949	60.7
人员素质	服务人员素质	1994	62.1
	市民文明素质	2071	64.5

（四）总体支持程度高，在具体类目上有所差异

大型赛事赛会对城市发展的积极意义显而易见，这已经为广大市民所认识，然而，大型赛事赛会也是一个城市综合实力的体现，在赛事筹备、赛事组织方面需要市民做出一定奉献，其中市民的理解、支持和参与对于赛事的举办至关重要，那么杭州亚运会的市民支持度如何呢？调查显示，杭州市民总体上是非常支持杭州亚运会的，支持与非常支持的比例合计达到93.5%。对于亚运会筹备举办可能带来暂时的生活不便，比较理解和非常理解的比例合计也超过九成，达到92.5%（见表7）。具体的行为方面，市民表示能够以身作则，体现杭州人应有的文明素养，选择比例接近九成，为87.3%；配合亚运，减少举办亚运会对日常生活和工作的影响，选择比例超过八成，为82.0%；另外，有75.5%的受访市民选择融入亚运，主动为外来游客提供力所能及的帮助；63.7%的受访市民表示愿意学习外语，提高与外国宾客的语言沟通能力（见表8）。

表7　受访杭州市民对杭州亚运会的支持情况

单位：人，%

题项	选项	选择人数	选择比例
你支持杭州承办亚运会吗？	非常支持	1698	52.9
	支持	1304	40.6
	无所谓	187	5.8
	不支持	16	0.5

续表

题项	选项	选择人数	选择比例
亚运会可能带来暂时的生活不便，你能理解吗？	非常不理解	111	3.5
	不太理解	119	3.7
	比较理解	1344	41.8
	非常理解	1630	50.7

表8　是否愿意做出以下支持行为？

单位：人，%

支持项目	选择愿意人数	选择比例
以身作则，体现杭州人应有的文明素养	2805	87.3
学习外语，提高与外国宾客的语言沟通能力	2046	63.7
融入亚运，主动为外来游客提供力所能及的帮助	2425	75.5
配合亚运，克服亚运会召开期间对日常生活和工作的不便影响	2633	82.0

（五）志愿服务比例合计达八成，多数从利他角度看待亚运会志愿服务

镜头里担任颁奖、迎宾礼仪的志愿者常常是大型赛会上赏心悦目的风景，但是，大型赛会志愿者承担的任务远远不止颁奖迎宾，还包括观众指引、项目组织、活动支持、交通引导、安全保卫、医务支持、文艺会演等，因此，庞大的志愿者队伍对于大型赛事、会议如奥运会、亚运会、G20峰会和世界互联网大会等的顺利举办至关重要。那么有多少市民愿意为亚运会提供志愿服务？愿意提供哪些服务呢？他们提供志愿服务的出发点是什么？是否需要特别的支持呢？

调查显示，总体上，受访市民中有52.8%明确表示愿意提供志愿服务，另外有28.5%表示要视具体情况而定（见表9）。大多数受访市民从“奉献、利他”的角度看待亚运会志愿服务，也有三成市民从“利己”角度看待，但在志愿服务过程中增长见闻、锻炼能力、获得实习和工作机会都是非常现代、正

面和积极的志愿服务观念。受访市民认为参加亚运会志愿服务最大的意义在于“为举办亚运会出一份力”，选择比例达到65.1%，接近七成；其次为“锻炼自己的能力”，选择比例为16.0%；另外有7.8%的受访市民认为能“与各国运动员近距离接触，增长见闻”；5.4%的受访市民认为能“通过志愿服务获得其他实习和工作机会”（见表10）。

表9 亚运会志愿服务意愿

单位：人，%

选项	选择人数	选择比例
愿意	1696	52.8
视具体情况而定	915	28.5
不愿意	520	16.2
说不清	58	1.8
缺失	23	0.7

表10 亚运会志愿服务最大的意义是什么？

单位：人，%

选项	选择人数	选择比例
为举办亚运会出一份力	1787	65.1
锻炼自己的能力	438	16.0
与各国运动员近距离接触，增长见闻	215	7.8
通过志愿服务获得其他实习和工作机会	148	5.4
其他	155	5.7

三 杭州亚运会市民参与中的问题

（一）认识了解程度还有待提升

大型赛会组织方尽量让更多市民了解赛会信息，尤其是标识性信息，如会徽、主题口号、吉祥物、主体场馆建筑、形象大使等，这对赛会的推广是极其重要的。

市民对杭州亚运会的了解是粗浅不够深入全面的。从调查情况来看，知道杭州将承办亚运会的比例很高，达到95.3%；亚运会年度知晓率降到八成左右，为81.0%；会徽知晓率则降到半数以下，仅为47.3%。由此可见，对于杭州亚运会已经公开发布的标识性信息，市民的了解还不充分。

市民对亚运会的认识了解不充分有多方面原因，首先是亚运会本身吸引力较弱。亚运会和奥运会、世界杯一起被称为世界最有影响力的三大赛事，但相比较而言，亚运会落后于另外两个赛事，而且，近年来体育赛事尤其是综合体育赛事受到冷落，影响力位居其上的奥运会尚且需要补贴、摊派才能安排主办城市，这一背景必然影响到亚运会的受关注度。其次是亚运会开幕时间尚远，离开幕还有三年时间，其间还有一届奥运会，因此市民对亚运会关注度尚低。最后是宣传推广力度不够，关于组委会会徽发布、主题口号征集、主体场馆的开放、各举办城市的推广的新闻，从组委会官方微博、官方网站上能搜到，但是总体上报道并不密集，数量不是很多，没有引起强烈关注，这可能有未到大规模宣传推广时期、宣传推广事务尚处于筹备中，以及宣传推广组织体系尚未完善等原因。

（二）软硬件支持有待改进

受访者选择对亚运会有信心的比例高达97.3%，同时，认为窗口服务、城市建设、产品质量、人员素质等各类服务尚需改善的比例都超过五成（见表6）。考虑到大型体育赛事的成功举办是一个城市综合实力的展现，体现在优美环境的提供、各赛事项目的组织、公共服务生活服务的提供中，从这个意义上讲，目前表现出的信心表达的是对三年间筹备工作的信心，更多的是对场馆设施、运动员生活设施、公共交通设施设备、赛事项目组织筹备等与运动员竞赛、生活及观众观赏密切相关工作的预期，主要取决于城市的经济实力和地方的政策支持；而认为“尚需改善”时，是对当下状态的评估，更多的是对市民生活方方面面有影响的民生服务的评估。尚需改善的评价与对亚运会能全面提升杭州经济、管理、服务、文明水平和美誉度的认识具有一致性，也反映了杭州市民对美好生活高追求、高要求的一面。

（三）具体支持有所保留

总体上，支持（包括“支持”和“非常支持”）杭州承办亚运会的比例、理解（包括“比较理解”和“非常理解”）亚运会可能带来暂时生活不便的比例双双超过九成，同时，在以身作则展示文明、克服工作生活不便、主动提供帮助、学习外语促进交流方面，表示愿意的比例有不同程度的降低，其中克服工作生活不便方面下降达到 11 个百分点，主动提供帮助方面下降达到 17 个百分点，学习外语促进交流方面更下降了近 30 个百分点，而下降的百分比正好与选择“视具体情况而定”的比例基本持平。这说明市民在亚运支持上是有一定保留的，而且越具体、越是需要做出额外努力，表示愿意的比例降幅越大（见图 1）。

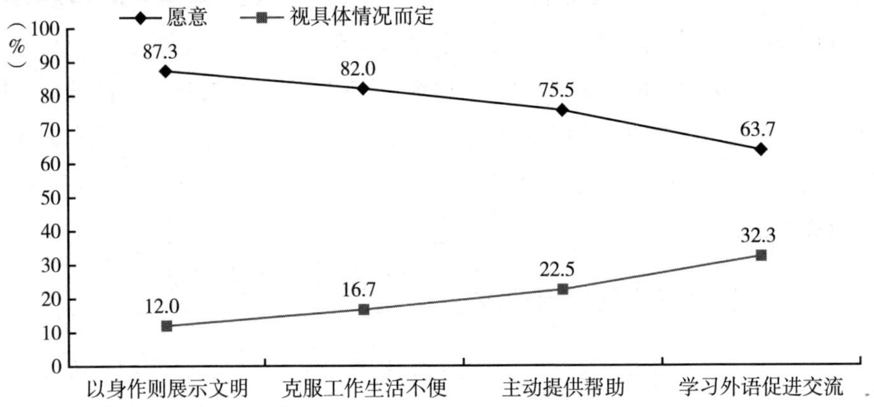

图 1　各具体项目上杭州市民的亚运支持情况

越是涉及具体的、需要额外奉献的方面，支持度越是有所保留，这是符合逻辑的。只要受访市民认真填写问卷，填写在一定程度上意味着做出某种选择和承诺。在表达一般意义的支持和理解时，市民在选择时一般不会联系具体的事务要求，选择更多地受到情感驱动。而在具体方面进行选择、做出承诺时，必须更多地联系与之相关的时间精力投入和自己工作生活的态势，因而相对更多地受到理性认知的影响。

（四）志愿服务意愿具有项目差异

总体上，有明确志愿服务意愿的比例刚过半，同时，在各志愿服务项目上愿意比例呈现一定差异，比较高的是没有特别技能要求的项目，如观众指引、物品分发和交通服务，比例分别为 58.0%、57.6%和 55.1%；其次是主要工作内容为与人打交道，需要沟通协调的项目，如安全保卫、礼宾接待、竞赛组织支持等，比例分别为49.6%、48.8%和48.2%；最后是需要具备专业特长技能的项目，如文化活动组织支持（如参加开幕式表演）和医疗卫生服务支持（如导医），比例分别为45.9%和42.9%（见表11）。

表11　愿意参加的志愿服务项目

单位：人，%

项目内容	选择愿意人数	选择比例
交通服务	1769	55.1
礼宾接待	1568	48.8
安全保卫	1592	49.6
观众指引	1863	58.0
物品分发	1851	57.6
竞赛组织支持	1547	48.2
文化活动组织支持(如参加开幕式表演)	1474	45.9
医疗卫生服务支持(如导医)	1379	42.9
其他	272	8.5

志愿服务意愿比例刚刚过半，在各志愿服务项目上呈现差异，也遵循了"越具体、越需额外奉献，支持度越有所保留"的规律。一方面，亚运会志愿服务总体上是属于具体的、需要额外奉献时间精力的，意愿受到一定限制；另一方面，各项目间的差异也显示意愿受到项目技能要求-个体特长间匹配程度的影响。

四　提升亚运会市民参与水平的对策

（一）扩大宣传，厚植群众基础

市民对杭州亚运会的了解粗浅不够深入全面，既有体育赛事受到冷落的大气候的原因，也有开幕时间尚远，还未到大规模宣传的时候的原因，还有宣传推广力度不够的原因。亚组委也采取了一些措施宣传推广亚运会，如举行各种新闻发布会，建设杭州亚组委官网、微博和 App，开通亚运景观巴士，举行“杭州时间”亚运灯光秀，组织奥运冠军进校园等。但是效果还有待提升，可以从以下两个方面进一步加强。

一是与国家级媒体合作，在国际和国内两个方向上扩大亚运声音的覆盖面和影响力。我们注意到，在国际传播方面，2019 年 10 月杭州亚组委已经在和《中国日报》讨论交流，希望利用《中国日报》在人才资源和外宣平台上的优势，向国际社会宣传推介杭州亚运会。但在国内的宣传推广上还没有明显动作，杭州亚组委还可以借鉴广州亚组委的做法，与国家级电视媒体进行赛会宣传、赛会转播、赛会合作伙伴产品广告方面的合作。

二是丰富杭州亚运会专属 App 内容，厚植群众基础。官方网站、微信公众号、官方微博、专属 App 是自媒体时代信息传播的常用工具，其中专属 App 在内容丰富性、用户互动参与方面具有优势，是最接地气的工具。杭州亚组委已建官方网站、官方微博、专属 App，四者有其三，但是它们的存在感比较低，这反映在我们调查中，51.9%的受访者的亚运会信息来自微信，35.9%的信息来自 App 消息推送，23.6%的信息来自微博，仅仅 9.8%的信息来自亚组委官网，从微博粉丝数和互动情况来看，此 App、此微博也很显然不是彼 App、彼微博，为什么会没有存在感？除了推广力度不够外，里面内容可能也需要更加丰富，以最接地气的专属 App 为例，杭州亚运专属 App 软件界面上有一个活动板块，板块下有亚运、健身、梦想、公益和其他五个子块，亚运板块内容比较丰富，更新及时，有意思的是健身板块，按照对“通过亚运会促进全民健身运动”的定位，这里面应当有非常多的健身活动项目的信息，但是点击进去后发现，里面是为数不多而且已经过期的健身项目，如图 2 所示。

因此，除了刻意向社会推广外，还可以本着推动全民健身的理念，充分利用亚运会的招牌和 App 用户互动性强的特点，与各体育单项项目协会协调沟通，将其他单项项目活动信息放置到 App 中，从而大大丰富亚运会专属 App 的内容和类型，尤其是群众体育健身运动类项目的内容和类型，将之打造成体育健身活动的信息发布中心、健身活动参与的渠道中心，从而吸引更多市民尤其是热爱运动健身的人群的参与。

图 2　杭州亚运会专属 App 活动板块部分内容

（二）丰富形式，扩大市民参与

结合以往赛会主办城市和杭州的条件，在丰富形式，扩大市民参与方面可以按照“夯实三基础、突出一特色、借鉴一创新”的思路开展工作。

“夯实三基础”是指将以往赛事主办城市常用的创意征集、群众体育赛事举办、体育主题综艺文娱活动联办三种扩大参与的形式做扎实。创意征集是指赛会筹备过程中会徽、吉祥物、主题口号、开闭幕式文案等的公众征集；群众体育赛事举办是指承办或联办专业赛事并适当降低门槛以便群众参与；体育主题综艺文娱活动联办是指和新闻媒体、文化教育机构联合开展以体育为主题的文化综艺娱乐节目，让人们以综艺娱乐的形式参与。这三种形式有成熟的操作程序，杭州亚组委在这些方面的工作也卓有成效。创意征集方面，杭州亚组委已经完成杭州亚运会会徽、亚运会吉祥物、亚残运会吉祥物的民间征集，正在进行开闭幕式文案、主题口号的征集；群众体育赛事举办方面举办或联办了近 10 场体育赛事，群众参与量合计远超万人；体育主题综艺文娱活动联办方面，举办或联办了 10 余场活动，群众参与也超过万人，如表 12 所示。

表 12　杭州亚运会在扩大市民参与方面所做的工作（部分）

参与形式	项目名称	参与面	合作单位	时间
创意征集	会徽征集	作品 4263 件		2018 年 1 月
	亚运会、亚残运会吉祥物设计	作品 4633 件		2019 年 4 月
	开闭幕式创意文案和亚运会主题口号征集			2019 年 9 月
	亚运分村公共艺术品征集			2019 年 9 月
群众体育赛事举办	杭州马拉松		中国田径协会、杭州市人民政府、省体育局	2019 年 11 月
	第十三届环千岛湖国际公路自行车赛	200 名运动员，500 名骑游手	省体育局、市体育局、淳安县人民政府	2019 年 10 月
	“迎亚运·绿色行”杭州亚运会倒计时三周年骑行大联动	数千名骑手	亚组委、省体育局	2019 年 9 月
	“小小运动家·百人齐跳迎亚运”花式跳绳表演赛、“运动达人秀”		亚组委	2019 年 1 月
	“迎亚运”杭州青春毅行大会	5000 人	团市委、市文明办	2018 年 4 月
	“迎亚运·城市酷跑”活动	上千人	市体育局、《城报》	2017 年 11 月
	“迎亚运·乐善人生”杭州青春毅行大会	5000 余人	团市委、两新工委、市文明办、市体育局和钱江新城投资集团	2017 年 5 月
	2017 中国·杭州湘湖国际泳渡节	716 名游泳爱好者	市体育局、市体育总会	2017 年 9 月

续表

参与形式	项目名称	参与面	合作单位	时间
体育主题综艺文娱活动联办	“共亚运，同发展”主题创意实践活动		亚组委、省总工会、团省委、省妇联	2018 年 8 月
	“我与亚运”主题征文和演讲活动	优秀作品 300 篇	亚组委、团省委、省教育厅	2018 年 8 月
	“我是亚运小主人”暨“描绘我心中的吉祥物”主题活动	90 多个青少年宫、青少年活动中心，5.2 万余名少年儿童	省少工委、省青少年宫协会	2019 年 6 月
	“相约亚运+”系列活动之“美食、运动与健康”主题论坛暨“味与道”跨界创意秀		亚组委	2019 年 5 月
	“相约亚运+”系列活动之亚运主题青少年艺术作品展		亚组委	2019 年 5 月
	“2022 相约杭州相约亚运”主题展览		亚组委	2019 年 5 月
	“舞动中国，舞出中国梦”大型排舞	3000 余人	省体育局、市体育局	2019 年 5 月
	“书香韵 · 水情 · 亚运梦”——瓯海区全民阅读节系列活动		瓯海区委宣传部、瓯海区文广旅体局	2019 年 4 月
	“我最期待 2022 杭州亚运的 100 个理由”大型全媒体互动		亚组委、浙江电视台	2018 年 8 月
	“全民健身　喜迎亚运”活动	数千人	市体育总会	2015 年 9 月

“突出一特色”就是充分利用杭州慈善事业发达的特点，开展体育慈善工作，促使更多人，尤其是弱势群体参与到体育运动中来，杭州亚组委已经有了成功的尝试。

案例一

“亚运足球梦想”公益活动：项目由杭州亚组委携手青少年足球成长公益基金发起，计划在亚运会开办前捐赠支持2022所学校的校园足球运动，以激发青少年足球兴趣，提高孩子们的健康素质，点亮孩子们的足球梦想。捐赠通过支付宝爱心捐赠平台进行，一年多时间有超过386万名爱心人士和金陵体育、万事利等多家企业捐款及捐赠装备，总价值为232万余元。捐赠学校在全国遴选，2019年暑假，项目在10个省、区16个地市、州25所学校成功开展“亚运足球梦想”公益夏令营，为了保障夏令营顺利开展，项目还同时向北京大学、哈尔滨工程大学、江西师范大学等国内45所高校招募400余名大学生志愿者。

案例二

“筑梦亚运”少年营：少年营项目由省妇联与杭州亚组委联合指导，省妇女儿童基金会联合《城报》共同发起。自2019年3月起，项目通过杭州儿童组队走运河的形式为留守儿童筹集善款，活动共有近200人次、90余位志愿者参与，发动了1000多位爱心人士参与捐款，筹集善款45725.55元。

“借鉴—创新”，就是借鉴北京冬奥会，与体育学校、行业企业合作，培养行业人才，促进业态形成，引领市民参与。雪上项目人才缺乏是北京冬奥组委这么做的原因，这个问题对杭州亚运会来说并不存在，但是亚组委已经突破单纯亚运会的承办机构，承载了推进体育事业发展、建设运动浙江的任务，因此，亚组委可以考虑将亚运会筹备和《浙江省体育发展“十三五”规划》中提到的山地、水上、航空、冰雪等重点运动休闲项目的发展相结合，与学校、培训机构、行业企业合作，重点开展对体育产业管理人员、一线服务人员、专业技能人才和行业领军人才的培养培训。

（三）抓住契机，推进全民健身

健康中国已成为我国的国家战略，为了促进健康中国建设，2016年，中共中央、国务院印发了《“健康中国2030”规划纲要》，之后浙江省、杭州市先后跟进制定了《健康浙江2030行动纲要》和《“健康杭州2030”规划纲要》，在所有规划里面，全民健身都是健康建设基础一环。浙江各市尤其是主办城市杭州，应当抓住亚运会契机，充分利用亚运会前后市民的关注和热情，推进全民健身，助力健康杭州建设，具体可以从以下方面进行。

一是进一步推进体育设施向社会公众开放。在《“健康杭州 2030”规划纲要》中，已经提到推进公共体育设施、学校体育场地设施、企事业单位体育场地设施向社会开放，实现公共体育设施和符合条件的学校体育场地设施100%向社会开放，但是，现实中，学校和企事业单位体育场地设施开放有两个限定需要改进，首先是对象仅限于周边社区居民，这意味着要到这些场所锻炼，只能回家，很不方便，如果不限定地域，会大大提升便利性，增加居民体育锻炼的行为；其次是项目设施的限定，很多学校体育场所开放仅限于室外体育设施，这对很多喜欢室内体育项目的市民来说，就受到很大限制了，因此可以在开放对象条件和针对体育项目方面进一步放宽，为居民灵活方便参与、多种项目参与创造条件。

二是引导社区成立体育类社团组织。人是社会性动物，来自志同道合者的支持对健身行为的坚持、健身习惯的养成非常重要。近年来，社区对成立社团组织很热衷，但是总体上数量偏少，体育类的更少，管理上比较粗糙，导致的情况是，有健身意愿的居民没有归属团体，缺乏团体支持。社区可以由积极健身的热心居民牵头组建不同体育项目的健身社团，可以是定期开展线下集体健身活动的传统社团，也可以是网上联络为基础线下分散活动的虚拟社团，但是不管是传统社团还是虚拟社团，都必须对个体起到鼓励支持、交流学习的作用。

三是广泛开展各种类型的全民健身活动，首先是结合浙江山河湖海众多的特点，积极推广健身跑、骑行、登山、游泳、球类、广场舞等群众喜闻乐见的体育项目，其次是重点打造杭州马拉松、梦想小镇半程马拉松、杭州青春毅行大会、环千岛湖国际公路自行车赛、中国·杭州湘湖国际泳渡节等全民健身品牌活动。

四是利用亚运会激发市民健身热情。可以通过划拨一定数量的开闭幕式门票、比赛项目门票和邮票、图册、吉祥物等各种纪念品激励市民积极参与平时健身活动，积极参与群众性体育赛事尤其是全民健身品牌活动，积极参与组建体育类社团组织。

（四）及早谋划，保障志愿者参与

1. 尽快制订详细的亚运会志愿服务计划

杭州市志愿服务有很好的群众基础，登记在册的志愿者为268万人，他们有丰富的项目经验，年均承接40余个大型活动和国际会议的志愿服务保障工作，在志愿服务上一直声名在外。但是，真正考验杭州志愿服务的是亚运时刻，相对于以前支持的其他赛会，亚运会所需志愿者规模要大得多，种类要多得多，对应的要求也多得多。面对这样一个超大型赛事，杭州亚组委目前正进行的与志愿服务相关的工作如下：一是到各地取经，如举办军运会的武汉、举办藤球亚锦赛的昆明、举办射箭世界杯的上海；二是到杭州各高校联络志愿者，如杭州师范大学、浙江传媒学院、杭州电子科技大学、浙江外国语学院等。但是，直到现在尚未制定志愿服务规划，而同样在2022年举办的北京冬奥会，早在2019年5月冬奥会开幕倒计时1000天之际，就已发布《北京2022年冬奥会和冬残奥会志愿服务行动计划》。因此，尽快制订一份详细的杭州亚运会志愿服务计划，是市民通过志愿服务参与亚运会的重要保证。

2. 培训锻炼赛会匠人志愿者

按照北京冬奥会的分类，大型赛会志愿者可以分为前期志愿者、测试赛志愿者、赛会志愿者、城市志愿者、遗产转化志愿者等。其中赛会志愿者至关重要，直接服务赛会，保障赛会顺利进行，而赛会匠人志愿者是赛会志愿者的领袖和骨干，是具有知识、技术、技能、经验，能提供精心、精准、精细、精致服务的赛会志愿者。因此，培训锻炼赛会志愿者尤其是锤炼出一批赛会匠人志愿者是通过志愿服务高质量参与亚运会的保证。

如何培养赛会匠人志愿者，结合杭州本地资源基础和兄弟城市培养赛会志愿者的经验，亚组委可以从两个方面入手：一是通过与杭州志愿者培训学院和杭州西子志愿服务发展中心合作，分层次、分类别、分区域对志愿者开展培训，2005年成立的杭州志愿者培训学院，每月定期举办一次志愿者基础理念培训班，2017年成立的杭州西子志愿服务发展中心，致力于志愿服务的培训交流与推广，亚组委应当与两个机构充分合作，提升志愿者专业化水平；二是应当充分利用亚运会前期各项测试赛来锻炼赛会志愿者，这方面北京冬奥会的做法值得借鉴。

案例三

2018年7月，北京冬奥会前期志愿者项目启动，面向高校定向招募和培养志愿者。自启动以来，北京冬奥组委已与23所高校合作，分3批招募和培养了117名驻会志愿者。在北京冬奥会志愿者服务计划中，前期志愿者、测试赛志愿者、赛会志愿者、城市志愿者和遗产转化志愿者这五类志愿者相互联结、相互配合，串联在一起。参加了前期志愿者项目和测试赛志愿者项目的人，就要尽可能作为“火种”保留下来，保留到赛会志愿者队伍里面。

利用测试赛来锻炼和考验志愿者是常用做法，但是北京在筹备期即分批通过实战锻炼志愿者，将几种志愿者联结培养、串联使用的做法，值得借鉴。

3. 分类建立对接机制

大型赛会正式进行阶段，主要需要赛会志愿者和城市志愿者，另外，杭州有268万名注册志愿者，超过10万名高校学生志愿者，830名国际志愿者，如何对接，将注册志愿者、高校学生志愿者、国际志愿者转变为赛会进行时的赛会志愿者和城市志愿者，有赖于对接机制的建立。

亚组委可以针对赛会志愿者和城市志愿者两个类别，分别建立对接机制。赛会志愿者的招募宜与高校合作，就如同亚组委目前正在做的那样，因为赛会志愿者素质要求较高，需要有专长，如熟悉赛事项目、了解公共传媒、懂计算机网络、礼仪形态好、外语水平高等，大学生或者专业技术人才比较能胜任，与高校合作，让大学生以集体组织形式加入，也是省时省力的做法。城市志愿者的招募，亚组委宜与各主办协办城市志愿者协会合作，因为城市志愿者需求量很大，而且需要分布在各主办协办城市的各个特别地点，各地点的志愿者最好能就近安排，而城市志愿者协会掌握了大量志愿者的基础信息，能通过志愿者组织网络体系实现就近招募合适志愿者人选。

城市国际化背景下杭州市民的国际礼仪和文明行为水平分析报告

——基于 2019 年问卷调查数据的分析

国际礼仪是指国人在对外交往中所必须遵守的、用以维护自我形象，同时用来对外国友人表示尊重友好的一系列惯例和形式；市民国际礼仪水平的提升涉及城市国际化建设中社会、文化两大领域，是城市国际化战略的重要组成部分。自 2008 年杭州市委、市政府提出"城市国际化战略"以来，杭州市设立了推进城市国际化工作机构，出台了《杭州市城市国际化促进条例》；中共杭州市委十二届四次全会上，又进一步做出建设一城、一窗及推进"六大行动"重大决策部署，在 2016 年 G20 峰会举办之前，将国际礼仪纳入市民公共文明指数中加以考察。

国际礼仪和文明行为水平提升是向市民推行国际化理念的重要切入点，有助于强化市民在城市国际化建设中的主体作用。经济贸易、政府合作等领域的国际化最终会下沉到旅游、生活、留学访问等领域，市民的国际礼仪和文明行为水平是城市国际化的微观动力和最终指向。以国际礼仪的建设为契机，有助于市民理解国际惯例、熟悉国际知识、树立国际化思维，增强市民对城市国际化建设的参与感。

在 2019 年的调查中，我们基于历年调查设计了市民国际礼仪、日常行为自律、公益服务等维度的问题，同时考察杭州市民的自我评价以及在杭外国人对杭州市民相应行为表现的评价，分析杭州市民和在杭外国人评价的共同点、差异及其原因，在此基础上探讨提升杭州市民"跨文化胜任力"和相关文明行为水平、加深外国人对杭州社会文化理解的方法和路径。

一 调查样本构成

课题组在 2019 年 7 月向杭州市民发放公共文明行为问卷，其中部分问题涉及杭州市民对在杭生活外国人的关注度和对国际礼仪文明水平的自我评估，调查覆盖杭州市 11 个区 23 个街道共 44 个社区，样本总量达到 3212 个（具体信息见 2019 年杭州市民公共文明行为调查报告）。

与此同时，课题组在 2019 年 7~8 月与浙江大学“国际移民研究”团队“在杭外国人调查”（SFRC 2019）项目合作，设计调查专题，收集在杭外国人对杭州市民国际礼仪和文明行为的评价，调查历时 4 周，调查地点为杭州市出入境办证大厅。根据自愿参与原则，在进入 SFRC 2019 的 800 余位外国人中有 377 人自愿填答“杭州市民国际礼仪和文明行为评价”模块。经过严格的数据清理，进入本研究的有效样本量为 337 个，受访者的来源国具体包括柬埔寨、加拿大、埃及、埃塞俄比亚、法国、德国、英国、印度尼西亚、印度、伊朗、意大利、日本、韩国、尼泊尔、尼日利亚、巴基斯坦、菲律宾、波兰、俄罗斯、新加坡、南非、斯里兰卡、泰国、土库曼斯坦、乌克兰、美国、乌兹别克斯坦、委内瑞拉、越南、也门、赞比亚、津巴布韦等 72 个国家。调查收集了受访者的国籍、年龄、性别、受教育程度、语言技能、从业状态等个人基本情况；收集了受访者的社会交往情况、日常交流对象、对杭州市民态度的感受和接受杭州市民帮助的情况；在观念和态度方面，测量了杭州市民国际礼仪和文明行为的多维度评价。之后，课题组重点针对特定行为的跨文化理解，对部分在杭州长时间工作或学习的外国人进行了个案访谈，并对部分杭州市民询问了相同的问题，以便比较。

在接受问卷调查的外国人中，受教育程度为大学的占到 94%，发展中国家在杭州的外国人中留学生占多数，而发达国家在杭州的外国人则以在职工作人员为主。由于本次调查访问地点和时段选择能够在很大程度上提高样本的代表性，因此，样本的学历构成在一定程度上能够说明在杭外国人整体受教育水平较高，这对评价结果可能存在相当程度的影响。比较杭州市民对国际礼仪及相关文明行为的自评和外国人对杭州市民的文明行为评价，有助于从另一个角度反观杭州市民的国际礼仪和文明行为水平，分析优势、不足和改进策略。

在受访外国人中，男性 214 人、女性 123 人（见图 1）。年龄大多集中在 20~39 岁（见表 1），男性和女性年龄分布相似，同时，男性在各个年龄段中的人数均高于女性（见图 2）。

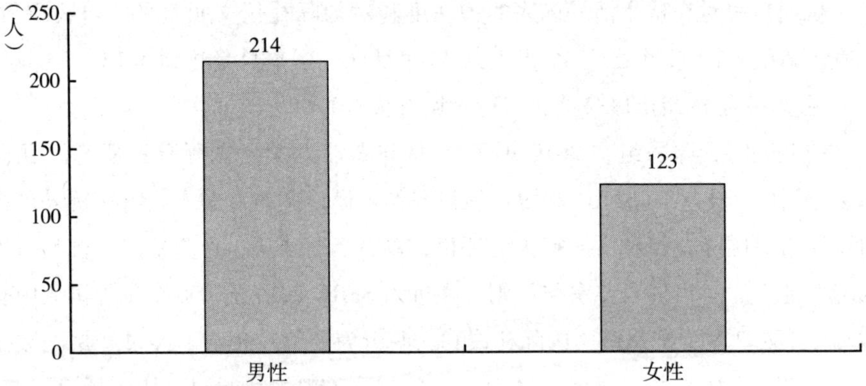

图 1　受访外国人性别分布

资料来源：2019 年在杭外国人调查（SFRC 2019）。

表 1　受访外国人年龄与性别交互

单位：人，%

年龄	性别		总计
	男性	女性	
20 岁以下	14(7)	14(12)	28(8)
20~29 岁	117(56)	65(54)	182(55)
30~39 岁	50(24)	29(24)	79(24)
40~49 岁	19(9)	5(4)	24(7)
50 岁及以上	10(5)	7(6)	17(5)
总计	210(100)	120(100)	330(100)

资料来源：2019 年在杭外国人调查（SFRC 2019）。

从受访外国人的来源国类型来看，70%以上的受访者来自发展中国家（见表 2）。在性别分组上，男性和女性来源国类型的分布与总体情况相似（见图 3），不同来源国类型的受访外国人年龄分布类似（见图 4）。同时，来自发展中国家的人口平均年龄为 28 岁，其中年龄最大的为 74 岁，年龄最小的为 17 岁，年龄方差为 9 岁；来自发达国家的人口平均年龄为 32 岁，其中年龄最大的为 60 岁，年龄最小的为 18 岁，年龄方差为 10 岁。

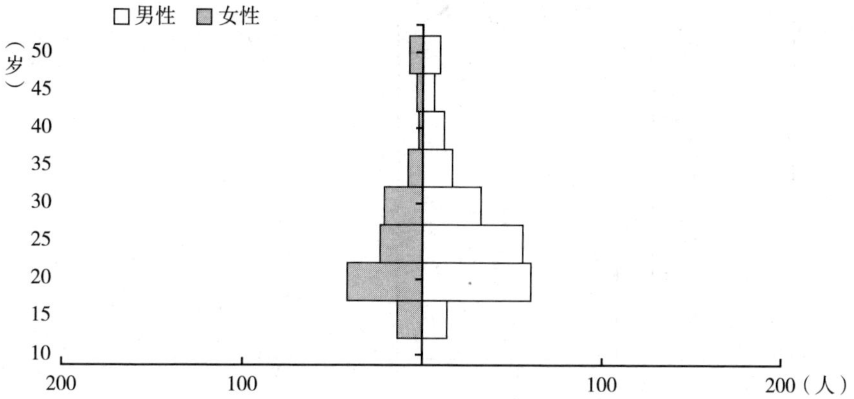

图 2　受访外国人年龄性别金字塔

资料来源：2019 年在杭外国人调查（SFRC 2019）。

表 2　受访外国人的来源国类型

单位：人，%

来源国类型	频数	占比	累计占比
发展中国家	239	73.09	73.09
发达国家	88	26.91	100.00
总计	327	100	

资料来源：2019 年在杭州外国人调查（SFRC 2019）。

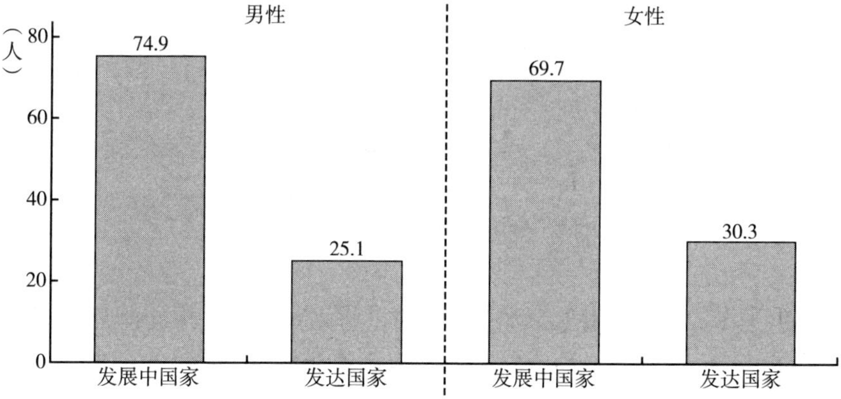

图 3　受访外国人来源国类型分性别分布

资料来源：2019 年在杭外国人调查（SFRC 2019）。

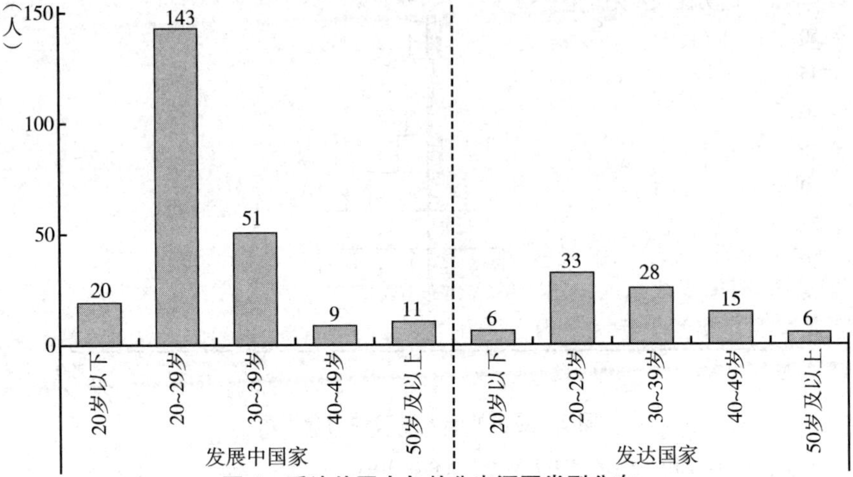

图4　受访外国人年龄分来源国类型分布

资料来源：2019年在杭外国人调查（SFRC 2019）。

受访外国人中受教育程度为大学的占绝大多数，几乎不存在初中及以下受教育程度的人（见表3）。同时，在拥有大学受教育程度的群体中，年龄在20岁以下、20~29岁的占很大比重，这部分人很可能正在杭州上大学。

表3　受访外国人分年龄的受教育程度

单位：人，%

受教育程度	年龄					总计
	20岁以下	20~29岁	30~39岁	40~49岁	50岁及以上	
初中及以下	0(0)	1(1)	1(1)	0(0)	0(0)	2(0.6)
高中	9(32)	10(5)	1(1)	0(0)	2(12)	22(6.6)
大学	19(68)	172(94)	77(97)	24(100)	15(88)	307(92.7)
总计	28(100)	183(100)	79(100)	24(100)	17(100)	331(102)

资料来源：2019年在杭州外国人调查（SFRC 2019）。

总的来说，受访外国人中未在杭州就业群体占18%，有工作群体占受访者总数的43%，学生占39%，学生以及有工作群体占受访者总数的82%。分性别来看，男性中未在杭州就业的占13%，女性中未在杭州就业的占25%（见表4）。学生群体的年龄通常在40岁以下，且大多集中在20~29岁；有工作群体的年龄通常都在20岁及以上，且多集中在20~39岁（见表5）。

表 4 受访外国人在业/在学状态性别差异

单位：人，%

职业	性别		总计
	男性	女性	
学生	83(39)	48(39)	131(39)
未在杭州就业	28(13)	31(25)	59(18)
有工作	100(47)	44(36)	144(43)
总计	211(100)	123(100)	334(100)

资料来源：2019 年在杭州外国人调查（SFRC 2019）。

表 5 受访外国人在业/在学状态年龄差异

单位：人，%

职业	年龄					总计
	20 岁以下	20~29 岁	30~39 岁	40~49 岁	50 岁及以上	
学生	18(64)	97(53)	13(17)	1(4)	0(0)	129(39)
未在杭州就业	9(32)	25(14)	14(18)	3(13)	7(41)	58(18)
有工作	1(4)	60(33)	51(65)	19(83)	10(59)	141(43)
总计	28(100)	182(100)	78(100)	23(100)	17(100)	328(100)

资料来源：2019 年在杭州外国人调查（SFRC 2019）。

从来源国类型来看，发展中国家群体中学生和有工作群体占较大比重，未在杭州就业群体只占 15%；发达国家群体中有工作群体占 60%，学生群体只占 12%（见表 6）。从来到杭州的时间来看，2017 年左右来杭工作和学习的外国人数居于顶峰，此后呈减少趋势（见图 5）。

表 6 受访外国人在业/在学状态来源国类型差异

单位：人，%

职业	来源国类型		总计
	发展中国家	发达国家	
学生	113(47)	10(12)	123(38)
未在杭州就业	35(15)	24(28)	59(18)
有工作	90(38)	52(60)	142(44)
总计	238(100)	86(100)	324(100)

资料来源：2019 年在杭州外国人调查（SFRC 2019）。

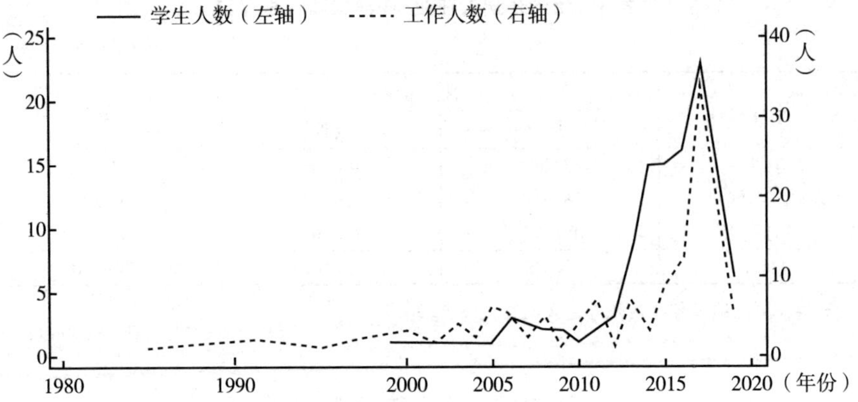

图 5　受访外国人就业和就学依时变化

资料来源：2019 年在杭外国人调查（SFRC 2019）。

二　杭州市民国际礼仪和文明行为的双向评价

在国际礼仪和文明行为层面，我们通过对 3212 位杭州市民对涉外礼仪的自我评价和 338 位在杭外国人对杭州市民相关行为和态度的评价进行分析和比较，描述杭州市民的国际礼仪和文明行为水平，分析其优势、问题，以及双方在部分评价上存在差异的原因。

针对杭州市民的涉外礼仪调查，我们主要涉及“对待外国人的态度”和“语言仪态”的自我评价，受访市民总体上自我评价较高，其中 81.2%的受访者认为自己在外国人面前能够“自觉维护国家和杭州的形象和声誉”，73.7%的受访者认为自己能“积极学习了解并遵循国际通行的礼仪规范”。

在针对外国人的调查中，我们在询问“对待外国人的态度”和“语言仪态”之外，同时询问了日常行为自律和公益服务等方面的问题，来综合考察在杭外国人对杭州市民文明行为水平的评价。公共卫生、公共秩序、公共交往、公共观赏等四组问题构成日常行为自律维度，“对待外国人的态度”和“语言仪态”构成涉外礼仪维度。

（一）日常行为自律评价

1. 公共卫生

受访外国人对杭州市民公共卫生行为的评价涉及三个问题，即垃圾投放行为、垃圾分类行为和乱扔垃圾行为。60.4%的受访外国人认为自己所见杭州市民能做到将垃圾丢进垃圾箱，15.7%的受访者认为所见杭州市民较少或者不能将垃圾丢进垃圾箱（见图6）。同样，43.2%的受访外国人认为所见杭州市民不会或者较少乱扔垃圾，25.1%的受访者认为杭州市民较多或者经常乱扔垃圾（见图7）。受访者的个体差异可能与他们居住的区域环境差异有关。

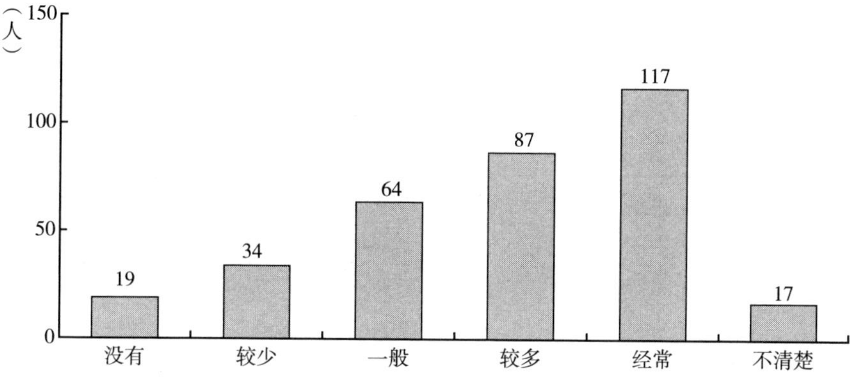

图6 公共卫生行为-垃圾投放

资料来源：2019年在杭外国人调查（SFRC 2019）。

在垃圾分类的评价上明显低于垃圾投放的评价，43.2%的受访外国人认为杭州市民没有或者较少进行垃圾分类，只有24.3%的受访外国人认为杭州市民经常或较多进行垃圾分类（见表7）。总的来说，受访外国人对杭州市民公共卫生行为的基本习惯评价较高，对“垃圾投放”和“乱扔垃圾”这两方面比较认可；但对更高层次的要求“垃圾分类”，评价则相对较低。但是，在杭州市民的相应自评中，69.8%的市民认为自己能够做到垃圾分类投放，与外国人评价之间差异明显。这一差异可能和不同人群对“是否已经做到垃圾分类”的认定标准不同有关，也跟受访者将杭州的情形与部分垃圾分类成熟国家的参照系相比较有关。

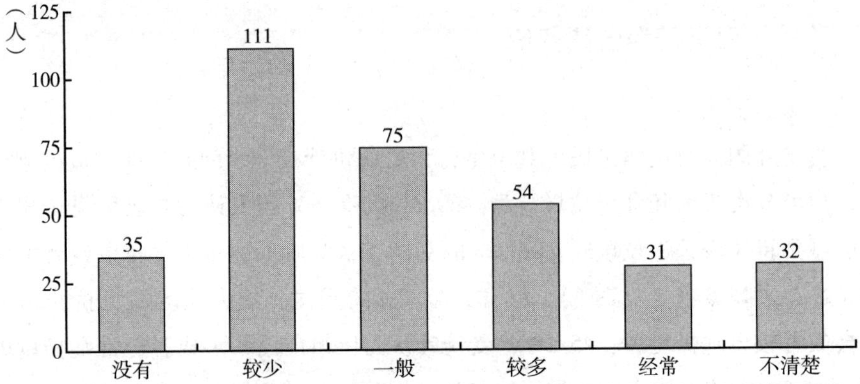

图 7 公共卫生行为-乱扔垃圾

资料来源：2019 年在杭外国人调查（SFRC 2019）。

表 7 公共卫生行为-垃圾分类

单位：人，%

垃圾分类	频数	占比	累计频率
没有	58	17.16	17.16
较少	88	26.04	43.20
一般	73	21.60	64.79
较多	55	16.27	81.07
经常	27	7.99	89.05
不清楚	37	10.95	100.00
总计	338	100	

资料来源：2019 年在杭外国人调查（SFRC 2019）。

许多国家的垃圾分类已经有较长历史，德国是世界上最早开始实施垃圾分类的国家，从 1904 年便开始实施城市垃圾分类处理，1972 年通过第一部全国性的垃圾处置法案，经过近 70 年，才形成较为成熟的垃圾分类体系。垃圾分类的标准和制度设计通常需要经过较长时间的调整，另外，除了自上而下的顶层设计之外，从居民的角度出发，对垃圾分类的参与感也是非常重要的，让垃圾末端处置场所“被看见”的过程①，也是让居民接受教育、理解和参与的过

① 徐悦东：《在垃圾分类上，发达国家有什么经验值得借鉴?》，《新京报》2019 年 7 月 3 日。

程，是培育居民环保意识的过程，将会有利于垃圾分类制度的施行，而这条路也还有很长的时间要走。

杭州的垃圾分类实践始于 2000 年 6 月，至今已有 19 年。2000 年 6 月，杭州被建设部确定为全国垃圾分类试点城市之一；自 2010 年以来，杭州市接连出台相关政策措施，力图全面推进城乡垃圾分类处理。从现实情况来看，近两年杭州的垃圾分类宣传是有成效的，在相关调查中，大多数居民表示知道垃圾分类，也愿意在生活中践行垃圾分类，但目前因为生活习惯的差异，大多数人还是无法完全做到垃圾分类。① 杭州的小区中目前最常见的垃圾桶仍然是绿色的厨余垃圾桶和黄色的其他垃圾桶，红色有害垃圾桶和蓝色可回收垃圾桶数量较少；在现实的观察中，也可以发现居民认为自己已经将垃圾分类，但事实上还没有准确分类的情况。这就可以解释自我评价和外部评价之间存在的差异，同时也说明，垃圾分类的教育和监督执行仍然有很大的改进空间。

2. 公共秩序

受访外国人对杭州市民公共秩序行为的评价涉及两个问题，即吸烟行为和排队行为。41.1%的受访外国人认为杭州市民经常或较多在禁烟区吸烟，而认为杭州市民较少或不在禁烟区吸烟的评价只有 23.4%（见表 8）；但在杭州市民的自评中，有 55.6%的受访者认为自己能够遵守禁烟规定，选择不能遵守的比例不到 10%。这一巨大差异可能跟对禁烟区的理解有关，较多市民认为只有明确规定禁烟的地方（比如高铁、医院）才是禁烟区，而禁烟力度较大的国家和地区则遵循“凡是有屋顶的地方都不能吸烟”。

表 8　公共秩序行为-吸烟行为

单位：人，%

在禁烟区吸烟	频数	占比	累计频率
没有	25	7.40	7.40
较少	54	15.98	23.37
一般	82	24.26	47.63
较多	86	25.44	73.08

① 谢春晖、孙晶晶：《杭州的垃圾分类已经走过了 19 年情况究竟如何?》，杭州网，2019 年 6 月 12 日。

续表

在禁烟区吸烟	频数	占比	累计频率
经常	53	15.68	88.76
不清楚	38	11.24	100.00
总计	338	100	

资料来源：2019 年在杭外国人调查（SFRC 2019）。

在市民排队行为方面，51.8%的受访外国人认为杭州市民能够做到经常或较多地在购票和乘车时有序排队，同样有23.4%的受访外国人认为杭州市民在购票或乘车时没有或较少排队（见图8）。但在杭州市民的自评中，认为自己在乘公交车和乘地铁时能有序排队的比重分别为92.2%、92.5%。在排队行为的评价上，市民自评也明显高于外国人评价。

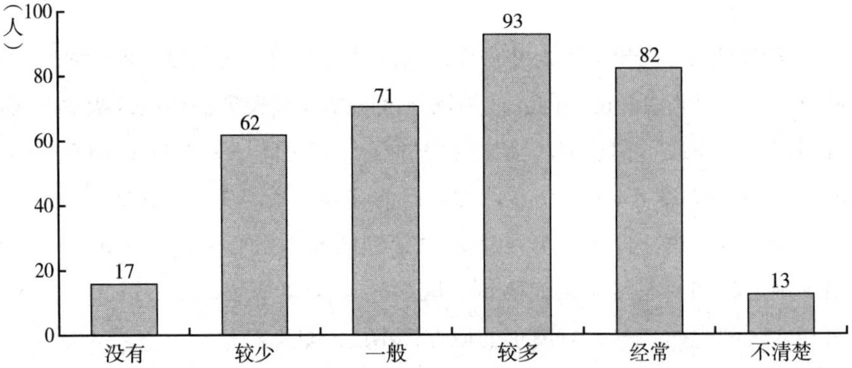

图8　公共秩序行为-排队行为（购票、上车能有序排队）

资料来源：2019 年在杭外国人调查（SFRC 2019）。

3. 公共交往

受访外国人对杭州市民公共交往行为的评价涉及两个问题，即让座行为和低声交谈。58.6%的受访外国人认为杭州市民经常或较多地给老、弱、病、残、孕及怀抱幼儿者让座（见图9），杭州市民认为自己经常主动让座的比重则达到93%。50%的受访外国人表示杭州市民没有或者较少会在公共场所交谈时降低音量，选择能够降低音量的比例只有26%（见图10）。杭州市民认为自己能做到在公共场所保持安静的比例占到90.6%，明显优于外国人评价。这一差异可能跟不同文化背景下对什么是“较大音量”的标准不同有关。

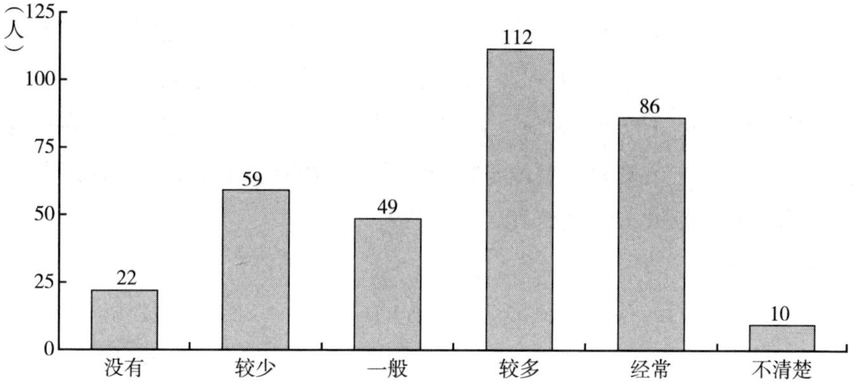

图 9　公共交往行为-让座行为（能给老、弱、病、残、孕及怀抱幼儿者让座）

资料来源：2019 年在杭外国人调查（SFRC 2019）。

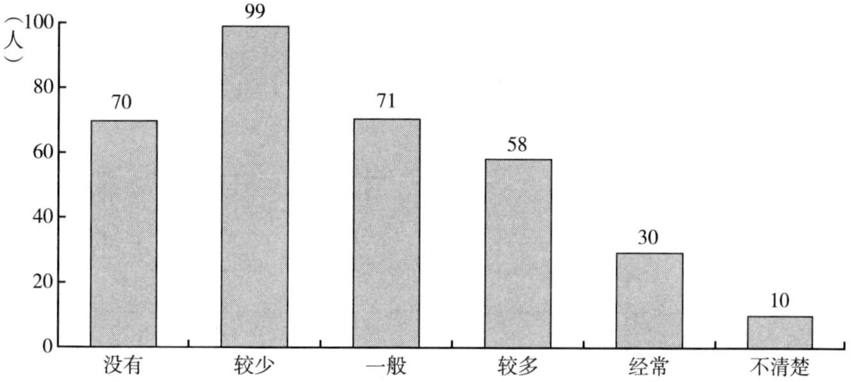

图 10　公共交往行为-低声交谈（在公共场所交谈时能降低音量）

资料来源：2019 年在杭外国人调查（SFRC 2019）。

在后续针对在杭外国人的访谈中，受访者对什么是“公共场合音量过高”进行了自己的解释，分别是“在公共场合说话引起别人的注意就是音量过高”（S，男，美国），“如果两个人坐在同一张桌子旁说话，声音能被边上第三个人听到，就是音量过高；另外，乘坐公共交通工具的时候用手机聊天就感觉音量有点高”（Z，女，日本），“咖啡厅除了旁边位置以外，别的位置的人能听得到的程度是高音量”（K，男，韩国），“如果因为公共场所声音嘈杂而打电话听不清什么的，声音大一点是可以接受的”（T，女，日本）。而当我们询问杭州市民相同问题时，比较有代表性的回答是“跟平时差不多就可以吧。如果边上有人在用电脑工作，可能需要低声一点”（X，女），以及“比在家里说话稍微低声一点，不过如果本来就有很多人说话，其实就无所谓了”（W，女）。从访谈中获得的回答来看，对“公共场合低声交谈”的理解的确受到社会文化背景的影响，如果需要改善杭州市民在该项行为上的表现，还需要进行更具操作性的跨文化知识宣传和普及。

4. 公共观赏

受访外国人对杭州市民公共观赏行为的评价主要以公共观赏场合是否存在破坏性行为来考察。认为杭州市民在观看电影、演出时保持安静且手机静音和破坏安静氛围、有手机铃声响起的受访外国人占比接近（见图 11），这说明受访外国人对杭州市民的公共观赏行为的评价处于中间水平。

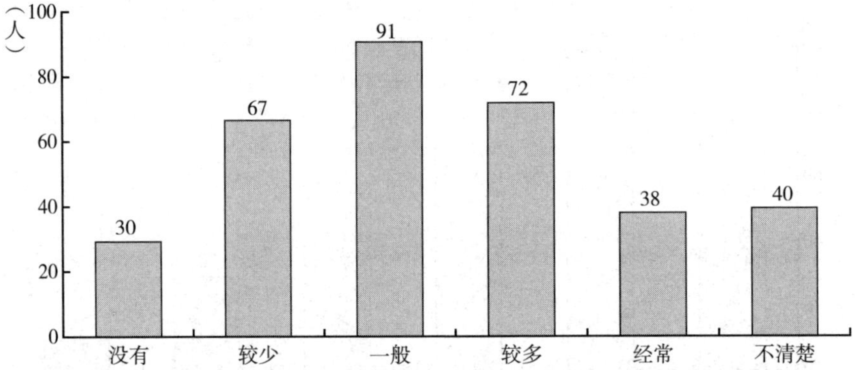

图 11　公共观赏行为–保持安静（观看电影、演出时保持安静，手机静音）

资料来源：2019 年在杭外国人调查（SFRC 2019）。

（二）涉外礼仪评价

1. 语言仪态

涉外礼仪主要从语言和仪态两方面进行评价，语言指的是尊重外国人的语言习惯、尊重隐私，仪态指是否拥有符合国际通用礼仪的着装和举止。32.8%的受访外国人认为在交谈时，杭州市民没有或者较少注意尊重隐私，但也有26.1%的受访外国人认为交谈时，杭州市民能够经常或较多注意尊重隐私（见图12）；而在针对杭州市民的相应问题中，77.5%的杭州市民认为自己能够“尊重外国人的隐私，不随意询问年龄、收入等个人隐私问题”。可以看到，双方的评价之间存在明显差异。

在后续的访谈中，部分受访者解释了自己对隐私的理解，“我觉得收入、婚姻，还有家人的情况是隐私问题，如果有人问我家里人的情况，像‘你结婚了吗？有孩子吗？’这类问题，我就觉得不自在”（S，男，美国），“我觉得朋友之间比较合适的话题是新闻和近期比赛，而不是个人的生活”（P，男，美国），“我认为如果让我感到羞愧或不自然，这样的话题就算涉及隐私……关于人际关系、有多少收入、有没有房子，这些问题是隐私”（T，女，日本）。我们访问的杭州市民在面对同样的问题时，比较有代表性的回答是“收入、生病这类问题，不太熟的人不方便问，比较熟悉的朋友可以问；结婚和孩子，如果自己在这方面不太顺利，人家问起来就感觉不自在，如果都顺利的，不熟的人问问也不要紧”（G，女），“谈谈孩子我觉得现在是生活中的社交话题了，大家在养孩子上有很多共同话题的”（F，男）。这一差异给我们的提示是：不同文化背景下对隐私和隐私保护的具体理解可能存在差异，要想做好隐私保护，首要的是应当从更精细的层面理解哪些内容属于隐私，对隐私内容有更为清晰的认知。

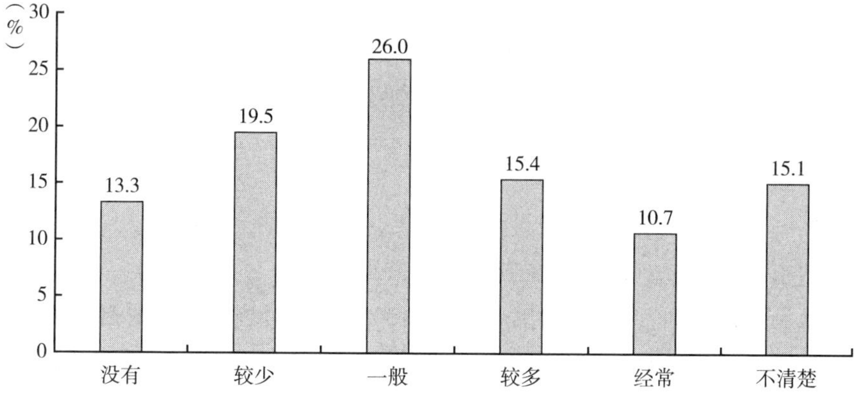

图12　语言仪态-隐私保护

资料来源：2019年在杭外国人调查（SFRC 2019）。

语言仪态的另一个问题是杭州市民是否能做到“参加正式活动时穿正装”。53.6%的受访外国人表示在参加正式活动时杭州市民较多或者经常穿正装，20.1%的受访外国人选择“不清楚”，只有7.7%的受访外国人认为杭州市民在参加正式活动时没有或较少穿正装（见图13）；在杭州市民的自我评价上，68.6%的市民认为自己“在参加正式活动时，能够穿正装出席”。双方评价一致性程度较高，说明在服装类别等容易统一认识的标准上，双方的判断是接近的。在一些日常的国际通用礼仪上，杭州市已经与国际接轨，并且在市民层面逐渐获得普遍认同；需要补充说明的是，与杭州市民对自身公共文明行为的其他自评项目相比，对穿正装出席正式活动的自我评价水平相对较低。

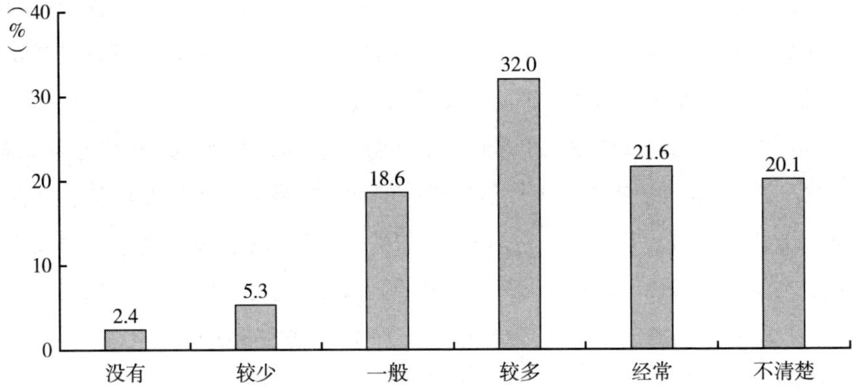

图13　语言仪态-参加正式活动时穿正装

资料来源：2019年在杭外国人调查（SFRC 2019）。

2. 对待外国人的态度

在“对待外国人的态度”这一问题上，74.6%的受访外国人认为自己受到杭州市民的友好对待，并在有需要时获得过帮助（见图14），只有2.3%的人认为自己受到过不友好对待（见图15）；在针对杭州市民的相应问题中，77.8%的受访者认为自己能“热情友善对待外国人，并愿为其提供力所能及的帮助和服务”。双方在这一问题的评价上呈现很强的一致性，说明杭州市民在对待外国人的态度上表现良好，这是提升在杭外国人城市融入感的重要基础。

具体到“迷路时是否得到杭州市民帮助”这一问题的回答上，一半以上的受访者回答“得到了市民的帮助”，而只有12.7%的人回答“没有得到帮助”（见图16）。受访外国人与杭州市民在“对待外国人的态度”评价方面呈现较强的一致性。

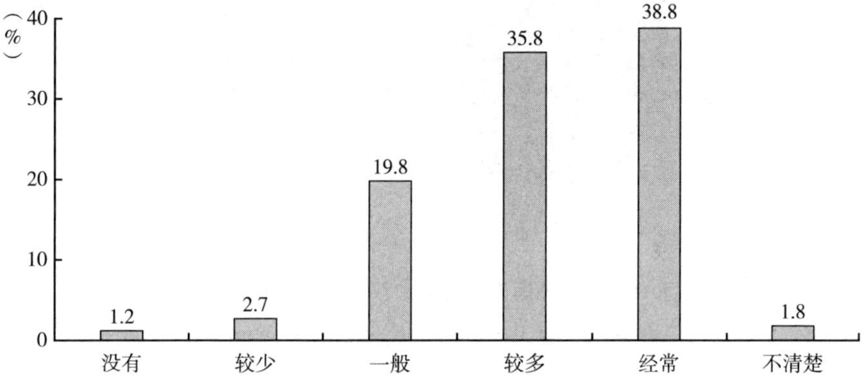

图14 对待外国人的态度

资料来源：2019年在杭外国人调查（SFRC 2019）。

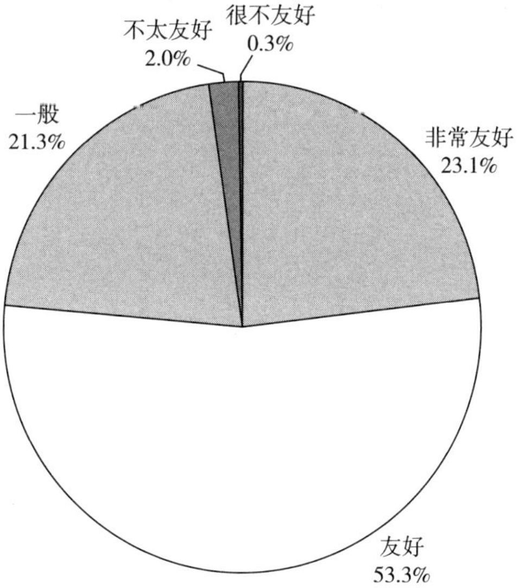

图15 受访外国人是否被不友好对待

资料来源：2019年在杭外国人调查（SFRC 2019）。

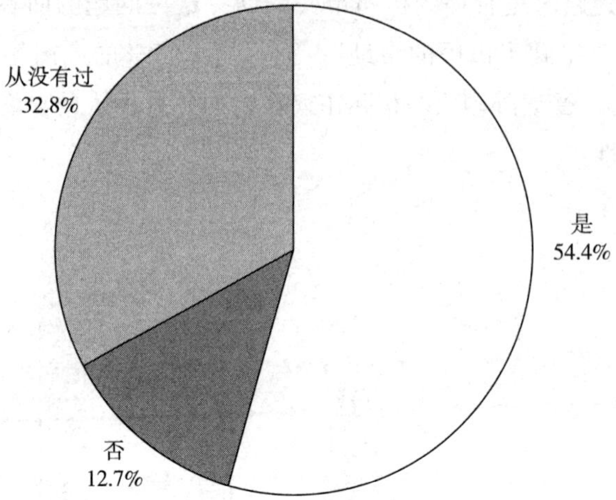

图 16　受访外国人迷路时是否得到杭州市民帮助

资料来源：2019 年在杭外国人调查（SFRC 2019）。

随着在华时间的增加，受访外国人的社会交往水平与城市融入程度逐步提升，将受访外国人距首次来华总年数与在华交往人中的中国人比例做相关分析（见图 17），可以发现，随着距首次来华总年数的增加，受访外国人在华交往人中的中国人比例持续上升，这表明受访外国人的社会交往以及社会融入情况比较乐观。

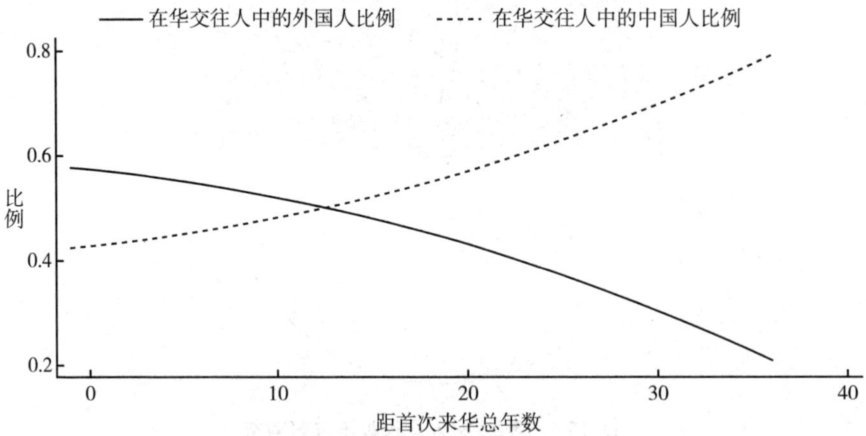

图 17　受访外国人在华社会交往演变

资料来源：2019 年在杭外国人调查（SFRC 2019）。

但在自身的主观感受方面，41.4%的受访外国人仍然选择了“曾经因为自己是外国人而感到不自在”（见图 18），在这一点的评价上又明显弱于对杭州市民友好态度的评价。在调查过程中我们看到，不少外国人在填写自身经历相关问题时意愿较高，但在回答至杭州市民国际礼仪与文明行为模块时，一半左右的受访者选择拒绝回答或者在回答中途停止回答；根据口头反馈，大部分外国人的拒答原因是对杭州市民的行为没有关注。同时，在杭州市民对“是否注意过周边外国人的行为”这一问题的回答上，有 53.2%选择了“没有注意过”，可见外国人在杭州感觉到的“不自在”可能更多来自语言、文化和生活空间等方面的隔阂。

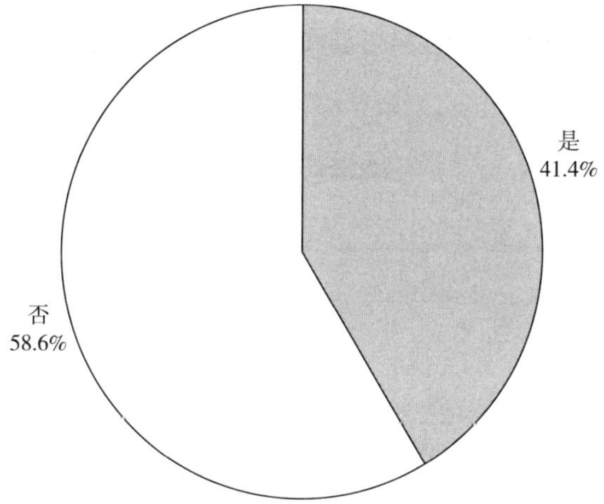

图 18　受访外国人是否因为外国人身份而感到不自在

资料来源：2019 年在杭外国人调查（SFRC 2019）。

（三）公益服务行为评价

在对杭州市民公益服务行为的评价上，将近一半的受访外国人选择了“不清楚”；有 28.1%的人认为杭州市民经常或较多地自发进行公益服务和志愿服务（见图 19）。杭州市民对自己在公益服务行为上表现的自评明显高于外国人评价，认为自己在公益服务行为的表现上“好”或“很好”的比重达到 65.7%；但与杭州市民的其他行为自评项目比较，这一比重又相对较低。

在后续访谈中，在对公益服务行为的具体理解方面，受访外国人认为“公益服务行为应该是一种爱和奉献，而且应该是完全自愿的，我觉得因为行政动员和指标去做公益都不是真正的公益服务。比如我看到有大学生穿着志愿者的衣服在路上指挥交通，他的表情看上去不是很乐意，我觉得这样就不算真正的公益服务行为”（S，男，美国），“我感觉杭州的公益主要由政府承担，而没有遇到过其他的公益行为”（T，女，日本），“公益服务是为了改善社区，通常帮助那些需要帮助的人，比如帮助吸毒者或老年人”（J，男，英国）。而受访杭州市民在对同一问题的理解上则有明显不同，“我觉得单位组织的、社区组织的都是公益服务，没有组织，我们自己找不到地方做的……我觉得我参加的时候也很投入”（W，女）。结合访谈情况，我们可以看到对公益服务行为评价的差异可能和双方对何谓“公益服务行为”的认识存在差异有关。

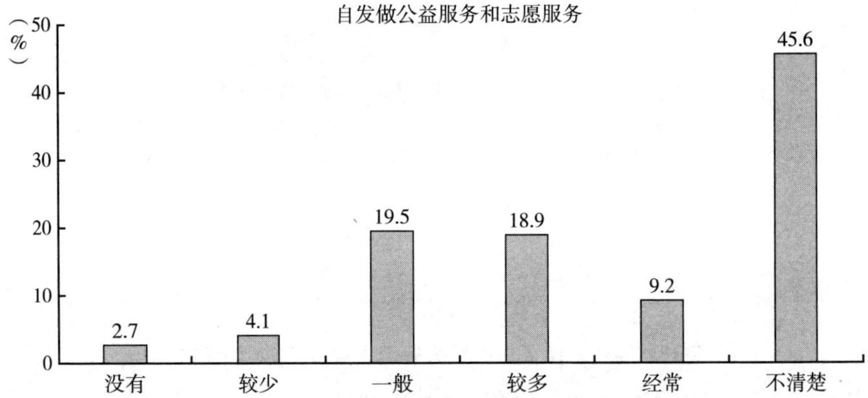

图 19　公益服务行为评价

资料来源：2019 年在杭外国人调查（SFRC 2019）。

（四）外国人对杭州市民行为评价的影响因素分析

研究受访外国人对杭州市民行为评价的影响因素，本报告采用多项 Logit 回归模型进行分析。模型中自变量包括社会人口学变量：性别、年龄、来源国类型、职业、受教育程度；迁移经历和社会融入相关变量：本地居留时间。模型中因变量主要是受访外国人对杭州市民行为的评价，包括三个维度：行为自律（包括对公共卫生、公共秩序、公共交往和公共观赏的评价）、涉外礼仪（包括对语言仪态、对待外国人的态度的评价）和公益服务。回归中，将因变量取值表示“比较多”组设定为参照组，自变量中职业以“学生”为参照。

1. 不同来源地类型外国人对杭州市民文明行为评价的差异

在不同来源地类型外国人对杭州市民行为自律表现的评价方面，回归结果[①]显示，相较于“杭州市民较多进行垃圾分类”选项，来自发达国家的外国人更认为“杭州市民较少进行垃圾分类”；在杭州市民遵守禁烟令、有序排队、公共场合保持安静以及公共观赏场合保持安静几个评价自律的方面，也得出类似的结果。但在不乱扔垃圾和为有需要的人让座方面，来源地类型对因变量不具有显著影响。对诸多评价指标进行总体观察，我们可以认为来自发达国家的外国人比来自发展中国家的外国人对杭州市民的自律表现有更低的评价。

在不同来源地类型外国人对杭州市民涉外礼仪的评价方面，用衡量涉外礼仪的三个指标——正式场合着正装、隐私保护、对待外国人的态度进行回归后得出结果[②]，相较于认为杭州市民较多尊重隐私，来自发达国家的外国人更多认为市民较少尊重隐私。而受访外国人来源地类型对是否认为杭州市民在正式场合穿正装、外籍人士求助时是否对其友好对待这两个变量无显著影响。故在对杭州市民涉外礼仪评价上，受访外国人的不同来源地类型是存在影响的。

在不同来源地类型外国人对杭州市民公益服务表现的评价方面，附表 3 的回归结果显示，受访外国人的不同来源地类型对杭州市民公益服务行为的评价并无显著影响。

综合来看，受访外国人的来源地类型对杭州市民文明行为的评价有显著影响，而且来源于发达国家的受访外国人对杭州市民的文明行为有更低的评价。一方面，一个国家或城市公民的文明行为素养是随着该地区经济发展水平的提升而提升的，所以来自发达国家的外国人对杭州市民的文明行为评价有可能较低；另一方面，每个地区都会形成自己的文化圈，杭州虽然早已开展城市国际化建设，但长期以来形成的文化惯习一时间难以改变，杭州市民仍习惯于遵循自己的习惯，所以与来自其他文化背景下的受访者相比，在公共场合的说话音

---

① 回归结果详见附表 1。

② 回归结果详见附表 2。

量、对隐私问题的认知等方面仍然存在明显差异。

2. 不同职业外籍人士对杭州市民文明行为评价的差异

在不同职业外籍人士对杭州市民行为自律表现的评价方面，运用同样的测量杭州市民行为自律表现的指标探究职业的影响。回归结果显示，以学生为职业的参照组，受访外国人职业类型为商人对“杭州市民能有序排队购票和上车”的评价有显著影响，但职业为体力工人的群体更倾向于认为“杭州市民不能做到有序排队购票或上车”。职业类型为白领的群体在杭州市民的垃圾分类表现和公众场合保持安静方面评价较高；但无业的受访外国人在类似方面持相反评价。

在不同职业外籍人士对杭州市民涉外礼仪的评价方面，衡量涉外礼仪的三个指标中只有在正式场合着正装作为因变量时才体现出部分显著性，即无业群体认为杭州市民在正式场合比较多地着正装。其他情况下并未出现显著性影响。

在不同职业外籍人士对杭州市民公益服务行为的评价方面，回归结果显示，作为白领的受访外国人认为杭州市民并不会对特殊群体表现出歧视性或者排斥性。而其他职业未带来显著性影响。

综合而言，社会地位相对较高的职业，如商人、白领对杭州市民文明行为的评价更高，而社会地位相对较低的职业，如体力工人，甚至无业群体对杭州市民文明行为的评价更低。这种差异可以由不同职业群体的生活空间差异来解释，不同职业群体往往有自己相对独立和稳定的生活空间，此生活空间中的人往往具有相同或相似的品位、生活习惯等。白领和商人在其生活空间内接触到的人群往往具有较高的行为文明水平，所以对周围的杭州市民文明行为的评价往往较高，而体力工人及无业群体则与之相反；留学生群体处在二者之间。

3. 本地居留时间差异、融入程度与对杭州市民文明行为评价的差异

在本地居留时间差异、融入程度和对杭州市民行为自律表现的评价方面，回归结果显示，相较于认为市民较多进行垃圾分类，来杭居留时间较长的外国人更认为杭州市民较少进行垃圾分类，对其他测量杭州市民文明行为的指标无显著影响。

在本地居留时间差异、融入程度和对杭州市民涉外礼仪的评价方面，回归结果中并未发现受访外国人来杭居留时长对其对杭州市民涉外礼仪的评价有显

著性影响。

在本地居留时间差异、融入程度和杭州市民公益服务行为的评价方面，回归结果中并未发现受访外国人来杭居留时长对其对杭州市民公益服务行为的评价有显著性影响。

综合来看，外国人来杭居留时间、融入程度对他们关于杭州市民文明行为的评价并没有显著性影响。

三　优势、问题与建议

以上分析结果显示，在日常行为自律评价方面，杭州市民的自我评价均高于外国人评价，但在涉外礼仪层面，两者之间的评价极其接近。在针对具体行为表现的评价方面，受访外国人在对杭州市民公共卫生行为、对待外国人的态度等方面评价较高，在吸烟、尊重隐私等行为方面评价相对较低；同时，在不同来源国类型和不同职业类型之间存在差异。

（一）杭州市民在对待外国人的态度、仪态形象和传统公共卫生行为方面表现较好

杭州市民对外国人普遍态度友好。受访外国人在华交往演变图显示，随着来华时间的增加，受访外国人的社会交往和社会融入情况比较乐观，这从侧面反映了杭州市民营造了好的国际环境，尤其体现在对待外国人个人时，如外国人迷路寻找杭州市民帮助时总能得到帮助、外国人生活中受到市民的友好对待。

杭州市民在正式场合仪态形象维持较好。正式场合的庄重性需要依靠参与者来维护，着正装、语言谈吐礼貌等都是基本要求。受访外国人对杭州市民在正式场合穿正装这一点给予较高评价，同时，与杭州市民的自我评价保持了极高的一致性，这表明杭州市民在正式场合的礼仪表现已经达到较高水平，这一点能为2022年亚运会的良好观赛秩序奠定基础。

杭州市民在传统公共卫生方面文明行为水平较高。传统公共卫生选用的题项为“是否将垃圾投放进垃圾桶”和“是否乱扔垃圾”，在这两方面，受访外国人都给予了杭州市民极高的评价。传统公共卫生行为是城市文明行为建设中

最基础的要求，也是给外来者形成良好印象的第一观感；而对这一行为的良好评价，实际上需要杭州市的外来人群等不同群体都能够遵守行为规范，就此而言，杭州市民在传统公共卫生方面的表现值得肯定。这与杭州市长期以来在国家卫生城市工作中的突出表现有极大关系，打造“国内最清洁城市”也是杭州市文明办2018年的重点工作之一，文明办采用“国内最清洁城市示范点”末位淘汰制管理、在杭州电视台开设打造“国内最清洁城市”成果展示专栏、在杭州日报进行专题宣传、组织市人大代表和市政协委员对全市示范点进行暗访检查、在重要节日组织开展市民清洁大行动等做法，取得了良好成效。2019年3月，全国爱卫会公布了2018年国家卫生城市（区）和国家卫生县城（乡镇）的复审结果，杭州市在复审中成绩突出，被通报表扬，成为省会城市和副省级城市中唯一一个连续4次受到全国通报表扬的城市。

（二）杭州市民的跨文化胜任力有待提升，外国人对杭州城市文化的理解也需要增进

跨文化胜任力指个体与异文化背景的人交流应具备的综合能力，也就是处理交流过程中遇到的文化差异和矛盾冲突等问题的能力。国际礼仪的建设在很大程度上依赖于语言及语言习惯的细节，在中外文化差异下，对言语的基本义、话外音的把握尤其关键。受访外国人在公共场合中降低音量、禁烟问题、隐私保护和公益服务等几方面对杭州市民评价较低，但杭州市民的自我评价远高于外国人评价；背后的原因在于对相关规范的理解存在差异，市民对许多与社会文化背景关联的行为方式需要在跨文化理解方面有所加深。

同时，当外国人的来源国和移入国在社会文化或发展阶段上有显著不同时，往往会产生一种不确定或不安全感，也容易由此产生疏离感与较为负面的评价。因此，通过各种宣传、交流渠道增进外国人对杭州社会的理解和融入，是提升杭州国际形象的有效途径之一。

（三）对策与建议

城市国际化与外国人的城市融入密切相关，考察在杭外国人当前的社会交往和城市融入现状，关注该群体在杭州遇到的跨文化适应问题和困扰，是城市国际化背景下杭州市民国际礼仪与文明行为水平提升的重要议题之一。基于此

次调查的分析结果，我们从以下几方面提出对策建议。

1. 依托既有教育宣传平台，促进不同文化之间的相互理解

杭州市民大学堂和未成年人教育实践系列活动都是目前提升市民素质的重要宣传教育平台。杭州市民大学堂以“文明、文化、礼仪、科普和健康生活方式”为重点内容，结合群众关心的热点问题推出专题讲座，在杭州文明网“市民教育”专栏、“市民大学堂”专题网站、华数数字电视“市民大学堂”专栏供市民群众收看，实现“人人皆学、时时能学、处处可学”。未成年人教育实践系列活动以文明礼仪公开课进校园、各类主题活动、竞赛评比、微信公众号建设为载体，覆盖面广、参与人数众多，有效提升了学生的综合素质。

目前文明礼仪的教育宣传平台影响力较大，可以依托既有平台，提炼杭州城市文明的核心精神、关注杭州市民的美好行为，设计既有中国元素又与异文化形成对话的专题节目和专题竞赛，以增进外国人对杭州的关注和理解；设计生动活泼、令人耳熟能详的跨文化礼仪知识专题节目，设计以国际化和亚运会为主题的未成年人教育实践系列活动，以促进杭州市民对国际礼仪的深入理解。

2. 规范完善制度规则设计，强化政府主导、多渠道约束的治理机制

国际礼仪水平的提升不仅需要市民的自我管理，也需要制度约束；在日常行为自律层面，制定市民国际礼仪规范，从道德舆论约束向法规约束转变。规范既可以作为基本参照标准，为活动开展、市民践行提供指导，也便于对不文明行为进行直接震慑与约束。规范的制定要与国际标准接轨，兼顾不同国家礼仪习惯；同时，特别关注与我国传统冲突的部分，在合适条件下体现我国传统礼仪特色，并针对亚运赛事中的特殊要求制定具体观赏规范。

3. 甄别优质服务项目、建立有效激励机制，营造市民积极参与公益服务的社会氛围

发挥多元主体作用，打造政府、社区、社会组织、海归外籍人士和市民参与平台。政府发挥宏观调控性影响，做好促进社会参与的政策引导和资源调控。包括民政、文明办、旅游、外事等在内的政府各部门应统筹协调，形成高效运转的协同体系；社区是整合社会资源、提供市民参与平台的基础力量；社会组织发挥资源获取和活动组织能力特长，激发广大市民参与公共服务的主动性和能动性。同时，海归及外籍人士往往具有较强的国际视野，对异文化和国

际礼仪有较深的理解，可以为他们提供教育和展示平台，发挥其示范、带动和引领作用。

甄别优质社会服务项目，激发市民参与社会服务。优质活动有助于调动公众参与的积极性，政府公共部门要加强对活动的甄别，通过开办策划的标准比对、效果预估等评估活动举办价值，评选出优质项目并可以给予适当资助、加以扶持。

建立有效的激励制度，调动各类群体参与志愿服务的积极性。建立后期补偿机制，让公众的志愿服务得到认可并产生激励作用。采用星级认定的方式，配合一系列星级礼遇政策，可以进一步促进公众对文明实践志愿服务活动的参与。采用志愿积分累积的方式，结合扫码积分兑现的智慧化方式，一方面是对志愿工作智慧化的推广，另一方面也能提升志愿者的获得感和荣誉感，产生足够的激励。

杭州市民国际礼仪和文明行为水平的提升，是杭州实现城市国际化目标的重要途径。在“2015 魅力中国——外籍人才眼中最具吸引力的中国城市”评选中，杭州获选“外籍人才眼中最具吸引力的十大中国城市”，仅次于上海和北京，位于第三名；在举办亚运会的契机下，提升杭州市民的国际礼仪和文明行为水平，有助于打造新的城市名片，进一步提升杭州市的国际化水平和国际形象。

附录

附表 1　对杭州市民文明行为评价的影响因素

	M1	M2	M3	M4	M5	M6	M7
比较少							
发达国家	0.401	1.954***	1.009***	1.078***	0.478	2.013***	1.880***
	(0.404)	(0.506)	(0.355)	(0.354)	(0.330)	(0.447)	(0.405)
常数项	2.931	6.272**	−1.265	−0.564	0.133	7.233***	2.323
	(1.785)	(2.832)	(1.495)	(1.524)	(1.449)	(1.912)	(1.732)
一般							
发达国家	0.024	1.080*	1.081***	0.434	0.074	0.561	0.919**
	(0.362)	(0.559)	(0.403)	(0.383)	(0.402)	(0.548)	(0.416)

续表

	M1	M2	M3	M4	M5	M6	M7
常数项	4.043**	6.267**	-0.304	-1.628	-1.170	6.106***	2.204
	(1.731)	(2.906)	(1.661)	(1.644)	(1.847)	(2.201)	(1.672)
不清楚							
发达国家	0.587	1.195*	0.015	0.038	1.035	0.309	0.556
	(0.679)	(0.686)	(0.635)	(0.783)	(0.836)	(1.704)	(0.563)
控制变量	Yes	Yes	Yes	Yes	Yes	Yes	Yes
常数项	3.139	4.044	-1.551	-16.325	-1.645	-5.376	3.947*
	(3.340)	(3.195)	(2.048)	(607.476)	(3.611)	(18.748)	(2.125)
N	304	304	304	304	304	304	304
BIC	748.183	871.531	928.815	811.219	783.439	772.733	919.980

注：由于篇幅所限，其余变量回归结果未在表中。因变量以“比较多”为参照组，核心自变量来源国类型以“发展中国家”为参照组，控制变量包括职业、受教育程度、居留时间、性别、年龄。表中M1~M7分别表示对不同因变量的回归式：M1因变量为公共卫生-乱扔垃圾，M2因变量为公共卫生-垃圾分类，M3因变量为公共秩序-吸烟行为，M4因变量为公共秩序-排队行为，M5因变量为公共交往-让座行为，M6因变量为公共交往-低声交谈，M7因变量为公共观赏-保持安静。

附表2　对杭州市民涉外礼仪与开放性的评价的影响因素

	M1	M2	M3
比较少			
商人	-0.822	-1.043	-15.662
	(1.245)	(0.715)	(3480.548)
白领	0.096	-0.445	-0.459
	(0.636)	(0.429)	(1.032)
体力工人	1.229	1.056	1.263
	(0.994)	(1.154)	(1.297)
无业	-2.213*	-0.338	0.676
	(1.236)	(0.475)	(0.836)
控制变量	Yes	Yes	Yes
一般			
商人	0.963	-0.738	-0.305
	(0.695)	(0.774)	(0.749)
白领	0.590	-0.026	-0.548
	(0.462)	(0.459)	(0.450)

续表

	M1	M2	M3
体力工人	0.018	1.020	0.723
	(1.171)	(1.202)	(0.790)
无业	0.671	-0.168	-0.078
	(0.467)	(0.504)	(0.442)
控制变量	Yes	Yes	Yes
不清楚			
商人	-1.192	-14.199	-29.872
	(1.158)	(622.547)	(2909.086)
白领	-0.701	-0.431	-13.303
	(0.499)	(0.603)	(19.244)
体力工人	0.065	-13.223	-14.950
	(0.935)	(872.620)	(6620.676)
无业	-0.436	-0.058	-27.781
	(0.475)	(0.561)	(2119.958)
控制变量	Yes	Yes	Yes
N	304	304	304
BIC	835.690	947.678	570.914

注：由于篇幅所限，其余变量回归结果未在表中。因变量以“比较多”为参照组，主要解释变量职业以“学生”为参照组，控制变量包括来源国类型、受教育程度、居留时间、性别、年龄。表中 M1~M3 分别表示对不同因变量的回归式：M1 因变量为语言仪态-参加正式活动时穿正装，M2 因变量为语言仪态-隐私保护，M3 因变量为语言仪态-对待外国人的态度。

附表 3　对杭州市民公益服务行为评价的影响因素

	M1	M2
比较少		
居留时间	-0.006	0.004
	(0.007)	(0.004)
控制变量	Yes	Yes
一般		
居留时长	0.004	0.007*
	(0.004)	(0.004)
控制变量	Yes	Yes
不清楚		

续表

	M1	M2
居留时长	-0.003	-0.001
	(0.004)	(0.005)
控制变量	Yes	Yes
N	304	304
BIC	873.534	940.296

注：由于篇幅所限，其余变量回归结果未报告。因变量以“比较多”为参照组，控制变量包括来源国类型、受教育程度、职业、性别、年龄。表中 M1～M3 分别表示对不同因变量的回归式：M1 因变量为公益服务-志愿服务评价，M2 因变量为公益服务-对特殊人群歧视。

2020年主报告+专题报告

2020年杭州市民公共文明指数调查分析报告

一　问题的提出

一个城市的公共文明程度可以反映出一个城市的发展状态、环境、人口素质和居民的生活氛围，同时城市的公共文明程度也体现出一个城市的发达程度和发展潜力。公共文明作为现代城市文明的显性指标，是市民在公共空间和公共活动中所表现出来的精神状态和行为规范的总和。党的十九届五中全会通过的《中共中央关于制定国民经济和社会发展第十四个五年规划和二〇三五年远景目标的建议》，将“社会文明程度得到新提高”作为“十四五”时期经济社会发展主要目标之一，并对提高社会文明程度做出一系列重要部署。

文明是杭州这座城市的灵魂。自2011年获得“全国文明城市”荣誉称号以来，杭州市以“创建为民，创建惠民”为宗旨，以提高城市文明程度、市民文明素质和人民群众获得感、幸福感为目标推动文明建设成果共建共享，创建工作不断提升实效，在公共文明建设方面取得了巨大成果。随着精神文明建设的不断深入，文明理念在杭州已植根人心。乘公交车/地铁自觉排队、斑马线前主动让行、旅游观光文明有序、吃饭打包杜绝浪费……充满善意的举动成为市民生活常态。2020年杭州市再次荣获“全国文明城市”

称号，实现全国文明城市“四连冠”。可见，杭州将城市文明建设内化为市域治理共建共享的动力，助力杭州建设成为独特韵味别样精彩世界名城和新时代中国特色社会主义的重要窗口。

在此背景下，本报告开展2020年杭州市民公共文明指数测评。本次测评对标市域治理现代化、全国文明城市创建和世界名城标准，按照中共杭州市委十二届四次全会精神、《杭州市全面推进文化兴盛行动实施方案（2018—2022年）》中“实施市民公共文明素质提升计划”组织安排实施。通过调查，旨在更好地把握“后峰会、亚运会、现代化”时期杭州市民的公共文明行为状况，既要看到闪光点，又要认真查找短板，在此基础上，寻找补齐短板、实现新目标新要求新任务的对策建议。

二　测评设计与样本情况

（一）测评内容

本次测评中将公共文明分为七大维度——公共卫生、公共秩序、公共交往、公共观赏、公益服务、网络文明、国际礼仪文明，具体指标共25个，另外有7道题是每个维度下有1道对自己在该维度公共文明行为的总体评价，共32道题。具体指标如表1所示。每个维度的分数构成为：具体指标占65%，总体评价占35%。这32道题的答案选项按照从很不符合（很差）到很符合（很好），编号分别是1、2、3、4、5，相对应的分数为0分、25分、50分、75分、100分。

表1　2020年公共文明调查指标

二级指标	三级指标
公共卫生	垃圾分类投放
	维护公共场所干净、整洁
	在公共场所咳嗽、打喷嚏时遮掩口鼻
	不随地吐痰
	自觉遵守公共场所有关吸烟的规定
	公共卫生文明行为的总体表现

续表

二级指标	三级指标
公共秩序	乘坐公共交通工具时自觉排队
	骑电动车时佩戴头盔
	共享单车有序使用和停放
	汽车礼让行人
	跳广场舞时不噪音扰民
	公共秩序文明行为的总体表现
公共交往	给老弱病残孕等让座
	友善对待外来人员
	尊重和善待环卫工人等服务行业人员
	邻里和睦，守望相助
	公共交往文明行为的总体表现
公共观赏	在博物馆、体育馆等文化体育场馆遵守观赏礼仪，服从现场管理
	爱护公共场馆设施、展品，遵守关于拍照、录音、录像的规定
	在图书馆、影剧院等场所不大声喧哗
	公共观赏文明行为的总体表现
公益服务	参加捐款捐物
	参加献血
	参加志愿服务活动
	公益服务文明行为的总体表现
网络文明	不在网上肆意谩骂、发表有害言论
	不听信流言蜚语、在网上传播虚假信息
	网络文明行为的总体表现
国际礼仪文明	在外国人面前，能自觉维护杭州及国家的形象与声誉
	能热情友善对待外国人，并愿为其提供力所能及的帮助与服务
	尊重外国人的生活习惯
	国际礼仪文明行为的总体表现

（二）抽样方法

本次调查在10个社区和杭州东站10个其他公共场所共20个点进行，每个点发放问卷55份，共1100份。

1. 社区

在8个主城区以及西湖风景名胜区、钱塘新区共10个区发放问卷，每个区抽取1个社区，每个社区发放55份问卷。

第一阶段：以区为初级抽样单位，涉及本次调查范围内的10个辖区。

第二阶段：以街道/乡镇为二级抽样单位，从每个区抽出1个二级抽样单元（街道），得到10个街道。

第三阶段：以居民委员会为三级抽样单位。从每个街道中抽出1个三级抽样单元（社区），得到10个社区（见表2）。

第四阶段：运用配额抽样方法，在每个社区中抽出55户，每户确定1人，得到550人。

表2　问卷调查点1（社区）

初级抽样单元	二级抽样单元	三级抽样单元	问卷发放数量
上城区	紫阳街道	海潮社区	55
下城区	天水街道	胭脂新村社区	55
江干区	闸弄口街道	天运社区	55
拱墅区	上塘街道	七古登社区	55
西湖区	北山街道	上保社区	55
滨江区	西兴街道	奥体社区	55
萧山区	城厢街道	陈公桥社区	55
余杭区	仓前街道	太炎社区	55
名胜区	西湖街道	金沙港社区	55
钱塘新区	下沙街道	艳澜社区	55
合计			550

注：以上观测点选取自《2020年浙江省杭州市全国文明城市年度测评实地考察场所信息表》。

2. 其他公共场所

在南宋御街、吴山广场、朝晖公园、杭州博物馆、湖滨景区、杭州东站、客运中心站、西湖银泰、家乐福超市、杭州市民之家共10个公共场所发放问卷，每个点发放55份，共得到550份（见表3）。

表3　问卷调查点2（其他公共场所）

类型	名称	问卷发放数量
主要商业大街	南宋御街	55
公共广场	吴山广场	55
公园	朝晖公园	55
博物馆	杭州博物馆	55

续表

类型	名称	问卷发放数量
景区景点	湖滨景区	55
火车站	杭州东站	55
长途汽车客运站	客运中心站	55
大型商场	西湖银泰	55
大型超市	家乐福超市	55
政务大厅	杭州市民之家	55
合计		550

注：以上观测点选取自《2020 年浙江省杭州市全国文明城市年度测评实地考察场所信息表》。

（三）样本介绍

本次测评重点考察的是调查对象对杭州市民在公共场合中的文明行为状况的评价，调查对象包括杭州市常住人口（包括杭州户籍和非杭州户籍）和来杭不足半年的短期外来人员。共发放问卷 1100 份，回收有效样本 1038 份，有效回收率为 94. 36%。调查样本的基本情况如表 4 所示。

表 4　调查样本的基本情况

单位：人，%

变量	指标	人数	占比
性别	男	504	48. 6
	女	534	51. 4
年龄段	16~34 岁	505	48. 7
	35~59 岁	415	40. 0
	60 岁及以上	118	11. 4
受教育程度	小学及以下	62	6. 0
	初中	155	14. 9
	高中/中专	178	17. 1
	大专	194	18. 7
	本科	404	38. 9
	研究生	45	4. 3
政治面貌	群众	619	59. 6
	共青团员	248	23. 9
	中共党员	168	16. 2
	民主党派	3	0. 3

续表

变量	指标	人数	占比
户籍身份	常住人口（杭州户籍）	500	48.2
	常住人口（非杭州户籍）	383	36.9
	短期外来人员	155	14.9
职业身份	党政机关、事业单位人员	107	10.3
	企业员工	267	25.7
	私营企业主	60	5.8
	个体工商户	103	9.9
	农业劳动者	26	2.5
	自由职业者	86	8.3
	无业	12	1.2
	离退休人员	95	9.2
	学生	171	16.5
	其他	111	10.7

从表4中可见，调查样本中男女性别比例接近1∶1；从样本三个年龄段的分布情况来看，近五成人的年龄在16～34岁，调查对象大多处于中青年阶段；在受教育程度上，六成多调查对象受教育程度为大专及以上，受教育程度普遍较高；从政治面貌来看，近六成调查对象为群众，较能代表普通市民的观点；在户籍身份上，八成多调查对象为杭州户籍或非杭州户籍的常住人口；此外，本次研究中调查对象职业分布较广，几乎包含各行各业人士，可以代表大众普遍观点。

三　杭州市民公共文明指数测评的基本情况

（一）总体指数

通过测算可得，2020年公共文明综合指数为84.76，7个维度的分值按照从低到高排序依次是：网络文明（80.83）、公共秩序（83.35）、公共卫生（84.38）、公益服务（84.71）、公共观赏（86.16）、公共交往（86.18）、国际礼仪文明（87.69）。具体如图1所示。

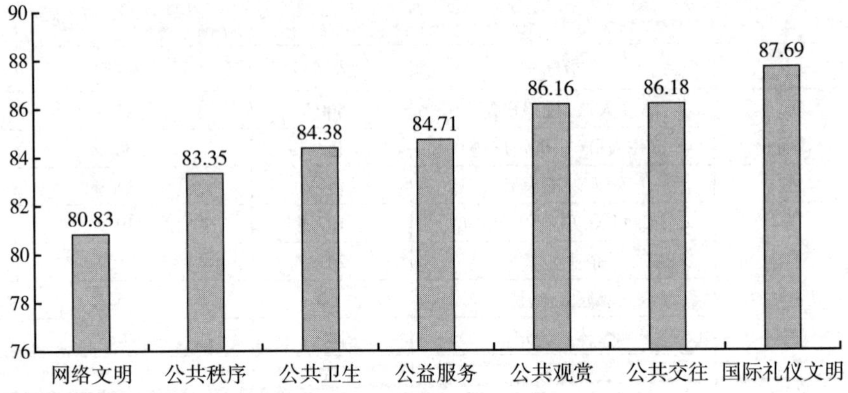

图 1　2020 年公共文明二级指标值

杭州市民公共文明指数的调查已经开展七年，相较于 2019 年指数 84.75、2018 年指数 84.67、2017 年指数 84.65、2016 年指数 84.63、2015 年指数 84.06、2014 年指数 83.63，2020 年综合指数 84.76 为历年来最高值，略高于 2019 年，虽然增长缓慢，但逐年提高，这表明杭州市民的公共文明表现总体呈现为不断提升的态势（见图 2）。近年来，杭州市按照中央和省委、市委的部署要求，把文明创建作为提升城市治理现代化水平的重要抓手和满足人民群众美好生活需要的有力举措，扎扎实实做好各项工作，推动城市文明水平再上新台阶。

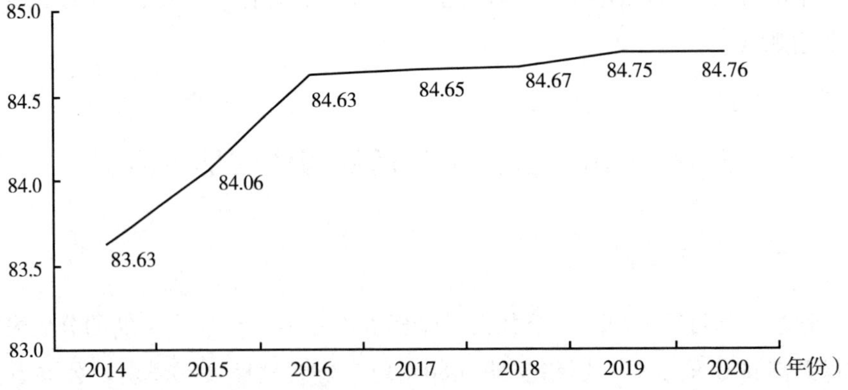

图 2　2014~2020 年公共文明综合指数

从表5可见，相较于2019年的指数结果，2020年公共文明的七个维度中，公共秩序、公共交往、公共观赏和网络文明这四个维度的指数低于2019年，公共卫生、公益服务、国际礼仪文明这三个维度的指数不仅高于2019年，还是历年来最高值。这三个维度指数的提高在很大程度上与2020年初暴发的新冠疫情有关，全市响应国家疫情防控要求，极其注重公共卫生行为。同时，疫情期间许多志愿服务队伍以及各行各界人士纷纷主动投入抗击疫情的志愿服务中，公益服务行为也普遍增多。同时也看到，杭州市对内团结一致，尤其是疫情期间政府及社会各界的团结互助表现，使市民更能深刻体会这座城市的魅力，产生更为浓厚的归属感；对外则表现为开放包容，市民有较多机会直接或间接接触各类外国文化，并对这些文化有一定的客观认识，在此基础上便更能接纳和尊重外国人。各个维度及具体指标的变动与变动原因将在后面第二部分进行具体且详细的探讨。

表5　2014~2020年公共文明各维度指数及综合指数

	2014年	2015年	2016年	2017年	2018年	2019年	2020年
公共卫生	80.78	82.98	82.87	83.88	83.99	83.16	84.38
公共秩序	85.31	83.74	84.97	84.90	85.01	87.18	83.35
公共交往	86.54	85.52	85.87	86.29	86.08	86.74	86.18
公共观赏	85.88	86.09	86.30	86.82	86.43	88.57	86.16
公益服务	77.32	79.50	81.98	79.92	80.75	74.49	84.71
网络文明	85.96	84.38	84.93	85.04	84.89	88.73	80.83
国际礼仪文明		84.43	85.32	85.42	85.16	84.40	87.69
综合指数	83.63	84.06	84.63	84.65	84.67	84.75	84.76

（二）具体指标

公共文明七个维度下共32个指标，这些指标所涵盖的公共行为是从公共文明的各个层次全面细致地考察和评价杭州市民公共文明行为的表现及特点，共同构成了一个完整的公共文明测评体系。

1. 公共卫生

城市公共环境卫生是公共文明最直接的体现，是城市的“面子”。随着生活水平的大幅提升，人们对环境卫生干净整洁的要求也逐渐提高。2020 年初，突如其来的新冠疫情席卷整个中国，全国人民都根据防疫要求佩戴口罩，注重个人卫生，注意病情的防范。经过严格的管控，如今人们的正常生活得以恢复，但是病毒未完全消失，公共卫生仍是疫情防控不可忽视的问题。

2020 年杭州市民在公共卫生方面的测评指数为 84.38。从图 3 可见，调查对象对公共卫生文明行为的总体评价指数为 85.60，其他五个具体指标按指数从高到低分别是："维护公共场所干净、整洁"（85.93）、"垃圾分类投放"（83.53）、"不随地吐痰"（83.43）、"在公共场所咳嗽、打喷嚏时遮掩口鼻"（83.16）、"自觉遵守公共场所有关吸烟的规定"（82.59）。

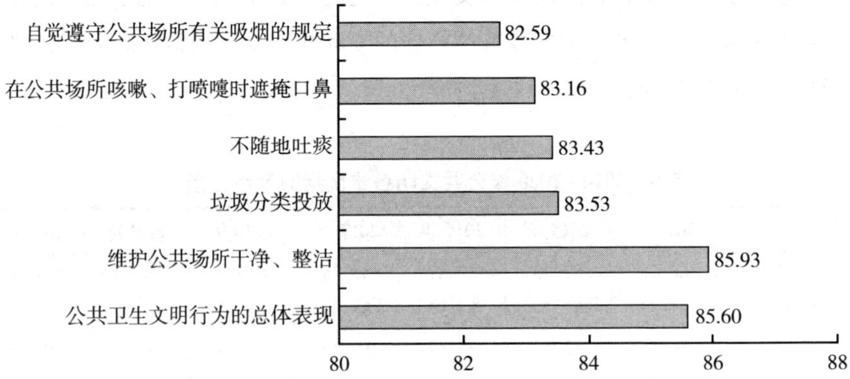

图 3　2020 年公共卫生三级指标值

"维护公共场所干净、整洁"是公共卫生文明行为测评中指数最高的一项，杭州市民对此的满意度达 92.7%。这一结果的产生可能与杭州市政府从正、反两面激励市民维护公共场所的干净和整洁有关。一方面，杭州市各大公共场所都设有相应的政府部门进行管制，会有专门人员针对违反规定的人员采取强制惩罚措施，这对市民起到警示作用，告诫人们不应该做什么；另一方面，杭州市各社区都会开展公共卫生知识讲座，各单位也都设有公共卫生知识基础培训课程，因此市民的整体素质不断提高，这对市民起到教导作用，引导人们应该做什么。同时，随着社会、社区建设不断完善，杭州大多数公共场所的公共设施越来越先进、越来越人性化，当市民在这些公共场所时会下意识地不忍破坏其状态而去维护其干净、整洁。

“垃圾分类投放”测评指数（83.53）相比往年有了显著的提高，为七年来最高值。从2014年到2019年，只有2018年的指数高于80，其余年份均为70多。市民对杭州市垃圾分类投放的满意度评价中，87.2%的杭州市民认为“很好”和“好”。杭州市作为生态文明之都，对垃圾分类十分重视。2015年，杭州市出台《杭州市生活垃圾管理条例》，2019年，杭州市人大常委会对该条例做出修改。新修订的条例，加大了对垃圾分类不规范的处罚力度，并且对垃圾如何分类有了更细致的规定，取得了更有效的结果。通过观察可见，街道确实在垃圾分类实施过程中严格按照要求规范执行，相关部门会不定期对社区垃圾分类情况进行检查，各个社区也都通过各种方式大力宣传垃圾分类。虽然垃圾分类投放有了一定成效，但是有5%的市民认为垃圾分类做得差甚至很差，在具体执行过程中出现居民的垃圾分类积极性不足、垃圾分类知识缺乏等问题。垃圾分类投放的有效实施需要政府长期投入并对市民进行潜移默化的教育。

“在公共场所咳嗽、打喷嚏时遮掩口鼻”“不随地吐痰”这两项指标的测评指数相对较低，并且相对于往年都有所下降。这一结果的产生与全国新冠疫情的暴发有着密不可分的联系。在公共场所咳嗽、打喷嚏时不遮掩口鼻以及随地吐痰本就是一种不文明的现象，是对他人不礼貌的行为，也是病毒、细菌传播的一条重要途径。《杭州市文明行为促进条例》明确指出“不随地吐痰”的行为规范，自条例施行以来，随地吐痰的现象逐渐减少，但本项得分仍不是很高，可能有三个原因。一是改变多年习惯较为困难，对许多人来说，随地吐痰可能是从小到大的习惯，改变这种经年的习惯尤为困难。二是监管困难，随地吐痰目标小、范围广而监管人员又少，极易造成市民的侥幸心理。三是在2020年新冠疫情发生后，在公共场所咳嗽、打喷嚏、随地吐痰还可能导致新冠病毒的传播，这使得市民对在公共场所咳嗽、打喷嚏等更加敏感。虽然杭州疫情得到有效控制，许多人脱下了口罩，但是疫情还没完全得到抑制，因此咳嗽、打喷嚏、随地吐痰等不文明卫生行为还存在风险，如何规范市民的日常举止，使其注重自身行为，这需要政府部门和社区自上而下的宣传和引导。

“自觉遵守公共场所有关吸烟的规定”是五项具体指标中得分最低的一项。2010年3月1日杭州市实施《杭州市公共场所控制吸烟条例》，2019年最新修订的条例开始实施，规定禁止吸烟场所不仅禁止点燃烟草制品和吸传统卷烟，还禁止吸电子烟。随着人们的文化程度和素质的提高，在禁止吸烟场所吸烟的人明显减少，但是由于对在公共场所吸烟的处罚力度不够大、处罚态度不够强硬，还是有部分人对禁止吸烟的标志视而不见，公然吸烟，不顾及周围其他人的感受。

2. 公共秩序

公共秩序关乎社会正常运转，是一个地区公共文明的重要表现。2020 年，突如其来的新冠疫情，让全国各地的人都戴上了口罩。新型冠状病毒感染除了对生活产生巨大影响以外，也让人们更加关注公共秩序。无论是乘坐公共交通工具时自觉排队、骑电动车时佩戴头盔、共享单车有序使用和停放、汽车礼让行人以及跳广场舞时不噪音扰民，还是疫情下人们遵守秩序居家不聚集，都是一个地区人们公共文明程度的体现。在疫情中，不同于西方世界的反戴口罩游行聚集、打砸抢烧等行为，中国 14 亿人民在本该隆重地过春节时，居家隔离不串门不聚集，主动报名志愿者为人民服务、参与公共秩序的维护，最终控制住了新冠疫情，中国人民在疫情中对社会秩序的遵守无疑体现了极高的公共文明程度。

2020 年杭州市民在公共秩序方面的测评指数为 83. 35。从图 4 可知，调查对象对杭州市民公共秩序文明行为的总体评价指数为 84. 95，其余五项指标按照测评指数从高到低分别是："汽车礼让行人"（88. 49）、"乘坐公共交通工具时自觉排队"（85. 62）、"骑电动车时佩戴头盔"（80. 83）、"跳广场舞时不噪音扰民"（80. 03）、"共享单车有序使用和停放"（77. 48）。

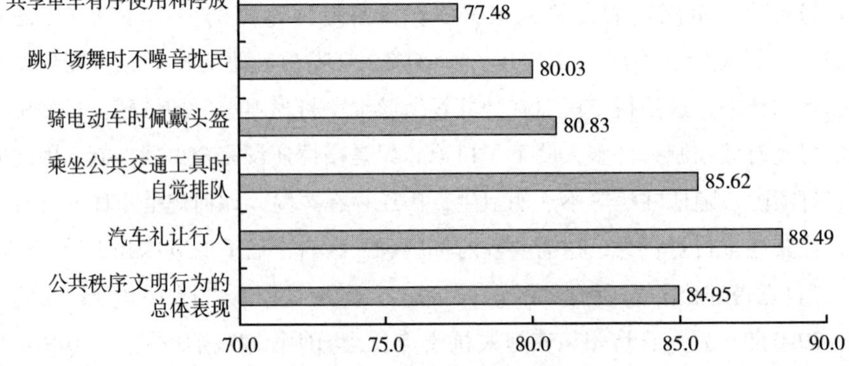

图 4　2020 年公共秩序三级指标值

“汽车礼让行人”是公共秩序文明行为几个指标值中最高的一项。斑马线前让行不仅体现了一座城市的“人情味”和“幸福感”，还展示了城市的文明程度。调查中人们对“汽车礼让行人”的评价中“好”与“很好”两项评价占93.6%，这足以说明杭州市汽车礼让行人现象得到高度认可。除了车辆在斑马线前停下来主动礼让行人，从2018年开始，杭州公交集团还倡导行人快走致敬点赞，“1·11斑马线互敬日”主题公益活动，至今已走过了三个年头，如今，这一活动覆盖范围从杭州市升级为浙江省。

“乘坐公共交通工具时自觉排队”测评指数历年来都比较高。排队，是我们在社会生活中所表现的一种行为秩序，虽然只是一个小小的举动，却体现一个人的秩序观念和公民意识。早在2016年，每月的1日和11日，就被定为杭州公交排队上车宣传日，志愿者们会和杭州公交集团的工作人员一起，到公交站点进行文明乘车劝导。从这之后，有序排队渐渐刻进了杭州人的骨子里。现在总会有外地游客对这一现象赞不绝口，这不仅是对社会秩序治理做出贡献，还有助于改善城市面貌，也是高素质的体现。但是乘坐地铁时还是有很多人没能做到自觉排队，特别是上下班高峰期，这是因为杭州地铁的客流量过大，地铁的座位较为有限，更多的人只能站着，因此很多人为了抢占座位还是不能做到自觉排队。

“骑电动车时佩戴头盔”的测评指数为80.83。在道路交通事故中，头部是骑行人致死损伤概率最高的部位。2020年4月公安部提出“一盔一戴”，并于6月1日开始查究骑电动车不戴头盔行为。事实上，从2019年开始，浙江省就重拳整治电动自行车交通违法行为，对驾驶人和乘坐儿童不戴头盔等违法行为予以严惩。而杭州作为浙江省的省会城市也同样着手整治电动车骑行的违规行为。从数据来看，人们对“骑电动车时佩戴头盔”的评价还不错，说明查究骑行戴头盔的推行效果很有效。

“跳广场舞时不噪音扰民”的测评指数相对较低，调查对象对于广场舞噪音扰民有些不满意。广场舞作为一种老少皆宜、简单易学的舞蹈迅速在全国范围内普及开来。但随着广场舞的发展，一系列的问题也凸显出来。其中最突出的是噪音问题。产生这个问题有很多原因，其中重要的原因是没有专门的广场舞场地，这导致跳广场舞者见缝插针地在一些商业广场、小区空地甚至街边进行活动。而不少广场舞爱好者没有控制好播放音量，造成噪声污染，大大影响了周边居民的生活。责任主体和责任部门制度不完善使很多居民碰到广场舞扰民时，不知上哪投诉解决问题，因此调查对象对本项指标评价不高。2019 年 5 月《广东省全民健身条例》要求健身活动不得侵害他人合法权益，影响他人的正常工作和生活，不能任由噪声影响他人。因此尽早地出台相应的管理条例是杭州市政府比较有效彻底地解决广场舞噪音扰民问题的途径。

"共享单车有序使用和停放"是公共秩序中评价最低的一项。共享单车虽为市民的绿色出行提供了方便之处，但乱停乱放行为已经严重影响了道路整洁和市容，不利于公共秩序的维护，也会对公共文明评价产生负面影响。杭州市从 2017 年就开始着手整治共享单车的停放乱象问题，包括《关于做好人行道非机动车泊位施划的工作方案》《杭州互联网租赁自行车管理办法》《杭州市促进互联网租赁自行车规范发展的指导意见（试行）》等政策的施行，杭州交警部门、城管部门的监管，全市范围内的环卫工人、志愿者，以及共享单车相关公司的工作人员的共同努力，使共享单车乱停乱放现象得到了很大的改善，但仍存在一些亟待解决的问题。

3. 公共交往

友善的公共交往体现了一座城市的温情和魅力。随着杭州经济社会的发展，人们的公共交往日益频繁。事实上，公共交往存在于城市的各个角落，只要有人的地方，就会有互动，就有公共交往，公共交往行为同时也在公共秩序行为、公益服务行为、网络文明行为、公共观赏行为、国际礼仪文明行为等当中有所体现。2020 年，杭州再次荣获"中国最具幸福感城市"称号，成为全国唯一一座连续 14 年获此殊荣的城市。

2020 年杭州市民在公共交往方面的测评指数为 86. 18。从图 5 可见，调查对象对杭州市民公共交往文明行为的总体评价指数为 86. 80，其余四项具体的公共交往文明行为指标按照测评指数从高到低分别是："给老弱病残孕等让座"（86. 58）、"尊重和善待环卫工人等服务行业人员"（85. 89）、"邻里和睦，守望相助"（85. 79）、"友善对待外来人员"（85. 12）。

这一结果表明杭州市民的公共交往素质水平总体较高。对老弱病残孕、邻里、服务行业人员等各类人群的包容度较高。尊老爱幼、文明礼让是我国传统美德，在我们的日常生活中无处不在地进行宣传，人们潜移默化地接受了社会

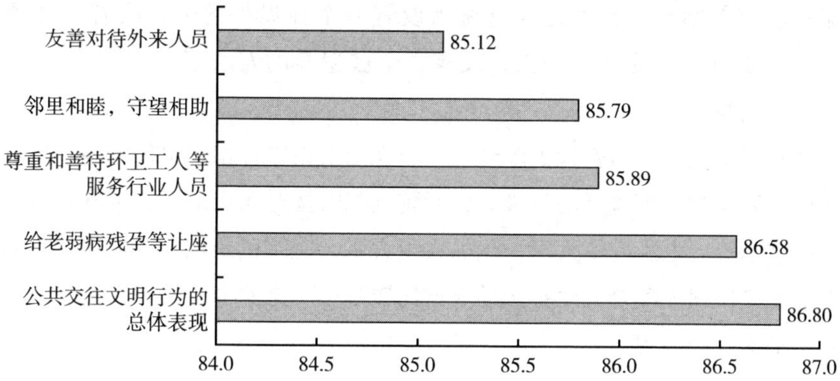

图 5　2020 年公共交往三级指标值

针对这一行为给予的道德高度。杭州是一座拥有文化底蕴的城市，在传统美德的宣传和发扬上都是居于前列的。

“尊重和善待环卫工人等服务行业人员”这项指标历年来评价都比较高，这与杭州对基层劳动者的尊重和关怀息息相关。自 2017 年起，杭州市总工会依托职工服务中心、新杭州人文化家园、环卫工人休息点和城管爱心点等阵地资源，因地制宜为环卫工人、快递员、道路停车收费员、交通协辅警等户外劳动者设立“爱心驿家”。经过三年多的建设，目前杭州有了 263 家“爱心驿家”，其中配备了空调、电扇、冰箱、微波炉、饮水机、药箱、书架等设施设备，已成为展示杭州城市文明和人文关怀的一道亮丽风景，也是这座城市的温度和温情所在。

“友善对待外来人员”测评指数在公共交往文明行为测评指数中最低。杭州部分本地市民或多或少会有一种作为“本地人”的骄傲，对某些类型的外来人口存有偏见，虽然他们能做到包容和平对待外来人口，但是在归咎某些不好的事情时还是会下意识先牵扯到这部分外来人口身上。事实上，综合往年这项指标测评指数来看，杭州市民对外来人口的接纳程度越来越高。在杭州，厨师出身的程序员入选全球 35 位 35 岁以下青年科技创新人才，90 后快递小哥被评为高层次人才获得百万购房补贴……足见杭州这座城市拥有“英雄不问出处、人人皆可成才”的宽广胸怀。作为“最美现象”的发源地，杭州坚持把更多善意与温暖体现在城市的每个场景、每个流程、每个细节，努力让这座城市没有一个在局外的人、没有一个掉了队的人、没有一个受冷落的人、没有一个被遗弃的人。

4. 公共观赏

公共观赏包括在需安检处配合安检、在图书馆影院剧院保持安静、观看演出或比赛后及时清理自己的垃圾、去影院剧院时按时入场退场、观赏时适当给予掌声鼓励等。电影院里大声讨论的人少有了，剧院里违规录影摄像的人逐渐消失，安检口积极配合有序排队的人比比皆是……这些都是杭州市民公共观赏文明水平提升的表现。

2020 年杭州市民在公共观赏方面的测评指数为 86. 16。从图 6 可知，在公共观赏方面，公共观赏文明行为指标的指数均在 85 分以上，这些不仅表明杭州市民在公共观赏的基本要求方面已经达成了文明共识并积极实践，还意味着市民正在很快地提升自己的公共观赏文明素养。调查对象对杭州市民公共观赏文明行为的总体评价指数为 86. 90，其余三项具体指标按指数从高到低排序分别是：“在博物馆、体育馆等文化体育场馆遵守观赏礼仪，服从现场管理”（86. 83）、“在图书馆、影剧院等场所不大声喧哗”（85. 33）、“爱护公共场馆设施、展品，遵守关于拍照、录音、录像的规定”（85. 14）。

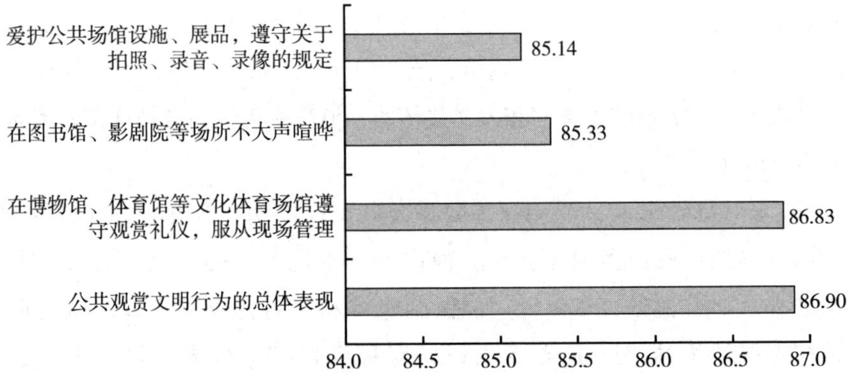

图 6　2020 年公共观赏三级指标值

可见，杭州市民在公共场所遵守观赏礼仪几乎达成社会共识，这是长期以来社会各界人士不断提倡、不断宣传、不断敦促的结果。随着市民经济水平不断提高，越来越多的人选择参与到公共观赏活动中，这也使得市民能更直观地了解在公共观赏时应注意的事项。现如今，随着公共场馆电子监控设备不断完善，场馆内人们的行为很容易被捕捉到，某些不文明行为也会被放到网络上当作反面教材，许多人在这种警示作用下会约束自己在观赏时的行为。

5. 公益服务

近年来，杭州市积极建设文明城市，提升城市整体文明程度，加强公益建设和倡导良好的社会风尚。根据志愿汇平台的统计数据，截至 2020 年，杭州市共有注册志愿者 3135863 名，并且逐月增长，生活中志愿者的身影也随处可见。志愿者人数不断增长，志愿服务领域不断扩展，小到小区垃圾分类活动，大到杭州马拉松、亚运会等国际赛事，都需要志愿者的参与和支持。2020 年，面对突如其来的新冠疫情，全国人民展现出了前所未有的团结。杭州市民在公益服务方面，捐款、捐物、参与志愿活动……每一位平凡的市民都在疫情中传递着爱心。

2020 年杭州市民在公益服务方面的测评指数为 84.71，为历年来最高。从图 7 可知，调查对象对杭州市民公益服务文明行为的总体评价指数为 85.69，其余三项指标按照测评指数从高到低排序分别是："参加志愿服务活动"（85.45）、"参加捐款捐物"（84.20）、"参加献血"（82.90）。公益服务测评指数的提升，可能与杭州市将数字赋能引入志愿服务参与有关。杭州的公益活动在形式上紧跟时代的发展，现在很多公益组织有线上网站，组织一些线上公益活动，让市民可以足不出户就参加公益活动，并且杭州现在致力于开展"互联网+"公益模式。2019 年杭州市以拱墅区为试点，以人人参与文明实践为建设目标，以数字赋能推进文明实践的深化拓展，创新推出全国首个区域新时代文明实践中心数字服务平台——"文明帮帮码"。该平台基于支付宝生态链，市民通过支付宝可便捷、实名认证成为文明实践志愿者，根据文明服务时长生成三色荣誉文明码，精准对接供给需求，建立点单、派单、评单闭环，并赋予志愿者购买保险、兑换积分、领取福利等权益，建立了以党员干部为核心、以基层群众为主体、各方人员共同参与的志愿服务队伍，实现"处处讲文明，随手做志愿"。

从公益服务三项指标中可以看出"参加志愿服务活动"测评指数在公益服务文明行为测评指数中最高。新冠疫情防控期间，杭州市民纷纷主动投入疫

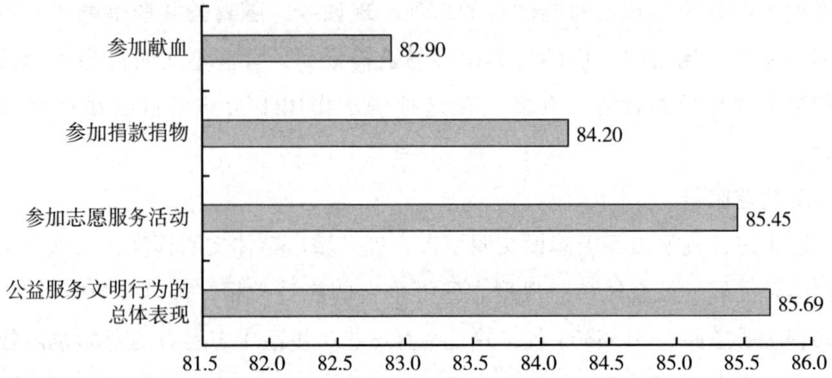

图7　2020年公益服务三级指标值

情防控志愿服务和捐款捐物中，用行动助力一线抗疫。在城市的大街小巷，总有红色的身影逆行于人群之中。以桐庐为例，从疫情防控开始至2020年2月22日，累计三万人次志愿者投身于桐庐县新时代文明实践中心以及各个实践站、实践所组织的卡点值守、社区服务、疫情宣传、人员转运等抗疫战斗中去，服务时长达到了10万小时，是桐庐疫情防控的重要力量。杭州市民对公益服务的热情与社区、单位宣传引导杭州市民增强公益服务意识有关。很多单位，包括学校会要求学生参与社会服务从而获取学分或者奖励，更有甚者是对不参加公益服务人员进行显性或隐性惩罚，久而久之，公益服务成为一件与生活息息相关的事。

“参加捐款捐物”的指标值也较高。在疫情防控中，杭州市大到企业，小到个人，捐款捐物，充分发扬“一方有难，八方支援”的互助精神，想方设法筹集防疫物资和捐赠资金。同时，为了鼓励和支持社会各界为疫情防控献爱心，财政部、国家税务总局等部门联合发文推出捐赠减免税优惠政策，这一举措也让杭州市民捐款捐物的热情更加高涨。

“参加献血”测评指数在公益服务文明行为测评指数中最低。事实上，2019年，杭州市先后出台了“三免”等一系列的鼓励政策，不断提升无偿献血者的获得感和荣誉感，而市民也积极响应政策，越来越多的人主动加入献血队伍中。据了解，全市参与无偿献血人次从2012年的15.4万人次上升至2020年的19.4万人次，增长率为26.0%。2021年1月初，杭州市荣获

2018～2019 年度“全国无偿献血先进市”荣誉称号，这是杭州市连续第九次获此殊荣，另外杭州市还有 7230 名献血者被授予 2018～2019 年度“全国无偿献血奉献奖”。

6. 网络文明

网络文明是人类网络社会生活的进步状态，其功能和目的在于向网络主体提供一套文明的网络行为模式、方向和标准，建构一个合理有序的网络社会秩序。《中国互联网络发展状况统计报告》显示，截至 2020 年 6 月，我国网民规模达 9.40 亿人，互联网普及率达 67%。随着网络技术的发展和覆盖面的扩大，网络成为现代人们日常生活的必需品，以互联网为代表的新兴媒体，已经成为各种社会思潮、各种利益诉求的集散地，成为社会舆论的放大器。党的十九届五中全会审议通过《中共中央关于制定国民经济和社会发展第十四个五年规划和二〇三五年远景目标的建议》，首次明确提出“加强网络文明建设”。建设具有中国特色的网络文明，无疑是我们面临的重要任务。

2020 年杭州市民在网络文明方面的测评指数为 80.83。从图 8 可见，“不在网上肆意谩骂、发表有害言论”（80.30）、“不听信流言蜚语、在网上传播虚假信息”（80.25）以及调查对象对杭州市民网络文明行为的总体评价（81.86）这三项指标测评指数都较低。在虚拟的网络情境中，网民是以匿名的身份发表言论的，在现实生活中本该遵守的规范和约束可能会大大减弱，责任意识和法律意识大大降低，所以就容易出现网络暴力、在网上传播虚假信息等不文明行为。随着科技的发展，网络越来越发达，信息的传播越来越快速且影响力越来越广泛，网友们可以随时随地吃到远在千里外的“瓜”，并可以对此随意地发出自己的评价，在虚拟的网络世界里，他们认为可以不用对自己的评论负责。但他们没有意识到，网络并非法外之地，他们的一言一语会对当事人造成或好或坏的影响，对他人造成伤害的言语也是会受到惩罚的。

网络文明具有虚拟性，虚拟的网络文明主体隐藏在屏幕的背后，以符号的形式发展与他人的社会关系。例如手机游戏王者荣耀，一个服务器可作为一个虚拟社区，每个人在虚拟社区里可以自由发言、选择自己想要扮演的游戏人物。由于人物和昵称的虚拟性，玩家常常因为游戏操作而引发骂战。在虚拟世

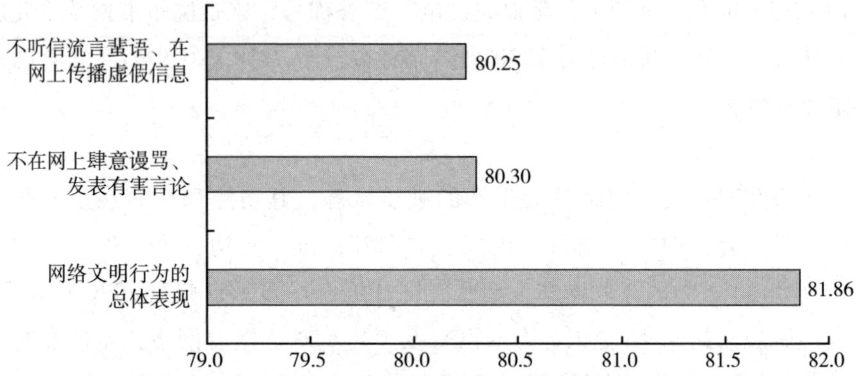

图 8　2020 年网络文明三级指标值

界里，人们可以随时随地地发布动态、点赞评论，这种便利也滋生了网络乱象。各类低俗网络文化的产生，网络诈骗的频发，网络谣言的肆意传播和个人信息的泄露，使网络治理变得更加迫切且困难。而杭州作为一个科技、互联网产业发达的智慧城市，生活中每时每刻都在利用着网络的便捷，如健康码、支付宝、网课等，要想持续发展智慧城市，就需要市民遵守网络秩序，营造良好的网络环境。

7. 国际礼仪文明

城市国际化是杭州在“十三五”时期的首位战略。G20 峰会让杭州这座城市惊艳了全世界，打开了杭州面向世界的大窗口，亚运会也将于 2022 年在杭州举办，杭州的国际化程度越来越高。在 2020 杭州国际人才交流与项目合作大会开幕式上，重磅发布了 2019 年“魅力中国——外籍人才眼中最具吸引力的中国城市”，杭州入选，并连续 10 年入选外籍人才眼中最具吸引力的中国城市 TOP10，和上海、北京、深圳共同成为连续 10 年入选“外籍人才眼中最具吸引力的中国城市”十强的四大城市！就国际礼仪文明而言，能否在外国人面前维护杭州及国家的形象与声誉，能否热情友善对待外国人并为其提供力所能及的服务与帮助，是否尊重外国人的生活习惯是几项重要的测量指标，本次测评主要就从这几个方面展开。

2020 年杭州市民在国际礼仪文明方面的测评指数为 87. 69。从图 9 可见，调查对象对杭州市民国际礼仪文明行为的总体评价指数为 87. 91，其余 3 项具体指标按照指数从高到低排序分别是：“在外国人面前，能自觉维护杭州及国

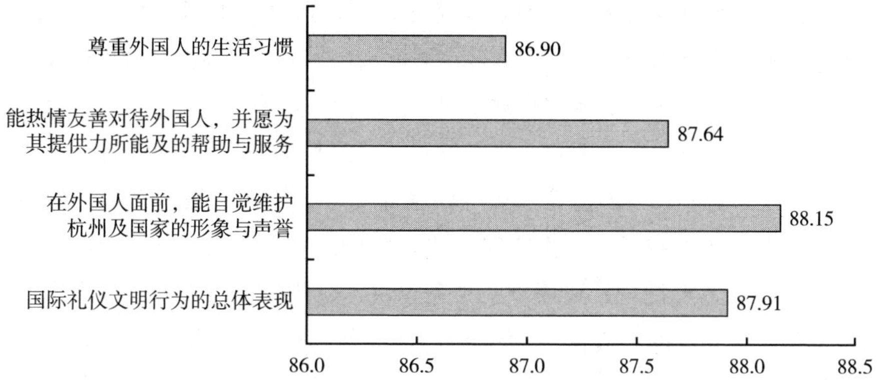

图 9　2020 年国际礼仪文明三级指标值

家的形象与声誉”（88.15）、“能热情友善对待外国人，并愿为其提供力所能及的帮助与服务”（87.64）、“尊重外国人的生活习惯”（86.90）。

国际礼仪文明维度下各项指标的测评指数都较高。“在外国人面前，能自觉维护杭州及国家的形象与声誉”“能热情友善对待外国人，并愿为其提供力所能及的帮助与服务”“尊重外国人的生活习惯”两次指标的测评指数位列最高。杭州是一个大城市，有更多的机会让生活于此的人为自己的理想奋斗，有较大实现梦想的可能性，马斯洛指出需求的最高层次是自我实现，因此人们对杭州有一种较强的归属感，在他人尤其是外国人面前能自觉维护杭州的形象。同时，随着国际化的不断发展，杭州市民有更多的机会去接触和了解外国朋友，可以逐渐了解他们的文化习俗和生活习惯。杭州市民受教育程度逐渐提高，去国外留学、旅游的人越来越多，这也进一步促进杭州市民去了解外国文化。基于此，在了解他人文化习俗和生活习惯后，人们与外国人交流时会下意识地照顾到对方的感受，这样就与对方有了一个良好的互动，长此以往，杭州市民与外国人之间的包容度逐渐提高。

四　对策与建议

（一）依托城市大脑，形成“城市大脑+网格员”基层治理机制

城市大脑是杭州首创的社会治理利器，可以有效提高居民生产生活中

“关键小事”及时处置能力，前置应对方案，做到“小事不上交”。近年来，杭州市做优、做强新时代文明实践数字服务平台，高效赋能文明城市建设、现代化城市治理，实现了文明实践数字化、便捷化、具体化、日常化，打通了宣传群众、教育群众、关心群众、服务群众的“最后一公里”。对于社区、街道环境卫生、市容整洁等城市公共服务快消品而言，依托“城市大脑”数字驾驶舱协同基层治理四平台，构建完整的“问题发现—问题提交—问题核查—处置派单—处置反馈—处置评价”链条，快速、便捷、高效地处理环卫、市容、养狗、噪音投诉等基层“关键小事”，落实《杭州市文明行为促进条例》，培养居民环卫、护绿、文明养犬、文明处理纠纷等文明习惯，具有很强的现实促进作用。特别是完善街道城市大脑和基础网格员，组成“城市大脑+网格员”的线上线下互动治理的模式，既发挥了“网格员”人头熟、地头熟的优势，也充分展现了“城市大脑”的实时可控、精准高效。两者的结合，能充分发挥数字赋能基层作用，实现“数智+人治”协同服务、精准服务、联动服务最终到文明服务、人人向善、处处文明的新风尚。

（二）强化法律规范，完善文明出行的杭州特色

“车让人”是杭州在全国境内城市中很有特色的文明金字招牌。自2007年以来逐步形成公交车带头示范、斑马线电子警察督导、媒体舆论深度倡导、私家车自愿跟进的文明出行风尚，被国内媒体广泛报道称赞，然而我们还是应该看到文明出行中有不和谐音符，如果不借鉴国外发达国家做法，这种不和谐音符很易引发“破窗效应”，使“车让人”的出行文明毁于一旦。目前关键是依照《杭州市文明行为促进条例》，加大对违法出行行为的惩戒力度，特别是扩充柔性惩戒的方式，比如街头执勤一小时、加入文明出行劝导、文明条例现场抄录等，提高“违法成本”，以技术手段加大对非主城区非文明出行车辆的曝光力度，使惩戒精准传达。对于非机动车辆及行人，完善地铁出行、电动自行车出行，针对网络单车出台针对性文明规范或者公约，细化文明出行指导守则，发动志愿者加强规范或者公约的告知、劝导，鼓励市民自愿承诺遵守相关文明出行规则，对于拒不遵守者，以单位通报、诚信惩戒的方式筑牢“成本壁垒”，通过管理手段建立规范，逐渐普及，久久为功，变成一种文明社会现象，巩固和完善杭州特色的文明出行行为。

（三）头部社交媒体带动，打造在线的文明你我联盟

立足信息社会时代社交在线的特点，以政府购买服务的方式，促进腾讯、阿里、抖音等头部社交媒体组成“在线文明联盟”，利用头部社交媒体的覆盖面广、黏合性强、活跃度高、传播廉价等优势，发动“文明行为在线+”等行动，以小游戏、短视频、优段子等方式，融合公共观赏、公益服务、网络文明、国际礼仪文明等多种文明行为指标，长期在线开展相关“游戏活动”，以诚信分、公益奖章（电子）、文明鲜花（电子）等电子奖品方式，奖励、引导市民在线对各种文明行为、文明短板、文明现象加强参与、反馈、监督。鼓励各种公益社会组织发起大型的线下文明颁奖礼活动，邀请公益达人、青年偶像、各界有影响力号召力的社会贤达代言“在线文明联盟”，加强媒体宣传，营造氛围，带动文明自觉行为渐成习惯，渐成风尚。鼓励企业激活文明价值，开发相关产品，激活文明资产。

（四）坚持问题导向，补齐城市文明建设短板

习近平总书记强调，坚持问题导向，坚持底线思维，把问题作为研究制定政策的起点，把工作的着力点放在解决最突出的矛盾和问题上。① 以问题为导向，是一种工作态度、工作方法，更是一种忧患意识、责任担当。这也是公共文明指数测评工作的主要目的，通过量化分析杭州市民公共行为的文明状况，精准查找城市公共文明建设领域的短板，找准差距，紧盯重点领域，提升城市公共文明治理能力和治理水平。

从本次公共文明指数测评结果以及一些访谈和观测来看，网络文明指数低于2019年，为历年来最低值。网络虚假信息散布与传播、网络欺诈、网络暴力等不文明现象逐渐显现。除了这些，市民普遍认为“跳广场舞时不噪音扰民”“骑电动车时佩戴头盔”“不随地吐痰”“在公共场所咳嗽、打喷嚏时遮掩口鼻”等现象是评价相对较低的公共文明行为。这些问题，既有公共卫生方面的问题，也有公共秩序方面的问题，既有短期的也有长期的，既有表现不

---

① 国防大学习近平新时代中国特色社会主义思想研究中心：《坚持问题导向》，《求是》2018年5月31日。

佳的也有最需要改善的，将给杭州市公共文明建设带来一些挑战。建议根据2020年公共文明指数测评结果，以及历年公共文明指数测评比较结果，对公共文明建设中存在的问题做出划分，针对不同类型的问题，分类施策。拟将这些突出问题划分为短期提升快的问题、顽固性问题、新兴或逐渐显现的问题。针对短期提升快的问题，比如，公共观赏方面的不文明现象，继续保持既有政策措施的实施。针对顽固性问题，比如公共卫生方面的不文明行为，认识到它们的复杂性和反复性，重点整改，评估现有措施的成效，创新举措。针对新兴或逐渐显现的问题，如网络空间中的行为失范问题等，一方面，应当予以重视，并采取相应的措施进行引导，杜绝这些不文明现象的扩散；另一方面，强化对一些城市管理问题可能转化为不文明行为的预见和防范。

（五）加强传统经典文化教育，培育青少年公共文明意识

回溯中国五千年光辉而灿烂的历史，中华文明从未间断，我们有着“礼、义、廉、耻”“温、良、恭、俭、让”的传统美德，也有着“程门立雪”“孔融让梨”“岳飞问路”等丰富的精神养分。以《论语》为代表的“四书”是历经中华民族几千年选择而确定的传统经典，建构了民族价值观、人生观、世界观。与世界上其他优秀经典一样，这些传统经典文化照亮和指引着人立于天地间，塑造着青年的家国情怀和公共文明精神。习近平总书记在2014年中共中央政治局第十三次集体学习时强调，“培育和弘扬社会主义核心价值观必须立足中华优秀传统文化”，认为对待中华传统文化应“有鉴别地加以对待，有扬弃地予以继承”，使之成为“涵养社会主义核心价值观的重要源泉”。习近平总书记的重要论述为我们弘扬传统经典文化与培养青少年公共文明精神指明了方向。

鉴于此，提出如下建议。一是重新订正蒙学经典教材。重视《弟子规》《千字文》《增广贤文》《幼学琼林》等传统经典蒙学读物的启蒙作用，结合新时代价值观和社会文明加以修订，“古今结合”“旧瓶装新酒”。既重视其容易诵读、押韵上口、便于记忆、内容广博等启蒙作用，又剔除其鬼神迷信等落后糟粕，给予青少年接触优秀传统文化良好的初心印象。二是“四书”初高中学堂。增加初中高中语文课本中，《论语》《大学》《中庸》《孟子》等传统经典中脍炙人口的语段、经典故事以及便于古为今用的句段选读，注释，讲

解。配以相关课外阅读引申，结合中学生三观培养和阅读精神需求，增加传统文化兴趣小组课外辅导和组织，把传统文化与当代精神及思想品德教育相结合。培养中学生对传统经典的兴趣，增强其对传统文化的自信。

杭州应以新时代为契机，按照新目标新任务新要求，既根植杭州历史文化积淀，基于现阶段发展实际，又紧跟时代、引领未来，突出城市精神，进一步将传统经典文化教育贯穿于公共文明的宣传教育、文明制度机制、文明活动、文明实践等各个环节，更加彰显杭州道德高地与文明高地形象，让杭州的城市精神全面转化为青少年的精神气质和文明素养。

2020年节约粮食现场观测报告

一 引言

“民以食为天”，自古粮食就是人类生存不可或缺的一部分，节约粮食一直是每个人都应该重视的事情，也是公共文明行为中重要的一个环节。近年来，在物质极大丰富的过程中，食物浪费的情况却越来越严重，节约粮食的意识也越发淡薄，铺张浪费行为增多是对公共文明行为的一大挑战。中国科学院地理科学与资源研究所课题组 2013~2015 年的调查结果显示，我国餐饮食物浪费量为每年 1700 万~1800 万吨，相当于 3000 万~5000 万人一年的口粮。根据 2019 年发布的《中国城市餐饮食物浪费报告》，我国仅餐饮业餐桌的粮食浪费量每年就高达 1800 万吨，相当于 5000 万人一年的食物量，其中人均浪费量为 96 克每餐，浪费率高达 11.3%。党的十八大以来，习近平总书记一直高度重视粮食安全和提倡“厉行节约、反对浪费”的社会风尚，多次强调要制止餐饮浪费行为，切实培养节约习惯，并指出“餐饮浪费现象，触目惊心、令人痛心！”①。

为了响应养成节约粮食良好社会风气的号召以及推动杭州市公共文明建设的进程，杭州市社会科学院委托高校在读本科生组织了现场观测活动，35 名观测员于 2020 年 11 月 7~30 日在杭州城区的部分餐饮食品店共 16 个观测点进行了市民文明行为表现情况现场观测，观测时间主要是周末的午餐时间，观测内容是对餐饮店在场的顾客节约粮食情况进行观察记录。本报告主要围绕现场观测数据进行分析，对杭州市民节约粮食情况进行分析，从中发现存在的问题，并提出一系列解决方法，推动杭州市民节约粮食的公共文明意识的发展。

二 现场观测数据分析

观测员在付小姐在成都（下沙店）、肯德基（来福士广场店）、乾掌柜炭

---

① 习近平：《餐饮浪费现象，触目惊心、令人心痛》，《新京报》2020 年 8 月 11 日。

火蛙锅（来福士广场店）、永和豆浆（火车东站店）、鸭血粉丝汤（火车东站店）、3号食铺（文化广场店）、闪电厨房（文化广场店）、新白鹿（西湖文化广场店）、必胜客（下沙宝龙店）、老娘舅（文化广场店）、外婆家（西湖银泰店）、肯德基（杭州剧院店）、麦当劳（国大城市广场店）、钱江学院二期食堂、钱江学院美食广场、市民中心食堂等16个观测点对就餐消费者进行节约粮食情况的现场观测。观测时间从2020年11月7日一直持续到11月30日，观察主要是在午餐时间，基本集中在中午11：30~12：30。观察内容包括就餐桌数、是否吃完、剩余多少以及剩余打包情况。节约粮食观测情况如表1所示。

表1　节约粮食观测情况

单位：桌，%

序号	餐厅名称	全部吃完	剩余10%以内	剩余10%~20%	剩余20%~30%	剩余30%及以上	有剩余，但打包带走	总数
1	付小姐在成都（下沙店）	2 (5.56)	17 (47.22)	1 (2.78)	4 (11.11)	0 (0.00)	12 (33.33)	36 (100)
2	肯德基（来福士广场店）	13 (27.66)	11 (23.40)	6 (12.77)	6 (12.77)	4 (8.51)	7 (14.89)	47 (100)
3	乾掌柜炭火蛙锅（来福士广场店）	3 (37.50)	1 (12.50)	1 (12.50)	2 (25.00)	0 (0)	1 (12.50)	8 (100)
4	永和豆浆（火车东站店）	4 (44.44)	2 (22.22)	0 (0)	1 (11.11)	1 (11.11)	1 (11.11)	9 (100)
5	鸭血粉丝汤（火车东站店）	3 (23.08)	4 (30.77)	3 (23.08)	2 (15.38)	0 (0)	1 (7.69)	13 (100)
6	3号食铺（文化广场店）	10 (66.67)	4 (26.67)	0 (0)	0 (0)	1 (6.67)	0 (0)	15 (100)
7	闪电厨房（文化广场店）	13 (52.00)	4 (16.00)	2 (8.00)	2 (8.00)	3 (12.00)	1 (4.00)	25 (100)
8	新白鹿（西湖文化广场店）	1 (20.00)	1 (20.00)	2 (40.00)	0 (0)	0 (0)	1 (20.00)	5 (100)
9	必胜客（下沙宝龙店）	11 (78.57)	2 (14.29)	0 (0)	0 (0)	0 (0)	1 (7.14)	14 (100)
10	老娘舅（文化广场店）	4 (33.33)	3 (25.00)	4 (33.33)	1 (8.33)	0 (0)	0 (0)	12 (100)

续表

序号	餐厅名称	全部吃完	剩余10%以内	剩余10%~20%	剩余20%~30%	剩余30%及以上	有剩余,但打包带走	总数
11	外婆家（西湖银泰店）	11（2.50）	16（3.64）	8（1.82）	0（0）	0（0）	9（2.05）	44（100）
12	肯德基（杭州剧院店）	39（78.00）	7（14.00）	2（4.00）	1（2.00）	0（0）	1（2.00）	50（100）
13	麦当劳(国大城市广场店）	9（90.00）	0（0）	0（0）	1（10.00）	0（0）	0（0）	10（100）
14	钱江学院二期食堂	0（0）	3（30.00）	2（20.00）	4（40.00）	1（10.00）	0（0）	10（100）
15	钱江学院美食广场	9（7.09）	88（69.29）	22（17.32）	6（4.72）	2（1.57）	0（0）	127
16	市民中心食堂	248（64.42）	77（20.00）	31（8.05）	22（5.71）	7（1.82）	0（0）	385（100）
	合计	380（46.91）	240（29.63）	84（10.37）	52（6.42）	19（2.35）	35（4.32）	810（100）

从表1可见，16个观测点的总桌数为810桌，其中全部吃完的桌数最多，共380桌，占46.91%；接着是剩余10%以内的，共240桌，占29.63%；而后是剩余10%~20%的，占10.37%；剩余30%及以上的桌数最少，共19桌，占2.35%；有剩余，但打包带走的共35桌，占4.32%。

从现场观测的数据来看，仅不到一半桌数全部吃完，剩余20%及以上的占比达8.77%，存在较为明显的浪费行为，还需要进一步增强市民节约粮食意识。对于剩余的饭菜，选择打包的仅占4.32%，说明市民的节约意识不够，没有养成良好的节约粮食习惯，存在粮食浪费的情况。

具体到不同的餐厅来看，市民中心食堂的桌数最多，新白鹿（西湖文化广场店）的桌数最少，其中全部吃完占比最高的店是麦当劳（国大城市广场店），剩余10%以内占比最高的是钱江学院美食广场，剩余10%~20%占比最高的是新白鹿（西湖文化广场店），剩余20%~30%占比最高的是钱江学院二期食堂，剩余30%及以上占比最高的是闪电厨房（文化广场店），有剩余，但打包带走占比最高的是付小姐在成都（下沙店）。

各个餐饮店因总桌数、餐饮特色不一，面向的顾客群众有所不同，但其浪费情况也能反映出杭州市民在各种餐饮店的粮食浪费情况。之所以出现不同程度的浪费情况，可能与以下两个原因有关。

一是跟菜品种类和价格有关。以上观测的16个观测点涵盖了火锅料理、快餐速食、中餐西餐等多种菜品口味，总体来说西餐、速食的浪费情况少于中餐和快餐，这可能与西餐价格普遍高于中餐和快餐有关，价格的高低对顾客的浪费程度也有一定影响。速食的分量灵活，可以选择吃多少买多少，而快餐多为套餐的固定分量形式，在选择上也不如速食种类多。相对来说，受年轻人欢迎的餐饮店的浪费情况较各年龄群都喜爱的餐饮店严重，价格较为便宜的食堂、美食广场的浪费程度比其余价格略高的餐饮店严重。

二是节约意识不强。经济发展带来的物质生活极大丰富，已经基本解决了温饱问题，因此在餐饮选择上会往多方面发展，但受讲面子、攀比虚荣、铺张浪费等陋习影响，在点菜时会习惯性多点，生怕点少了受到异样的目光等。农业机械化生产导致粮食产量有了极大提升，城市居民对农事的陌生程度与日俱增，对农业、土地的敬畏程度大大降低，当代人的消费方式也存在一定问题，许多人对打包带走这一节约粮食的行为存在偏见，因此容易造成不必要的浪费行为，节约粮食的观念有待加强。

三　对策与建议

（一）鼓励餐饮店推出各种节约方式

现代中国的餐饮文化呈多元化发展，对出售不同菜品的店铺可以选择不同的节约方式，比如对光盘、主动提出打包的顾客在一定程度上有优惠和适当的打折，鼓励店家引导客人适量点餐，为客人提供公筷公勺、小份菜、半份菜，并主动提供打包服务，用实际行动践行节约粮食的传统美德。由相关部门对实行这些举措的店家进行税收优惠、政策奖励等，在增强顾客节约粮食意识的同时也能激发店家对节约粮食的积极性、主动性。

（二）对分量进行合理控制，增强灵活性

对可能发生的浪费采用预防的方式，针对不同的顾客需求，比如快餐套餐可以分为小份、中份、大份等不同分量，将食品分量分类，增加选择的余地，由顾客自主选择，养成吃多少买多少、不够可以再点的观念和习惯，减少浪费。在菜品的选择上增强灵活性，可以推出自由搭配菜品分量的服务，减少套餐的固定分量形式。尤其是在公共食堂里，对食物分量的灵活度要有所提升，以钱江学院二期食堂和钱江学院美食广场为例，食物浪费情况较为严重，这与打饭时分量控制不均有很大的关系。

（三）加大监督管理力度，加强立法，建立长效有序机制

加强有关部门的立法建设，从法律层面加强对粮食生产、收购、储存、运输、加工、消费等环节的管理，在促进粮食生产的同时加强节粮减损，推动餐饮消费、日常食物消费的基本行为准则的形成。推动建立政府主导、需求牵引、全民参与、社会协调推进的节粮减损新机制，强化监督检查，对铺张浪费的行为加大处罚力度，推动绿色低碳、科学健康的生活方式，建立长期有效的节约粮食机制，推动杭州市民在节约粮食方面的公共文明意识发展。

（四）积极宣传，加大节约文化培育力度

受传统文化影响，在教育方面缺乏对节约粮食的重视，要强化节约粮食的教育，从小养成节约粮食的好习惯，使节约粮食成为常态，倡导餐桌礼仪，强化理性消费的心理。可以在餐饮店内显眼的地方张贴宣传标语，通过互联网加大有关节约粮食的宣传力度，积极引导良好的饮食文化，减少攀比心理，宣传科学、健康饮食，鼓励市民对剩余食物打包，提升市民在节约粮食方面的道德修养，形成节约光荣、浪费可耻的社会风尚，推动形成节约型的消费方式和文化，促进杭州市公共文明的发展。

（五）推广建设“食物银行”减少食物浪费

为了反食物浪费和饥饿，国际上兴起了一种慈善公益组织——“食物银行”。“食物银行”是为经济有困难人士提供暂时性膳食支援的一种形

式，食物主要由团体及私人捐助，由连锁快餐店、酒店、超市、居民家庭捐赠熟食、干粮食品。“食物银行”不仅是援助经济困难人士的有益方式，还是促进垃圾减量的重要方式，国际上越来越多国家开始推行“食物银行”。如今欧美等发达经济体，已有200多家“食物银行”，很好地解决了食物浪费和慈善服务不足的社会问题。近年来，上海、广州、深圳、厦门等城市开始试水“食物银行”，其中有代表性的是上海。2014年绿洲公益就在上海率先发起了“食物银行”项目，并得到了中央财政支持。2015年3月，绿洲公益食物银行作为大陆唯一一家“食物银行”加入了全球食物银行网络。在两年多的时间内，该项目共募集食物200余吨，6万多人次因此受益。因此课题组提出以下三点建议。

一是出台食品捐赠条例，引导“食物银行”建设。联合民政、城管、公安、食品、商贸等职能部门，借鉴美国等发达国家和城市的食品捐赠法案，起草、提交人大制定《食品捐赠条例》《无偿施救者保护条例》，规定严禁可食用食物浪费，并免除捐赠企业因捐赠可能要承担的责任。只要不是因为严重疏忽或故意不当行为导致捐赠直接受益者伤亡，捐赠者以及接收捐赠、代管捐赠品的非营利机构都将免于民事或刑事责任。

二是开展反食物浪费活动，鼓励社会积极参与。由商贸、宣传、教育部门及餐饮行业协会发起“减少食物浪费、预防食物垃圾”等宣传、讨论活动，宣传普及食物垃圾危害知识，宣传食物损失、食物垃圾的减量作用。由民政部门牵头，联合行业、企业建构“食物银行”组织，公布“食物银行”捐赠点、捐赠方式，城管部门协助在商场、社区、街道等公共场地（所）设置食物受赠设备，提供捐赠便利。

三是鼓励激活民间组织，助推“食物银行”发展。“食物银行”的运行管理，涉及复杂的食品安全、城市管理、公益政策等多个政府职能部门的职责。需要相关政府部门充分发挥政府监管、指导作用，激活民间组织自发、积极主动的特点，联合民间公益组织、慈善组织、非营利组织协调处理“食物银行”组织问题、管理问题，最终形成居民自发、企业自愿、社会自觉的风气，构建公益援助与反食物浪费的新风尚，形成城市文明良性互动、自我循环的新气象。

2020年垃圾分类观测报告

一　引言

党的十九大报告中提出，大力度推进生态文明建设，全党全国贯彻绿色发展理念的自觉性和主动性显著增强，忽视生态环境保护的状况明显改变。随着生态文明首次进入五年规划，我国越来越重视环境保护，关注自然环境、生态环境已经成为部分人的基本认知。随着经济的不断发展、城市人口的日益增多、城市生产垃圾的逐年不断增加，社区的垃圾分类逐渐成为社会所关注的话题。作为城市公共环境卫生的最重要一环，垃圾分类是培育市民公共卫生行为、环保意识、低碳理念的“普世”行为，日本和欧洲的城市，垃圾分类和环境卫生是城市对外体现公共文明最直观亮眼的“金名片”。

杭州作为全国46个垃圾分类先行试点城市，2010年启动垃圾分类试点工作，在垃圾分类宣传、实施、管理等方面探索出许多新做法，积累了许多好经验。2015年12月1日起施行的《杭州市生活垃圾管理条例》，是全省最早关于生活垃圾管理的地方条例。2019年杭州市人大常委会对条例进行了修改，对大件垃圾定点收集、运输作了规定，并加大对个人、单位的处罚力度，增加信用惩戒手段。还加强了对《杭州市生活垃圾管理条例》规定及要求的宣传普及，让市民自觉参与垃圾分类。同时为了强化分类投放环节的监督管理，杭州目前也正在分类小区开展“定时定点”分类投放试点工作。据统计，截至2020年杭州市开展分类小区有3433个，参与家庭206万余户，基本实现杭州垃圾分类的全覆盖，垃圾增长率从以前的8%~10%下降至近三年的3%左右。可见杭州市民的垃圾分类参与度很高。

二　现场观测结果

（一）总体情况

2020 年，受杭州市委宣传部（市文明办）的委托，课题组在杭州 8 个主城区（上城区、下城区、江干区、拱墅区、西湖区、滨江区、萧山区、余杭区）以及名胜区和钱塘新区共 10 个区，每个区随机抽取 1 个社区，除了名胜区的金沙港社区，其余每个社区各选择 2 个观测点，共 19 个观测点进行观测。每个点有 2~4 名调查人员进行现场观测。观测时间是 11 月 1 日和 11 月 7 日的 8：30~9：30。其中，8：30~9：00 这个时间段是在杭州市规定的城镇住宅小区、社区住户每日定时定点垃圾投放时间内，9：00~9：30 这个时间段是在定时范围之外。每个小组在观测现场填写观测表，主要内容为社区环境、居民行为（定时范围内、定时范围外）两个部分。现场观测结果如下（见表 1）。

第一，居民的垃圾分类行为总体较好。在定时范围内观测到的垃圾投放总次数是 240 次，其中不定点投放次数只有 8 次，占 3.33%，65 次没有做好分类，占 27.08%；在定时范围外观测到的垃圾投放总次数为 123 次，其中不定点投放的次数有 11 次，占 8.94%，26 次没有做好分类，占 21.14%。

第二，社区垃圾分类的基础设施较为完善。杭州目前正在分类小区开展“定时定点”分类投放工作，各个小区都开始将单元楼前的垃圾桶撤走，培养居民把垃圾投放到小区定点的垃圾房的习惯。定点投放能够严格把控生活垃圾分类的质量，减少污染的同时也能减轻垃圾分拣后期处理的负担，并且在投放期间，志愿者在旁边指导，可以提升居民垃圾分类的正确率。因此设立定点的垃圾房是很重要的。从现场观测来看，10 个社区的 19 个观测点都设有环卫集置点，放有专门的垃圾房（桶）供居民丢弃垃圾，而且都有明显的垃圾分类宣传标识，可以看出杭州市垃圾分类的基础设置还是很完善的。

第三，在现阶段垃圾分类督导员发挥重要作用。垃圾分类督导员宣传和讲解垃圾分类知识及技巧，鼓励和引导居民自觉分类，其设立可以提升居民垃圾分类的正确率。本次调查的 19 个观测点中，12 个点有垃圾分类督导员，占 63.2%。有垃圾分类督导员的观测点，居民的垃圾投放行为比较规范。但还有一部分社区是没有设立垃圾分类督导员的，督导员没有全面覆盖到所有小区。

表 1　垃圾分类现场观测记录情况汇总

单位：次，%

社区	观测点	有专门的垃圾房（桶）	有专门的管理员（志愿者）	有明显的垃圾分类宣传标识	8:30~9:00			9:00~9:30		
					总次数	不定点	不分类	总次数	不定点	不分类
上城区 海潮社区	钱江御府小区 1 栋大门边	是	否	是	17	1	10	9	5	1
						5.88	58.82		55.56	11.11
	金色家园小区服务驿站旁	是	否	是	10	1	2	14	0	3
						10.00	20.00		0	21.43
下城区 胭脂新村社区	胭脂新村小区十二栋	是	是	是	5	0	0	1	0	0
						0	0		0	0
	东小区 10 栋	是	是	是	19	0	0	14	0	0
						0	0		0	0
江干区 天运社区	天运花园小区 2 幢 1 单元和 2 单元间	是	否	是	19	0	6	7	0	1
						0	31.58		0	14.29
	天运花园小区 16 幢北门	是	否	是	16	0	8	3	1	0
						0	50.00		33.33	0
拱墅区 七古登社区	七古登小区 1 幢、2 幢楼下	是	是	是	7	0	4	3	2	0
						0	57.14		66.67	0
	七古登小区 3 幢楼下垃圾分类投放点	是	是	是	3	0	1	0	0	0
						0	33.33			
西湖区 上保社区	上保社区 1~3 单元	是	是	是	6	0	1	8	0	2
						0	16.67		0	25.00
	上保小区弥陀寺路 9 号	是	是	是	11	0	3	6	0	2
						0	27.27		0	33.33

续表

社区	观测点	有专门的垃圾房（桶）	有专门的管理员（志愿者）	有明显的垃圾分类宣传标识	8:30~9:00			9:00~9:30		
					总次数	不定点	不分类	总次数	不定点	不分类
滨江区 奥体社区	龙湖春江彼岸小区	是	是	是	16	0	1	8	0	3
						0	6.25		0	37.50
	龙湖春江彼岸小区	是	否	是	17	1	9	8	0	3
						5.88	52.94		0	37.50
萧山区 陈公桥社区	回澜南苑37幢	是	否	是	11	1	3	6	0	0
						9.09	27.27		0	0
	回澜南苑42幢北	是	否	是	10	1	5	8	0	2
						10.00	50.00		0	25.00
余杭区 太炎社区	天峻公寓小区1栋附近垃圾投放处	是	是	是	8	0	0	7	0	1
						0	0		0	14.29
	天峻公寓小区8栋附近垃圾投放处	是	是	是	37	0	3	7	0	1
						0	8.11		0	14.29
名胜区 金沙港社区	金沙港小区垃圾回收点	是	是	是	无	无	无	无	无	无
钱塘新区 滟澜社区	滟澜小区西门5幢~7幢	是	是	是	12	0	4	2	0	1
						0	33.33		0.00	50.00
	滟澜小区进门左转	是	是	是	16	3	5	12	3	6
						18.75	31.25		25.00	50.00
合计					240	8	65	123	11	26
						3.33	27.08		8.94	21.14

（二）上城区海潮社区

1. 社区环境

在海潮社区下属的两个不同的小区都设有专门的环卫集置点，放垃圾房（桶）供居民丢弃垃圾，而且都有明显的垃圾分类宣传标识，但是两个小区没有垃圾分类管理员（志愿者）在现场。

2. 居民行为

在定时范围内，总的垃圾投放次数在十几次，不定点投放的次数都为 1 次，但不分类的情况远超不定点；在定时范围外，钱江御府小区不定点的情况较之前有所增加，不分类的情况有所好转。金色家园小区在总投放次数为 14 次的情况下，不定点和不分类的不规范行为较上一时段有所改善。总体的不规范行为是不分类多于不定点。

3. 观测过程

第一个观测点：观测员发现小区居民在出小区前都会将打包好的垃圾丢入其他垃圾桶内，打包好的垃圾也没有经过事先的分类，然后会有小区的物业人员出来进行垃圾拆包，简单地分类，然后由保洁人员运走。在观测的大部分时间内小区居民的垃圾都没有进行相应的分类。

第二个观测点：观测员在社区内走了一圈，没有发现垃圾分类的垃圾桶，但是看到了旧衣回收箱。他们四处寻找，在小区的一个角落里，发现了集中收集的垃圾桶，旁边并没有志愿者在进行引导。在定点时间内，有居民丢垃圾，但是垃圾分类情况做得并不好；定点时间外，大家丢垃圾的次数明显减少了。另外他们在小区内发现了宠物拾便袋，居民遛狗习惯很好，基本做到了遛狗牵绳和清理狗的排泄物。

（三）下城区胭脂新村社区

1. 社区环境

在胭脂新村社区抽样的两个小区的环境都符合公共环境卫生的标准，都设有专门的垃圾房（桶）供居民丢弃垃圾，还有垃圾分类管理员（志愿者）在现场，并且有明显的垃圾分类宣传标识。

2. 居民行为

在定时范围内，两个小区总的垃圾投放次数在 24 次，居民都没有出现不定点投放和不分类的不规范行为；在定时范围之外，总的垃圾投放次数在 15 次，居民也跟上一个时段一样没有出现不定点投放和不分类的不规范行为，总体的垃圾分类意识很强，而且对垃圾分类的知识都有基本掌握。

3. 观测过程

第一个观测点：观测员一直站在收集房旁，但其间只有择菜的老奶奶将青菜叶丢弃到易腐垃圾箱里，除此之外的居民都丢的其他垃圾投放口。快到 9 点的时候志愿者告诉观测员他要走了，要把垃圾分类收集房关上了，因为这个分类收集房开和关是有时间规定的，早上 9 点是这个垃圾分类收集房的关闭时间。所以观测员就换了另外一个收集房，结果它也是 9 点关闭。刚关闭好，就有一个女生过来扔垃圾，但是她只能把它扔到这个小区门口的 24 小时不关闭的垃圾分类收集房了。观测员还逛了这个社区的其他几个地方，发现这个社区垃圾分类做得还不错，垃圾分类收集房分布还挺均匀，所以整个社区的卫生条件保持得非常不错。

第二个观测点：观测员进入小区看到的第一个垃圾分类收集房，属于 24 小时开放的，主要有其他垃圾投放口和易腐垃圾投放口，旁边的蓝色回收箱在观测时间内无人投放，蓝色回收箱上的篮子和泡沫盒子一开始就有了，后来在志愿者阿姨和居民的闲谈中知道应该是晚上丢弃在那儿的。观测员发现志愿者阿姨会把一些居民扔到投放口的纸板收集起来放在收集房的后面，量不大，估计是结束之后自己带走。如果按照这个垃圾投放口的设置，那么在这个收集房的居民都是按照要求来的，也看到过共 4 个居民扔垃圾的时候特地把垃圾袋里的厨余垃圾拿出来扔到易腐口。其他垃圾投放口投放的垃圾数量最多，志愿者阿姨监督得也很认真，每个都看过去。垃圾分类收集房旁的水槽也很贴心，在观测时间内有 2 个居民扔完之后洗了手。在观测期间观测员发现，至少有 6 辆电动三轮车（收纸板箱等废旧物）经过或者转悠喊话。

（四）江干区天运社区

1. 社区环境

观测员发现在天运社区下属的两个不同的小区都设有专门的垃圾房（桶）

供居民丢弃垃圾，而且都有明显的垃圾分类宣传标识，但是两个小区没有垃圾分类管理员（志愿者）在现场。

2. 居民行为

在定时范围内，两个抽样小区总的垃圾投放次数多于 30 次，但是观测员都未发现不定点投放垃圾的不规范行为，但是还是有近半数的不分类投放的行为。在定时范围外，总的垃圾投放次数少于定时范围内，存在不定点投放垃圾和不分类投放垃圾的行为，但发生率较低。总的来说，定点投放的意识很强，但不分类的行为较突出。

3. 观测过程

第一个观测点：在专门的垃圾投放点处，缺少了可回收垃圾桶，只有两种，分别为“易腐垃圾桶”和“其他垃圾桶”，一共有三个，两个其他垃圾桶，一个易腐垃圾桶，因此会出现将可回收垃圾放入其他垃圾内一块丢到“其他垃圾桶”里面的现象。居民一般会将垃圾进行提前分类然后投入相应的垃圾桶里，垃圾分类在初步上是有成效的，当然，也会出现不分类就投入垃圾桶里面的现象，在定点时间内，三个垃圾桶会摆在那里，超出时间之外，会有环卫工人将另外两个垃圾桶运走。

第二个观测点：居民其实在家里就分类好了，由于其中的一个垃圾桶盖子没有打开，居民把分类好的垃圾都扔进了一个垃圾桶中。后来扔其他垃圾的桶盖有个大件东西压着，大家就都没去打开盖子，而是把所有垃圾袋都扔到了垃圾桶旁边。

（五）拱墅区七古登社区

1. 社区环境

在七古登社区抽样的两个小区的环境都符合公共卫生的标准要求，都设有专门的垃圾房（桶）供居民丢弃垃圾，还有垃圾分类管理员（志愿者）在现场，并且有明显的垃圾分类宣传标识。

2. 居民行为

在定时范围内，两个抽样小区总的垃圾投放次数为 10 次，有 5 次不分类投放行为，但不存在不定点投放的情形；在定时范围外，总的垃圾投放次数较少，虽然没有不分类的行为，但还是有两次不定点的行为。

3. 观测过程

第一个观测点：看到了很明显的垃圾分类的标识和宣传语，在垃圾桶旁边还有一名垃圾分类管理员协助小区丢垃圾的人进行垃圾分类，最开始我们看到有一个人拿着垃圾过来准备全都丢进其他垃圾桶，但是垃圾分类管理员提醒了她，然后把纸板进行拆分再丢进相应的垃圾桶，陆陆续续地有人进行垃圾分类，也有一些人趁管理员不注意随便一丢就走了，该小区是等到丢垃圾的时间结束了就直接把垃圾桶锁住了，就只能等晚上那个时间段丢了。

第二个观测点：观测到的 3 次投放，只有 1 次没有进行分类，把不同颜色垃圾袋都扔在了一个桶里，然后还有一个人是卡着点来扔的垃圾，观测员特意看了下时间是 8 点 54 分，但是他的垃圾应该是在家里都分类好的，厨余垃圾扔在了对应的垃圾桶内，其他垃圾也扔在了对应的地方，保洁阿姨也很及时地就去把垃圾桶拉到相应的地方把垃圾倒了然后拉回垃圾分类投放点。9 点时间一到，保洁阿姨就把垃圾投放口的门锁了起来。然后之后的半个小时之内也没有人过来丢垃圾。观测员发现小区这些垃圾投放点处都装有洗手池，设计得也挺好的。小区内部很整洁，很干净。

（六）西湖区上保社区

1. 社区环境

在上保社区抽样的两个小区的环境都符合公共卫生的标准要求，都设有专门的垃圾房（桶）供居民丢弃垃圾，还有垃圾分类管理员（志愿者）在现场，并且有明显的垃圾分类宣传标识。

2. 居民行为

在定时范围内，两个小区总的垃圾投放次数在 17 次，居民都没有出现不定点投放的不规范行为，但是还是有少数的不分类的行为；在定时范围外，总的垃圾投放次数在 14 次，居民也跟上一个时段一样没有出现不定点投放的不规范行为，但还是有 4 次不分类的情况出现，总体的垃圾分类意识较强，而且对垃圾分类的知识都有基本掌握。

3. 观测过程

第一个观测点：选取了一个老小区作为观测点。小区范围很小，但是垃圾桶分类齐全，有专门的垃圾分类管理员在旁边督导居民进行垃圾分类，并且垃圾桶上方有垃圾分类的标语。在定点观测范围内共有 6 次垃圾投放，其中我们观察到有一位居民的垃圾中既有易腐垃圾也有可回收垃圾，并未提前进行分类，在投放时也没有分类，垃圾分类管理员有事走开了，说明该社区垃圾分类还是存在一定的疏漏的，但是大部分的居民严格按照垃圾分类的标准进行投放，总体来说，该社区的垃圾分类情况良好。在定点观测范围外，我们发现该社区其他小区存在垃圾桶分类不全的现象，只有两个其他垃圾桶和一个易腐垃圾桶。居民投放垃圾也存在不分类的情况，说明该社区不同小区之间的垃圾分类情况参差不齐，仍需改进。

第二个观测点：垃圾桶旁边有志愿者在管理，居民分类基本上做得不错，除了一些老年人可能不太清楚分类的标准，将垃圾扔到了不匹配的垃圾桶。还有一些居民在家里没有把厨余垃圾和其他垃圾分开来放，就全部放在一个垃圾桶内，都是志愿者在他们扔完垃圾后，再把垃圾分拣出来。

（七）滨江区奥体社区

1. 社区环境

奥体社区两个抽样的小区都符合公共卫生的标准要求，均设有专门的垃圾房（桶）供居民丢弃垃圾，其中一个小区还有垃圾分类管理员（志愿者）在现场，并且两个小区都有明显的垃圾分类宣传标识。

2. 居民行为

在定时范围内，两个抽样小区总的垃圾投放次数在 33 次，但是观测员只发现 1 次不定点投放垃圾的不规范行为，但还有 10 次不分类投放的行为。在定时范围外，总的垃圾投放次数少于定时范围内，也没有不定点的行为，但有 6 次不分类行为。总的来说，定点投放的意识很强，但不分类的行为还是较突出。

3. 观测过程

第一个观测点：从奥体社区门口进来，就能看到垃圾分类投放点，有一名中年志愿者在投放点工作，他穿着绿色马甲，戴着口罩和手套，只要一有居民来扔垃圾，他就会一一检查，将垃圾袋里的垃圾拣出，扔到对应分类的垃圾桶里。大部分居民只是将垃圾都装到垃圾袋里，实行分类的家庭很少，所以志愿者是比较辛苦的，一直都在工作，不曾停下来。还观察到奥体社区内设置了再生资源回收点，社区内的工作人员将纸板、纸箱和报纸等可回收垃圾用推车或三轮车统一装置到这个地方。可以看出是一个停车场出入口改造成了垃圾分类再生资源回收点，对于社区来说，利用有限的资源创造更多的用途，这也是一个不错的方法。

第二个观测点：在观测过程中，观测员发现居民把垃圾放在垃圾分类点然后由志愿者将垃圾进行简单检查以及分类。奥体社区每个垃圾分类点旁边都会有垃圾分类的宣传栏，普及有关垃圾分类的知识。同时，小区内垃圾分类点的开放时间一般是早上 7 点到 9 点和晚上 6 点到 9 点，对于超出规定的投放时间投放的垃圾，小区里也设置了专门的误时投放点，为居民提供了一个非常方便的垃圾处理条件。小区对垃圾分类还是比较重视的，在小区门口就可以看到社区在明显位置展示了有关垃圾分类的宣传栏，包括垃圾分类管理员的介绍，垃圾投放时间和垃圾投放点设置，以及垃圾分类指南，这样人性化的设置在很大程度上提升了垃圾分类的普及程度，也方便了居民的生活。

（八）萧山区陈公桥社区

1. 社区环境

观测员发现在陈公桥社区下属的两个不同的小区都设有专门的垃圾房（桶）供居民丢弃垃圾，而且都有明显的垃圾分类宣传标识，但是两个小区都没有垃圾分类管理员（志愿者）在现场。

2. 居民行为

在定时范围内，两个抽样小区总的垃圾投放次数在 21 次，但是观测员只发现 2 次不定点投放垃圾的不规范行为，但还有 8 次不分类投放的行为。在定时范围外，总的垃圾投放次数跟定时范围内差不多，为 14 次，没有不定点投放垃圾的行为，但有 2 次不分类行为。总的来说，定点投放的意识很强，但不分类的行为还是有发生。

3. 观测过程

第一个观测点：整体来说，陈公桥社区回澜南苑小区的垃圾分类意识较强。小区内有明显的垃圾分类标识，也有固定的垃圾投放点。在观测过程中，总结出了以下几个优缺点。（1）垃圾站的地面脏乱。清洁工只扫了地面的落叶，而垃圾桶周围掉下来的垃圾并未清理。（2）早上 8：20 左右，垃圾车便来倾倒垃圾。在垃圾分类宣传标识上也有写明，小区的垃圾倾倒车一天来三次，即早、中、晚三次。但是在早晨垃圾倾倒车来之前，观测发现垃圾桶内的垃圾已经溢出。由于时间的限制，无法考究该小区的垃圾倾倒车是否一日来倾倒三次。（3）观测员还发现垃圾分类桶较少。观测的过程当中发现陈公桥社区回澜南苑小区虽然有多个垃圾站，但是在每个垃圾站内，垃圾分类桶的类型较为单一。有些只有易腐垃圾桶，有些只有其他垃圾桶。这将会导致居民投放错垃圾桶。（4）易腐垃圾桶随意摆放。我们小组在观测过程当中发现，有居民在扔垃圾的时候并没有按照次序放置易腐垃圾桶，而是随意摆放。通过与居民闲聊，我们得知：该小区的易腐垃圾是装在规定的一个桶内。小区内也有专门的人定时来倾倒这些易腐垃圾。不过，在我们小组的观测点处的易腐垃圾桶放置处，有 36、37、38 幢居民投放的垃圾，而这个易腐垃圾站最多只能放置 21 个桶。而且，这些垃圾桶的体积都较小，有一位居民由于垃圾桶放置不下，而另外拿了个塑料袋装易腐垃圾。关于小区内居民的投放垃圾行为，我们小组发现，小区居民将易腐垃圾扔进其他垃圾桶内，或是将纸板箱、泡沫箱扔进其他垃圾箱内，这可能是由于小区垃圾站并未设有可回收垃圾桶。

第二个观测点：这里的垃圾回收分为易腐垃圾和其他垃圾，还有一个垃圾分类的宣传。易腐垃圾是架子上放着专门的小桶，小桶上印着几栋几户，每家每户都有一个专门的桶来放易腐垃圾。每当桶满了居民就会把桶放在这里，等工人清理之后再拿回。另外一个则是棚子下面放着几个垃圾桶，是用来放其他垃圾的。到的时候刚好看到小区的环卫工人在回收易腐垃圾，观测员和他交谈后了解到，这里的垃圾桶是属于 24 小时开放的，没有固定的扔垃圾时间，这里的垃圾分类只有其他垃圾和易腐垃圾。遇到的环卫工人是专门回收易腐垃圾的，他清理的时间不固定，频率很高。有部分居民或因为易腐垃圾桶没拿回家，在早上出门的时候会把易腐垃圾随便用袋子装起来，而不是用专门装易腐垃圾的袋子，然后把垃圾随意放在垃圾桶旁边，有的会把装的易腐垃圾扔在其他垃圾桶里面。小区的垃圾设置还有一个不好的地方是，在易腐垃圾的架子下面有一个有害垃圾的分类，它设置了一个个小格子放置有害垃圾，如电池、过期药品、化妆品等。标志不太明显，很容易错过，我们也是观察了一会儿才发现，然后我们看了又发现格子比较小，放太大的药品或化妆品会有点困难。

（九）余杭区太炎社区

1. 社区环境

太炎社区两个抽样的小区都符合公共卫生的标准要求，均设有专门的垃圾房（桶）供居民丢弃垃圾，还有垃圾分类管理员（志愿者）在现场，并且有明显的垃圾分类宣传标识。

2. 居民行为

在定时范围内，两个小区总的垃圾投放次数在45次，居民都没有出现不定点投放的不规范行为，也只有极少数不分类的行为；在定时范围外，总的垃圾投放次数在14次，居民也跟上一个时段一样没有出现不定点投放的不规范行为，但还是有2次不分类的情况出现，总体的垃圾分类意识较强，而且对垃圾分类的知识都有基本掌握。

3. 观测过程

第一个观测点：在太炎社区的天峻公寓小区中，垃圾分类总体来说是执行得比较好的，大多数人在家里就能够把厨余垃圾与其他垃圾相区分放进不同的垃圾袋里面，再进行分类投放。小区里面也设立了多个垃圾投放点，并且有可回收垃圾的具体分类处。分类处有专门的人员进行管理。绝大多数居民能将垃圾提前分好类别，然后将不同的垃圾投放在不同的垃圾桶里。该小区的居民在投放厨余垃圾时都表现得非常好，他们会将厨余垃圾从垃圾袋中倒入垃圾桶中，然后再将装厨余垃圾的垃圾袋扔进其他垃圾桶里。在观测过程中，也存在一些情况：（1）一位阿姨在垃圾投放点寻找被女婿当成垃圾误扔的一件新衣服，但是因为有在做垃圾分类，所以被误扔的新衣服在短时间内就被找到了，并且衣服也没有太多的污渍；（2）一位年轻的居民不小心将一个橘子扔进其他垃圾桶里时，垃圾分类处管理人员就告诉该居民，橘子属于厨余垃圾，应该投放到厨余垃圾桶里，而不是其他垃圾，该居民也道歉并说下次一定会注意。

第二个观测点：主要发现了两处大型的垃圾堆放点，整体上垃圾分类执行得比较好，小区内有明显的垃圾分类标识，也有固定的垃圾投放点。主要有这样几个优缺点。首先，在垃圾桶旁会安排一位清洁工人，居民一般会自行在家里就进行分类，可以快速地将垃圾放到正确的位置；当然也有一些居民对垃圾分类还不算熟悉，需要借助清洁工人的帮助，有时候人比较多清洁工人照应不来就会出现扔错的情况。其次，存在清洁工人进行换班的情况，在我们观测的过程中就换了一位清洁工人来管理垃圾分类。同时，小区也设有环保公益项目，设置回收点。但是也有一些小缺点，每栋楼下没有设置垃圾桶，逛完整个小区只找到了两个大型垃圾放置点，在垃圾桶旁有堆放垃圾的情况，在观测过程中没有及时取走。总的来说，小区居民的分类意识较强，垃圾分类做得不错。

（十）名胜区金沙港社区

1. 社区环境

金沙港社区抽样的小区符合公共卫生的标准要求，均设有专门的垃圾房（桶）供居民丢弃垃圾，还有垃圾分类管理员（志愿者）在现场，并且有明显的垃圾分类宣传标识。

2. 居民行为

无人在观测点投放垃圾。

3. 观测过程

小区范围较小，居民楼均为独栋别墅形式，由于处在西湖景区，因此小区内绿化程度很高，内多为外地人口再次旅居，各家有自己的庭院。我们观察到，每家每户在庭院里放置有一黄一绿两个小垃圾桶。来到了小区的统一垃圾回收站，回收站包含一个智能回收箱、一个大件垃圾处理回收点，还有一个垃圾分类铁皮箱，垃圾箱上有比较醒目的标识和宣传广告，分类较为鲜明。在走访过程中，观测员同两位卫生工作人员沟通，了解到这个小区由于规模较小，因此只有一座这样的垃圾收集站，二人时常在这边进行垃圾分类处理。其中女性卫生工作人员告诉我们：她在此负责垃圾分类的监督和其他工作，男性工作人员负责驾驶垃圾收集三轮车，每日定点到各家各户门口回收黄绿桶内的垃圾，然后再带往回收站进行统一处理。因此印证了之前看到的小垃圾桶内几乎没有垃圾存在，可能是已经被定点收走。同时也可能是因为这个原因，没有居民亲自到达垃圾回收点投放垃圾。

（十一）钱塘新区滟澜社区

1. 社区环境

滟澜社区两个抽样的小区都符合公共卫生的标准要求，均设有专门的垃圾房（桶）供居民丢弃垃圾，还有垃圾分类管理员（志愿者）在现场，并且有明显的垃圾分类宣传标识。

2. 居民行为

在定时范围内，两个抽样小区总的垃圾投放次数在28次，观测员发现了3次不定点投放垃圾的不规范行为，但还有9次不分类投放的行为。在定时范围外，总的垃圾投放次数少于定时范围内，有不定点投放垃圾的不规范行为3次，并且有7次不分类行为。总的来说，定点投放的意识还可以，但不分类的行为还是较突出。

3. 观测过程

第一个观测点：总体来说，这个小区的宣传和分类做得是比较好的。当我们在小区外围的时候就看到有不同颜色的垃圾桶和分类的宣传板。这个小区的垃圾分类有规定时间，我们8点30分左右到达观测点，当时就有一位社区相关人员在垃圾桶旁进行管理。在我们观测大约15分钟后，社区有一辆垃圾车来到观测点处，将原有的6个比较满的垃圾桶运走，只剩一个其他垃圾桶和易腐垃圾桶，在9点的时候社区专门人员就会将所有垃圾桶撤走，将放置垃圾桶处的卫生清理干净后离开。社区观测点处的垃圾桶全都是打开的，方便居民直接将垃圾扔入桶中，但在观测过程中也会发现有少数居民不进行垃圾分类直接扔进最近的桶，志愿者就会手动对垃圾进行分类。但是由于很早地将垃圾桶收走，只剩下两个垃圾桶，过多的垃圾没有地方放，就会出现垃圾堆放在垃圾桶外的情况，而且在没有管理员的垃圾桶内分类并没有很细致。

第二个观测点：观测的这边垃圾点一个有志愿者，一个没有志愿者，只有垃圾分类的标识。因为有垃圾的定时定点投放地，所以这边的居民没有出现乱投乱放的情况，但是会有垃圾桶的盖子没有打开的情况，垃圾桶有很多，但是只有一半的垃圾桶是打开的，基本上大家会选择将垃圾放进打开的垃圾桶里面，很少有人会选择自己打开垃圾桶的盖子然后再将垃圾放进去。在定点的时间内，没有志愿者的帮助，有的居民会选择将所有垃圾一起放入垃圾桶内，没有进行分类，但这也只是一小部分，大部分的居民还是会选择将垃圾进行分类后，再投放进垃圾桶。9点以后垃圾桶被带走后，居民投放垃圾的情况就明显出现了很大的分化，比如说垃圾不分类，不定点投放垃圾，不合理的现象就会出现得明显比之前多。

三　存在的问题分析

根据对杭州8个主城区（上城区、下城区、江干区、拱墅区、西湖区、滨江区、萧山区、余杭区）以及名胜区和钱塘新区10个区域的垃圾分类观测，具体发现了以下几个问题。

（一）设施和规范设置不合理，造成垃圾分类投放不便

一是环卫集置点设置不规范，部分是临时站点，缺乏净手池、破袋工具及垃圾桶满溢防护垫和自动提示装置，居民投放垃圾时卫生舒适感较差。

二是垃圾定时投放点的设置没有充分考虑到居民的实际生活状况，没有配备临时投放点，出现有些居民在定时范围外没有垃圾桶可用的情况，部分小区投放点设置较远，给一些年纪大的居民投放垃圾造成不便。

三是设置定时定点投放点导致原本适应小区垃圾总量的垃圾桶被大部分撤除，产生垃圾桶不够用、垃圾遍地的现象。

四是社区没有配齐足够的垃圾分类管理员，对不规范投放的居民制约力差，同时，对老年人正确地掌握垃圾分类的知识缺乏必要的指导，他们会将一些垃圾放置在错误的位置，等等。

（二）个别居民还存在抵触情绪，尚未形成垃圾分类自觉意识

个别居民对目前实施的垃圾分类处理工作还存在抵触情绪，这种抵触情绪尤其集中在老年群体中。人的生活习惯从养成到改变需要经历很长的一个过程，尤其是老年人更需要一个漫长的过程。不少老年居民还是认为，垃圾就是垃圾，没有必要去分类投放，过去那么多年把垃圾统一投放到垃圾桶，保持社区环境整洁卫生就可以了。目前的垃圾分类处理改变了他们的生活习惯，不少老年人将垃圾分类看作“走形式主义”，浪费劳动力的同时也在浪费环卫资

源。由于目前上保社区内部不少家庭垃圾投放的活是由老年人来承担的，部分老年人对垃圾分类处理存在抵触情绪，严重地影响了此项工作的正常开展，一方面影响了社区整体的垃圾分类处理效果，另一方面也是影响垃圾分类处理的负面因素，这种抵触情绪在居民中非常容易蔓延开，影响整体的工作效果。

（三）居民对相关知识了解不多，导致垃圾分类不正确

通过观测发现，有些居民虽然很认真地对垃圾进行分类，并按照标识来投放，但实际分类中还是存在一定的错误的。比如，不少社区居民将使用过的餐巾纸和厨房用纸归为“可回收”垃圾进行投放，这实际上是一种错误行为，因为这些纸巾和厨房用纸水溶性太强，是不可回收的。类似的情况在上保社区经常发生，目前已有不少居民有了区分“可回收”和“不可回收”垃圾的意识，但是在实际垃圾分类过程中，有些生活垃圾被错误地分了类，比如过期的指甲油被分到了不可回收垃圾，而不是有害垃圾中。这类错误并不属于居民执行力上的误差，而是居民对垃圾分类具体的标准还不够详细，属于认知上的不足，最好的弥补措施还是加强垃圾分类方式、品种的知识普及。

四　建议对策

（一）建立垃圾分类晾晒及奖惩制度

垃圾分类投放是一个需要全民参与的活动，而且广大居民的自觉参与确实也需要投入一定的劳动和时间。因此，提高居民参与生活垃圾源头分类行为的积极性和必要性可以从约束与激励机制上寻找对策。比如，定期公布各楼栋分类规范的小区或者居民家庭，提示分类不规范的居民家庭，可以起到舆论促进作用，纠正不分类、“搭便车”的“破窗效应”。另外可以考虑给予轻量级的物质奖励，国外的实践表明，对在生活废弃物减量化、资源化、无害化工作中做出贡献的单位和个人进行表彰，给予一定的物质奖励可以起到示范性作用，促进相关工作的开展。在杭州的社区实践中，也有对有害垃圾主动分类的市民给予一定的奖励，换取收集袋、洗衣粉、肥皂等。这些细致入微的活动，都可以在某种程度上增强居民参与垃圾分类收集活动的意愿。

除了奖励机制，适当的惩罚有助于将垃圾分类的意识转化为具体的行为。目前，垃圾分类还是以居民自愿行为为主，效果很难保证。因此，更有效扩大垃圾分类收集的覆盖面和增强垃圾分类的效果仅作为一种自觉行为是很不够的，还应该将其纳入法治轨道，制定具有可行性的政策法规，使其由“我可以分类”转化为“我必须分类”。新修订的《杭州市生活垃圾管理条例》中也加大了对违法行为的处罚力度，惩戒要严格，利用大数据进行实时监管，采取谁污染谁付费的市场化原则，这是做好垃圾分类的一个重要抓手。还要配套设立监督机制，给予小区物业管理公司和业主委员会对垃圾分类进行监督的权力，小区物业管理公司或业主委员会可以针对小区内乱投放垃圾的住户开具警告单，如经警告还是未改正的，可以开具罚单并告知城管或环卫部门。

（二）增强垃圾分类宣传的有效性

目前，杭州城市主要街道，有关垃圾减量、垃圾分类的宣传条幅随处可见，传统的媒介如广播、电视、报刊、公交车的视频都开始得到充分利用。这种方式虽然受众面广，但是仍存在单方传输、针对性差、公众被动接收的缺点。2019 年 10 月 12 日，杭州市垃圾分类宣讲团正式成立，共有 591 名宣讲员，义务为杭州地区的学校、医院、街道等团体进行垃圾分类知识宣讲。针对部分垃圾分类不规范的家庭，可以采用业主 QQ 群、微信群，以点对点的方式沟通与宣传，将垃圾分类落实到家庭。此外，还应提高垃圾分类处理的宣传频率，可以考虑每月选取 1 天开展“垃圾分类宣传日”活动，将垃圾分类处理的宣传工作作为一个固定化、常态化的工作。多角度、全方面宣传垃圾分类的重要性，促进居民垃圾分类习惯的养成。

在宣传的形式上还应更加接地气和有针对性。绝大部分居民对垃圾分类的知识有基本的了解，但更深入的知识还是有相当的欠缺。因此，许多居民家里的垃圾也是习惯性地往一处丢，并没有注意分类的问题。针对垃圾分类这种特殊的宣传内容，可以通过市民大讲堂、老年大学等方式针对不同人群举办分类讲座，分层促使市民养成垃圾分类的好习惯。垃圾分类的宣传还要注重分类方式的指导，而不仅仅是分类意义上的宣传，比方说电视台可以根据不同的季节进行情境教育，制作老人、小孩都容易接受的情景剧，寓教于乐，讲解垃圾分类的方法；有关部门可以组织垃圾分类的讨论和比赛等，以达成共识并掌握分类知识，便于居民理解和举一反三；宣传广告要生动形象，宣传手册要详细具体，深入家庭内部。

除了社区和街道居民，对中小学生展开垃圾分类的宣传也至关重要。我们可以通过对中小学生的教育带动家庭成员一起增加垃圾分类的知识储备和增强垃圾分类意识。比如在中小学教育中，增加专门的垃圾分类、资源利用和环境保护知识的内容。垃圾分类要从娃娃抓起，这是国外特别是日本的成功经验之一。

（三）配齐垃圾分类管理员并进行相关专业培训

针对社区因缺少垃圾分类管理员的监督而导致居民不能将垃圾分类落实到底的问题，政府部门应该加快对垃圾分类管理员这类岗位人员的招录，配齐足够的垃圾分类管理员能大大提高居民垃圾分类的意识和投放正确率。

为系统增加杭州市垃圾分类专职管理人员、督导员垃圾分类知识，提高其整体业务水平，更好地为市民带来更优质的垃圾分类服务，杭州各区的垃圾分类管理中心应该加快组织垃圾分类专职管理人员、督导员的培训。垃圾分类涉及的个人隐私对专业监督人员不应保密，但正如律师有职业道德和执业纪律约束，医师有行业规范和医德约束一样，垃圾分类管理员也应当在上岗之前进行相关专业培训，有保护居民个人隐私的意识。

（四）加强垃圾分类集置点规范化，提高居民卫生获得感

居民参与垃圾分类，按照“定时定点”规范投放垃圾，是为了获得干净舒适的环境卫生服务，提高卫生获得感。垃圾本身是带有视觉污染、味觉污染等负面效应的污染物，集中收集，会造成污染的集中。如果集置点设计简单、简陋，不具备任何污染防治措施和设施，只会增强居民的厌恶感、排斥感，从而抵制垃圾分类、定点投放的要求。因此建议参照上海、广州、深圳等城市规范环卫集中点的建设，配备必要的污染防治设施，营造一个干净卫生舒适的投放环境。无固定集中点的社区可以采用移动的集置设施，加大投入，改变垃圾投放就是“破罐子破摔”的惯性思维，营造环境卫生处置也需要高科技、高品德的文明行为氛围。

2021年主报告

2021年杭州市民公共文明指数调查分析报告

一 2021年市民公共文明指数调查的背景

习近平总书记指出，文明是现代化国家的显著标志。要把提高社会文明程度作为建设社会主义文化强国的重大任务。党的十九届五中全会明确把“社会文明程度得到新提高”作为“十四五”时期文化建设的主要目标，并要求推动形成适应新时代要求的思想观念、精神面貌、文明风尚、行为规范。与此同时，社会文明程度直接影响人们的获得感、幸福感、安全感，身处文明健康的社会也是广大人民群众的共同期盼。社会文明程度与每个个体的文明息息相关。公共文明是市民在公共空间和公共活动中所表现出来的精神状态和行为规范的总和。公共文明作为社会文明的重要内容，不仅是衡量社会文明程度的标准之一，而且是构成现代城市的显著性指标，是一个城市的底色和城市灵魂的展现。它反映了一个城市的发展状态、环境、人口素质和居民的生活氛围，也体现了一个城市的发达程度和发展潜力。

人间天堂，不仅美在湖光山色，还美在润物无声的文明风尚。为了促进杭州城市文明程度的进一步提升，不断展现杭州文明的软实力和影响力，近些年，杭州市以创建为民、创建惠民为宗旨，以提高城市文明程度、市民文明素质和人民群众获得感、幸福感为目标，持之以恒地开展了一系列文明建设工作。组织举办了“最美人物”“平民英雄”“道德模范”等评选活动，以榜样的力量引领文明。开展了文明出行、文明餐桌、垃圾分类、公共卫生、礼让斑马线 plus 等提升行动。组织了大量场次的文明公益创投、美德标兵宣讲、社会主义核心价值观宣讲等线上和线下活动。积极打造“礼让斑马线”、微笑亭、孝心车位等新时代文明实践品牌。形成了全国首条爱国主义教育红色公交专线、全国首个“926 工匠日”等文明创新成果。建设了爱心驿站、党群驿站、服务驿站、小哥驿站、95128 老年人打车约车爱心专线等关爱服务项目。深化创新新时代文明实践中心、所、站、社区文化家园等文化阵地的建设。启用“文明帮帮码”“文明大脑”“美丽西湖 App”，构建数字化志愿者积分体系和服务体系，推动志愿者服务的高质量发展。在国内省会城市中率先为文明行为立法，出台《杭州市文明行为促进条例》，并将斑马线礼让行人、禁燃烟花爆竹等文明新风尚写入法规。由此，杭州市蝉联全国文明城市“四连冠”，连续 14 年荣获“中国最具幸福感城市”称号，成为全国唯一的“幸福示范标杆城市”，入选全国首批社会信用体系建设示范城市，并获得中国美好生活城市（2020～2021）评选的“大美之城”和“向往之城”两项殊荣。

杭州市文明建设的持续性努力和创新性工作，助力杭州成为独特韵味别样精彩世界名城和新时代中国特色社会主义的重要窗口。市民公共文明行为的提升是文明建设的重要目标，精准把握杭州市民公共文明行为现状，能够更好地明晰文明建设的发力重点和努力方向。《杭州争当浙江高质量发展建设共同富裕示范区城市范例的行动计划（2021—2025 年）》明确要求，社会文明和谐程度持续提高，努力实现物质精神共富。文明好习惯养成实现率达到 90%以上，社会诚信度达到 96%以上，争取成为全国文明典范城市。

在这些背景下，本报告开展 2021 年杭州市民公共文明指数调查。本次测评对标市域社会治理现代化标杆城市、全国文明城市创建、世界名城标准、全国文明典范城市，按照《杭州市全面推进文化兴盛行动实施方案（2018—2022 年）》中“实施市民公共文明素质提升计划”、《杭州争当浙江高质量发展建设共同富裕示范区城市范例的行动计划（2021—2025 年）》中“推动社会全面进步，着力建设文明和谐美丽家园”等要求组织安排实施。通过调查，旨在更好地把握处于重要的机遇期和发展阶段的杭州市民的公共文明行为状况，发现可喜变化，总结和提炼有效经验，认真查找短板，寻找补齐短板和实现新目标新要求新任务的对策建议。

二 测评设计与样本情况

（一）测评内容

本次测评中将公共文明分为七大维度——公共卫生、公共秩序、公共交往、公共观赏、公益服务、网络文明、亚运礼仪文明，具体指标共 27 个，另外有 7 道题是每个维度下有 1 道对自己在该维度公共文明行为的总体评价，共 34 道题。具体指标如表 1 所示。每个维度的分数构成为：具体指标占 65%，总体评价占 35%。这 34 道题的答案选项按照从很差到很好，编号分别是 1、2、3、4、5，相对应的分数为 0 分、25 分、50 分、75 分、100 分。

表 1 2021 年公共文明调查指标

二级指标	三级指标
公共卫生	垃圾分类投放
	在公共场所咳嗽、打喷嚏时遮掩口鼻
	不随地吐痰
	自觉遵守公共场所有关吸烟的规定
	聚餐时使用公筷公勺
	杭州市民公共卫生文明行为的总体表现
公共秩序	乘坐公共交通工具时自觉排队
	骑电动车时佩戴头盔
	共享单车有序使用和停放
	汽车礼让行人
	汽车喇叭不乱鸣笛
	跳广场舞时不噪音扰民
	杭州市民公共秩序文明行为的总体表现

续表

二级指标	三级指标
公共交往	给老弱病残孕等让座
	友善对待外来人员
	尊重和善待环卫工人等服务行业人员
	邻里和睦，守望相助
	杭州市民公共交往文明行为的总体表现
公共观赏	在博物馆、体育馆等文化体育场馆遵守观赏礼仪，服从现场管理
	爱护公共场馆设施、展品，遵守关于拍照、录音、录像的规定
	在图书馆、影剧院等场所不大声喧哗
	杭州市民公共观赏文明行为的总体表现
公益服务	参加捐款捐物
	参加献血
	参加志愿服务活动
	杭州市民公益服务文明行为的总体表现
网络文明	不在网上肆意谩骂、发表有害言论
	不听信流言蜚语、在网上传播虚假信息
	杭州市民网络文明行为的总体表现
亚运礼仪文明	尊重外国人的风俗习惯
	具有热情好客的东道主形象
	能向世界展示杭州人的修养和文明
	认同绿色、智能、节俭、文明的亚运办会理念
	杭州市民亚运礼仪文明行为的总体表现

（二）抽样方法

1. 社区

在杭州市10个行政区，每个行政区抽取两个街道，每个街道抽取一个社区，每个社区发放50份问卷，共发放1000份。

第一阶段：以区为初级抽样单位，涉及本次调查范围内的10个行政区。

第二阶段：以街道/乡镇为二级抽样单位，从每个区抽出2个二级抽样单元（街道），得到20个街道。

第三阶段：以居民委员会为三级抽样单位。从每个街道中抽出1个三级抽样单元（社区），得到20个社区（见表2）。

第四阶段：运用配额抽样方法，在每个社区中抽出50户，每户确定1人，得到1000人。

表2　问卷调查点之一：社区

行政区	街道	社区	问卷数量
上城区	湖滨街道	东平巷社区	50
	笕桥街道	天新社区	50
拱墅区	拱宸桥街道	台州路社区	50
	米市巷街道	大塘巷社区	50
西湖区	北山街道	上保社区	50
	文新街道	骆家庄社区	50
滨江区	长河街道	月明社区	50
	西兴街道	金东方社区	50
萧山区	城厢街道	江寺社区	50
	北干街道	湖滨花园社区	50
余杭区	良渚街道	聚贤社区	50
	五常街道	文一社区	50
临平区	临平街道	西大街社区	50
	南苑街道	新城社区	50
钱塘新区	下沙街道	滟澜社区	50
	白杨街道	美达社区	50
富阳区	富春街道	江滨社区	50
	富春街道	东兴社区	50
临安区	锦城社区	万马社区	50
	锦南街道	兰锦社区	50

2. 其他公共场所

在吴山广场、运河广场/桥西历史街区、西湖文化广场、西溪湿地、滨江宝龙广场、萧山新世纪广场、北塘公园、良渚文化村、临平公园、下沙龙湖天街等10个其他公共场所发放问卷，每个点发放50份，共得到500份（见表3）。

表 3　问卷调查点之二：其他公共场所

调查地点	问卷数量	调查地点	问卷数量
吴山广场	50	萧山新世纪广场	50
运河广场/桥西历史街区	50	北塘公园	50
西湖文化广场	50	良渚文化村	50
西溪湿地	50	临平公园	50
滨江宝龙广场	50	下沙龙湖天街	50

（三）样本介绍

本次测评重点考察的是调查对象对杭州市民在公共场合中的文明行为状况的评价，调查对象包括杭州市常住人口（包括杭州户籍和非杭州户籍）和来杭不足半年的短期外来人员。共发放问卷 1500 份，回收有效样本 1411 份，有效回收率为 94. 1%。调查样本的基本情况如表 4 所示。

表 4　调查样本的基本情况

单位：人，%

变量	指标	人数	占比
性别	男	645	45. 7
	女	766	54. 3
年龄段	18~25 岁	457	32. 4
	26~35 岁	457	32. 4
	36~50 岁	341	24. 2
	51~60 岁	93	6. 6
	60 岁以上	63	4. 5
受教育程度	小学及以下	32	2. 3
	初中	130	9. 2
	高中/中专	199	14. 1
	大专	242	17. 2
	本科	720	51. 0
	研究生	88	6. 2

续表

变量	指标	人数	占比
政治面貌	群众	656	46.5
	共青团员	455	32.2
	中共党员	264	18.7
	民主党派	36	2.6
户籍身份	杭州户籍	758	53.7
	户口在外地城镇	389	27.6
	户口在外地农村	264	18.7
职业身份	党政机关、事业单位人员	124	8.8
	企业员工	399	28.3
	私营企业主	49	3.5
	个体工商户	116	8.2
	农业劳动者	31	2.2
	自由职业者	114	8.1
	无业	66	4.7
	离退休人员	23	1.6
	学生	357	25.3
	其他	132	9.4

从表4中可见，调查样本中男性略少于女性，性别比例接近1∶1；从样本五个年龄段的分布情况来看，18~35岁占比为64.8%，36~50岁占比为24.2%，调查对象大多处于中青年阶段；在受教育程度上，七成多调查对象受教育程度为大专及以上，受教育程度普遍较高；从政治面貌来看，46.5%为群众，32.2%为共青团员，18.7%为中共党员，2.6%为民主党派，能够提供多元化主体对市民公共文明行为的认知和判断；在户籍身份上，五成多调查对象为杭州户籍，27.6%为户口在外地城镇，18.7%为户口在外地农村；此外，本次研究中调查对象职业分布较广，几乎包含各行各业人士，可以代表大众普遍观点。

三　杭州市民公共文明指数测评的基本情况

（一）总体指数

通过测算可得，2021年杭州市民公共文明综合指数为84.78，七个维度的分值按照从低到高排序依次是（见图 1）：网络文明（81.76）、公共卫生（83.07）、公益服务（84.28）、公共秩序（84.63）、公共观赏（86.21）、公共交往（86.22）、亚运礼仪文明（87.26）。七个维度的分值均在 80~90 分区间，其中，亚运礼仪文明在此次调查中分值位列第一，网络文明分值位列最后，两者分值相差 5.5。这反映出，一方面，杭州市民在不同的公共文明行为表现上还存在一定的差距；另一方面，亚运会已经进入倒计时，杭州市民除了表达兴奋和期待之外，也能够融入并参与到亚运会的东道主形象建设中，以主人翁的意识展现较好的亚运礼仪文明。

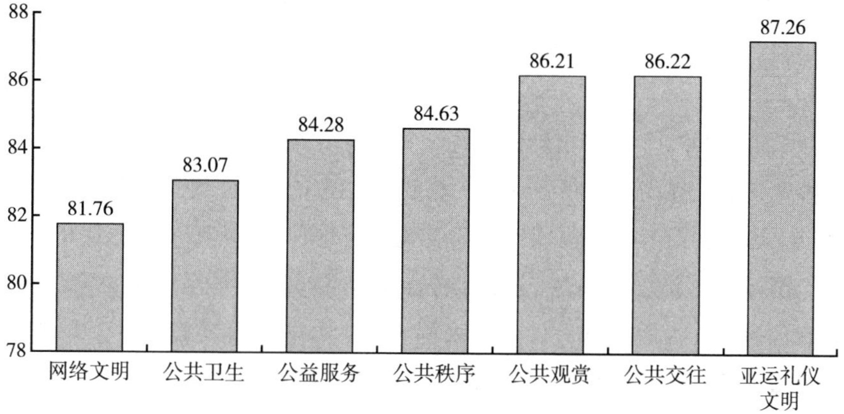

图 1　2021 年公共文明二级指标值

杭州市民公共文明指数调查已经开展八年，相较于 2020 年指数 84.76、2019 年指数 84.75、2018 年指数 84.67、2017 年指数 84.65、2016 年指数 84.63、2015 年指数 84.06、2014 年指数 83.63，2021 年综合指数 84.78 为历年来最高值（见图 2），比 2020 年上升 0.02 个分值，比 2014 年上升 1.15 个分值。由此，杭州市民的公共文明综合指数自 2014 年以来实现了连续 8 年攀升，每年以“前进一小步”的方式增长，总体呈现为不断提升的态势。这说明，杭州市长期不懈和日益深入的文明创建对市民公共文明行为表现产生了显著的积极效应。近年来，杭州市按照中央和省委、市委的部署要求，把文明创建作为提升城市治理现代化水平的重要抓手和满足人民群众美好生活需要的有力举措，并随着形势发展以高标准严要求扎扎实实做好各项工作，推动城市文明水平再上新台阶。

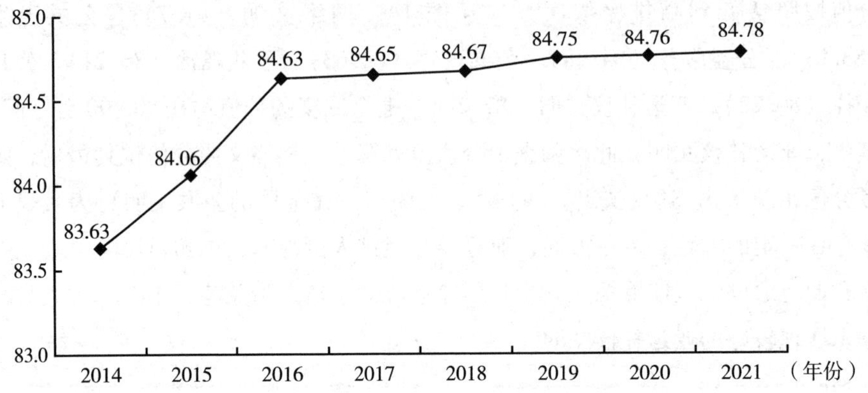

图 2　2014~2021 年公共文明综合指数

从 2014~2021 年二级指标值来看（见图 3），尽管每一年杭州市民公共文明指数调查的二级指标会稍微做出一点变化，但市民在公共交往方面的表现相对稳定，历年分值的波动幅度比较小，且分值均在 85 以上。公共卫生、公共观赏、网络文明、公共秩序、公益服务在 2018~2021 年均呈现了一定的变化，一些表现为先下降后上升，另一些表现为先上升后下降，其中，公共观赏在 2020 年和 2021 年总体保持稳定。这些历年分值的变动在一定程度上反映出：一是市民在公共交往的多个行为领域都能够表现出比较高的文明程度；二是在公共卫生、网络文明、公共秩序、公益服务等维度的行为领域，市民同一行为的文明程度可能在不同的年份表现不同，不同行为的文明表现也可能存在差异化。一些行为表现出较高的文明程度，另一些行为的文明程度有待进一步提升。不同的维度下具体表现及其原因会有所不同，将在后面第二部分做出分析。

相较于 2020 年的指数结果，2021 年公共文明的七个维度分值呈现为“四升三降”，总体向好。公共卫生、公益服务、国际礼仪文明（亚运礼仪文明）这 3 个维度的指数略有下降，其中，公共卫生较 2020 年下降 1. 31 个分值，公益服务较 2020 年下降 0. 43 个分值。公共秩序、公共交往、公共观赏、网络文明这 4 个维度的指数均高于 2020 年，分值依次提升了 1. 28、0. 04、0. 05、0. 93。其中，公共秩序的增长幅度最大。随着社会经济的发展和杭州市文明创建的不断深入，社会对市民公共文明行为的要求有所提高，新的不文明现象也在逐步显现，为此，在总体保持一致的原则下，2021 年各个维度的测评题目

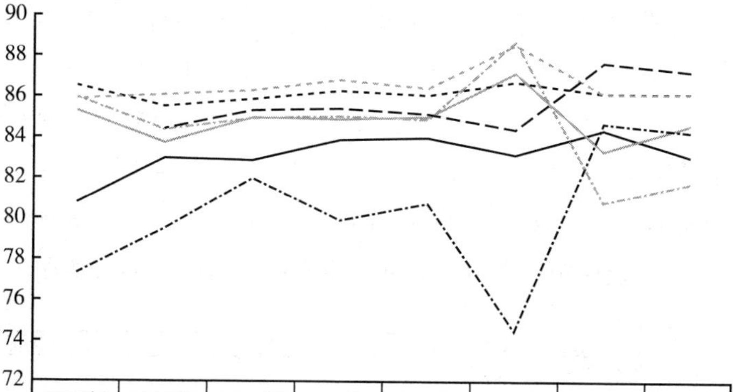

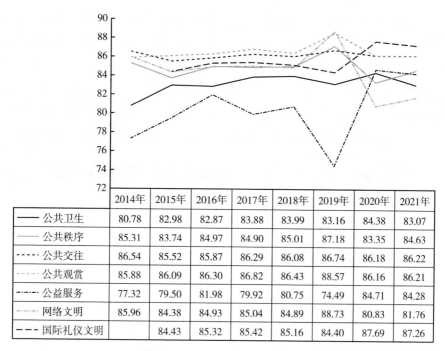

	2014年	2015年	2016年	2017年	2018年	2019年	2020年	2021年
公共卫生	80.78	82.98	82.87	83.88	83.99	83.16	84.38	83.07
公共秩序	85.31	83.74	84.97	84.90	85.01	87.18	83.35	84.63
公共交往	86.54	85.52	85.87	86.29	86.08	86.74	86.18	86.22
公共观赏	85.88	86.09	86.30	86.82	86.43	88.57	86.16	86.21
公益服务	77.32	79.50	81.98	79.92	80.75	74.49	84.71	84.28
网络文明	85.96	84.38	84.93	85.04	84.89	88.73	80.83	81.76
国际礼仪文明		84.43	85.32	85.42	85.16	84.40	87.69	87.26

图 3　2014~2021 年二级指标值

基于这些变化进行了略微的调整，与 2020 年测评题目存在一点差异。各个维度及具体指标的变动与变动原因将在后面第二部分进行具体且详细的探讨。

（二）具体指标

公共文明七个维度下共 34 个指标，这些指标所涵盖的公共文明行为从公共文明的各个层次全面细致地考察和评价杭州市民公共文明行为的表现及特点，共同构成了一个完整的公共文明测评体系。

1. 公共卫生

城市公共环境卫生是公共文明最直接的体现，是城市的“面子”。新冠疫情的大考促使人们认识到，卫生不仅关乎个体健康，还与家国命运休戚相关。个体良好的卫生习惯对社会稳定发展具有重要意义，而且对公共卫生文明行为提出了更高的要求，尤其体现在使用公筷公勺、不随地吐痰、公共场所科学佩戴口罩、文明打喷嚏、咳嗽讲礼仪等行为上。

2021 年杭州市民在公共卫生方面的测评指数为 83. 07。公共卫生维度下设

6 个三级指标，其中，5 个指标分别测评 5 项具体的公共卫生文明行为，1 个指标是杭州市民对自己公共卫生文明行为做出的总体评价。从图 4 可见，5 个指标及其测评指数按照从高到低排序分别是："垃圾分类投放"（84. 50）、"自觉遵守公共场所有关吸烟的规定"（83. 93）、"不随地吐痰"（82. 23）、"在公共场所咳嗽、打喷嚏时遮掩口鼻"（80. 97）、"聚餐时使用公筷公勺"（77. 76）。杭州市民对自己公共卫生文明行为的总体表现评价分值为 85. 29。

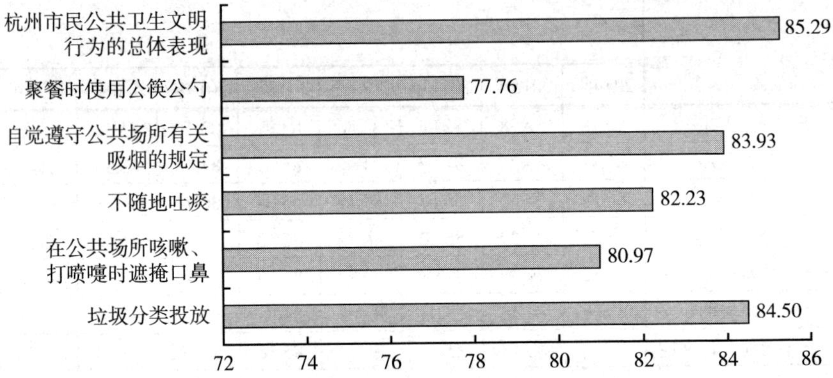

图 4　2021 年公共卫生三级指标值

"垃圾分类投放"测评指数（84. 50）不仅位列 2021 年公共卫生各个行为表现测评结果的第一，而且相比往年又得到了进一步的提高，比 2020 年提升了 0. 97 个分值，并且达到了八年来最高值。从 2014 年到 2020 年，只有 2018 年、2020 年的指数高于 80，其余年份均为 70 多。与此同时，2021 年，共有 90. 4%的调查对象认为杭州市民的垃圾分类投放表现"很好"和"好"。这一良好表现是杭州市垃圾分类的精细化推进产生的积极成效之一。杭州市自被列为全国垃圾分类工作首批 46 个先行先试的重点城市之一，将生活垃圾分类处理纳入市政府民生实事项目，完善垃圾分类投放、收集、运输、处理利用设施和管理体系，扩大垃圾分类的覆盖面，实现垃圾分类杭州模式全部覆盖，探索桶长制、垃圾分类专管员、撤桶入室、道路和街区定时定点投放与收运等垃圾分类的创新举措，修改《杭州市生活垃圾管理条例》，加大对垃圾分类不规范的处罚力度，形成《杭州市生活垃圾分类操作指南》。需要注意的是，一方面，垃圾分类需要持之以恒，重在行动，贵在坚持，市民应当将垃圾分类内化为常态化生活方式；另一方面，垃圾分类行为也表现为“我分类”“我分好”“我正确分好”等不同程度。因此，如何巩固市民垃圾分类的良好表现、市民自觉践行垃圾分类新时尚以及实现市民垃圾分类行为的升级提质将是今后市民公共文明行为需要关注的方面。

“自觉遵守公共场所有关吸烟的规定”本次测评指数为83.93，位列所有被测公共卫生文明行为结果的第二。而且，相较于2020年指数82.59，上升了1.34个分值。2020年这项测评结果是五项具体指标中得分最低的一项。通过将2021年其他公共卫生文明行为的测评结果与2020年相比较发现，绝大多数行为的指数提高了。由此，可以认为，2021年杭州市民在“自觉遵守公共场所有关吸烟的规定”方面的表现确实得到了一定的提升，即便在其他公共卫生文明行为指数提高的情况下它的指数依然位列第二。产生这一表现的原因主要在于：一是疫情防控常态化下市民人人佩戴口罩进出医疗机构和大部分公共场所，吸烟的情况有了比较大的改善；二是亚运会已经进入倒计时，为了保驾护航2022年杭州“无烟亚运”，并在2021年底实现真正意义上的全面禁烟，杭州市不断加大了控烟的宣传、监督执法和行政处罚等各个方面的力度。当然，进一步增强吸烟者的依从性还需要发挥政府、吸烟者、社会力量的合力。观察发现，一些吸烟者的自觉性不足，一些公共场所及工作场所没有张贴明显的禁烟标志或只是简单地设置了一个垃圾桶。

“不随地吐痰”“在公共场所咳嗽、打喷嚏时遮掩口鼻”这两项指标的测评指数相较于2020年均呈现为下降，而且相对于往年也有所下降。有痰、咳嗽、打喷嚏是人的生理现象，它普遍发生于所有的个体，也不受限于特定的时间或空间，该特性加大了对这类行为加以引导和监督的难度。这些行为一旦成为个体的陋习，它的不良影响将是多方面的，新冠疫情更是凸显了这些行为文明和规范的重要性，因此，这些陈规陋习和顽症痼疾应当引起特别关注。目前，《杭州市文明行为促进条例》和《关于修改〈杭州市文明行为促进条例〉的决定（草案）》将“不随地吐痰”列为文明行为基本规范，“随地吐痰”须承担法律责任。从其他一些城市的最新实践来看，和疫情相关的行为规范已经纳入文明条例中。比如，正式实施于2020年6月1日的《北京市文明行为促进条例》将“在公共场所咳嗽、打喷嚏时遮掩口鼻”列为应当遵守的文明行为规范，“随地吐痰”被列为重点治理的不文明行为。2021年9月1日正式施行的《广东省文明行为促进条例》也将“在公共场所咳嗽、打喷嚏时遮掩口鼻”“不随地吐痰”列为应当遵守的文明行为规范。

“聚餐时使用公筷公勺”位列所有公共卫生文明被测行为结果的最后一名，且测评分数低于80分，为77.76分。餐桌文明是公共文明的缩影，也是文明建设的窗口。“聚餐时使用公筷公勺”是餐桌文明的主要构成部分，当前，这一行为也是做好防疫和守住健康的重要环节。这一项测评结果表明，虽然“聚餐时使用公筷公勺”的倡议很早就有，但是成效并不显著，公筷公勺的使用尚未融入市民的日常生活。自疫情后，浙江省发出了“文明餐桌 公筷公勺”行动倡议，并在全省范围内全面推行公筷公勺。杭州市也在大力推进公筷公勺的使用，比如“推进公筷公勺、共建文明餐桌”示范企业、首个《公筷公勺使用管理规范》、首个“6·11公筷公勺日”餐桌文明主题活动等。传统习惯、不方便是市民不愿意使用公筷公勺的主要原因。引导市民形成使用公筷公勺的理念，并将其真正融入日常生活，仍是公共卫生文明有待加强和努力的一方面。

2. 公共秩序

2021年杭州市民在公共秩序方面的测评指数为84.63。公共秩序维度下设7个三级指标，其中，6个指标分别测评6项具体的公共秩序文明行为，1个指标是杭州市民对自己公共秩序文明行为做出的总体评价。从图5可见，6个指标及其测评指数按照从高到低排序分别是：“汽车礼让行人”（89.07）、“汽车喇叭不乱鸣笛”（86.85）、“乘坐公共交通工具时自觉排队”（84.59）、“骑电动车时佩戴头盔”（83.77）、“共享单车有序使用和停放”（79.70）、“跳广场舞时不噪音扰民”（79.13）。杭州市民对自己公共秩序文明行为的总体表现评价分值为86.07。在公共秩序维度下，共有两项具体公共秩序文明行为测评指数低于80分。

“汽车礼让行人”已经成为体现杭州市城市文明的显著标志。“汽车礼让行人”指数（89.07）依然位列所有公共秩序文明行为测评结果的第一，且比2020年的测评结果（88.49）又提升了0.58。具体的调查数据显示，市民对“汽车礼让行人”的评价为“好”与“很好”的比例为94.4%。由此可见，市民高度认可杭州市汽车礼让行人现象，汽车礼让行人也已内化为司机的自觉行为。这一结果产生了两个方面的思考：一方面，需要对“汽车礼让行人”

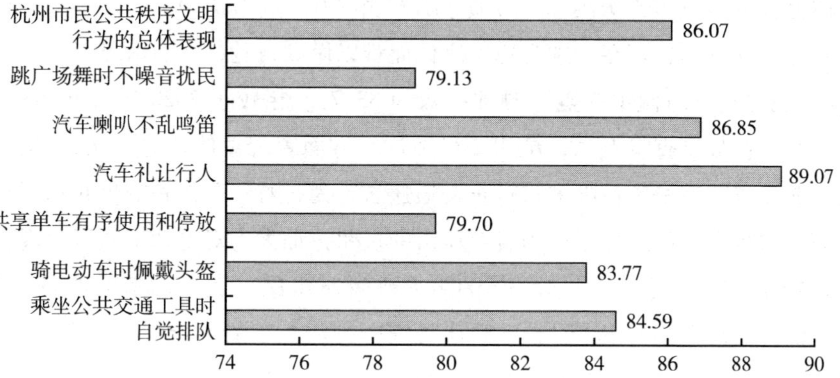

图 5　2021 年公共秩序三级指标值

得以长期维持的背后机制做出充分的挖掘，适时将其经验移植和借鉴于其他需要提升的应当遵守的文明行为；另一方面，结合当前交通出行的新问题和新现象，从“汽车礼让行人”出发促进形成更多的交通秩序文明行为，进一步营造文明礼让有序的交通出行氛围。关于这方面，杭州市交警部门已经开展了相关的实践，比如“交替通行”、“Z 字形”斑马线、黄牌货车右转弯“海淞弯”等。

还“静”于民，还“静”于城。“汽车喇叭不乱鸣笛”是文明出行的另一个体现。2021 年这一行为的指数（86.85）位列所有公共秩序文明行为测评结果的第二，共有 93.9%的被调查者对杭州市“汽车喇叭不乱鸣笛”的评价为“好”与“很好”。这一行为效应的产生离不开近些年相关职能部门的一系列举措及其形成的合力。杭州市除了继续倡议市民自觉抵制乱鸣喇叭和开文明车之外，还开展了违法鸣号集中治理行动，并且借助“声呐电子警察”的黑科技对机动车鸣喇叭、“炸街”等违法行为进行了有效的治理。当然，与“汽车礼让行人”这一杭州出行的“标兵”相比，仍然需要继续增强机动车驾驶员的文明交通意识，从而再育杭州出行的亮丽风景线。

“乘坐公共交通工具时自觉排队”测评指数为 84.59，略低于 2020 年。2015 年，杭州地铁联合市文明办开展“先下后上乘地铁，文明一米迎嘉宾”活动，首次在全市范围内倡导“文明乘车”理念。自 2016 年开始，每月的 1 日和 11 日为杭州公交排队上车宣传日，再加上志愿者的文明乘车劝导，乘客总体上基本形成了排队候车的习惯。随着线网升级和客流增加，在早高峰和晚高峰等特殊时刻，存在个别为抢占座位而难以做到自觉排队的情况。

“骑电动车时佩戴头盔”测评指数为83.77，相较于2020年（80.83）有所提升。在被调查者看来，杭州市民在这一方面表现总体还好。从2019年开始，浙江省就重拳整治电动自行车交通违法行为，对驾驶人和乘坐儿童不戴头盔等违法行为予以严惩。作为省会城市的杭州也加大了对电动车骑行违规行为的查处和整治力度。占比89.3%的被调查者对市民“骑电动车时佩戴头盔”的评价为“好”和“很好”，反映出查究骑行戴头盔的推行效果发挥了作用。当然，还存在一些市民尚未完全摒弃骑电动车时没有佩戴头盔的交通陋习。

“共享单车有序使用和停放”和“跳广场舞时不噪音扰民”两项测评指数均低于80分，结果分别为79.70、79.13。这两项测评指数在2020年也位列所有公共秩序行为测评结果的最后两名。这反映出，这两项行为的文明程度提升较为缓慢，市民在这两项行为方面的文明意识和文明行为自觉性还需要花较大力气去增强。杭州市对共享单车的乱停乱放已经采取了比较多的措施，比如，设置共享单车和电动车等非机动车的专属泊位；对重要点位、主要路段的共享单车无序停放进行监管。不过，改善共享单车乱停乱放行为需要政府、单车运营商、市民等多元主体的共同努力。目前，单车运营商虽然也在实施相关措施，引导市民文明骑行和有序停放，但仍然需要进一步加强企业的社会责任，在停车区域的设置、共享单车的清运和整理、对用户停车行为的管理等多方面做出优化。对市民而言，除了要他们树立文明使用和停放共享单车的意识，如何让他们面对“太麻烦，赶时间”“别人也这样”“车子又不是我的”等理由时依然会规范使用和停放比较关键。接近20%的被调查者对市民“跳广场舞时不噪音扰民”行为的评价为“很差”、“差”和“一般”。广场舞已经成为人气相当高的全民健身运动之一，市民除了通过广场舞跳出健康生活，还应该在广场舞中舞出文明风貌，让广场舞也成为城市一道亮丽的文明风景。为此，有必要积极探索和创新广场舞活动的管理模式，促进广场舞活动的健康、文明、规范、有序发展。

3. 公共交往

2021年杭州市民在公共交往方面的测评指数为86.22。公共交往维度下设5个三级指标，其中，4个指标分别测评4项具体的公共交往文明行为，1个指标是杭州市民对自己公共交往文明行为做出的总体评价。从图 6 可见，4 个指标及其测评指数按照从高到低排序分别是："尊重和善待环卫工人等服务行业人员"（85.45）、"给老弱病残孕等让座"（84.83）、"邻里和睦，守望相助"（84.66）、"友善对待外来人员"（83.86）。被调查者对杭州市民公共交往文明行为的总体表现评价分值为 89.03。这一结果表明，杭州市民在公共交往维度上的表现比较好，能够对各类群体保持一种友好和包容态度，尤其是对待老弱病残孕、环卫工人等服务行业人员，并且邻里之间也能够较好地表现为和睦、相助。

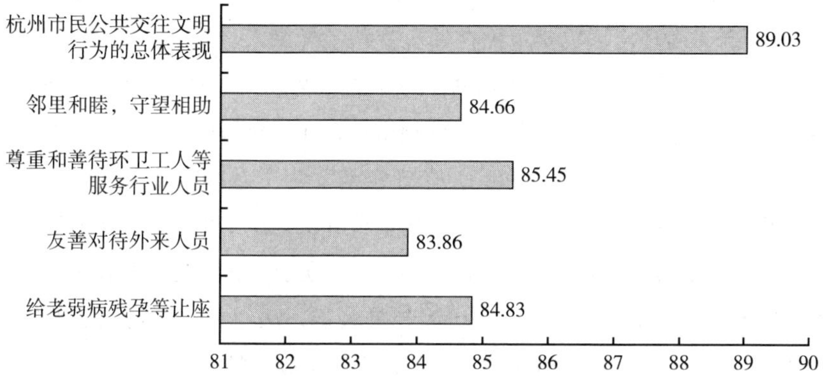

图 6　2021 年公共交往三级指标值

"尊重和善待环卫工人等服务行业人员"测评结果与 2020 年分值比较接近，且继续保持在评价比较高的行列中。市民在这一行为上的表现状况与城市管理者如何对待环卫工人等服务行业人员密切相关。当城市管理者有温度地对待他们时，也就为市民营造出了尊重和善待这类群体的氛围，进而引导人们形成文明交往行为。自 2017 年起，杭州市总工会依托职工服务中心、新杭州人文化家园、环卫工人休息点和城管爱心点等阵地资源，因地制宜为环卫工人、快递员、道路停车收费员、交通协辅警等户外劳动者设立"爱心驿家"。经过多年建设和优化创新，目前杭州已经建成 300 多个"爱心驿家"，其中配备了空调、电扇、冰箱、微波炉、饮水机、药箱、书架等设施设备。另外，杭州市商旅集团等社会力量也参与共建"城管环卫爱心点"公益行动，为环卫工人等群体提供贴心服务。

"给老弱病残孕等让座"测评指数为 84.83，这项指标历年来评价都比较高。在杭州的地铁、公交车等公共交通工具上，都能看到主动给老弱病残孕让座的现象，体现了杭州市民对这些群体的关爱。目前，杭州市交通运输部门还为老年人、残疾人等特殊群体提供打车和约车的贴心服务。通过组建 95128 爱心车队，向特殊群体推出一对一预约结对的出行服务，解决老人等群体出行打车难的问题。可以发现，随着信息技术的发展和社会的不断进步，与老年人、残疾人、孕妇等群体的文明交往已不局限于让座等方面的表现，还体现在公共交往中对他们新的需求和困难提供便利和关爱。

“邻里和睦，守望相助”和“友善对待外来人员”这两项的测评结果分别为 84.66、83.86，表现出了杭州市民在邻里交往、外来人员交往方面良好的素质。近邻不如对门，邻里和睦和守望相助作为中华民族的传统美德，在现代住宅和快节奏生活的影响下，已经有所缺失。杭州市一直在倡导邻里和睦和守望相助，很多社区也组织举办了以“邻里和睦，守望相助”为主题的睦邻文化节，以此促进市民的邻里交往。当前，杭州已经成为新晋外来人口聚集地，每年有数十万从外地来杭州工作的务工人员。杭州市民与外来人员交往范围已经从作为游客的外来人员发展为有意愿定居或已经定居的外来人员，从“是否主动给予游客方便或帮助”到“是否友善对待外来人员”，这不仅考验着杭州市民的文明素质，而且影响到外来人员的城市融入和归属感。从数据结果来看，仅占比为 0.7%的调查对象对“友善对待外来人员”评价为“很差”和“差”。杭州一直在努力把更多善意与温暖体现在城市的每个场景、每个流程、每个细节，让城市中没有一个受冷落的人。诸如杭州市 2020 年启用的“文明帮帮码”，创新数字赋能推进新时代文明实践中心建设和志愿服务工作，打通志愿服务供给端和需求端，促使志愿服务更加精准和便捷。杭州市很多社区通过“文明帮帮码”为外来务工人员对接需求和供给，促进外来务工人员更好地融入小区，感受杭州的温度。

4. 公共观赏

亚运会进入倒计时，在亚运会这项高规格的赛事中，杭州市民的公共观赏表现是这个时期展现杭州城市风貌的关键窗口。2021 年杭州市民在公共观赏方面的测评指数为 86.21，位列七个维度测评指数的第三。公共观赏维度下设 4 个三级指标，其中，3 个指标分别测评 3 项具体的公共观赏文明行为，1 个指标是杭州市民对自己公共观赏文明行为做出的总体评价。从图 7 可见，3 个指标及其测评指数按照从高到低排序分别是：“在图书馆、影剧院等场所不大声喧哗”

(85.67)、“在博物馆、体育馆等文化体育场馆遵守观赏礼仪，服从现场管理”(85.33)、“爱护公共场馆设施、展品，遵守关于拍照、录音、录像的规定”(85.12)。这三项公共观赏文明行为的测评指数均在85以上，没有一个被调查者对这三项行为的评价为“很差”，而且三项指数接近，相差比较小。这一结果反映出：一方面，杭州市民在公共观赏的基本要求方面已经具有了比较强的文明意识，并积极实践公共观赏文明行为；另一方面，杭州市民在公共观赏各项具体行为上的文明程度表现良好且均衡，没有测评结果比较低的短板行为。测评对象对杭州市民公共观赏文明行为的总体表现评价分值为87.77。

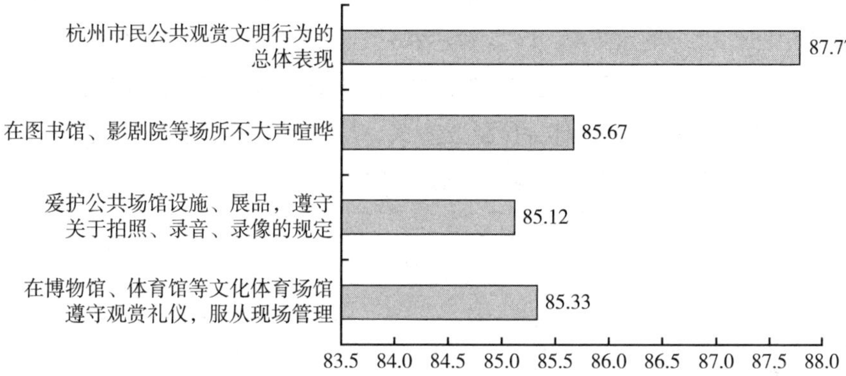

图7　2021年公共观赏三级指标值

与2020年测评结果相比，公共观赏的三项具体行为和总体评价测评指数呈现比较稳定的态势，均在85以上，仅出现一点略微的变动。其中，“在图书馆、影剧院等场所不大声喧哗”提升0.34个分值；“杭州市民公共观赏文明行为的总体表现”提升0.87个分值；“爱护公共场馆设施、展品，遵守关于拍照、录音、录像的规定”下降0.02个分值；“在博物馆、体育馆等文化体育场馆遵守观赏礼仪，服从现场管理”下降1.5个分值。2021年，为了让广大市民群众进一步了解亚运文化、赛事礼仪和国际礼仪，杭州亚组委主办了杭州亚运会城市文明与亚运礼仪文化展，其中一个板块包括基本观赛礼仪、体育赛事观赛礼仪。优良的观赏礼仪有助于体育赛事的正常运作，也是一个城市市民的素质和文明程度的重要体现。根据测评结果以及职能部门的宣传和倡导，相信杭州市民能够将优良的公共观赏风貌展现于国内外。

5. 公益服务

公益行动体现了人性的真善美，弘扬了社会正能量。近些年，杭州市公益服务的表现显著。2019 年，在《全国公益指数榜单》中，杭州以 3052.7 万余小时的志愿服务记录位列全国最热志愿服务城市榜首，并且是社区志愿服务、为老助老、垃圾分类、文明旅游等服务领域活动开展次数最多的城市。根据志愿汇平台的统计数据，截至 2020 年，杭州市共有注册志愿者 3135863 名，这一数据也在不断增长。在疫情防控期间，杭州平均每天有 1.5 万名志愿者投身防疫志愿服务，累计服务时长达到 144 万小时。

2021 年杭州市民在公益服务方面的测评指数为 84.28，位列七个维度测评结果的中间位次。虽然 2021 年这项指数略微低于 2020 年测评指数 84.71，但高于其他年份的测评结果，并且这项指数还处于 80~85 区间。调查对象对杭州市民公益服务文明行为的总体评价指数为 86.43，其余三项指标按照测评指数从高到低排序分别是："参加志愿服务活动"（84.32）、"参加捐款捐物"（82.87）、"参加献血"（82.21）（见图 8）。

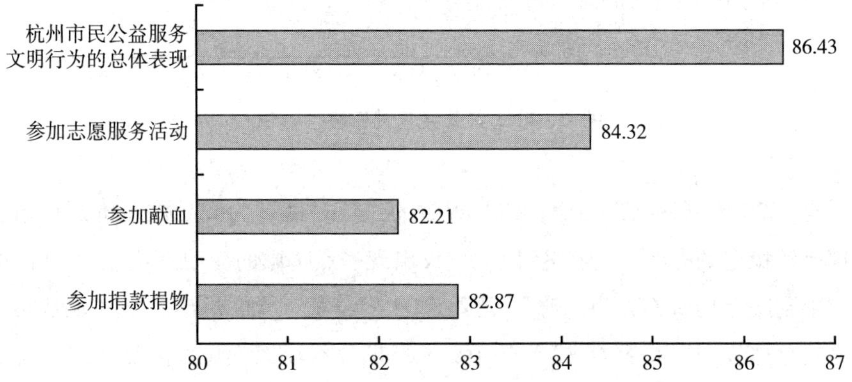

图 8　2021 年公益服务三级指标值

与 2020 年的测评结果相比，调查对象对杭州市民公益服务文明行为的总体评价指数有所提升，提高了 0.74 个分值。三项具体行为的测评指数与 2020 年相比略微有所下降，其中，"参加捐款捐物" 指数下降 1.33，"参加志愿服务活动" 和 "参加献血" 分别下降 1.13、0.69。测评指数的微小下降与 2020 年的特殊年份存在一定关系。在新冠疫情暴发和发展期，全国人民更为团结友爱，疫情严重地区的人力物力等资源的缺乏促使更多的人参与到公益服务活动、做出捐款捐物等公益行为。因此，从这些数据结果可以发现，总体上，杭州市民的公益服务意识和行为表现良好，捐款捐物、献血、志愿服务活动等公益服务普遍能够获得市民的支持。杭州市参与无偿献血人次从2012年的15.4万人次上升至2020年的19.4万人次，增长率为26.0%。杭州市连续九次荣获“全国无偿献血先进市”荣誉称号。

三项公益服务具体行为的测评指数整体排序与2020年一样，“参加志愿服务活动”表现依然好于“参加捐款捐物”和“参加献血”。这反映出，相较于捐款捐物和献血，杭州市民比较倾向于选择参加志愿服务活动。相对而言，志愿服务活动更加具有组织性和体验性，这些年杭州市在志愿服务方面也已经探索形成了很多创新性举措，这促使志愿服务更加准确及时和便捷高效，并且进一步提高了市民参与志愿服务的积极性和获得感。比如，运用数字技术赋能新时代文明实践中心建设和志愿服务工作，产生了“文明帮帮码”“西湖区3.0版志愿服务体系”“文明大脑”等数据化平台。

6. 网络文明

《中共中央关于制定国民经济和社会发展第十四个五年规划和二〇三五年远景目标的建议》首次明确提出“加强网络文明建设”。2021年9月，《关于加强网络文明建设的意见》强调指出，加强网络文明建设，是推进社会主义精神文明建设、提高社会文明程度的必然要求，是适应社会主要矛盾变化、满足人民对美好生活向往的迫切需要，是加快建设网络强国、全面建设社会主义现代化国家的重要任务。《中国互联网络发展状况统计报告》（第48次）显示，截至2021年6月，我国网民规模达10.11亿人，较2020年12月增长2175万人，互联网普及率达71.6%。网络空间成为市民工作生活和沟通交流的主要空间，网络文明状况成为市民公共文明的重要体现。

2021年杭州市民在网络文明方面的测评指数为81.76。从图9可见，网络文明的三项指标分别为：“不在网上肆意谩骂、发表有害言论”（79.77）、“不听信流言蜚语、在网上传播虚假信息”（81.98）以及调查对象对杭州市民网络文明行为的总体评价（83.42）。和2020年一样，网络文明方面的测评指数仍然位列七个维度测评结果的最后。“不在网上肆意谩骂、发表有害言论”测评指数比 2020 年下降了 0. 53，且测评指数跳出 80 行列，跌入 70 行列。由此，相较于其他的文明维度，市民的网络文明意识和文明行为还需要花比较大的力气进一步去加强，要继续规范网络行为和推动市民养成科学、健康、文明的网络生活方式。这不仅在于目前网络文明的测评指数与其他维度存在一些差距，还因为网络虚拟环境下加强文明面临特殊性。在虚拟的网络情境中，网民以匿名的身份发表言论，在现实生活中本该遵守的规范和约束可能会大大减弱，责任意识和法律意识大大降低，所以就容易出现网络暴力、在网上传播虚假信息等不文明行为。

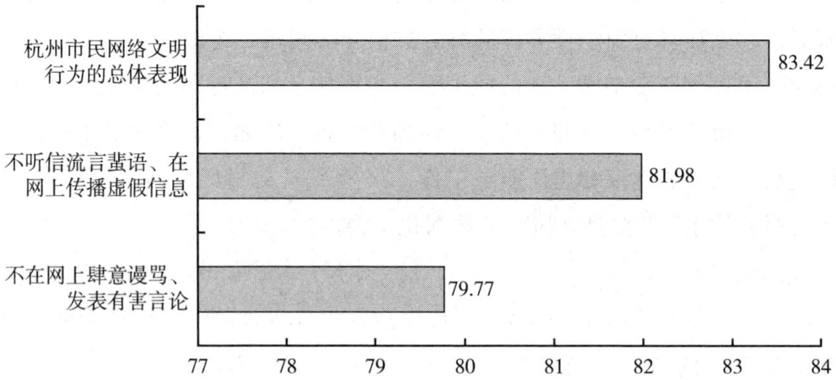

图 9　2021 年网络文明三级指标值

与 2020 年相比，无论是从网络文明的总体评价，还是从具体的网络文明行为来看，杭州市民的网络文明表现都得到了一定的提升，呈现不断向好发展的趋势。2021 年杭州市民在网络文明方面的测评指数比 2020 年提高了 0. 93，调查对象对杭州市民网络文明行为的总体评价从 2020 年的 81. 86 上升为 2021 年的 83. 24，提高了 1. 38。2021 年“不听信流言蜚语、在网上传播虚假信息”测评指数比 2020 年提高了 1. 73。随着因在网上发布不当言论等主体被追究法律责任的案例不断增多，再加上杭州长期以来开展的网络文明倡议、网络文明志愿行动、网络文明第一课、网络文化节、网络警察等多项措施，市民逐渐认识到“提高网络文明素养是每个人的必修课”。市民正在逐步意识到网络并非法外之地，他们在网络上的不当行为同样需要承担法律后果。

7. 亚运礼仪文明

2020年“魅力中国——外籍人才眼中最具吸引力的中国城市”评选结果揭晓，杭州多项人才净流入数据保持第一，位列榜单第三。而且连续11年入选外籍人才眼中最具吸引力的中国城市。这项评选基于外籍人才工作便利度、生活便利度、社会环境、城市互评、城市外向度这五个维度共54项指标展开，能够体现出一个城市对外的表现。市民在亚运礼仪文明上的表现关系到2022年杭州如何展现亚运会东道主形象。亚运会已经进入倒计时，把握杭州市民的亚运礼仪文明现状，探究存在的不足和需要进一步提升的行为就显得尤为重要。为此，此次测评专门设置亚运礼仪文明维度。

2021年杭州市民在亚运礼仪文明方面的测评指数为87.26，位列七个维度测评指数的第一。亚运礼仪文明维度下设5个三级指标，其中，4个指标分别测评4项具体的亚运礼仪文明行为，1个指标是杭州市民对自己亚运礼仪文明行为做出的总体评价。从图10可见，杭州市民亚运礼仪文明行为的总体表现指数为87.74，4个指标及其测评指数按照从高到低排序分别是：“认同绿色、智能、节俭、文明的亚运办会理念”（88.59）、“能向世界展示杭州人的修养和文明”（87.51）、“具有热情好客的东道主形象”（86.98）、“尊重外国人的风俗习惯”（84.90）。无论是调查对象对杭州市民亚运礼仪文明的总体表现评价，还是具体的亚运礼仪文明行为，杭州市民的亚运礼仪文明都表现比较好，测评指数均在84以上。这一数据表明，杭州市民积极支持和参与到杭州亚运会的建设中，他们普遍认同绿色、智能、节俭、文明的亚运办会理念，也能够向世界展示杭州人的修养和文明，以及热情好客的东道主形象。

杭州是历史文化名城，G20峰会的成功举办和亚运会的申办更是让杭州成为享誉世界的城市之一。在城市日益国际化的进程中，杭州市民同时在不断提升他们的对外礼仪文明。办好一个会，提升一座城。自亚运会“落地”杭州后，杭州市围绕亚运会开展了一系列城市行动，城市文明共建行动是亚运城市行动的重要内容之一，这也进一步激发了广大市民的主人翁意识，加深了市民的亚运文明认知，并愿意为亚运贡献自己的一份力。杭州市统计局近期开展的电话调查数据显示，市民对举办亚运会的知晓度高，99.3%的受访市民知晓2022年杭州将举办亚运会。市民参与亚运会热情也很高，在为亚运会做贡献

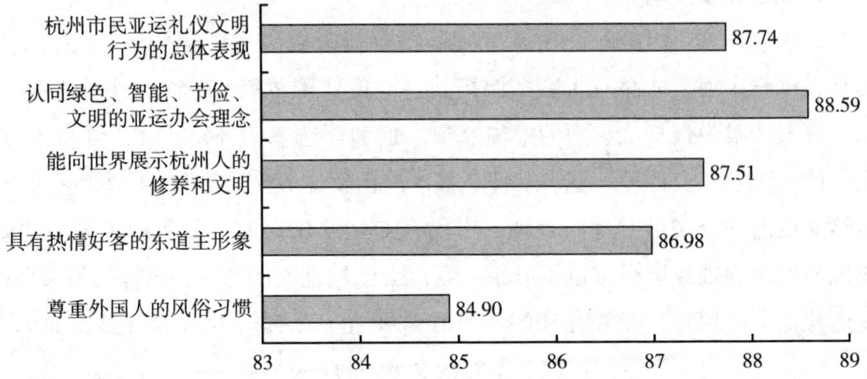

图 10　2021 年亚运礼仪文明三级指标值

的选项中，66.8%的市民认为是“做好东道主，热心接待游客”，49.3%的市民认为是“主动参与体育活动，倡导全民运动”，44.1%的市民认为是“参与志愿者活动，为亚运会出力”。在愿意参与的志愿服务活动中，市民倾向于参加“文明引导类”“环境保护类”“文化宣传类”等志愿服务活动。

四　2021年公共文明指数测评的主要结论

（一）公共文明综合指数连续8年攀升，市民文明素质不断提升

近年来，杭州市按照中央和省委、市委的部署要求，把文明创建作为提升城市治理现代化水平的重要抓手和满足人民群众美好生活需要的有力举措，并随着形势发展以高标准严要求扎扎实实做好各项工作，这些工作均取得了积极成效。相较于 2020 年指数 84.76、2019 年指数 84.75、2018 年指数 84.67、2017 年指数 84.65、2016 年指数 84.63、2015 年指数 84.06、2014 年指数 83.63，2021 年综合指数继续维持在 80~90 区间，且达到历年来最高值（84.78），比 2020 年上升 0.02 个分值，比 2014 年上升 1.15 个分值。市民文明素质的不断提升，意味着杭州市城市文明建设有必要进入新的阶段和新的高度，进而促进市民公共文明指数再次提档升级。

（二）亚运礼仪文明指数登顶，七个维度指数呈现“四升三降”

2021 年杭州市民在亚运礼仪文明方面的测评指数为 87.26，位列七个维度测评指数的第一。这项维度的测评指数比紧随其后的公共交往指数（86.22）高 1.04 个分值，比位于最后一名的网络文明指数（81.76）高出 5.50 个分值。杭州市民积极支持和参与到杭州亚运会的建设中，他们普遍认同绿色、智能、节俭、文明的亚运办会理念，也能够向世界展示杭州人的修养和文明，以及热情好客的东道主形象。与 2020 年相比，公共卫生、公共交往、网络文明、公共观赏、公共秩序、公益服务、亚运礼仪文明等七个维度指数呈现为“四升三降”，总体向好。公共卫生、公益服务、国际礼仪文明（亚运礼仪文明）这 3 个维度的指数略有下降，其中，公共卫生较 2020 年下降 1.31 个分值，公益服务较 2020 年下降 0.43 个分值，亚运礼仪文明（国际礼仪文明）较 2020 年下降 0.43 个分值。公共秩序、公共交往、公共观赏、网络文明这 4 个维度的指数均高于 2020 年，分值依次提升了 1.28、0.04、0.05、0.93。公共秩序的增长幅度最大，公共卫生的下降幅度最大。由此，2021 年杭州市民公共文明的表现尚未完全实现各个维度文明指数的全面提升，文明创建工作仍然需要精准施策和创新实践，以巩固市民表现良好的文明行为，补齐公共文明测评的失分点、短板点和关键点。

（三）交往文明和观赏文明渐成自觉，网络空间仍需树立文明风尚

2021 年杭州市民在公共交往方面的测评指数为 86.22，历年分值的波动幅度比较小，且历年测评指数均在 85 以上。被调查者对杭州市民公共交往文明行为的总体表现评价分值达到 89.03。杭州市民能够对各类群体保持一种友好和包容的态度，尤其是对待老弱病残孕及环卫工人等服务行业人员，并且邻里之间也能够较好地表现为和睦、相助。2021 年杭州市民在公共观赏方面的测评指数为 86.21，三项公共观赏文明行为的测评指数均在 85 以上，没有一个被调查者对这三项行为的评价为“很差”。杭州市民在公共观赏的基本要求方面已经具有了比较强的文明意识，并积极实践公共观赏文明行为。2021 年杭州市民在网络文明方面的测评指数为 81.76，虽然与 2020 年相比，杭州市民的网络文明表现得到了一定的提升，但是该项指数继续位列七个维度测评结果的

最后一位。各项具体的网络文明行为测评指数也不高，其中，“不在网上肆意谩骂、发表有害言论”指数低于80。由此，网络文明的测评指数与其他维度存在一些差距，网络文明仍然需要花比较大的努力去树立文明风尚。

（四）“礼让斑马线”等文明行为继续巩固，垃圾分类等提升显著

首创于杭州的“礼让斑马线”文明行为受到国内外的“点赞”，并且被国内多个城市借鉴学习，成为出行的亮丽风景线。2021年杭州市公共文明指数测评结果显示，“汽车礼让行人”指数（89.07）不仅位列所有公共秩序行为测评结果的第一，而且比2020年的测评结果（88.49）又提升了0.58，位列七个维度所有具体文明行为测评结果的第一。“尊重和善待环卫工人等服务行业人员”测评结果（85.45）与2020年分值比较接近，且继续保持在评价比较高的行列中。“给老弱病残孕等让座”测评指数为84.83，这项指标历年来评价都比较高。目前在杭州的地铁、公交车等公共交通工具上，都能看到主动给老弱病残孕让座的现象。

“垃圾分类投放”“自觉遵守公共场所有关吸烟的规定”“骑电动车时佩戴头盔”这三项指标在2021年测评中表现出了较大幅度的提升。“垃圾分类投放”测评指数（84.50）不仅位列2021年公共卫生各个行为表现测评结果的第一，而且相比2020年提升了0.97个分值，并且达到了八年来最高值。“自觉遵守公共场所有关吸烟的规定”测评指数为83.93，位列所有被测公共卫生行为结果的第二。相较于2020年指数82.59，上升了1.34个分值。“骑电动车时佩戴头盔”测评指数为83.77，相较于2020年指数80.83提升了2.94。由此，一方面，有必要对“汽车礼让行人”“尊重和善待环卫工人等服务行业人员”等得以长期维持的背后机制做出充分的挖掘，适时将其经验移植和借鉴于其他需要提升的应当遵守的文明行为；另一方面，对此次测评中提升显著的行为应当进一步加强相关措施，实现这些行为表现的文明程度从量的提升向质的提升发展。

（五）公筷公勺和广场舞噪音等成为文明短板，需精准施策补齐短板

2021年公共文明指数测评结果反映出，制约杭州市民公共文明行为实现全面提升的短板还比较突出。从这次测评的“失分点”来看，“聚餐时使用公

筷公勺”“跳广场舞时不噪音扰民”“共享单车有序使用和停放”“不在网上肆意谩骂、发表有害言论”构成了杭州市文明素质提升的短板，测评指数均低于80。“聚餐时使用公筷公勺”位列所有公共卫生文明被测行为结果的最后一名，且测评分数为77.76。“共享单车有序使用和停放”和“跳广场舞时不噪音扰民”两项测评指数分别为79.70、79.13，这两项的测评指数在2020年也位列所有公共秩序文明行为测评结果的最后两名。“不在网上肆意谩骂、发表有害言论”测评指数为79.77，比2020年还要低。这些文明行为的短板，既涉及公共卫生方面的问题，也包括公共秩序、网络文明等方面的问题。不仅有比较“顽固”的不文明现象，还包括因社会经济的发展或突发公共危机事件的发生而凸显出的应当遵守的文明行为。这些文明行为短板的性质特征都将给杭州市公共文明建设带来挑战，同时也要求相关职能部门以问题为导向，持续深化文明的创建工作。

（六）文明特色有所拓展，“最文明”面临从盆景到风景的转变

经过多年创新实践的积累和巩固，礼让斑马线、微笑亭、孝心车位、最美人物、平民英雄、道德模范等已经成为杭州市城市文明和市民文明的标志性文明特色。2020~2021年，杭州市在这些基础上对文明特色进行了一些拓展。为了进一步打造文明礼让有序的交通出行，促进市民自觉形成更多的交通秩序文明行为，杭州市交警部门开展了相关实践，文明出行从“汽车礼让行人”发展为“交替通行”、“Z字形”斑马线、黄牌货车右转弯“海淞弯”、“45度礼让”等。在与老人、残疾人等特殊群体的公共交往方面，关注数字化时代这些群体的新需求，形成了为老年人、残疾人等特殊群体提供打车和约车的贴心服务“95128”爱心出行。这一交通服务金名片帮助解决了老人等群体出行打车难的问题。在公益服务方面，通过现代信息技术赋能文明实践，建立了“文明帮帮码”、“文明大脑”、文明实践地图、美丽西湖App等综合数字服务平台，促使志愿服务更加准确及时和便捷高效，并且进一步提高了市民参与志愿服务的积极性和获得感。这些文明特色获得了多方的点赞，也对市民公共文明的自觉产生和日常化发挥了关键性作用。因此，如何让文明特色不断扩展，将“最文明”从盆景汇成“最文明”的城市风景？除了应该继续做好现有文明特色之外，还需要依赖多元化主体的合力，

以亚运会为契机，聚焦于市民关注和关心的难题和需求，以及社会经济发展和进步产生的市民公共文明新规范和新标准，综合运用多种措施和方法，激发更为广泛的市民在公共卫生、公共秩序、网络文明等维度表现出良好的文明素质和文明行为，在公共观赏和公共交往等维度打造出更多文明特色，共建一座有温度的善城。

五　进一步提升市民公共文明的对策建议

（一）立足“重要窗口”站位，深入贯彻2021版《杭州市文明行为促进条例》

杭州市蝉联全国文明城市“四连冠”，连续 14 年荣获“中国最具幸福感城市”称号，成为全国唯一的“幸福示范标杆城市”，入选全国首批社会信用体系建设示范城市，并获得中国美好生活城市（2020~2021）评选的“大美之城”和“向往之城”两项殊荣。杭州致力于建设成为独特韵味别样精彩世界名城和新时代中国特色社会主义的重要窗口。2021 年，杭州市更是明确争当浙江高质量发展建设共同富裕示范区的城市范例。《杭州争当浙江高质量发展建设共同富裕示范区城市范例的行动计划（2021—2025 年）》要求实现目标：文明好习惯养成实现率达到 90%以上，社会诚信度达到 96%以上，争取成为全国文明典范城市。2021 年杭州市民公共文明指数测评显示，杭州市民公共文明指数连续 8 年攀升，市民文明素质不断提升。2021 年，杭州市第十三届人民代表大会常务委员会第三十五次会议决定对《杭州市文明行为促进条例》做出一些修改，形成 2021 年版《杭州市文明行为促进条例》，文明建设法治化水平得到新的提升。

杭州市应当立足“重要窗口”站位，对标市域社会治理现代化标杆城市、全国文明城市创建、世界名城标准、全国文明典范城市、新时代中国特色社会主义的重要窗口和共同富裕示范区的城市范例，深入贯彻落实 2021 年版《杭州市文明行为促进条例》。将条例宣传纳入普法宣传规划，对最新版条例规定的文明行为规范、法律责任和条例的新变化等进行深入宣传诠释，提高条例的普及率、知晓率和遵从率，确保条例深入人心。以正面清单和负面清单等多种形式让市民了解日常生活中“要求什么”“倡导什么”“不允许什么”“违法后果是什么”。及时向社会公布《杭州市文明行为促进条例》的贯彻落实情况。借鉴北京市、厦门市等城市举措，研究制定文明行为记录制度，明确文明行为记录的标准和程序，并将其融入政府各项政策制定过程。

（二）加强结对共建，发挥文明单位的示范引领作用

市民公共文明行为的提升绝不只是政府及其职能部门的事情，同样需要社会力量积极履行社会责任，全力助推城市文明的建设。“礼让斑马线”“排队上下车”等文明品牌的形成，同样表明了公交公司、地铁公司等社会力量参与城市文明创建的意义。应当加强与企业、社区、学校等组织结对共建，扩大结对共建的文明单位范围，不断凝聚多元化社会主体的合力，通过优势互补和互相促进，发挥文明单位的示范性和先进性，优化文明创建共管共治和共建共享的格局。进一步增强文明结对共建的主动性和自觉性，形成良好的社会共建氛围，推动文明建设“进机关、进社区、进企业、进学校、进楼宇”，让更多的社会力量主动融入文明建设中，成为城市文明创建工作的有生力量。切实加强领导，精心组织选树，组建文明单位创建工作联盟，统筹兼顾，不断丰富结对共建工作内容，着眼长远，构建适宜的结对共建工作机制。增强文明结对共建单位的社会责任意识，优化对结对共建单位的监督和激励机制，避免出现“牌子到手，创建到头”的现象。积极引导结对共建单位树立创建“只有起点，没有终点”的思想，将文明单位创建工作纳入单位发展整体规划，结合单位的优势，有效地开展创建工作。

2021 年公共文明指数测评结果反映出，“聚餐时使用公筷公勺”“跳广场舞时不噪音扰民”“共享单车有序使用和停放”“不在网上肆意谩骂、发表有害言论”构成了杭州市文明素质提升的短板，测评指数均低于 80 分。针对此次测评显示的文明短板，开展与相关单位的结对共建，通过打造“公筷公勺示范店”“文明示范共享单车运营单位”“文明广场舞协会”等，以组织为主体促进市民这些方面文明意识和文明行为的提升。比如，被明确为“公筷公勺示范店”的餐饮店，必须为客人配备公筷公勺，并培训和要求服务员对进餐中客人未使用公筷公勺做出善意提醒。被纳入“文明示范共享单

车运营单位”的公司，必须完善对用车人共享单车使用和停放方面的管理机制。

（三）活用各类载体和节点，让文明宣传宣讲深入人心

市民是否接受过相关的宣传教育与其公共文明行为表现具有显著相关性，在现代信息化时代，应当活用各类宣传载体和宣传节点，让文明宣传宣讲深入人心。

一是要加强文明城市宣传节点规划。对现有交通枢纽口、交通工具、交通条线、公园等宣传节点做出相应的评估，提升这些宣传节点的视觉效果和使用长远性。充分利用一些公共场所和公共设施，注重所规划的宣传节点与周边环境的契合度，因地制宜植入文明城市创建系列景观节点，合理布置文明城市创建宣传内容。

二是做强公益宣传。打造线上线下公益广告精品，以公共文明为主题，结合新时代新风貌，精心设计公益广告作品，制作安装大型户外公益广告牌、公交站台公益广告、公交车身公益广告、交通路口公益广告等和文化墙，打造公益广告样式精美、耐久性强的公益广告街头小景、扎景，促进生活场景与文明创建的相互融合。充分运用“学习强国”、浙江新闻客户端、微信公众号、抖音等当下热门社交平台等线上平台，推送“讲文明”系列公益小视频。

三是立足信息社会时代。利用社交在线的特点，以政府购买服务的方式，促使腾讯、阿里、抖音等头部社交媒体组成“在线文明联盟”，利用头部社交媒体的覆盖面广、黏合性强、活跃度高、传播廉价等优势，发动“文明行为在线+”等行动，以小游戏、短视频、优段子等方式，融合公共观赏、公益服务、网络文明、国际礼仪文明等多种文明行为指标，长期在线开展相关“游戏活动”，以诚信分、公益奖章（电子）、文明鲜花（电子）等电子奖品方式，激励市民在线对各种文明行为、文明短板、文明现象加强参与、反馈、监督。

四是加强文明宣传进社区、进学校等宣传宣讲活动。突出典型，继续做好“最美人物”、平民英雄、道德模范、好人好事、文明使者等先进典型的宣传互动，用榜样的力量营造文明氛围。以问题为导向，开展以使用公勺公筷、文明上网、跳广场舞不噪音扰民、共享单车按规定使用和停放为重点的宣传引导活动，提高市民对这些文明行为的知晓率和遵从率。

（四）数字化赋能城市文明创建，为文明行为提供“机会”

目前，在交通出行和公益服务等文明方面，杭州市已经创新实践了数字化赋能城市文明的创建，并且取得了很好的成效。在交通出行方面，为了提升电动车骑行的文明水平，杭州交警部门专门开发了物联网电子牌照，这些号牌能够配合路面感知系统，捕捉电动车的交通违法行为。针对外卖骑手长期以来的乱闯红灯、超速行驶、未佩戴头盔等行为，设置了智能头盔，它可以和外卖骑手 App 的蓝牙绑定，实时检测佩戴状态，提醒骑手佩戴头盔。杭州交警拱墅大队综合利用视频监控、无线网络广播、网络扩音等技术构筑了“交通违法远程警告广播系统”，能够远程提醒行人和电动自行车驾驶人正确佩戴安全头盔、按规定车道行驶、安全文明出行，纠正轻微交通违法。通过该系统的提醒，不少未能正确佩戴头盔的电动自行车驾驶人都能当场戴好头盔，自觉纠正违法行为。自该系统上线以来，共提醒了 3000 余起违法行为，现场纠正 2400 余起，遏制了电动自行车闯红灯、骑快车道、未戴安全头盔及行人乱穿马路等交通违法行为。

在公益服务方面，开发和启动了“文明帮帮码”“文明大脑”“美丽西湖 App”等综合数字服务平台，智能匹配市民需求和文明实践各类资源，让公益服务更加广阔、更加多元、更加精准，也更加贴近市民的日常生活与工作。共有近百万名志愿者和 9965 支志愿服务团队入驻“文明帮帮码”，常态化开展志愿服务。“余杭文明大脑”平台，已成立志愿服务队伍 870 余支，入驻志愿者 12 万余人，开展各类文明实践活动 6600 余场。数字化赋能城市文明创建的创新实践及其成效反映出，数字化不仅扮演着一种媒介工具的角色，还有助于纠正不文明行为、激发市民产生文明行为，以及将文明行为日常化，为市民文明行为提供了“机会”。因此，可以在现有创新实践领域积累数字赋能文明创建的经验基础上，在公共秩序、公共卫生、网络文明等维度进一步探索数字化赋能的运用。

（五）整合优势资源，做好做强文明实践阵地

近年来，杭州市以桐庐县、拱墅区、西湖区三个全国试点以及江干区、富阳区、临安区三个省级试点为重点，以其他九个区、县（市）、管委会为市级

试点，充分利用社区文化家园、农村文化礼堂等阵地，全域推进新时代文明实践中心的建设，打造形成了“实践中心—实践所—实践站—实践点”体系架构。数据统计显示，目前杭州市挂牌运行实践中心 9 个、实践所 175 家，覆盖率达 90.7%，实践站 2666 家、实践点 1133 个，覆盖率达 87.9%。新时代文明实践中心通过形式多样和内容丰富的文明实践形式，让每位市民都能成为文明实践的参与者，成为新时代文明实践的有效阵地。

为此，进一步推进各区结合本地实际情况，因地制宜地整合优势资源，深化新时代文明实践中心的建设，让“小阵地”释放“大能量”。不断规范文明实践中心、所、站建设标准，引领文明实践向纵深发展。挖掘和聚合人员力量，壮大文明实践主体队伍，建立新时代文明实践志愿服务总队、分队、小队等志愿服务队伍，激励和会聚本地党员、文化人才、“五老”人员、道德模范、行业榜样等人员的参与，并为新时代文明实践中心建立本土专家资源库。以数智创新推动新时代文明实践中心服务功能的延伸，推广“文明帮帮码”经验，打通宣传群众、教育群众、关心群众、服务群众“最后一公里”。以“群众最需要”为准则组织开展文明实践活动，注重互动体验式场景的打造，综合实景模拟、游戏互动、打卡计分等方式，在体验式场景中养成文明好习惯。

（六）瞄准时代发展契机，打造文明观赏和文明餐饮等杭州特色

2022 年，杭州将举办亚运会，杭州市以亚运会筹办为契机，致力于“办好一个会，提升一座城”。《杭州市亚运城市行动计划纲要》明确将城市文明共建行动纳入亚运城市行动之一。优良的观赏礼仪有助于体育赛事的正常运作，也是一个城市市民的素质和文明程度的重要体现。2021 年杭州市民公共文明指数测评结果反映出，杭州市民在公共观赏的基本要求方面已经具有了比较好的文明意识，并积极实践公共观赏文明行为。新冠疫情的大考促使人们认识到，卫生不仅关乎个体健康，还与家国命运休戚相关。在疫情防控常态化的当下，更是凸显了树立起使用公筷公勺、不随地吐痰、文明打喷嚏、咳嗽讲礼仪等文明行为的重要性。2021 年杭州市民公共文明指数测评结果表明，杭州市民在这些方面还存在不足，有待加强。杭州市被列为全国垃圾分类工作首批 46 个先行先试的重点城市之一，已经全域打响了垃圾分类攻坚战。《杭州争当

浙江高质量发展建设共同富裕示范区城市范例的行动计划（2021—2025 年）》要求实现目标：文明好习惯养成实现率达到 90%以上，社会诚信度达到 96%以上，争取成为全国文明典范城市。

在这样的时代发展契机下，除了继续巩固礼让斑马线、排队上下车、最美人物、道德模范等标志性文明行为之外，建议聚焦于公共观赏、使用公筷公勺、垃圾分类、光盘行动等行为，打造出更多文明特色，让这些文明特色产生同频共振的叠加效应，共建一座有温度的善城。

2022年主报告

2022年杭州市民公共文明指数调查分析报告

一 调查背景

2022 年，习近平总书记在党的二十大报告中着重强调“提高全社会文明程度”。党的二十大报告中还指出，中国式现代化，是中国共产党领导的社会主义现代化，既有各国现代化的共同特征，更有基于自己国情的中国特色。中国式现代化是物质文明和精神文明相协调的现代化。在浙江省第十五次党代会报告中也指出：“高水平推进人的现代化，打造促进全体人民全面发展高地……着力推进全域文化繁荣全民精神富有。推行以精神富有为标志的文化发展模式，增强先进文化凝聚力，在共同富裕中实现精神富有，在现代化先行中实现文化先行。”中国共产党杭州市第十三次代表大会提出要“奋力打造世界一流的社会主义现代化国际大都市……争取跻身国内一线城市、全球城市第一方阵”。中共杭州市委十三届三次全会通过的《中共杭州市委关于全面学习把握落实党的二十大精神　加快打造世界一流的社会主义现代化国际大都市努力成为中国式现代化城市范例的决定》中更进一步指出“高水平推进共同富裕幸福杭州建设、加快打造世界一流的社会主义现代化国际大都市、努力成为中国式现代化的城市范例”。

2022 年是杭州争创全国文明典范城市的关键之年，也是决战决胜之年。2022 年全球创新指数排名发布，在全球前 100 个科技集群中，杭州首次进入前20，居第14位，创历史最好排名，超过了伦敦、洛杉矶等城市。杭州还获评“2022国际化高质量发展环境建设标杆城市”称号；在入选“中国城市国际名录”单项指标中，杭州仅次于北京；入选“2022中国国际传播综合影响力先锋城市”。从追求全球治理“杭州共识”的G20峰会，到2022首届全球数字生态大会、第三届（2022）世界会长大会、2022杭州全球人工智能技术大会，杭州作为中国参与全球经济社会治理的窗口角色也越来越明显。

文明如水，润物无声。在全国文明城市创建的过程中，杭州实现了可喜的“四连冠”成绩。良渚古城遗址成功申遗，西湖和西溪实现一体化保护提升，大运河国家文化公园建设加快推进。德寿宫遗址公园、国家版本馆杭州分馆、国家（杭州）短视频基地等重大文化项目有序推进和开放。2022年底，杭州进一步规范公共服务场所外语标识。在《杭州市公共服务领域外文译写导则（试行）》的基础上，杭州市进一步编制了《公共服务领域外文译写规范》。

在此背景下，本课题组在延承杭州市民公共文明指数系列调查基础上，结合常规动作和自选动作，科学开展2022年相关数据收集和分析。本次调查对标全国文明城市创建、世界名城标准、全国文明典范城市、市域社会治理现代化标杆城市，按照《杭州争当浙江高质量发展建设共同富裕示范区城市范例的行动计划（2021—2025年）》中“推动社会全面进步，着力建设文明和谐美丽家园”，以及《杭州市城市国际化促进条例》中“采取措施提升居民文明素质和国际意识”等要求组织安排实施。通过此次调查，本报告旨在更好地了解处于重要发展阶段的杭州市民的公共文明行为状况，并为相关决策部门的政策工具提供对策建议。

二　研究设计与样本情况

（一）调查内容

随着社会经济的发展和杭州市文明行为创建的不断深入，社会对市民公共文明行为的要求有所提高，新的文明与不文明现象也在逐步显现。为此，在保持总体一致的原则下，2022 年各个维度的调查指标，基于这些变化略做调整，与 2021 年调查指标存在细微差异。与 2021 年一样，本次调查中将公共文明分为七大维度——公共卫生、公共秩序、公共交往、公共观赏、社会反馈/公益服务、网络文明、国际礼仪文明。每个维度下设若干个具体指标和对该维度公共文明行为的总体评价，共 41 道题。具体指标如表 1 所示。每个维度的分数构成为：具体指标占 65%，总体评价占 35%。这 41 道题的答案选项为“很差”“差”“一般”“好”“很好”，相对应的分数为 0 分、25 分、50 分、75 分、100 分。

表 1　2022 年公共文明调查指标

二级指标	三级指标
公共卫生	A1. 自觉进行垃圾分类投放
	A2. 在公共场所咳嗽、打喷嚏时遮掩口鼻
	A3. 不随地吐痰
	A4. 自觉遵守公共场所有关吸烟的规定
	A5. 不随地乱扔烟头
	A6. 聚餐时使用公筷公勺
	A7. 公共场合自觉配戴口罩(2022 年新增)
	A8. 杭州市民在公共卫生行为上的总体表现
公共秩序	B1. 乘坐公共交通工具时自觉排队,先下后上
	B2. 骑电动车时自觉佩戴头盔
	B3. 共享单车有序使用和停放
	B4. 机动车主动礼让行人
	B5. 机动车司机不乱鸣笛
	B6. 广场舞噪音不扰民
	B7. 行人不乱闯红灯(2022 年新增)
	B8. 电动车/自行车按规定方向行驶,不逆行
	B9. 杭州市民在公共秩序行为上的总体表现
公共交往	C1. 给老弱病残孕等有需要的乘客让座
	C2. 友善对待外地来杭人员,愿意提供力所能及的帮助
	C3. 尊重和善待环卫工人等服务行业人员
	C4. 邻里和睦,守望相助
	C5. 杭州市民在公共交往行为上的总体表现

续表

二级指标	三级指标
公共观赏	D1. 在体育场馆遵守观赏礼仪,服从现场管理
	D2. 观看演出时,爱护公共场馆设施、展品,遵守关于拍照、录音和录像等的规定
	D3. 观看比赛时,适时给予掌声鼓励
	D4. 观看比赛后,及时清理自己留下的垃圾
	D5. 在图书馆、影剧院等公共场所不大声喧哗
	D6. 杭州市民在公共观赏行为上的总体表现
社会反馈/公益服务	E1. 外出就餐光盘或打包,不浪费
	E2. 参与捐款捐物
	E3. 参加无偿献血
	E4. 参加各类志愿服务活动
	E5. 杭州市民在公益服务行为上的总体表现
网络文明	F1. 不在网上肆意谩骂、发表不当言论
	F2. 不听信流言蜚语,在网络上传播、散布虚假信息
	F3. 杭州市民在网络文明行为上的总体表现
国际礼仪文明	G1. 尊重外国友人的习俗禁忌
	G2. 能热情友善对待外国友人,并愿为其提供力所能及的帮助与服务
	G3. 能向世界展示杭州人的修养和文明
	G4. 积极学习了解并遵循国际通行的礼仪规范
	G5. 杭州市民在国际礼仪文明行为上的总体表现

（二）抽样方法

1. 社区层面

在杭州市 10 个行政区，每个行政区抽取 1 个社区 80 户居民发放问卷（见表 2）。

第一阶段：以区为初级抽样单位，涉及本次调查范围内的 10 个行政区。

第二阶段：以居民委员会为二级抽样单位。从 10 个行政区中各抽出 1 个二级抽样单元（社区），得到 10 个社区。

第三阶段：运用配额抽样方法，在每个社区中抽出 80 户，每户确定 1 人，得到 800 人。据此发放 800 份问卷，最后回收的有效问卷为 721 份。

表 2　问卷调查点之一：社区

调查地点	有效问卷数量	调查地点	有效问卷数量
钱塘区高沙社区	72	余杭区太炎社区	77
上城区岳王路社区	71	富阳区秋月社区	71
拱墅区黎园社区	73	临安区新民社区	69
西湖区沿山河社区	76	临平区联盟社区	67
滨江区观潮社区	74	合计	721
萧山区银河社区	71		

2. 其他公共场所层面

如表 3 所示，本次调查在吴山广场、大运河景区、西湖文化广场、市民中心、党群服务中心等公共场所发放问卷 900 份，回收有效问卷 850 份。

表 3　问卷调查点之二：其他公共场所

调查地点	有效问卷数量	调查地点	有效问卷数量
宝龙广场	98	西湖景区	143
吴山广场	67	市民中心	75
杭州博物馆	67	党群服务中心	162
大运河景区	148	合计	850
西湖文化广场	90		

（三）样本介绍

本次调查重点考察的是对杭州市民在公共场合中的文明行为状况的评价，调查对象包括杭州市常住人口（包括杭州户籍和非杭州户籍）和来杭不足半年的短期外来人员。共发放问卷 1700 份，回收有效问卷 1571 份，有效回收率为 92. 4%。调查样本的基本情况如表 4 所示。

表 4　调查样本的基本情况

单位：人，%

变量	指标	人数	占比
性别	男	697	44.4
	女	874	55.6
年龄	18~25 岁	558	35.5
	26~35 岁	399	25.4
	36~50 岁	336	21.4
	50 岁以上	278	17.7
受教育程度	小学及以下	106	12.2
	初中	223	16.1
	高中/中专	291	18.5
	大专	605	43.3
	本科	154	9.8
	研究生	192	12.2
政治面貌	群众	754	48.0
	共青团员	458	29.2
	中共党员	338	21.5
	民主党派	21	1.3
户籍类型	杭州户籍	729	46.4
	外地城镇户口	436	27.8
	外地农村户口	406	25.8
职业类型	党政机关、事业单位人员	137	8.7
	企业员工	427	27.2
	私营企业主	59	3.8
	个体工商户	129	8.2
	农业劳动者	27	1.7
	自由职业者	126	8.0
	无业	126	8.0
	离退休人员	36	2.3
	学生	370	23.6
	其他	134	8.5

从表4可见，调查样本中男性数量低于女性数量，男性占比为44.4%，女性占比为55.6%；从样本涉及的四个年龄群体的分布情况来看，18~25岁占比为35.5%，26~35岁占比为25.4%，36~50岁占比为21.4%，50岁以上占比为17.7%，调查对象大多处于中青年阶段；在受教育程度上，大专及以上受教育程度者占比高于65%，受教育程度普遍较高；从政治面貌来看，48.0%为群众，29.2%为共青团员，21.5%为中共党员，1.3%为民主党派，能够较为全面地了解多元化主体对市民公共文明行为的认知和判断；在户籍类型上，46.4%为杭州户籍，27.8%为外地城镇户口，25.8%为外地农村户口；此外，本次研究中，样本的职业分布较广，几乎涵盖了各行各业的人士，符合统计调查中的代表性要求。

三　杭州市民公共文明指数调查结果

（一）总体指数

根据图1可知，国际礼仪文明、公共交往等指标表现相对较好，而网络文明和社会反馈/公益服务等指标表现则相对较差。具体而言，2022年公共文明综合指数为84.86，七个维度的分值按照从高到低排序分别是：国际礼仪文明（87.23）、公共交往（87.16）、公共观赏（85.63）、公共秩序（85.01）、公共卫生（84.60）、社会反馈/公益服务（83.02）、网络文明（81.41）。七个维度的分值均处于80~90分区间，其中，国际礼仪文明在此次调查中分值位列第一，网络文明分值位列最后，两者分值相差5.82。

杭州市民公共文明指数调查已经开展九年，相较于前几次调查，2022年度的公共文明综合指数为84.86，该数值为历年来最高值（见图2），比2021年上升0.08个分值，比2014年上升1.23个分值。由此，杭州市民的公共文明综合指数自2014年以来实现了连续9年的攀升，每年均能以“前进一小步”的稳健方式持续增长，总体呈现不断提升的态势。但是相对而言，在2019年之后，公共文明综合指数的增长幅度相对较缓慢。其背后，既反映了本调查指标的延续性和稳健性，也可能反映出市民公共文明水平达到一定程度，后续提升难度较大。

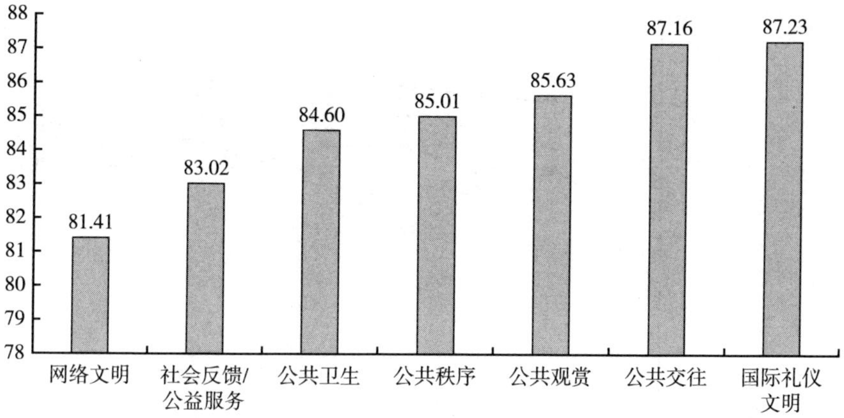

图 1　2022 年杭州市民公共文明二级指标值

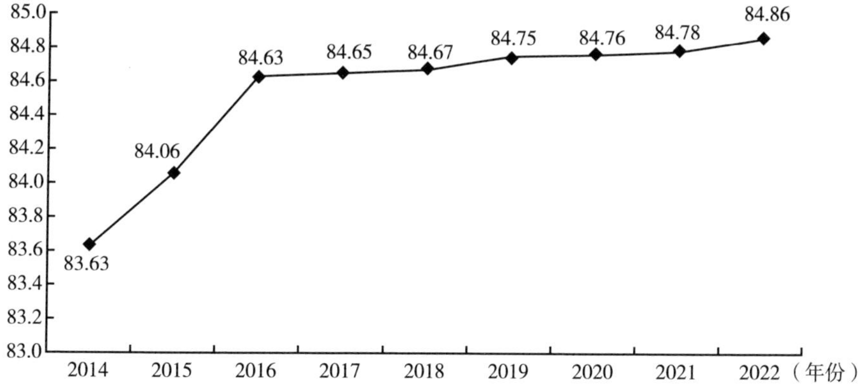

图 2　2014~2022 年公共文明综合指数

从 2014~2022 年杭州市民公共文明指数二级指标来看（见图 3），尽管每年市民公共文明指数调查的二级指标会有轻微的变化，但市民在公共交往、公共观赏等指标上的表现相对稳定，历年分值的波动幅度较小，分值也均在 85 分以上。2018~2022 年，七个维度在均值上呈现了一定的变化，部分指标表现为先上升后下降又继续上升，另一些维度则表现为先下降后上升又下降的趋势。

相较于 2021 年的指数结果，2022 年公共文明的七个维度分值呈现为“三升四降”的趋势，总体较好。公共观赏、社会反馈/公益服务、网络文明、国

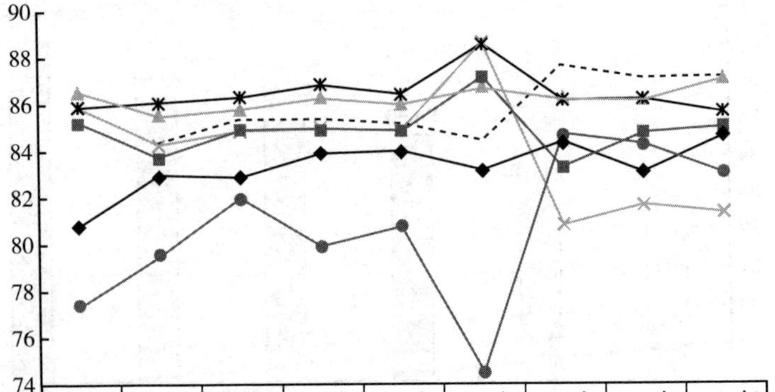

	2014年	2015年	2016年	2017年	2018年	2019年	2020年	2021年	2022年
公共卫生	80.78	82.98	82.87	83.88	83.99	83.16	84.38	83.07	84.60
公共秩序	85.31	83.74	84.97	84.90	85.01	87.18	83.35	84.63	85.01
公共交往	86.54	85.52	85.87	86.29	86.08	86.74	86.18	86.22	87.16
公共观赏	85.88	86.09	86.30	86.82	86.43	88.57	86.16	86.21	85.63
公益服务	77.32	79.50	81.98	79.92	80.75	74.49	84.71	84.28	83.02
网络文明	85.96	84.38	84.93	85.04	84.89	88.73	80.83	81.76	81.41
国际礼仪文明		84.43	85.32	85.42	85.16	84.40	87.69	87.26	87.23

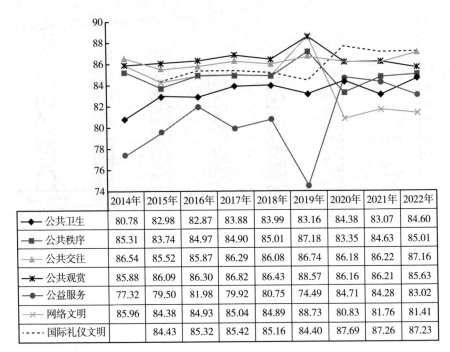

图 3　2014~2022 年杭州市民公共文明指数二级指标

际礼仪文明这 4 个维度有所下降。相较于 2021 年，公共卫生的增长幅度最大，公共卫生、公共秩序、公共交往这 3 个维度的指数分值分别上升了 1.53、0.38、0.94；而公共观赏下降 0.58 个分值，社会反馈/公益服务下降 1.26 个分值，网络文明下降 0.35 个分值，国际礼仪文明下降 0.03 个分值。

这些数据证实了杭州市民在公共文明行为的多个领域都能够表现出较高的文明程度，但同时也揭示出在社会反馈/公益服务和网络文明等方面，市民文明水平值得重视。各个维度和具体指标的变动及其原因将在后面第二部分进行详细探讨。

（二）具体指标

公共文明七个维度下共设 41 个指标，这些指标所涵盖的公共行为从公共文明的各个层次全面细致地考察和评价杭州市民公共文明行为的表现及特点，共同构成了一个完整的公共文明指标体系。

1. 公共卫生

城市公共环境卫生是公共文明最直接的体现。新冠疫情的大考促使人们认识到，卫生不仅关乎个体健康，还与家国命运休戚相关。个体良好的卫生习惯对于社会稳定发展具有重要意义，而且对公共卫生文明行为提出了更高的要求。

2022年杭州市民在公共卫生方面的调查指数为84.60。公共卫生维度设置了8个三级指标。其中，7个指标分别调查7项具体的公共卫生行为，1个指标是杭州市民对自己公共卫生行为做出的总体评价。从图4可发现，7个指标及其调查指数按照从高到低排序依次为："公共场合自觉佩戴口罩"（88.29）、"不随地吐痰"（85.65）、"自觉遵守公共场所有关吸烟的规定"（84.15）、"不随地乱扔烟头"（83.91）、"在公共场所咳嗽、打喷嚏时遮掩口鼻"（82.86）、"自觉进行垃圾分类投放"（80.08）、"聚餐时使用公筷公勺"（76.45）。杭州市民对自己公共卫生行为的总体表现评价分值为87.46。

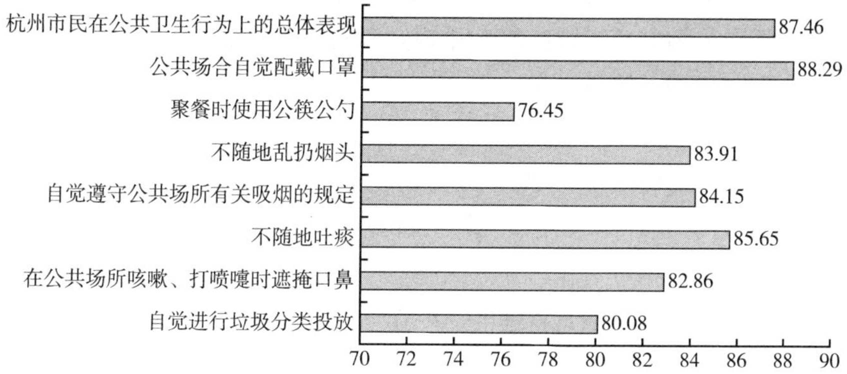

图4　2022年公共卫生三级指标值

"公共场合自觉佩戴口罩"是2022年新增的三级调查指标，其调查指数（88.29）位列2022年公共卫生各个行为表现调查结果的第一。其中，共有92.7%的调查对象认为杭州市民的自觉佩戴口罩行为表现"很好"和"好"。这一良好表现反映了在新冠疫情背景下，市民已然将在公共场所佩戴口罩等理念真正做到了内化于心、外化于行。本报告也进一步关注到新冠疫情放开之后，市民佩戴口罩行为的变化情况。从目前的公共交通和部分公共场所的情况来看，在疫情放开之后，市民佩戴口罩已从外界的约束与强制转化为个体自觉行为。在后续的调查中，研究者将会持续关注该行为的变化情况。

“不随地吐痰”和“在公共场所咳嗽、打喷嚏时遮掩口鼻”这两项指标的调查指数分别为85.65、82.86，相较于2021年分别提升了3.42和1.89个分值，并且，“不随地吐痰”在2022年位列所有被测公共卫生行为结果的第二。新冠疫情和流感以及季节性感冒的存在更是凸显了规范这些文明行为的重要性。得益于杭州市政府对市区文明卫生的重视，通过加大宣传力度、设立惩处机制、加大惩处力度等三方面措施进行规制。其一，丰富公益广告投放方式，联合主流媒体，策划推出有声响、有回音、能二次传播的宣传推广活动，强化不乱扔烟头、垃圾，不随地吐痰等方面的公益宣传，发动市民群众参与文明创建工作，开展“城市清洁大行动”。其二，除了罚款，由市人大代表、市政协委员组成的杭州市“城市文明督导员”，发挥指导、建言献策作用。其三，相关部门通过现场巡查及数字化城管平台、道路视频监控抓拍等非现场执法方式，发现并从严查处随地吐痰、车窗抛物、乱扔垃圾烟蒂等行为，鼓励市民利用手机、行车记录仪等摄像设备抓拍随地吐痰、车窗抛物、乱扔垃圾烟蒂等行为，对违法违规行为进行举报。从2022年的调查结果来看，这类文明行为的规范化成效较为显著。

“自觉遵守公共场所有关吸烟的规定”和“不随地乱扔烟头”这两项调查指标的指数分别为84.15和83.91，依次位列所有被测公共卫生行为结果的第三和第四，相较于往年有所提升。发生这一变化的可能原因在于：一是疫情防控常态化下市民人人佩戴口罩进出公共场所，在一定程度上限制了抽烟的可能性；二是原定于2022年的第19届亚运会已延期至2023年举办，为了保驾护航2023年杭州“无烟亚运”，禁烟行动产生了长久的影响。

“自觉进行垃圾分类投放”调查指数（80.08）较2021年下降了4.42个分值。杭州市是全国垃圾分类工作首批46个先行先试的重点城市之一，政府将生活垃圾分类处理纳入市政府民生实事项目。2022年是全省垃圾分类工作的“五年全面决胜”之年，杭州更是提出了建立健全从垃圾分类到资源利用全体系的“杭州模式”，提炼总结出了“全体系分类标准、全落地责任矩阵、全方位宣传教育、全市域设施配置、全覆盖资源利用、全过程监督管理”的“六全”特点，推动全市生活固废治理高质量发展。目前，全市城乡生活垃圾分类覆盖率、无害化处理率、资源化利用率均达100%，回收利用率达61.9%；持续巩固生活垃圾“零增长零填埋”。最后，本报告进一步提出了杭州垃圾分类处理需要深入关注的两点。其一，尤其是在新冠疫情下，废弃口罩处理以及部分公共场所和医疗场所医疗垃圾的处理等都较为棘手。其二，除了杭州市区的垃圾分类工作，杭州西部山区县等地方的垃圾分类措施也应该引起相关决策者的重视，特别是山区独特的水体和资源保护体系的特殊性。

“聚餐时使用公筷公勺”是餐桌文明的主要构成部分，该项位列所有公共卫生文明被测行为结果的最后一名，调查分数低于80分，为76.45分，且相较于2021年下降了1.31个分值。传统习惯和不方便可能是市民不愿意使用公筷公勺的主要原因。本报告认为，后续仍需要引导市民形成使用公筷公勺的理念，并将其真正融入日常生活，这仍是全社会公共卫生文明有待加强和努力的一方面。

2. 公共秩序

2022年杭州市民在公共秩序方面的调查指数为85.01。公共秩序维度下设9个三级指标，其中，8个指标分别调查8项具体的公共秩序行为，1个指标是杭州市民对自己公共秩序行为做出的总体评价。从图5可见，8个指标及其调查指数按照从高到低排序分别为：“机动车主动礼让行人”（88.22）、“机动车司机不乱鸣笛”（86.51）、“乘坐公共交通工具时自觉排队，先下后上”（85.66）、“行人不乱闯红灯”（83.96）、“骑电动车时自觉佩戴头盔”（82.88）、“电动车/自行车按规定方向行驶，不逆行”（81.59）、“广场舞噪音不扰民”（80.20）、“共享单车有序使用和停放”（79.30）。杭州市民对自己公共秩序行为的总体表现评价分值为87.22。在公共秩序维度下，仅有一项具体公共秩序的行为调查指数低于80。

“机动车主动礼让行人”指数（88.22）位列2022年所有公共秩序行为调查结果的第一。其中，涵盖了汽车和摩托车的机动车行为。2021年位列所有公共秩序行为调查结果第一的为“汽车礼让行人”（89.07），可见，“机动车主动礼让行人”已成为杭州市城市文明的显著标志。具体的调查数据显示，市民对“机动车主动礼让行人”的评价为“很好”与“好”这两项的比例为94.2%。由此可知，市民高度认可杭州市机动车礼让行人现象，机动车礼让行人也已内化为司机的自觉行为。

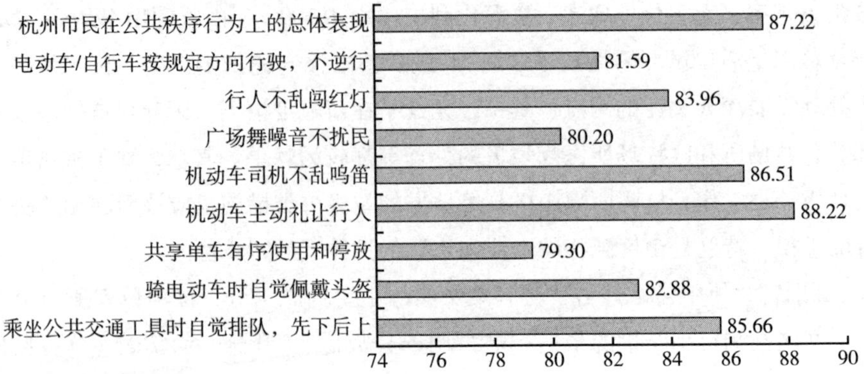

图 5　2022 年公共秩序三级指标值

“机动车司机不乱鸣笛”指数（86.51）位列 2022 年所有公共秩序行为调查结果的第二。共有 91.8%的被调查者对杭州市“机动车司机不乱鸣笛”的评价为“很好”和“好”。这一行为效应的产生离不开近些年杭州市政府相关职能部门的一系列举措及其形成的合力，甚至可以上升到城市治理“策源地”品牌的建设。后续杭州市可以在该方面进一步深化治理措施，推出系列治理的效果展示等。

“乘坐公共交通工具时自觉排队，先下后上”调查指数为 85.66，相较于 2021 年上升 1.07 个分值。杭州市民乘客总体上形成了排队候车的习惯。随着市域内交通线网升级和客流增加的变化，在早高峰和晚高峰等特殊时刻，虽然存在个别为抢占座位而难以做到自觉排队的情况，但是市民依然表现出了较为文明的素质。

“行人不乱闯红灯”是 2022 年新增的调查指标，其指数为 83.96。从被调查者来看，杭州市民这一表现总体较好。例如，2021 年，杭州未来科技城出现一条会发光、能“说话”的智慧斑马线，如果有行人闯红灯，斑马线地灯则会立即“爆闪”警示行人，并提醒过往车辆减速缓行。此外，杭州市公安交警若发现行人闯红灯等违法行为，会通过远程喊话的方式进行劝导。这些都是杭州市推进城市治理能力现代化和增强群众获得感的具体措施，可以更好地服务群众。

“骑电动车时自觉佩戴头盔”“电动车/自行车按规定方向行驶，不逆行”

两项调查指标的结果分别为 82.88、81.59。其中，“骑电动车时自觉佩戴头盔”调查指数较 2021 年有所下降，反映出查究骑行戴头盔的推行效果虽然有一定成效，但是该交通陋习的整改还需长期投入。根据相关调查，该行为中涉及的大多数人群属于城市第三产业从业人员、外来务工人员等，因此对该项行为的治理需要对相关人群有更为细致的摸排和调查。除了现有的罚款和现场监管等行为，未来治理不戴头盔行为应该进一步深化，甚至立项相关城市治理课题研究。

“广场舞噪音不扰民”和“公共单车有序使用和停放”两项调查指数依次为 80.20、79.30，虽然“广场舞噪音不扰民”的分值相较于 2021 年有所上升，但这两项的调查指数同 2021 年一样，仍位列所有公共秩序行为调查结果的最后两名。这反映出，这两项行为的文明程度提升较为缓慢，市民在这两项行为方面的文明意识和文明行为自觉性还需要花较大力气去加强。政府和社区如何为市民提供丰富多彩的业余活动内容和空间，基层社区组织如何平衡人民群众内部之间的矛盾，公共空间交叉以及个体权利的索取和调节如何平衡等议题是全球超大城市共有的问题。其中，社会工作和社会组织的介入是解决的重要措施之一，值得相关部门的重视和关注。例如，国内部分城市（如天津）推动的“巧用社会工作化解邻里纠纷”、上海徐汇区“多元化纠纷解决机制”等。

3. 公共交往

2022 年杭州市民在公共交往方面的调查指数为 87.16。公共交往维度下设 5 个三级指标，其中，4 个指标分别调查 4 项具体的公共交往行为，1 个指标是杭州市民对自己公共交往行为做出的总体评价。从图 6 可见，4 个指标及其调查指数按照从高到低排序分别是：“尊重和善待环卫工人等服务行业人员”（86.94）、“给老弱病残孕等有需要的乘客让座”（86.78）、“邻里和睦，守望相助”（86.54）、“友善对待外地来杭人员，愿意提供力所能及的帮助”（85.23）。被调查者对杭州市民公共交往行为的总体表现评价分值为 88.62。这一结果表明，杭州市民在公共交往维度上的表现比较好，对待老弱病残孕以及环卫工人等服务行业人员十分包容，邻里之间也能够较好地和睦、相助。

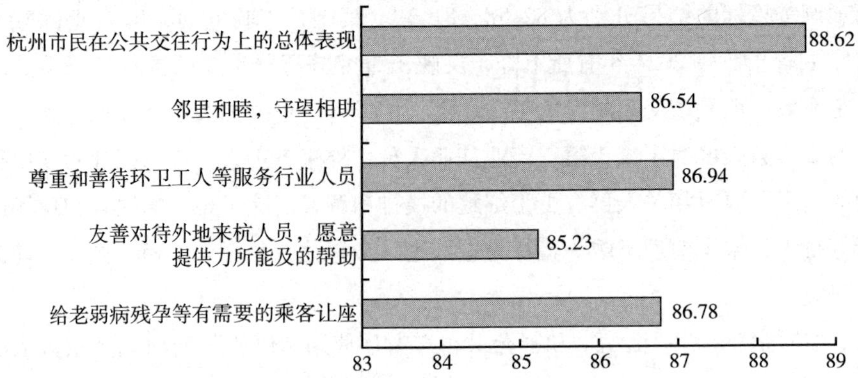

图 6　2022 年公共交往三级指标值

“尊重和善待环卫工人等服务行业人员”调查结果相较于 2021 年分值有所提高，且仍旧保持在评价比较高的行列中。市民在这一行为上的表现状况与城市管理者如何对待环卫工人等服务行业从业人员密切相关。当城市管理者有温度地对待他们时，也就为市民营造出了尊重和善待这类群体的氛围，进而引导市民形成文明交往行为。与前几年关注该类群体的做法一致，自 2021 年 9 月 10 日浙江省首个新就业形态联合工会——湖滨新就业形态联合工会正式成立以来，杭州市已建成新就业形态联合工会 33 家。这些新就业形态联合工会依托“爱心驿家”等服务阵地，为服务行业人员提供贴心服务。

“给老弱病残孕等有需要的乘客让座”调查指数为 86.78，这项指标历年来评价都相对较高。关注城市中特殊弱势群体体现一个城市和社会的良心，给予他们更多的关注和倾斜，能够更好地营造文明社会氛围。除此之外，杭州市对其他特殊群体的关注也体现着整座城市的温情。例如，杭州市救助管理站向社会发出呼吁：市民朋友如果发现流浪露宿人员或外地在杭临时陷入困境人员，请及时拨打 110 报警电话，或引导其前往杭州市救助管理站寻求救助。杭州市救管办组织杭州市救助管理站，联合公安、城管部门，走上杭州街头对流浪露宿人员进行劝导救助。

“邻里和睦，守望相助”和“友善对待外地来杭人员，愿意提供力所能及的帮助”这两项的调查结果分别为 86.54、85.23，体现出了杭州市民在邻里交往、外来人员交往方面良好的素质。远亲不如近邻，近邻不如对门。邻里和睦和守望相助是中华民族的传统美德。从数据结果来看，91.7%的调查对象认为杭州市民能够温暖对待外地来杭人员，他们对“友善对待外地来杭人员，愿意提供力所能及的帮助”的评价集中在“很好”和“好”上。诸多系列温暖服务活动都是为了给予他们更多的支持和关心。既有疫情时杭州市为留杭过年人员提供大礼包，也有在2021年春运期间杭州市总工会开展“情满杭城，温暖同行”关爱外来务工人员八项行动，从物质慰问到精神文化，给外来务工人员、来杭工人等群体带来实实在在的福利。

4. 公共观赏

亚运十九届，盛幕正待时。在亚运会这项高规格的赛事中，市民的公共观赏表现是这个时期展现杭州文明和国际化城市风貌的关键窗口。2022年杭州市民在公共观赏方面的调查指数为85.63。公共观赏维度下设6个三级指标，其中，5个指标分别调查5个具体的公共观赏行为，1个指标是杭州市民对自己公共观赏行为做出的总体评价。从图7可见，5个指标及其调查指数按照从高到低排序分别是：“观看比赛时，适时给予掌声鼓励”（86.66）、“在图书馆、影剧院等公共场所不大声喧哗”（85.69）、“在体育馆遵守观赏礼仪，服从现场管理”（85.52）、“观看演出时，爱护公共场馆设施、展品，遵守关于拍照、录音和录像等的规定”（84.58）、“观看比赛后，及时清理自己留下的垃圾”（82.11）。这五项公共观赏行为的调查指数均在80以上，也没有一个被调查者对这五项行为的评价为“很差”。该结果反映出，杭州市民在公共观赏的基本要求方面已经具有了比较好的文明意识和文明行为。杭州市民在公共观赏各项具体行为的文明程度表现良好，没有调查结果比较低的短板行 调查对象对杭州市民公共观赏行为的总体表现评价分值为86.97。总体评价调

与2021年调查结果相比，公共观赏已有的三项具体 “在图书馆、查指数呈现比较稳定的态势，仅出现略微的变动 场馆遵守观赏礼仪，影剧院等场所不大声喧哗”提升0.02个分值 爱护公共场馆设施、展 4分值，“杭州市民在公共服从现场管理”提升了0.19个分值，此外，新增的两项具体行为得分品，遵守关于拍照、录音、录像 掌声鼓励”位列2022年调查指数观赏行为上的总体表现” 即，优良的观赏礼仪有助于体育赛事也较高，尤其是“观 结果第一。第

的正常运作，杭州市民的素质和文明程度已经达到了国际赛事要求的基本标准。

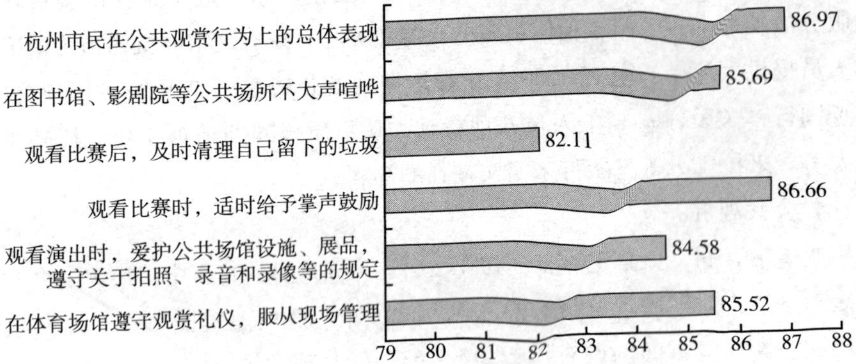

图 7　2022 年公共观赏三级指标值

5. 社会反馈/公益服务

在全国新冠疫情放开之后，杭州市委、市政府在全国范围内首创性地发出了“邻里守望、互助共享”的倡议。公益行动体现了人性的真善美，弘扬了社会正能量。近些年，杭州市公益服务的表现显著。2022 年，杭州市举办“我的亚运我的城 · 城市志愿‘益’起来”亚运城市志愿者招募活动，亚运城市志愿者报名人数已超 120 万人。

2022 年杭州市民在社会反馈/公益服务方面的调查指数为 83. 02，位列七个调查结果中等偏下的位次。虽然 2022 年这项指数较 2021 年调查指数下降了 1. 26 值，但这项指数还是处于 80~85 分的区间。调查对象对杭州市民公益服务行为……评价指数为 85. 85，其余四项指标按照调查指数从高到低排序分别是：“参加……愿服务活动”（83. 26）、“参加无偿献血”（81. 54）、“参与捐款捐物”（81. 4……就餐光盘或打包，不浪费”（79. 73）（见图 8）。

与 2021 年的……比，调查对象对杭州市民公益服务行为的总体评价指数以及其他四项……调查指数均有所下降，尤其是 2022 年新增的具体行为“外出就餐光盘……费”低于 80。从这些结果可以发现，总体而言，杭州市民的社会……意识和行为表现有待提高。捐款捐物、献血、志愿服务活动等公益……上能够获得市民的支持。仅的正常运作，杭州市民的素质和文明程度已经达到了国际赛事要求的基本标准。

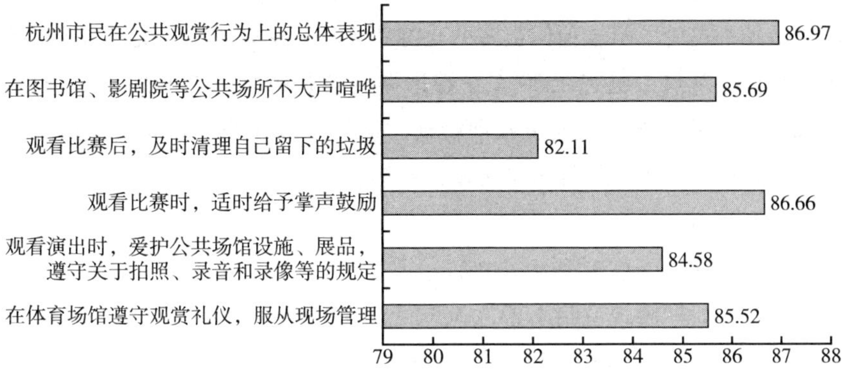

图 7　2022 年公共观赏三级指标值

5. 社会反馈/公益服务

在全国新冠疫情放开之后，杭州市委、市政府在全国范围内首创性地发出了“邻里守望、互助共享”的倡议。公益行动体现了人性的真善美，弘扬了社会正能量。近些年，杭州市公益服务的表现显著。2022 年，杭州市举办“我的亚运我的城・城市志愿‘益’起来”亚运城市志愿者招募活动，亚运城市志愿者报名人数已超 120 万人。

2022 年杭州市民在社会反馈/公益服务方面的调查指数为 83.02，位列七个维度调查结果中等偏下的位次。虽然 2022 年这项指数较 2021 年调查指数下降了 1.26 个分值，但这项指数还是处于 80~85 分的区间。调查对象对杭州市民公益服务行为的总体评价指数为 85.85，其余四项指标按照调查指数从高到低排序分别是：“参加各类志愿服务活动”（83.26）、“参加无偿献血”（81.54）、“参与捐款捐物”（81.43）、“外出就餐光盘或打包，不浪费”（79.73）（见图 8）。

与 2021 年的调查结果相比，调查对象对杭州市民公益服务行为的总体评价指数以及其他四项具体行为的调查指数均有所下降，尤其是 2022 年新增的具体行为“外出就餐光盘或打包，不浪费”低于 80。从这些结果可以发现，总体而言，杭州市民的社会反馈/公益服务意识和行为表现有待提高。捐款捐物、献血、志愿服务活动等公益服务在一定程度上能够获得市民的支持。仅睦和守望相助是中华民族的传统美德。从数据结果来看，91.7%的调查对象认为杭州市民能够温暖对待外地来杭人员，他们对“友善对待外地来杭人员，愿意提供力所能及的帮助”的评价集中在“很好”和“好”上。诸多系列温暖服务活动都是为了给予他们更多的支持和关心。既有疫情时杭州市为留杭过年人员提供大礼包，也有在2021年春运期间杭州市总工会开展“情满杭城，温暖同行”关爱外来务工人员八项行动，从物质慰问到精神文化，给外来务工人员、来杭工人等群体带来实实在在的福利。

4. 公共观赏

亚运十九届，盛幕正待时。在亚运会这项高规格的赛事中，市民的公共观赏表现是这个时期展现杭州文明和国际化城市风貌的关键窗口。2022年杭州市民在公共观赏方面的调查指数为85.63。公共观赏维度下设6个三级指标，其中，5个指标分别调查5个具体的公共观赏行为，1个指标是杭州市民对自己公共观赏行为做出的总体评价。从图7可见，5个指标及其调查指数按照从高到低排序分别是：“观看比赛时，适时给予掌声鼓励”（86.66）、“在图书馆、影剧院等公共场所不大声喧哗”（85.69）、“在体育馆遵守观赏礼仪，服从现场管理”（85.52）、“观看演出时，爱护公共场馆设施、展品，遵守关于拍照、录音和录像等的规定”（84.58）、“观看比赛后，及时清理自己留下的垃圾”（82.11）。这五项公共观赏行为的调查指数均在80以上，也没有一个被调查者对这五项行为的评价为“很差”。该结果反映出，杭州市民在公共观赏的基本要求方面已经具有了比较好的文明意识和文明行为。杭州市民在公共观赏各项具体行为的文明程度表现良好，没有调查结果比较低的短板行为。调查对象对杭州市民公共观赏行为的总体表现评价分值为86.97。

与2021年调查结果相比，公共观赏已有的三项具体行为和总体评价调查指数呈现比较稳定的态势，仅出现略微的变动趋势。其中，“在图书馆、影剧院等场所不大声喧哗”提升0.02个分值，“在体育场馆遵守观赏礼仪，服从现场管理”提升了0.19个分值，“观看演出时，爱护公共场馆设施、展品，遵守关于拍照、录音、录像的规定”下降0.54分值，“杭州市民在公共观赏行为上的总体表现”下降0.8个分值。此外，新增的两项具体行为得分也较高，尤其是“观看比赛时，适时给予掌声鼓励”位列2022年调查指数结果第一。第19届杭州亚运会举办在即，优良的观赏礼仪有助于体育赛事

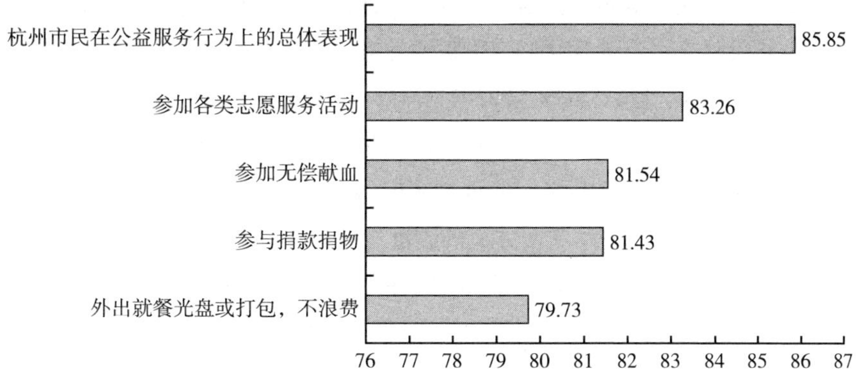

图 8　2022 年公益服务三级指标值

2021 年，杭州市每天约有 575 人次参加无偿献血，全年无偿献血总人次近 21 万，无偿献血总量为 6543. 58 万毫升，全市千人献血率为 17. 19‰，各项数据位居全省首位。

相较于 2021 年公益服务具体行为的调查指数整体排序，“参加各类志愿服务活动”表现依然好于“参加无偿献血”和“参与捐款捐物”。这反映出杭州市民比较倾向于选择参加各类志愿服务活动，而无偿献血和捐款捐物则相对较为弱势。这可能源于新冠疫情对整体社会信任以及线下社交的持续冲击，一方面，个体降低了献血和捐款/物的意愿；另一方面，在社会组织和政府部门的感召下，个体积极踊跃参与一系列志愿活动。但是在当前志愿活动质量和数量不匹配的情况下，未来的志愿服务应该进一步提升其质量和增加实际效果的评估。

而 2022 年新增的“外出就餐光盘或打包，不浪费”则位于公益服务具体行为调查指数的最后一名。这反映出，虽然政府一直在倡导“光盘行动”，但市民的实际行动收效甚微。背后的原因可能是，在新冠疫情持久冲击下，清零政策和隔离政策使得外卖和送餐经济成为重要的一个替代。然而，政府的倡导究竟在多大程度上能够转化为市民的行为，本报告认为在疫情放开后的未来一年值得期待。

6. 网络文明

2021 年 9 月，《关于加强网络文明建设的意见》强调指出，加强网络文明建设，是推进社会主义精神文明建设、提高社会文明程度的必然要求，是适应社会主要矛盾变化、满足人民对美好生活向往的迫切需要，是加快建设网络强国、全面建设社会主义现代化国家的重要任务。《中国互联网络发展状况统计报告》（第 50 次）显示，截至 2022 年 6 月，我国网民规模达 10.51 亿人，互联网普及率达 74.4%。[①] 网络空间成为市民工作生活和沟通交流的主要空间，网络文明状况成为市民公共文明的重要体现。

2022 年杭州市民在网络文明方面的调查指数为 81.41，网络文明维度下设 3 个三级指标，其中，2 个指标分别调查 2 个具体的网络文明行为，1 个指标是市民对自己网络文明行为做出的总体评价。从图 9 可见，2 个指标及其调查指数按照从高到低分别是："不听信流言蜚语，在网络上传播、散布虚假信息"（80.52）、"不在网上肆意谩骂、发表不当言论"（80.12）。和 2021 年一样，网络文明方面的调查指数仍然位列七个维度调查结果的倒数。"不在网上肆意谩骂、发表不当言论"调查指数比 2021 年提高了 0.35，"不听信流言蜚语，在网络上传播、散布虚假信息"调查指数比 2021 年下降了 1.46，杭州市民在网络文明行为的总体评价上也下降了 0.01。相比其他指标，网络文明行为得分相对较低，其中可能是网络空间发言随意性和监管难度等多种因素综合导致。

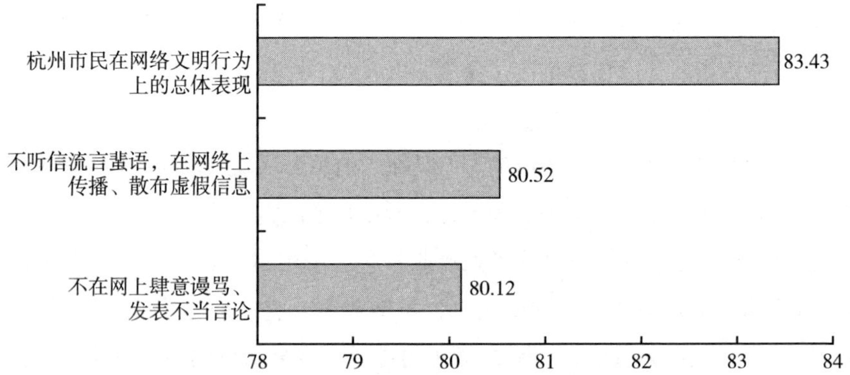

图 9　2022 年网络文明三级指标值

① 《第 50 次〈中国互联网络发展状况统计报告〉发布》，中华人民共和国中央人民政府网站，https：//www. gov. cn/xinwen/2022-09/01/content_ 5707695. htm，最后访问日期：2024 年 5 月 14 日。

但是随着国家加强对网络空间文明的监管，网络文明应该成为个体文明行为提升的重要场域。杭州作为中国数字经济第一城，维护和建立风清气正的网络空间不仅对于城市文明形象十分重要，对于城市数字经济和社会发展也扮演着重要的基础性角色。因此，除了政府，非政府组织及相关组织和机构，尤其是互联网企业应该进一步制定相关网络治理的措施，决策部门甚至可以尝试将网络空间文明治理与线下法律监管结合起来，让网络文明成为个体的文明自觉行为。

7. 国际礼仪文明

近年来，杭州以 G20 峰会和亚运会筹办等事件为契机，不断创新形式内容，提升国际传播效能，为打造社会主义现代化国际大都市营造良好的外部舆论环境。通过举办国际短视频大赛，推出杭州三大世界文化遗产国际传播系列宣传片，杭州以第三方视角、互联网语言、年轻人思维展现新时代杭州新形象；通过面向在杭高校留学生等外籍年轻群体，开展“杭州国际青年创意营”活动，招募 100 名“Z 世代城市体验官”，传播杭州好声音。

2022 年科技部发布的《杭州国际人才吸引力报告》中显示，杭州近两年连登三甲，十二年来稳居全国前十。该报告是结合 2021 年“魅力中国——外籍人才眼中最具吸引力的中国城市”评选工作而形成的，报告从“工作便利度、生活便利度、社会环境、城市互评、城市外向度”五个维度 52 个二级指标展开，能够体现出一个城市对外的表现。

总之，无论是从调查对象对杭州市民国际礼仪文明的总体表现评价上，还是具体的国际礼仪文明行为表现上，杭州市民的国际礼仪文明整体上表现比较好，调查指数均在 85 分以上。2022 年杭州市民在国际礼仪文明方面的调查指数为 87.23，位列七个维度调查指数的第一。国际礼仪文明维度下设 5 个三级指标，其中，4 个调查指标分别调查 4 项具体的国际礼仪文明行为，1 个指标是市民对自己国际礼仪文明行为做出的总体评价。从图 10 可见，杭州市民在国际礼仪文明行为上的总体表现为 88.70，4 个指标及其调查指数按照从高到低排序分别是：“能向世界展示杭州人的修养和文明”（88.34）、“能热情友善对待外国友人，并愿为其提供力所能及的帮助与服务”（86.54）、“积极学习了解并遵循国际通行的礼仪规范”（85.58）、“尊重外国友人的习俗禁忌”（85.31）。因此，对于杭州市民而言，在后续的跨文化交流中，了解和遵循国际礼仪规范、尊重外国友人的习俗禁忌等行为可能会制约外国社会对杭州全球文明城市的评价形象。其背后的原因可能是，杭州缺乏对外国人礼仪和习俗进行培训或专门化的机构，也可能是目前在杭外国友人比例相对较低。在杭州已经更新城市公共机构外语形象之后，我们建议推动“外国礼仪和习俗提升工程”，将以往局限于亚运会志愿者的“国际礼仪提升”，进一步内化为全体市民的国际礼仪提升工程。

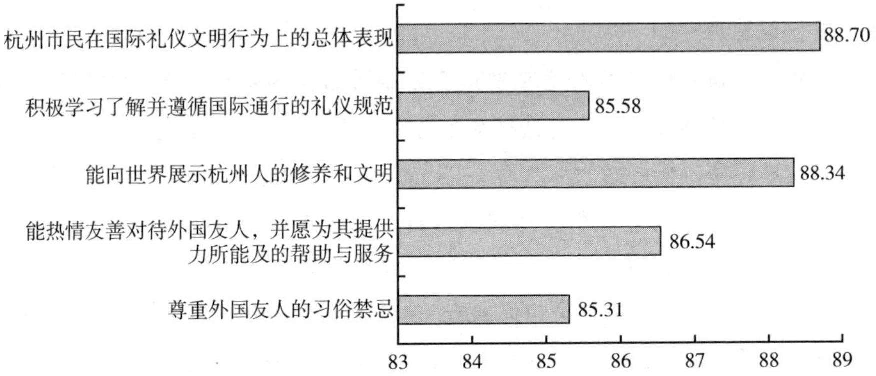

图 10　2022 年国际礼仪文明三级指标值

（三）特色主题

1. 与外国人接触情况

不同文化群体的接触对于促进全球理解和跨文化交流有至关重要的作用。虽然杭州在推动城市国际化方面正在持续进步，但据不公开和不完全统计，在同类城市中，杭州市外国人的数量和比例都相对较低。我们推测这在一定程度上也会限制杭州市民与外国人的接触情况。从 2022 年的调查中可以得知，杭州市民与外国人接触情况较为良好。在调查的样本中，将近有 60% 的市民有跨文化接触的经历。将近有 10% 的市民经常与外国人有接触和交往。值得引起重视的是，杭州市民中也有四成左右的群体几乎没有与外国人接触过（见图 11）。

进一步考察与外国人接触的情况和国际礼仪水平的关系，即跨文化接触与市民礼仪的关系。图 12 报告的是对二者关系的考察。由于“几乎天天都接

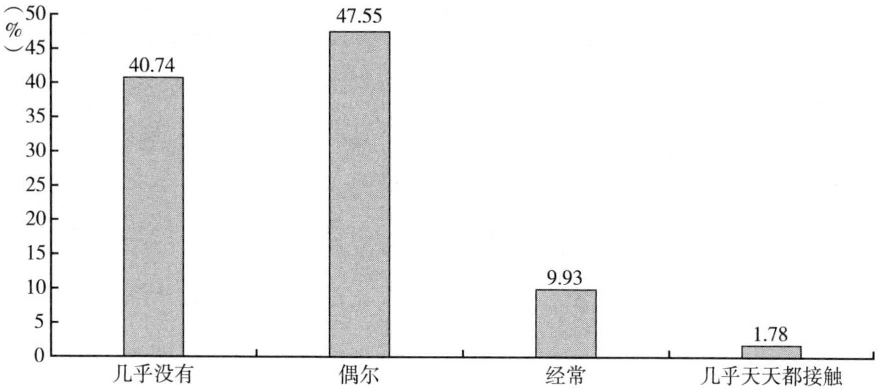

图 11　与外国人接触的情况

触”的群体样本比例过低，因此在实际处理中，我们将“与外国人接触”的变量操作分成两种。图 12 左侧的是将变量操作为四分类，右侧为三分类（将“经常”和“几乎天天都接触”合并）。从图 12 中可以看出，无论是四分类还是三分类操作，不同跨文化接触水平与市民的国际礼仪水平之间存在显著的关系。一般而言，这种规律基本上就是：与外国人接触越频繁，市民的国际礼仪水平也越高。但是在杭州的样本中，本报告发现，“偶尔与外国人接触”的市民，他们的国际礼仪水平是最低的，该发现与传统观念以及相关理论都不太符合。关于此种较为奇异的结论，后续还有待进一步研究挖掘其背后的机制。总而言之，杭州市民的“与外国人接触”水平正在持续进步，但与国内同类型城市还存在一定差距。我们相信未来政府决策部门应该也会在该方面持续投入和关注。

杭州正在奋力加快推进建设世界一流社会主义现代化国际大都市的步伐，随着亚运会等多项国际性赛事和会议“落地”杭州，市民的国际礼仪水平应继续提升，特别是语言沟通能力方面，不断增强市民乐意与国际友人交流的意识，让全球更多国际友人来杭州发展。

2. 本地居民与外地户籍人口的表现差异

杭州是国内人口吸引力最高的一座新一线城市。杭州的远景规划是 2035 年杭州常住人口规模预测在 1500 万人左右。城市外来人群为城市发展带来了新鲜血液和发展生机，尤其是新杭州人的涌入进一步增加了市民群体的多元

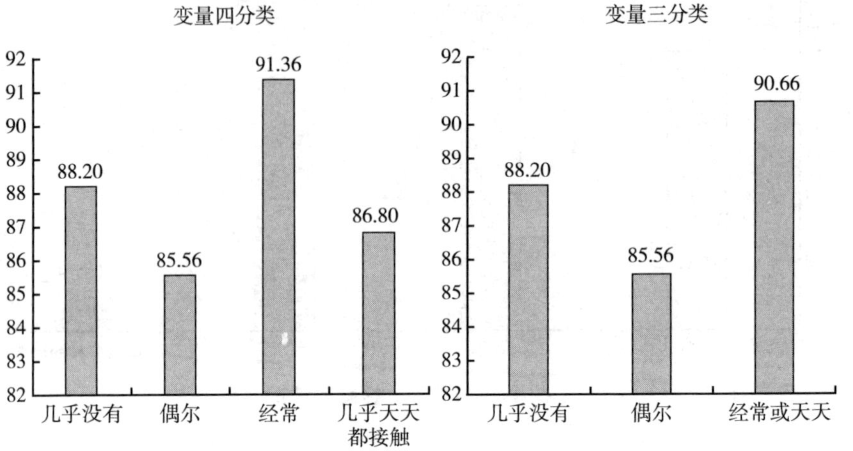

图 12　与外国人接触的情况和国际礼仪水平的关系

注：上述两个图，不同人群的差异均存在统计显著性，$p<0.001$。

化。我们将调查的人群分为杭州户籍、外地城镇户口、外地农村户口三种类型，进而考察人口流动频繁背景下的群体差异。研究发现，所有维度均呈现了杭州本地市民水平更高的趋势，尤其是在公共交往维度、社会反馈/公益服务维度、国际礼仪文明维度上更明显（见图 13）。

另外一个令人较为讶异的结果是，在来杭的外地人群中，外地城镇居民的水平要相对较低，而且在所有指标上均呈现该趋势。但是，需要注意的是，这种差异在数值上相对较小。虽然本调查并不刻意渲染此种“本地人与外地人”的差异，然而，我们认为该发现仍然值得进一步研究和引起政策决策层的关注。对于杭州市公共文明建设行动，未来的政策设计可能需要关注外来城镇人口的群体特征以及产生此种差异的原因。

3. 影响杭州市民文明行为的因素

表 5 报告的是对杭州市民公共文明行为和全球理解能力的影响因素分析。模型 1~8 代表的是各维度的结果。因为居住杭州变量缺失较为严重，所以样本量损耗较为明显。综合所有维度结果，可以发现，女性的公共文明行为要显著低于男性（仅在网络文明、国际礼仪文明、全球理解能力维度不显著）。并没有显著证据证实年龄与文明行为之间有关联，仅在公共交往维度，年龄越

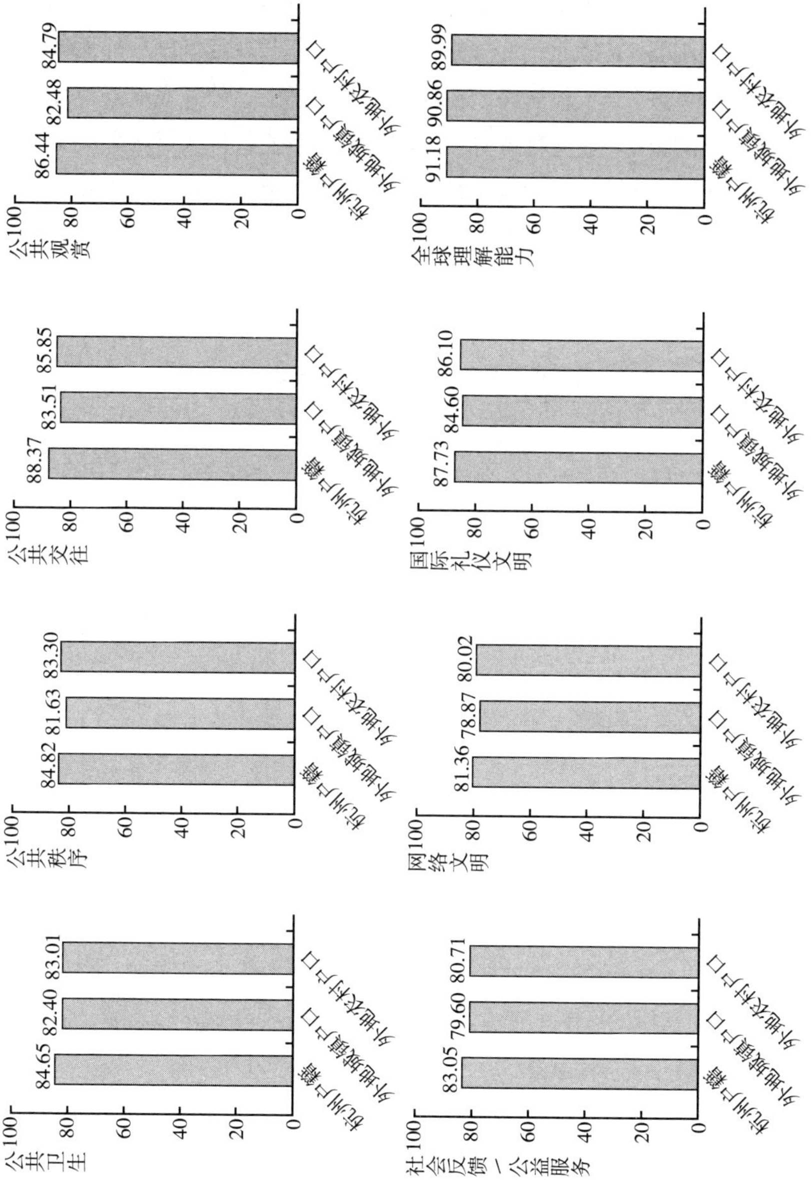

图 13 本地市民与其他人群在各指标上的比较

注：上述所有维度，三类人群的差异均存在显著性，$p<0.001$。

大，表现就相对越低。较为意外的是，研究发现，受教育程度与公共文明行为之间存在显著负相关关系。尤其是在公共卫生、公共秩序、公共交往、公益服务等维度上，受教育程度越高，市民的公共文明行为越低。就户籍类型而言，与前述分析结果接近。具体而言，研究发现，仅在公共观赏维度，外地城镇户口公共文明行为显著低于本地居民；在网络文明指标上，外地农村户口显著高于本地居民。从市民的职业类型来看，党政机关、事业单位人员的公共文明行为和全球理解能力最好。与之相较，私营企业主或自由职业者、学生和其他类型人员的公共文明行为较低。最后，经常与外国人接触对全球理解能力有影响，但在本次调查中并不具备统计显著性。

表 5　杭州市民公共文明行为影响因素分析

	(1) 公共卫生	(2) 公共秩序	(3) 公共交往	(4) 公共观赏	(5) 公益服务	(6) 网络文明	(7) 国际礼仪文明	(8) 全球理解能力
性别	-2.882*** (0.907)	-2.104** (0.853)	-2.236*** (0.866)	-2.158** (0.864)	-2.803*** (0.974)	-0.742 (1.202)	-0.595 (0.917)	-0.101 (1.147)
年龄	0.009 (0.051)	-0.014 (0.048)	-0.088* (0.049)	-0.018 (0.048)	-0.064 (0.055)	0.057 (0.067)	-0.027 (0.051)	-0.058 (0.064)
受教育程度	-1.089** (0.473)	-1.408*** (0.445)	-1.384*** (0.451)	-0.528 (0.451)	-1.230** (0.508)	-0.861 (0.627)	-0.594 (0.478)	0.546 (0.601)
党员	-2.393* (1.282)	-2.296* (1.205)	-1.972 (1.224)	-3.091** (1.222)	-1.339 (1.377)	-1.617 (1.699)	-0.876 (1.296)	1.607 (1.621)
户籍类型(参照组:杭州户籍)								
外地城镇户口	-0.207 (1.427)	-1.071 (1.341)	-1.980 (1.362)	-2.743** (1.359)	-1.307 (1.532)	2.775 (1.891)	-2.161 (1.442)	-0.822 (1.804)
外地农村户口	0.333 (1.466)	0.358 (1.378)	0.117 (1.400)	-0.461 (1.397)	-0.762 (1.574)	3.798* (1.943)	-0.831 (1.482)	-1.154 (1.860)
职业类型(参照组:党政机关、事业单位人员)								
私营企业主或自由职业者	-1.020 (2.069)	-2.945 (1.945)	-3.260* (1.976)	-3.490* (1.972)	-3.178 (2.222)	-2.944 (2.743)	-4.084* (2.091)	-5.993** (2.618)
农业劳动者	1.019 (4.273)	-2.750 (4.018)	-2.321 (4.080)	-2.190 (4.072)	-1.349 (4.590)	1.566 (5.664)	1.337 (4.319)	-9.669* (5.400)

续表

	(1) 公共卫生	(2) 公共秩序	(3) 公共交往	(4) 公共观赏	(5) 公益服务	(6) 网络文明	(7) 国际礼仪文明	(8) 全球理解能力
退休或无业	2.168 (2.737)	-2.787 (2.574)	-2.840 (2.613)	-2.624 (2.609)	0.045 (2.940)	0.450 (3.628)	-2.858 (2.767)	-4.942 (3.458)
学生	-0.012 (2.244)	-2.963 (2.110)	-5.120** (2.143)	-4.723** (2.139)	-3.396 (2.411)	-3.249 (2.975)	-4.004* (2.268)	-4.268 (2.836)
其他	0.646 (2.493)	-3.329 (2.344)	-0.335 (2.380)	-0.504 (2.376)	-1.167 (2.677)	-2.705 (3.304)	-2.928 (2.520)	-6.460** (3.151)
居住时间	0.027 (0.072)	0.009 (0.068)	0.032 (0.069)	0.015 (0.069)	0.020 (0.078)	0.041 (0.096)	-0.026 (0.073)	-0.037 (0.092)
接触外国人(参照组:几乎没有)								
偶尔								1.066 (1.206)
经常								2.980 (2.004)
常数	90.289*** (4.033)	94.107*** (3.791)	99.757*** (3.850)	94.650*** (3.843)	94.350*** (4.331)	81.035*** (5.345)	94.383*** (4.076)	95.979*** (5.135)
样本量	962	962	962	962	962	962	962	962
R^2	0.032	0.033	0.044	0.038	0.024	0.021	0.014	0.025
adj. R^2	0.0203	0.0205	0.0322	0.0260	0.0119	0.00860	0.00118	0.0108

注：括号里为标准误；*** $p<0.01$，** $p<0.05$，* $p<0.1$。

四　2022年杭州市民公共文明指数调查的主要结论

（一）公共文明指数逐年攀升，国际礼仪文明与公益服务较为突出

杭州市按照中央和省委、市委的部署要求，把文明创建作为提升城市治理现代化水平的重要抓手和满足人民群众美好生活需要的有力举措，并随着形势发展以高标准严要求扎扎实实做好各项工作，这些工作均取得了积极成效。相较于2021年指数84.78、2020年指数84.76、2019年指数84.75、2018年指数

84.67、2017 年指数 84.65、2016 年指数 84.63、2015 年指数 84.06、2014 年指数 83.63，2022 年综合指数继续维持在 80~90 区间，且达到历年来最高值（84.86），比 2021 年上升 0.08 个分值，比 2014 年上升 1.23 个分值。

2022 年杭州市民在国际礼仪文明方面的调查指数为 87.23，位列七个维度调查指数的第一。这项维度的调查指数比紧随其后的公共交往指数（87.16）高 0.07 个分值，比位于最后一名的网络文明（81.41）高 5.82 个分值。杭州市民积极支持和参与杭州国际化的建设，也能够向世界展示杭州人的修养和文明，了解国际礼仪，尊重和友善地对待外来友人。与 2021 年相比，公共卫生、公共交往、网络文明、公共观赏、公共秩序、社会反馈/公益服务、国际礼仪文明等七个维度指数呈现为“三升四降”，总体较好。社会反馈/公益服务、公共卫生、网络文明、国际礼仪文明这 4 个维度的指数略有下降，其中，社会反馈/公益服务较 2021 年下降 1.26 个分值，公共观赏较 2021 年下降 0.58 个分值，网络文明较 2021 年下降 0.35 个分值，国际礼仪文明较 2021 年下降 0.03 个分值。公共卫生、公共交往、公共秩序这 3 个维度的指数均高于 2021 年，分值依次提升了 1.52、0.94 和 0.38。公共卫生的增长幅度最大，社会反馈/公益服务的下降幅度最大。

（二）交往和卫生文明已成自觉，网络空间风清气朗有待加强

在新冠疫情持续冲击的情况下，杭州市继续保持高效科学的应对方式，市民的卫生和交往文明已经成为文化自觉。2022 年杭州市民在公共交往方面的调查指数为 87.16，且历年调查指数均在 85 以上。被调查者对杭州市民公共交往行为的总体表现评价分值达到 88.62。杭州市民能够对各类群体保持一种友好和包容的态度，尤其是对待老弱病残孕和环卫工人等服务行业人员，并且邻里之间也能够较好地表现为和睦、相助。2022 年杭州市民在公共卫生方面的调查指数为 84.60，六项公共卫生行为的调查指数均在 80 以上。杭州市民在公共卫生方面有了较强的文明意识，特别是在这几年疫情防控形势下，市民能够自觉在公共场合佩戴口罩。2022 年杭州市民在网络文明方面的调查指数为 81.41，相较于 2021 年，杭州市民的网络文明表现呈现下降的态势，并且该项指数继续位列七个维度调查结果的最后一位。各项具体的网络文明行为调查指数也不高，均未达到 85。由此，网络文明的调查指数与其

他维度存在一些差距，杭州市的网民文明仍然需要花比较大的努力去树立文明风尚。

（三）秩序文明化身市民日常标配，佩戴口罩等渐成文明新风尚

自2005年杭州率先试点推行“礼让斑马线”后，“礼让斑马线”已成为杭州市的“金名片”。2022年杭州市公众秩序调查指数结果显示，“机动车主动礼让行人”指数（88.22）位列所有公共秩序行为调查结果的第一。“尊重和善待环卫工人等服务行业人员”调查结果（86.94）较2021年分值有所上升，且继续保持在评价比较高的行列中。“给老弱病残孕等有需要的乘客让座”调查指数为86.78，这项指标历年来评价都比较高。在杭州的地铁、公交车等公共交通工具上，都能看到市民主动给老弱病残孕让座的现象。

“公共场合自觉佩戴口罩”“不随地吐痰”“在公共场所咳嗽、打喷嚏时遮掩口鼻”，这三项指标在2022年的调查中有良好的表现。“公共场合自觉佩戴口罩”虽然是2022年新增的调查指标，但是其调查指数（88.29）位列2022年公共卫生各个行为表现调查结果的第一。“不随地吐痰”调查指数为85.65，位列所有被测公共卫生行为结果的第二，较2021年指数（82.23）上升了3.42个分值。“在公共场所咳嗽、打喷嚏时遮掩口鼻”调查指数为82.86，较2021年指数（80.97）上升了1.89个分值。

（四）文明品牌特色持续深度拓展，杭州文明与“浙江有礼”齐头并进

当前，浙江省正推进“浙江有礼”省域文明实践工作，杭州市作为浙江省的省会城市，旨在在浙江全省范围打造全国具有重要影响力的精神文明高地中扛起省会担当、凸显文明高峰，推进“浙江有礼·最美杭州”市域文明新实践。除了礼让斑马线、孝心车位、道德模范、美德少年等多项杭州市文明创建工作的标志性成果以外，2022年杭州市文明新实践又有多个事项脱颖而出。在公共秩序方面，为消除学生上下学期间学校门口安全隐患等问题，让高新科技护驾学生上学之路，让学校周边秩序有序管理，杭州市推行“‘云守护’通学路”项目、“2021年度杭州市精神文明建设十件大事”评选（见表6）、“幸福方桌行动”等项目。在聚焦“一老一小”等特殊群体的公共交往方面，打

造“‘一老一小’新时代文明实践街区”等项目，实现老有颐养、幼有善育，持续增进民生福祉。在公益服务方面，通过现代信息技术赋能文明实践，建立了文明帮帮码、文明实践地图等综合数字平台，促使志愿服务更加准确及时和便捷高效，并且进一步提高了市民参与志愿服务的积极性和获得感。文明建设苟日新，日日新，又日新，从“最美现象”发源地到推进“浙江有礼·最美杭州”市域文明新实践，杭州再出发。

表 6　2021 年度杭州市精神文明建设十件大事

序号	名称
1	聚焦常态长效管理，率先修改《杭州市文明行为促进条例》
2	打造“慢一点礼让斑马线，快一点救在身边”新时代文明实践志愿服务金名片
3	临安区打造“天目少年思政学院”，构建“四位一体”育人新格局
4	富阳区打造新劳动教育全国样板地
5	西湖区运用“城市大脑”理念打造“文明大脑”综合数字平台
6	匠心打造全国首个劳模工匠文化公园
7	打造“红色城管驿站”，共建杭城“温暖家园”
8	小莲清风廉运助力党史学习教育走心走深走实
9	杭州地铁“有爱无碍”无障碍设施全面提升
10	挖掘双西红色禀赋，打响西湖西溪红色品牌

注：2022 年数据还未发布。

资料来源：《“2021 年度杭州市精神文明建设十件大事”揭晓》，http：//www. hangzhou. gov. cn/art/2022/3/8/art_ 812262_ 59051270. html。

（五）多元文化交流与融合，涵养一流国际化都市“人民”的全球理解能力

第五届杭州国际日在浙江杭州开幕，并在会上发布了杭州城西科创大走廊打造全球创新策源地的邀约。在杭州进一步走向全世界的过程中，杭州市民也有了更多机会与多元文化交流和沟通。2022 年全球理解能力维度调查结果显示，“以身作则，体现出杭州人应有的文明素养”（91. 85%）、“并用开放和包容的态度与国际友人进行交流”（88. 86%）、“配合亚运，克服亚运会召开期

间对日常生活和工作的不便影响”（87.21%）这三项指标中表现出市民的较高意愿，而学习外语提高与外国宾客的语言沟通能力的调查结果（69.64%）则相对不尽如人意。全球理解能力不是一种具体的能力，它融合了多种素养成分，市民除了要拥有自觉意识之外，也应当付出行动。当前，杭州正在努力打造东方文化国际交流重要城市，着力展现别样精彩的人文亚运，实施国际城市魅力专项行动和亚运国际传播行动，市民不仅需要展现自身的素养，还需要发出中国声音，讲好杭州故事。

五　进一步提升杭州市民公共文明的建议

（一）以“重要窗口”和“世界一流国际化大都市”的双站位，推动杭州市民文明高质量发展

“四个杭州”的定位和“四个世界一流”是习近平总书记在浙江工作时对杭州的殷殷嘱托，即杭州正在努力争创世界一流的社会主义现代化国际大都市。在目前国际风云变幻的大背景下，尤其是杭州面临“后峰会、亚运会”的历史机遇，这是杭州扛起历史使命、勇立发展潮头的必然选择。2022年杭州市民公共文明指数调查显示，杭州市民公共文明指数连续9年攀升，市民文明素质不断提升。

其一，以“双站位”要求推动杭州市民文明工程。与杭州进一步的发展有关，只有抱着开放的思维，不断吸取全世界先进的理念、制度、技术、产业、人文，才能更快更好地把杭州建设成为世界一流的社会主义现代化国际大都市。立足两个重要站位，杭州应将《杭州市文明行为促进条例》与创建全国文明城市、共同富裕示范区城市等重点工作相结合。通过线上线下结合宣传，统筹新闻宣传、文艺宣传、榜样示范、实践引导等多种方法，将最新版条例规定的文明行为规范、法律责任和条例的新变化等进行全方位立体化的宣传诠释，提高条例的普及率、知晓率和支持率，确保文明条例融入生活、深入人心。

其二，杭州的发展应该不止某一业、某一地的发展，而应该是系统化、深层次的发展；杭州的国际化，也不应该仅仅是贸易往来、金融投资的国际化，而

应该是全方位、高质量的国际化。应该充分调动全球高端人才资源，才有可能在文明城市方面脱颖而出。充分利用电视、网站、报刊等主流大众传媒宣传阵地，制作文明行为公益宣传片、公益广告片等反复播放，抓好文明城市创建宣传工作。在各行各业中表彰文明先进模范，开展“文明之风进校园”活动，创建大学生文明宣讲团、青年科技人才/博士宣讲团，积极带动市民学习和吸引市民参与。明确文明行为记录的标准和程序，并将其融入政府各项政策制定过程。

（二）构建同心同德同向力量，将骨干力量和关注群体差异相结合

城市文明建设需要发挥全社会力量，尤其是需要关注社会骨干力量的独特作用以及部分群体的特殊性。其一，党政机关、事业单位、国有企业等单位，党员等要主动承担起市民文明提升的任务。市民公共文明行为的提升绝不只是政府及其职能部门的事情，同样需要社会力量积极履行社会责任，全力助推城市文明的建设。提升市民素质，宣传引导是关键。杭州应持续深化礼貌、礼节、礼让、礼仪、礼遇“五礼”教育，广泛宣传文明礼仪、卫生健康、法律法规、科普环保知识，进一步推动市民群众文明素养提升、文明习惯养成，广泛发动群众参与，达成“城市文明，人人有责”的社会共识。

其二，制定更为精细和具体的文明行为规范。（1）让文明市民的共识更加深入人心。鼓励市民争当文明市民的传播者，广泛凝聚共识、汇聚创建合力，充分了解、全力支持城市文明建设工作，积极“鼓与呼”，贡献“光和热”，以团结一心之精神，让文明之城更精彩。（2）让良好风尚更加蔚然成风。弘扬社会正气、引领文明风尚，大力培育和践行社会主义核心价值观，加强社会公德、职业道德、家庭美德、个人品德建设，做到讲道德、尊道德、守道德；倡导公共文明礼仪、优质服务礼仪、良好家风礼仪、美好品行礼仪。（3）让环境秩序更加美丽和谐。人民城市人民建，人民城市为人民。鼓励市民争当美化环境、优化秩序的行动者，从自我做起、从点滴做起。遵守交通秩序、规范停放车辆，共同营造干净整洁、文明有序的市容环境秩序，以优美环境秩序之示范，让文明之城更精彩。（4）借助志愿服务工作使杭州更加温馨温暖。志愿服务在杭州有着深厚基础和优良传统，彰显城市魅力，体现城市温度，是最亮丽的城市名片。继续举办“杭州市志愿服务项目大赛”，鼓励市民争当热心志愿服务的引领者，大力践行“奉献、友爱、互助、进步”的志愿

精神。例如，水韵西湖“365”竹书鸿工匠志愿服务队，积极参与文明实践志愿服务。

其三，针对杭州市外来人口较多，且年龄偏年轻、学历较高的特点，积极发挥外来“新杭州市民”等非杭州本地群体的重要作用。进一步深化和完善2018年开始实施的《杭州市流动人口服务管理规定》，有效提升流动人口尤其是其中的城镇户籍人口的文明水平。2022年公共文明指数调查结果反映出，“聚餐时使用公筷公勺”和“共享单车有序使用和停放”构成了杭州市文明素质提升的短板，调查指数均低于80分。除了可以继续推进文明短板治理项目，在重点短板项目方面，可以发挥这些非杭州本地人群的重要作用，定期召开新杭州人群体座谈会、恳谈会，采取意见箱等机制与平台措施，积极展现杭州市的文明形象和符号。

（三）强化现实与网络文明治理并举，让文明宣传宣讲入脑入心入行

网络文明是新形势下社会文明的重要内容。网络作为大众尤其是青年群体获得信息的主要渠道，必须筑牢网络文明建设的基石，全面推进文明办网、文明用网、文明上网，推动互联网释放文明宣传宣讲的“最大正能量”。传播网络文明，需要筑牢网络道德观念。网络环境鱼龙混杂，不文明现象严重影响每一位网民的价值观、人生观、世界观，随意传播转发不实谣言，在不当言论中发泄情绪，不利于构建风清气正的网络环境。

一是推动网络文明创建“入脑”。发挥高校和科研机构的智库作用，建设网络文明研究中心或治理基地。定期发布杭州市公共文明调查报告蓝皮书，建立信息定期披露机制。深入开展网络文明创建活动，注重发挥网民主体作用，长期在线开展相关“游戏活动”，以诚信分、公益奖章（电子）、文明鲜花（电子）等电子奖品方式，激励市民在线对各种文明行为、文明短板、文明现象加强参与、反馈、监督，让文明创建成果看得见、摸得着，更加贴近网民。二是推进网络生产“入心”。一方面，丰富网络影视剧、动漫等一批文化产品的供给，拍摄具有浙江和杭州特色的主旋律影视剧。充分运用“学习强国”、浙江新闻客户端、微信公众号、抖音等当下热门社交平台等线上平台，推送“讲文明”系列公益小视频，提升网络文化的服务质量。另一方面，持续开展模范典型事迹的网上宣传，加快推进“互联网+公益”的新模式，营造良好的

网络文明环境。三是加强网络文明治理“入行”。互联网并非法外之地，网络文明建设离不开网络法治保障。要深入开展网络执法，对网络谣言、网络暴力、网络水军等重拳出击，加强对互联网违法和不良信息乱象的整治，助力建设清朗网络空间。

（四）重点关注交通/公益等重点领域，推动城市文明建设的集约化治理

其一，在交通出行和公益服务等文明方面，推出统一、标准、规范的文明治理模式，构建市民文明评价体系和评价常态机制。杭州市已经创新实践了数字化赋能城市文明的创建，并且取得了很好的成效。在交通出行方面，为解决共享单车乱停乱放的问题，杭州在道路边竖起“互联网租赁自行车·文明骑行停放点”的立牌，通过违规停放降低 App 信用分来让大家逐渐养成文明骑行的好习惯。杭州交警拱墅大队综合利用视频监控、无线网络广播、网络扩音等技术构筑了“交通违法远程警告广播系统”，能够远程提醒行人和电动自行车驾驶人正确佩戴安全头盔、按规定车道行驶、安全文明出行，纠正轻微交通违法。通过该系统的提醒，不少未能正确佩戴头盔的电动自行车驾驶人能当场戴好头盔，自觉纠正违法行为。自该系统上线以来，共提醒了 3000 余起违法行为，现场纠正 2400 余起，遏制了电动自行车闯红灯、骑快车道、未戴安全头盔及行人乱穿马路等交通违法行为。

其二，在公益服务方面，积累经验和做法，推动管理案例化管理。杭州市上线了“数智同心荟”应用，如玉皇山南基金小镇“智·和同心荟”近两年成立 41 家公益社团，孵化 4 个子品牌、3 个合作品牌，搭建特殊人群互助组织，每年举办 1000 余场公益活动。公羊会“智趣·同心荟”引导各行各业的新阶层人士，积极参与应急救援和公益活动，累计开展应急救援 3000 余次，救助救治受灾群众 1 万余人，捐款捐物 2000 余万元。数字化赋能城市文明创建的创新实践及其成效反映出，数字化不仅扮演着一种媒介工具的角色，还有助于纠正不文明行为、激发市民产生文明行为，以及将文明行为日常化，为市民文明行为提供了“机会”。因此，可以在现有创新实践领域积累数字化赋能文明创建的经验基础上，在公共秩序、公共卫生、网络文明等维度进一步探索数字化赋能的运用。

（五）营造全球人才蓄水池，进一步提升市民的跨文化交流水平

国际化水平是杭州相对于其他国内一线城市而言比较薄弱的地方。人才是高质量发展的“源头活水”。杭州要聚焦承担国家战略使命，彰显国际化导向，加快实施高水平人才开放行动，不断提升对全球优秀人才的吸引力和感召力。要聚焦强化引聚人才磁场，对标世界级水平，精心建设高能级人才事业平台。

其一，通过高校、科研院所、跨国公司吸引国际科研人才。从国际人才流动趋势来看，顶尖科学家主要集中在原创性突破性的研究机构。应以建设长三角城市群、中国（浙江）自由贸易试验区杭州片区和共同富裕示范区为契机，加强与全球的科技合作，聘请全球顶尖科学家到科学中心工作。或是吸引国际组织和国际性公共机构入驻，展现政治影响力。可借鉴香港的高校体制，广州、深圳、苏州等兄弟城市的中外合作办学模式，采取较为灵活的人事制度在全球范围内招聘教学科研人员；借鉴海南自由贸易港的相关制度，允许一些技术类的国外高校、科研院所，全资在杭州设立高校和科研机构，并在住房、教育等方面予以支持。近年来，杭州全球青年人才中心正式启用，杭州高新区在2021年度国家高新区综合评价结果中位列全国第五，天目山实验室挂牌成立，西湖明珠工程开始实施。此外余杭还聚集了阿里巴巴、字节跳动、OPPO、vivo等一大批龙头企业和总部项目，截至2022年，累计引进海外高层次人才5199名，人才总量超33万人。

其二，进一步完善人才工作系统。2022年，为高质量打造人才蓄水池举办首个“杭州人才日”，在全社会营造尊重人才、爱护人才、成就人才的良好氛围。未来，杭州市还需要对标全球国际化都市的标准，进一步做好城市人才工作，发挥海外侨团联络处和海外创新服务中心的作用，构建“大统战”“大侨务”工作格局，定期召开侨务工作联席会议，完善全市为侨服务工作体系，以高质量统战工作，着力打造全球人才蓄水池。

其三，进一步提升市民的全球视野和国际理解能力，增强跨文化意识和能力。一座城市的国际化关键在于市民融入全球的能力，拓宽“杭州国际会议目的地”的全球能见度。2022年公共文明指数调查结果反映出，“学习外语，提高与外国宾客的语言沟通能力”成为市民全球理解能力的弱项。针对调查

结果，营造市民学习和交流外语的社会环境，全方面提升市民的全球理解能力，更好地向世界展示杭州国际化大都市的文明风貌。

（六）借助赛事、数字、创新等契机，打造中国特色、浙江风采、杭州韵味的文明建设

杭州是中国第三个举办亚运会的城市，届时世界的目光不仅聚焦于赛事本身，也将看到城市的全新风貌。其一，进一步推动旅游、历史、地理、文化、电竞数字等杭州特色。为此，放大亚运效应，加大对杭州特色文化的宣传力度，如以“三个世界文化遗产+宋韵”文化为主要输出内容，借助文创优势，借鉴国内其他省份文化“出圈”的成功经验，展现杭州古今结合的城市形象。此外，杭州目前聚集了网易雷火、电魂网络等一大批知名游戏企业，并于2022年颁布了《关于推进新时代杭州动漫游戏和电竞产业高质量发展的若干意见》。因此，要积极利用亚运主场优势，将杭州元素（西湖、龙井等）植入游戏，让玩家在游戏中体验杭州文化。第19届亚运会已将电竞纳入正式竞赛项目，借势亚运会的东风，结合杭州特色，营造电竞消费新环境，助力成为知名的电竞中心，通过电竞赛事的影响力不断扩大杭州城市影响力。其二，推动全民健身和体育产业纵深性发展。积极引进国内外重要赛事（中超、CBA等），推动部分高端体育赛事常态化落地。积极学习国内外国际赛事承办地的先进经验，尤其是北京两届奥运会的精粹，助力体育强国、强省、强市建设，是促进体育高质量发展的需要，更是充分发挥体育在促进国民经济和社会发展中的独特作用、全面建设社会主义现代化强国的需要。将全民健身上升为国家战略，把体育产业作为绿色产业、朝阳产业培育扶持。其三，结合杭州市“全力打造全球创新策源地”背景，推动科技创新与文明建设的融合推进。杭州市正持续加大三大科创高地领域的基础研发投入力度，推进更多名校名院名所落户，建设重大科技基础设施群，厚植智能计算、人工智能、大数据、生命健康、新材料等领域的基础研究创新土壤。借助科技自立自强和创新创业的社会环境，推动高科技人才、创新氛围和机制以及城市文明建设。

2023年主报告

2023年杭州市民公共文明指数调查分析报告

一　调查背景

党的二十大报告强调指出“提高全社会文明程度”，并明确“推动明大德、守公德、严私德，提高人民道德水准和文明素养”“统筹推动文明培育、文明实践、文明创建”等一系列重要部署。中国共产党杭州市第十三次代表大会要求，“构建覆盖全市域的新时代文明实践体系，不断提升市民诚信素养，加快形成‘人人争当最美、处处尊崇最美’的社会风尚，全力创建全国文明典范城市”。2023 年杭州市政府工作报告强调，“聚焦文化兴盛，全力争创全国文明典范城市”。杭州提出，到 2025 年，全市有礼指数达 95 分，全域文明创建推进度达 95%，文明好习惯养成率达 90%，社会诚信度达 96%。市民的思想观念、精神面貌、文明风尚、行为规范适应新时代要求，杭州成为在全国具有重要影响力的精神文明高地。

2023 年，亚运会、亚残运会在杭州成功举办。围绕全面提升市民文明素质和城市文明程度，2023 年以来，杭州推进“浙江有礼 · 最美杭州”市域文明新实践，推出文明提升十大行动赋能亚运。在 13 个区（县、市）共建立 3900 余个亚运城市志愿服务点，共有 148 万余名市民通过“文明帮帮码”数字平台预约报名，成为“爱杭城”亚运城市志愿者，活跃在 3900 多个志愿服务站点，包括 220 个市级和 314 个区级“亚运文明驿站”，以及

3400个新时代文明实践阵地。举办“我爱杭州　奉献亚运”志愿服务市集、“志愿同行，‘益’起亚运”影像大赛、文明大篷车进社区、“全民学英语　一起迎亚运”等活动。推出“21天文明好习惯养成计划”线上打卡小程序和“文明好习惯打卡”活动倡议，鼓励市民深入践行文明好习惯。推出百万百日文明出行零违法挑战赛。发布致全体市民的倡议书，倡议市民争做绿色出行的引领者，争做文明礼让的推动者，争做市容市貌的维护者，争做城市荣誉的守护者。

在此背景下，课题组在延承杭州市民公共文明指数历年调查基础上，按照《杭州市文明行为促进条例》《杭州争当浙江高质量发展建设共同富裕示范区城市范例的行动计划（2021—2025年）》《杭州市城市国际化促进条例》等要求组织安排实施。通过此次调查，本报告旨在更好地了解杭州市民的公共文明行为状况，把握市民公共文明行为历年的发展变化，为杭州城市文明的创建工作提供对策建议。

二　调查设计与样本情况

（一）调查内容

《杭州市文明行为促进条例》（2021年版）对市民的公共文明行为提出了新的要求。随着社会经济的发展和杭州市文明创建工作的不断深入，公共文明行为的内容和表现也会发生一些变化。基于此，在与往年指标保持总体一致的原则下，2023年各个维度的调查指标，结合社会经济文化的发展进行了细微调整。与2022年一样，本次调查中将公共文明分为七大维度——公共卫生、公共秩序、公共交往、公共观赏、社会反馈/公益服务、网络文明、国际礼仪文明。每个维度下设若干个具体指标和对该维度公共文明行为的总体评价，共43道题。具体指标如表1所示。每个维度的分数构成为：具体指标占65%，总体评价占35%。这43道题的答案选项为“很差”“差”“一般”“好”“很好”，相对应的分数为0分、25分、50分、75分、100分。与2022年有所不同的是，“机动车主动避让执行任务的警车、消防车、救护车等”“在道路、楼道等区域不随意堆放杂物”“为需要急救的人员拨打急救电话，愿意提供必要帮助”“观看赛事、演出、展览等公共文体活动时，尊重运动员、教练员、裁判员、演职员和其他观众”“文明节俭操办婚丧喜庆等事宜，不铺张浪费”为新增指标。

表 1　2023 年公共文明调查指标

二级指标	三级指标
公共卫生	A1. 自觉进行垃圾分类投放
	A2. 在公共场所咳嗽、打喷嚏时遮掩口鼻
	A3. 不随地吐痰
	A4. 自觉遵守公共场所有关吸烟的规定
	A5. 不随地乱扔烟头、塑料袋等废弃物
	A6. 聚餐时使用公筷公勺
	A7. 杭州市民在公共卫生行为上的总体表现
公共秩序	B1. 乘坐公共交通工具时自觉排队，遵守先下后上原则
	B2. 骑电动车时自觉佩戴头盔
	B3. 共享单车有序使用和停放
	B4. 机动车主动礼让行人
	B5. 机动车主动避让执行任务的警车、消防车、救护车等（2023 年新增）
	B6. 行人和电动车不乱闯红灯
	B7. 广场舞等娱乐健身活动不扰民
	B8. 在道路、楼道等区域不随意堆放杂物（2023 年新增）
	B9. 遛狗时主动拴绳（2023 年新增）
	B10. 杭州市民在公共秩序行为上的总体表现
公共交往	C1. 给老弱病残孕等有需要的乘客让座
	C2. 友善对待外地来杭人员，愿意提供力所能及的帮助
	C3. 尊重和善待环卫工人等服务行业人员
	C4. 邻里和睦，守望相助
	C5. 为需要急救的人员拨打急救电话，愿意提供必要帮助（2023 年新增）
	C6. 杭州市民在公共交往行为上的总体表现

续表

二级指标	三级指标
公共观赏	D1. 在体育场馆等场所遵守观赏礼仪,服从现场管理
	D2. 观看赛事、演出、展览等公共文体活动时,爱护公共场馆设施、展品,遵守关于拍照、录音和录像等的规定
	D3. 观看赛事、演出、展览等公共文体活动时,尊重运动员、教练员、裁判员、演职员和其他观众(2023 年新增)
	D4. 观看比赛离场时,自觉清理并带走自己的垃圾
	D5. 在图书馆、影剧院等公共场所不大声喧哗
	D6. 杭州市民在公共观赏行为上的总体表现
社会反馈/公益服务	E1. 外出就餐光盘或打包,不浪费
	E2. 文明节俭操办婚丧喜庆等事宜,不铺张浪费(2023 年新增)
	E3. 参与捐款捐物
	E4. 参加无偿献血
	E5. 参加各类志愿服务活动
	E6. 杭州市民在公益服务行为上的总体表现
网络文明	F1. 不在网上肆意谩骂、发表不当言论
	F2. 不听信流言蜚语,在网络上传播、散布虚假信息
	F3. 杭州市民在网络文明行为上的总体表现
国际礼仪文明	G1. 尊重外国友人的信仰和习俗
	G2. 能热情友善对待外国友人,并愿为其提供力所能及的帮助与服务
	G3. 愿意向世界展示杭州人的修养和文明
	G4. 积极学习了解并遵循国际通行的礼仪规范
	G5. 杭州市民在国际礼仪文明行为上的总体表现

（二）问卷发放

1. 社区层面

社区层面仍然按照 2022 年抽样确定的调查地点，在杭州市 10 个行政区，每个行政区抽取 1 个社区 65 户居民发放问卷，共发放 650 份问卷，最后回收有效问卷 573 份（见表 2）。

表 2　问卷调查点之一：社区

调查地点	有效问卷数量	调查地点	有效问卷数量
钱塘区高沙社区	60	余杭区太炎社区	60
上城区岳王路社区	56	富阳区秋月社区	54
拱墅区黎园社区	57	临安区新民社区	53
西湖区沿山河社区	60	临平区联盟社区	58
滨江区观潮社区	58	合计	573
萧山区银河社区	57		

2. 其他公共场所层面

如表 3 所示，本次调查在广场、公园、图书馆、商场、党群服务中心等公共场所共发放问卷 554 份，回收有效问卷 528 份。

表 3　问卷调查点之二：其他公共场所

调查地点	有效问卷数量	调查地点	有效问卷数量
吴山广场	77	下沙龙湖天街	89
运河广场/桥西历史街区	61	图书馆	47
西湖文化广场	65	党群服务中心	40
滨江宝龙广场	83	合计	528
钱江世纪公园	66		

3. 线上层面

本次调查同时采用线上问卷发放，共回收有效问卷 596 份。为了避免非杭州市民通过线上回答此问卷，线上问卷发放过程中不仅明确了此问卷适合填写的调查对象，而且问卷题目中专门设置“您是________年________月来杭州的”，用于识别来自非杭州市民的填写，保证问卷数据的有效性。

（三）样本介绍

本次调查重点考察的是对杭州市民在公共场合中的文明行为状况的评价，调查对象包括杭州市常住人口（包括杭州户籍和非杭州户籍）和来杭不足半年的短期外来人员。共发放问卷 1800 份，回收有效问卷 1697 份，有效回收率为 94. 3%。调查样本的基本情况如表 4 所示。

表 4　调查样本的基本情况

单位：人，%

变量	指标	人数	占比
性别	男	713	42. 0
	女	984	58. 0
年龄段	16~25 岁	575	33. 9
	26~35 岁	558	32. 9
	36~50 岁	375	22. 1
	51~60 岁	124	7. 3
	60 岁以上	65	3. 8
受教育程度	初中及以下	133	7. 8
	高中/中专	215	12. 7
	大专	298	17. 6
	本科	776	45. 7
	研究生	275	16. 2
政治面貌	群众	786	46. 3
	共青团员	429	25. 3
	中共党员	463	27. 3
	民主党派	19	1. 1
户籍身份	杭州户籍	837	49. 3
	户口在外地城镇	381	22. 5
	户口在外地农村	479	28. 2
职业身份	党政机关、事业单位人员	247	14. 6
	企业员工	534	31. 5
	私营企业主	43	2. 5
	个体工商户	67	3. 9
	农业劳动者	8	0. 5
	自由职业者	121	7. 1
	离退休人员	89	5. 2
	待业	27	1. 6
	学生	387	22. 8
	其他	174	10. 3

从表4可见，调查样本中女性数量比男性数量略多一些，男性占比为42.0%，女性占比为58.0%。在调查对象的年龄段分布方面，16~25岁占比为33.9%，26~35岁占比为32.9%，36~50岁占比为22.1%，51~60岁占比为7.3%，60岁以上占比为3.8%。调查对象各年龄层均有分布，以中青年群体居多。在受教育程度方面，大专及以上受教育程度对象占比为79.5%，受教育程度普遍较高。在政治面貌方面，46.3%为群众，25.3%为共青团员，27.3%为中共党员，1.1%为民主党派，各类型政治面貌的调查对象均有，能够体现多元主体对市民公共行为文明程度的评价。在户籍身份方面，49.3%为杭州户籍，22.5%为户口在外地城镇，28.2%为户口在外地农村，以杭州户籍人员居多。调查对象的职业分布较广，几乎涵盖了来自各行各业的在杭人员。

三　杭州市民公共文明行为的调查结果

（一）总体指数

图1显示，2023年公共文明综合指数为84.92，七个维度的分值按照从高到低排序分别是：国际礼仪文明（88.19）、公共观赏（86.31）、公共交往（85.70）、社会反馈/公益服务（84.70）、公共秩序（83.52）、网络文明（83.12）、公共卫生（82.92）。与2022年各维度分值一样，2023年七个维度的分值均处于80~90分区间，其中，国际礼仪文明在此次调查中分值位列第一，公共卫生分值位列最后，两者分值相差5.27。可以发现，一是相较于2022年公共文明各维度之间的差距，此次调查中，公共文明表现最好的行为维度和最差的行为维度之间的差距有所缩小，相差5.27，2022年相差为5.82。二是近三年，国际礼仪文明、公共观赏、公共交往这三个维度的调查指数一直维持在七个维度的前三名。

杭州市民公共文明指数的调查已经开展实施10年，从历年的公共文明指数来看，2023年度的公共文明综合指数为84.92，位列历年公共文明指数的最高值（见图2），比2022年上升0.06个分值，比2014年上升1.29个分值。由此，杭州市民的公共文明综合指数自2014年以来实现了连续10年的攀升。从公共文明指数的增长幅度来看，总体上，每年均能以循序渐进的方式持续稳步增长，呈现不断提升的态势。相较于开展公共文明指数调查的最初几年，近年来公共文明指数的增长幅度有所减缓。这一方面是因为随着社会经济文化的发展和公众对公共文明的期盼，近些年关于公共文明指数调查的具体指标均按照新形势和新情况有所增加，另一方面与事物发展变化的自身规律有关。这些给城市文明创建工作带来了挑战，意味着公共文明行为的培养和提升，需要深入挖掘制约公共文明行为提升缓慢的深层次原因，并加强治理理念和治理工具等方面的创新工作。

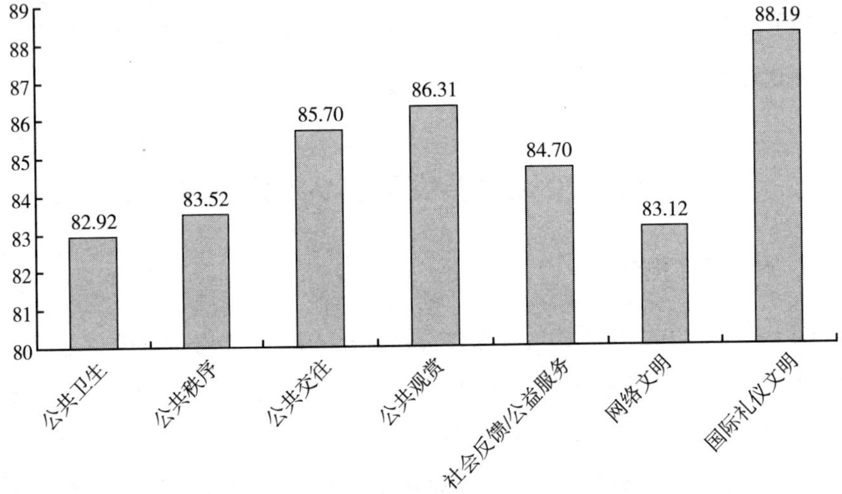

图 1　2023 年杭州市民公共文明二级指标值

从 2014~2023 年杭州市民公共文明指数二级指标来看（见图 3），虽然每年市民公共文明指数调查的具体指标会有轻微的变化，但市民在公共交往、公共秩序、公共观赏、国际礼仪文明等指标上的表现相对稳定，历年分值的波动幅度比较小。2018~2023 年，公共文明七个维度在均值上呈现了一定的变化，一些维度表现为先上升后下降又继续上升，另一些维度则表现为先下降后上升又下降的趋势。一些维度在某些年份呈现为较大幅度的增长，一些维度增长比较平稳。

相较于 2022 年的指数结果，2023 年公共文明的七个维度分值呈现为“四升三降”的趋势，分值区间均在 82~89，总体具有较高的文明程度。公共观

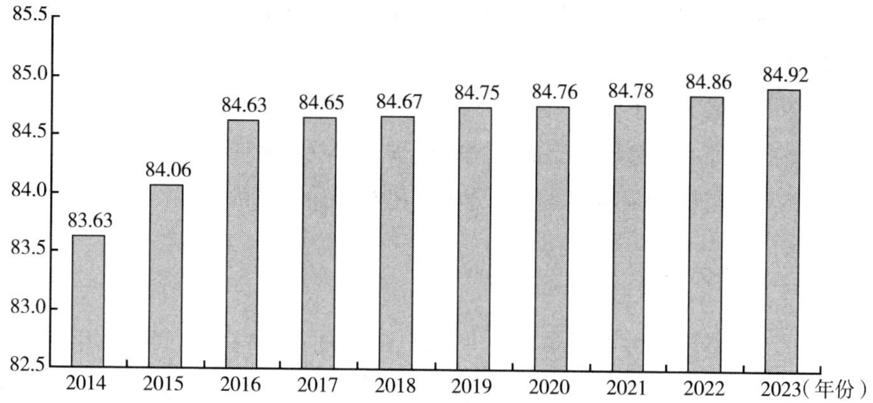

图 2　2014～2023 年公共文明综合指数

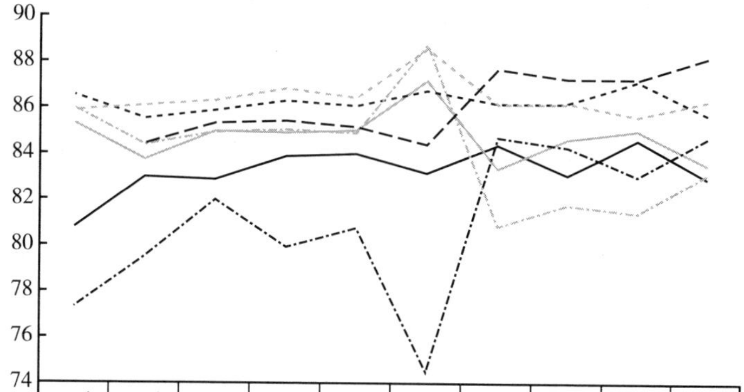

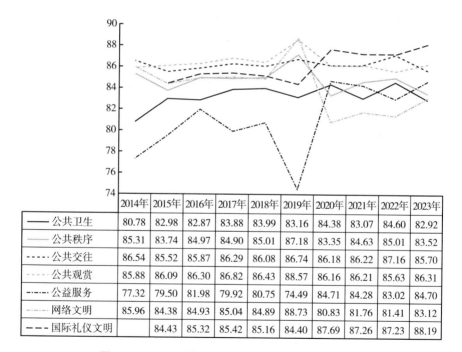

	2014年	2015年	2016年	2017年	2018年	2019年	2020年	2021年	2022年	2023年
公共卫生	80.78	82.98	82.87	83.88	83.99	83.16	84.38	83.07	84.60	82.92
公共秩序	85.31	83.74	84.97	84.90	85.01	87.18	83.35	84.63	85.01	83.52
公共交往	86.54	85.52	85.87	86.29	86.08	86.74	86.18	86.22	87.16	85.70
公共观赏	85.88	86.09	86.30	86.82	86.43	88.57	86.16	86.21	85.63	86.31
公益服务	77.32	79.50	81.98	79.92	80.75	74.49	84.71	84.28	83.02	84.70
网络文明	85.96	84.38	84.93	85.04	84.89	88.73	80.83	81.76	81.41	83.12
国际礼仪文明		84.43	85.32	85.42	85.16	84.40	87.69	87.26	87.23	88.19

图 3　2014～2023 年杭州市民公共文明指数二级指标

赏、社会反馈/公益服务、网络文明、国际礼仪文明这四个维度表现为增长状态，公共卫生、公共秩序、公共交往这三个维度有所下降。其中，相较于

2022 年，网络文明的增长幅度最大，网络文明、公益服务、国际礼仪文明、公共观赏这四个维度的指数分值分别上升了 1.71、1.68、0.96、0.68。公共卫生的下降幅度最大，下降 1.68，公共秩序下降 1.49，公共交往下降 1.46。这三个维度的下降有部分原因是此次调查增加了一些新文明行为的评价。关于各个维度和具体指标的变动及其原因分析，将在后面第二部分进行详细探讨。

（二）具体指标

公共文明指数调查共包括七个维度及下设 43 个指标，共同构成用于全面考察和评价杭州市民公共文明行为表现的体系。这部分将具体阐述每个维度下的公共文明行为的表现和特征，并分析每项公共文明行为表现发生变化的原因，探究文明创建工作的重点和难点。

1. 公共卫生

城市环境的卫生是公共文明最直接的体现。良好的公共卫生不仅反映着城市人居环境质量，关系着城市人民的民生福祉，还表现着城市文明建设的重要程度。个体良好的卫生习惯对于城市公共区域和公共场合的卫生状况具有重要意义。

2023 年杭州市民在公共卫生方面的调查指数为 82.92。公共卫生维度设置了 7 个三级指标。其中，6 个指标分别调查 6 项具体的公共卫生行为，1 个指标是对杭州市民公共卫生行为做出的总体评价。从图 4 可发现，6 个指标及其调查指数按照从高到低排序依次为：“自觉遵守公共场所有关吸烟的规定”（84.37）、“自觉进行垃圾分类投放”（83.72）、“不随地乱扔烟头、塑料袋等废弃物”（82.14）、“在公共场所咳嗽、打喷嚏时遮掩口鼻”（81.81）、“不随地吐痰”（81.61）、“聚餐时使用公筷公勺”（78.27）。杭州市民对自己公共卫生行为的总体表现评价分值为 84.65。

“自觉遵守公共场所有关吸烟的规定”调查指数（84.37）位列 2023 年公共卫生各个行为表现调查结果的第一。与 2022 年、2021 年该项指标的数据相比，2023 年该项调查指数呈现增长态势，分别比 2022 年、2021 年提升 0.22 和 0.44。根据杭州市疾控中心数据，杭州市成人吸烟率从 2008 年的 25.4%下降至 2022 年的 18.79%，远低于浙江全省和全国平均水平。这些结果与长期以来杭州围绕控烟所采取的多方面的努力相关。2010 年，杭州市率先控烟立法，并于 2019 年实

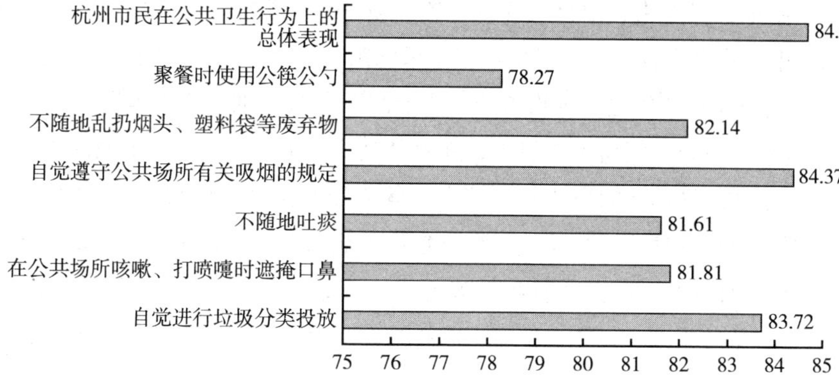

图 4　2023 年公共卫生三级指标值

施新修订的《杭州市公共场所控制吸烟条例》，自 2022 年 1 月起，杭州室内公共场所、室内公共场所、公共交通工具等全面禁止吸烟。从 2019 年 1 月至 2022 年 12 月，杭州市累计检查各类场所 442142 家次，其中处罚场所 508 家。2023 年杭州以“无烟亚运”为目标，制定《杭州亚运会控烟标准及志愿者控烟职责》，并对亚运场馆和城市志愿者分别进行控烟专项培训。在景区和城市标志性地点，设置“无烟杭州　无烟亚运”控烟宣传 V 站，为广大市民和游客提供常态化控烟志愿服务。每年世界无烟日、全民健康生活方式日、科普月等节点，杭州市持续多层面、多渠道开展控烟的宣传科普和健康教育活动。

“自觉进行垃圾分类投放”这项指标的调查指数为 83.72，位列 2023 年公共卫生各个行为表现调查结果的第二，且相较于 2022 年提升了 3.64，反映出市民的垃圾分类投放行为呈现明显的良好改变。杭州是全国垃圾分类工作首批 46 个先行先试的重点城市之一，深入践行“垃圾革命”，构建共建共治共享的“全体系分类标准、全落地责任矩阵、全方位宣传教育、全市域设施配置、全覆盖资源利用、全过程监督管理”（六全模式）。已经形成了包括《杭州市生活垃圾管理条例》《生活垃圾分类管理规范》等在内的垃圾分类制度和政策体系，建立全链条的处置体系和全覆盖的回收体系，并且强化垃圾分类基层治理，突出党建引领和教育引导，杭州市生活垃圾分类“星级达人”人数已达 505 人，他们带动更多市民养成垃圾分类投放的好习惯，打造具有杭州标识度的“有礼”金名片。

“不随地乱扔烟头、塑料袋等废弃物”这项指标的调查指数为 82.14，位列 2023 年公共卫生各个行为表现调查结果的第三，相较于 2022 年，调查指数下降 1.77。从 2022 年起，杭州市开展全市范围内的“烟蒂不落地”行动，并呼吁广大市民在公共场所不要吸烟，在室外吸烟产生的烟蒂不要随便乱扔。目前，杭州市在地铁站、农贸市场、综合体等人流密集区域已加装 6500 余个烟蒂收集器，包括立柱式、悬挂式、带有集烟功能的果壳箱，便于市民妥善处理烟蒂。杭州市同时启动了“烟蒂不落地　文明迎亚运”贴心城管志愿服务。已组织号召党员干部、青年志愿者 18000 余人，发动社会力量 20000 余人，开展文明宣传劝导、烟蒂垃圾捡拾等志愿服务。该项指标总体表现良好，调查指数下降原因在于，一方面，2023 年该项指标关于废弃物的内容，增加了塑料袋，不局限于烟头。随着市民外出踏青、休闲、搭帐篷等出游热情高涨，户外游玩随意丢弃废弃物等现象时有发生。另一方面，此前市民因佩戴口罩而减少了吸烟行为，进而乱扔烟头的行为发生情况减少。这些数据反映出，仍然要促使“不随地乱扔烟头、塑料袋等废弃物”成为常态。

“在公共场所咳嗽、打喷嚏时遮掩口鼻”和“不随地吐痰”两项指标的调查指数分别为 81.81 和 81.61。相较于 2022 年，这两项指标的调查指数均表现为下降，其中，“在公共场所咳嗽、打喷嚏时遮掩口鼻”下降幅度略小（下降 1.05），“不随地吐痰”下降得比较多（下降 4.04）。虽然《杭州市城市市容和环境卫生管理条例》第四十五条规定：随地吐痰，乱扔果皮、纸屑、烟蒂等废弃物，处以二十元以上五十元以下罚款。相关部门也通过现场巡查及数字化城管平台、道路视频监控抓拍等非现场执法方式，发现并从严查处随地吐痰、车窗抛物、乱扔垃圾烟蒂等行为，但是，随地吐痰的恶习仍较为普遍，取证和执法存在一定难度，此前市民出于防控传染保障健康的短期需要，对此行为有所改变，但还是没有充分认识到保持“在公共场所咳嗽、打喷嚏时遮掩口鼻”“不随地吐痰”是文明素养的长期要求。由此，与身体生理性反应相关的文明行为的长期保持仍然是城市文明创建工作的重点和难点。

“聚餐时使用公筷公勺”是餐桌文明的主要构成部分，该项指标不仅位列公共卫生各个行为表现调查结果的最后一名，还是所有公共文明行为三级指标数据中指数最低的。调查指数低于 80 分，为 78.27。面子问题、传统习惯问题、公筷公勺提供不及时等问题是市民没有使用公筷公勺的主要原因。如果亲朋好友之间聚会餐饮，使用公筷公勺会产生生分、不合群、难为情、面子磨不开等想法。一些餐厅也会因为嫌麻烦或工作疏漏，没有为顾客提供公筷公勺。相较于2022年此项指标数据，2023年“聚餐时使用公筷公勺”调查指数上升1.82。由此，引导市民将使用公筷公勺作为就餐习惯和标配，存在很大的提升空间，不仅要加强市民认知方面的改变，将其真正融入日常生活，而且要督促餐厅把公筷公勺摆放在醒目处，及时提供公筷公勺。

2. 公共秩序

2023年杭州市民在公共秩序方面的调查指数为83.52。2023年公共秩序方面的调查评价不只是围绕市民的交通出行的秩序表现，还包括市民在公共空间的秩序行为表现，增设了一些新的指标。公共秩序维度下设10个三级指标，其中，9个指标分别调查9项具体的公共秩序行为，1个指标是对杭州市民公共秩序行为做出的总体评价。从图5可见，9个指标及其调查指数按照从高到低排序分别为：“机动车主动避让执行任务的警车、消防车、救护车等”（90.29）、“机动车主动礼让行人”（89.22）、“乘坐公共交通工具时自觉排队，遵守先下后上原则”（84.72）、“骑电动车时自觉佩戴头盔”（83.84）、“行人和电动车不乱闯红灯”（82.04）、“在道路、楼道等区域不随意堆放杂物”（81.67）、“共享单车有序使用和停放”（81.17）、“遛狗时主动拴绳”（80.92）、“广场舞等娱乐健身活动不扰民”（79.63）。杭州市民公共秩序行为的总体表现评价分值为83.13。在公共秩序维度下，有一项具体公共秩序行为的调查指数低于80分。

“机动车主动避让执行任务的警车、消防车、救护车等”是2023年新增的指标。2021年4月27日，杭州市十三届人大常委会第三十五次会议审议并表决通过了《关于修改〈杭州市文明行为促进条例〉的决定》。最新版《杭州市文明行为促进条例》对公民文明行为基本规范进行了扩充和完善，其中“主动避让正在执行任务的警车、消防车、救护车、工程救险车等特殊车辆”等行为纳入了法规。2023年首次将该项行为列为测评指标，调查指数为90.29，位列2023年公共秩序各个行为表现调查结果的第一。共有95%的调查对象认为杭州市民在这一行为上表现“好”和“很好”。杭州辖区内也总是会涌现“机动车主动靠边让行，为消防救援让出快速通道”等事迹。这反映出，在为生命开辟一条绿色通道方面，市民让出了大文明。

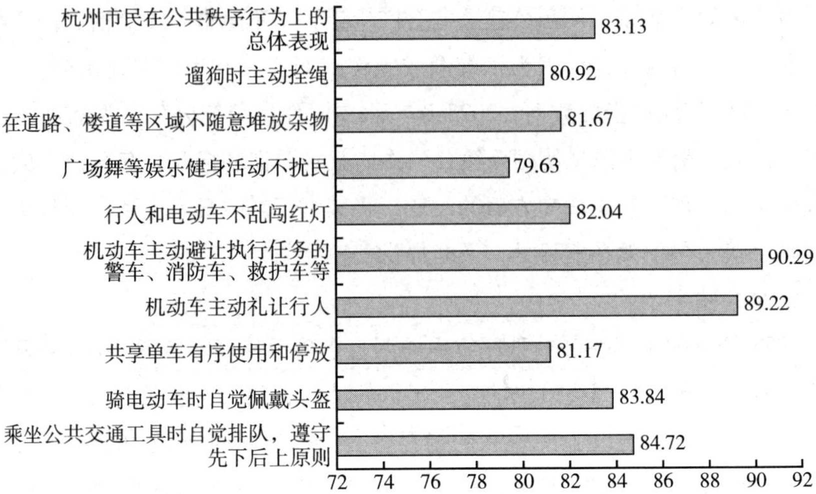

图 5　2023 年公共秩序三级指标值

“机动车主动礼让行人”调查指数为 89.22，位列 2023 年所有公共秩序行为调查结果的第二。近年来，该项指标的调查结果一直名列所有公共秩序行为调查结果前茅，且 2023 年的调查指数相较于 2022 年，又提高了 1 个分值。共有 92%的调查对象认为杭州市民在“机动车主动礼让行人”方面表现“很好”和“好”。杭州是最早推行机动车主动礼让行人的城市，调查指数表明，“机动车主动礼让行人”已成为司机的习惯性行为，体现着杭州城市的温度。

“乘坐公共交通工具时自觉排队，遵守先下后上原则”调查指数为 84.72，位列 2023 年所有公共秩序行为调查结果的第三。近三年，该项指标的调查指数在 84~86 区间，总体较为稳定。2023 年的调查指数较 2022 年略有下降，下降 0.94 个分值，比 2021 年上升了 0.13 个分值。共有 88%的调查对象认为杭州市民在这一方面表现“很好”和“好”，11%的调查对象认为表现“一般”，1%的调查对象认为表现“差”。数据表明，杭州市公共交通基本对先下后上做了较好的引导，市民乘客也能够按照先下后上原则进行候车。不过在早高峰、晚高峰、重要节日等特殊时刻，随着客流增大，还是存在个别为抢占座位而难以做到自觉先下后上候车的情况。

“骑电动车时自觉佩戴头盔”调查指数为 83.84，较 2022 年和 2021 年分别上升了 0.96 个分值、0.07 个分值。骑电动车时自觉佩戴头盔是基本的文明骑行规范，能够在发生事故时降低骑乘人员的受伤程度。杭州市民在该行为方面表现为不断向好发展，渐成自觉。近些年，杭州市相关部门严查驾驶人和乘坐儿童不戴头盔、逆向行驶、闯红灯等重点交通违法行为，同时利用现代信息技术及时发现驾驶电动车未佩戴头盔的行为，点对点进行短信警示，并对多次违法行为进行上门宣教和处罚。不过还是有13%的调查对象认为杭州市民在“骑电动车时自觉佩戴头盔”方面表现“一般”和“差”，意味着部分市民尚未充分认识到佩戴头盔的重要性，未能摒弃不佩戴头盔的交通陋习。

“行人和电动车不乱闯红灯”调查指数为82.04。区别于2022年，2023年这项指标关于不乱闯红灯的对象范围，从行人扩大到行人和电动车，2022年指标内容表述为“行人不乱闯红灯”。与2022年的调查指数相比，下降了1.92个分值。2023年6月，杭州市开展请市民选出最讨厌的六种不文明交通行为的调查，其中，电动车闯红灯被市民选为最希望治理的不文明交通行为之一。随着电动车成为家庭买菜、接送小孩上学等短途出行的补充，再加上外卖配送员、快递员等职业群体以电动车为骑行工具，电动车的数量越来越多。杭州市长期以来加强对乱闯红灯等不文明交通行为进行宣教、劝导、查处，还推出“交通违法远程警告广播系统”，利用视频监控、无线网络广播、网络扩音等技术，提醒行人和电动车驾驶人的不文明交通行为。但是，由于安全意识欠缺和平台算法规则的驱使，电动车乱闯红灯用生命飞驰的现象仍然比较突出。

“共享单车有序使用和停放”的调查指数为81.17。相较于2022年和2021年，调查指数分别提升了1.87个分值、1.47个分值，且近三年来调查指数首次进入81分区间，此前均在79分左右。政府部门和共享单车企业之间有效协同是该文明行为指数得以提升的关键。为解决城市共享单车管理面临的“超量投放、随意停放”问题，杭州市打造形成“杭州市公共慢行交通管理平台”，对全市范围内共享单车运行情况进行一网统管。其中，如果市民将共享单车在指定区域外停车，将无法正常归还车辆，如强制停放，会被判定为违规停车。为了迎接2023年亚运会，杭州的共享单车企业也对运维管理工作进行了全面升级。全市各区相关部门与共享单车企业联合，建立“及时发现、及时响应、及时调度、及时处置”的管理机制。

“在道路、楼道等区域不随意堆放杂物”“遛狗时主动拴绳”“广场舞等娱乐健身活动不扰民”构成对市民公共空间的文明秩序行为的调查指标。其中，“在道路、楼道等区域不随意堆放杂物”“遛狗时主动拴绳”是2023年新增的指标。这三项指标的调查指数位列2023年所有公共秩序行为调查结果的最后几名，调查指数依次为81.67、80.92、79.63。“广场舞等娱乐健身活动不扰民”在历年公共秩序行为调查中结果都比较靠后。可以发现，市民在公共空间上的秩序行为表现总体上差于交通出行的秩序行为，提升比较缓慢。道路、楼道等区域堆放杂物影响生活环境，造成居民日常行走通道和应急逃生通道被堵，具有安全隐患，容易引发火灾。2023年成都“女童遭烈犬撕咬”事件引发社会公众密切关注和热烈讨论，人们更关注于养犬人的“文明养犬”，以及如何促使文明养犬成为养犬人的自觉责任和义务。《浙江省噪声污染防治行动计划（2023—2025年）》提出，到2025年，全省声环境功能区夜间达标率达到85%以上，噪声信访投诉明显下降。由此，提升市民公共空间文明秩序行为的思想认知和行为自觉，仍然考验着城市管理者的治理能力。

3. 公共交往

2023年杭州市民在公共交往方面的调查指数为85.70。公共交往维度下设6个三级指标，2023年新增“为需要急救的人员拨打急救电话，愿意提供必要帮助”指标。其中，5个指标分别调查5项具体的公共交往行为，1个指标是市民对自己公共交往行为做出的总体评价。从图6可见，5个指标及其调查指数按照从高到低排序分别是：“为需要急救的人员拨打急救电话，愿意提供必要帮助”（87.48）、“尊重和善待环卫工人等服务行业人员”（86.15）、“给老弱病残孕等有需要的乘客让座”（85.81）、“邻里和睦，守望相助”（83.91）、“友善对待外地来杭人员，愿意提供力所能及的帮助”（83.59）。调查对象认为杭州市民公共交往行为的总体表现评价分值为86.28。这一结果表明，杭州市民在公共交往维度上的表现比较好，对待老弱病残孕和环卫工人等服务行业人员十分友好，邻里之间也能够较好地和睦、相助，并且能够为外地来杭人员提供力所能及的帮助。除去2023年新增指标外，其余指标在所有公共交往行为调查结果的排序与2022年保持一致，“尊重和善待环卫工人等服务行业人员”和“给老弱病残孕等有需要的乘客让座”的表现始终比“邻里和睦，守望相助”和“友善对待外地来杭人员，愿意提供力所能及的帮助”略好一些。

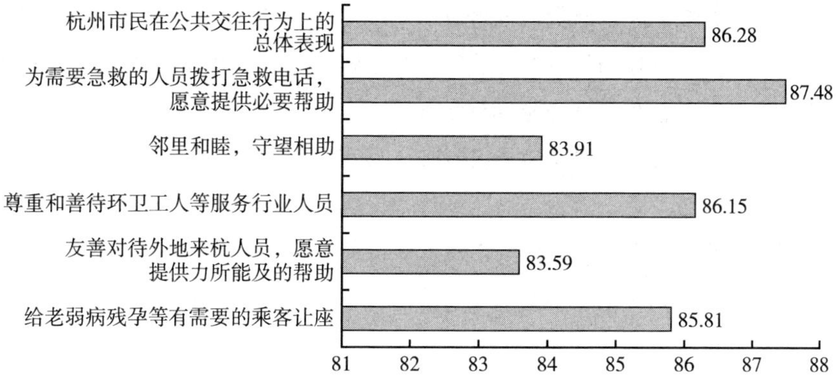

图 6　2023 年公共交往三级指标值

“为需要急救的人员拨打急救电话，愿意提供必要帮助”作为新增指标，调查结果显示杭州市民的这一行为表现比较好（87.48），位列 2023 年所有公共交往行为调查结果的第一。共有 93%的调查对象认为杭州市民在此行为上表现为“很好”和“好”。最新版《杭州市文明行为促进条例》（2021 年版）将“为需要急救的人员拨打急救电话，愿意提供必要帮助”列入鼓励性文明行为范围内，予以倡导。从 2023 年的调查结果来看，杭州市民非常愿意为需要急救的人员拨打急救电话，提供必要帮助。

“尊重和善待环卫工人等服务行业人员”和“给老弱病残孕等有需要的乘客让座”两项指标的调查指数分别为 86.15、85.81，始终位列近三年指数测评中所有公共交往行为调查结果的前列，体现出了杭州市民对于环卫工人等服务行业人员、老弱病残孕等特殊群体的关心关爱。市民这些行为的良好表现与城市重视和关爱这些群体，并致力于形成善待这些群体的社会氛围密切相关。杭州市先后制定出台《关于进一步解决环卫工人实际困难保障其合法权益的意见》《关于进一步规范环卫工人职业健康防护工作的通知》等政策文件，为环卫工人的权益保障提供支撑。建设集用餐、休息、学习、交流、应急于一体的城管驿站，为环卫工人解决“路上”难题。连续举办 27 年环卫工人节，开展各类庆祝活动、表扬活动、送温暖活动，同时吸引广大市民加入关爱环卫工人行动中，让环卫工人感受城市温情和社会尊重。针对老弱病残孕等特殊群体，除了在交通出行方面给予让座外，杭州市还在其他方面引导市民对他们的关心关爱。杭州市制定出台《杭州市“一老一小”整体解决方案》，明确提出建设“老年友好型城市”和“儿童友好型城市”。自 2017 年翠苑一区首创孝心车位以来，孝心车位已经延伸到杭城 1300 多个小区，累计设立近 5000 个车位。这一举措在帮助解决子女探望老人“停车难”问题的同时，进一步弘扬和倡导敬老孝老。

“邻里和睦，守望相助”和“友善对待外地来杭人员，愿意提供力所能及的帮助”这两项指标的调查结果分别为 83.91、83.59。虽然相较于 2022 年的调查结果，两项数据均有所下降，但相比较 2021 年的调查指数，还是有所提升的。仅各自有占比 1%的调查对象认为杭州市民在“邻里和睦，守望相助”“友善对待外地来杭人员，愿意提供力所能及的帮助”方面表现“差”。总体而言，体现出杭州市民在与邻居往来、外来人员交往方面具有良好的文明素养。“远亲不如近邻，近邻不如对门”的融洽邻里关系在现代住宅环境中显得尤为珍贵。杭州多措并举推进邻里之间和睦相处与相互关爱，形成邻里守望互助共同体。自 2004 年全国首创邻居节，杭州已经连续举办 20 届邻居节。邻居节已经成为渗透于杭州市民日常生活的节日，也是杭州一张闪亮的城市金名片。各区县也会同步开展邻居节主题系列活动，搭建邻里之间沟通交流的平台，引导邻里守望相助，共同打造美好家园。与此同时，杭州辖区内很多社区致力于打造邻里互助共同体的有效载体，比如邻里互助站、阳光互助邻坊中心、邻里互助服务站、邻里和睦互助协会等。杭州长期以来开展针对外来务工人员的系列温暖服务活动。杭州市民同时让外地来杭人员感受到了杭州的温暖、友善和包容。例如，2023 年 10 月，一名陕西小伙从外地来杭寻找工作，因三天没吃饭而晕倒在杭城街头，路过的行人纷纷向他伸出援助之手，为他提供巧克力、运动饮料、餐食等。

4. 公共观赏

2023 年，第 19 届亚运会和第 4 届亚残运会在杭州成功举办。亚运会期间，杭州向市民发布《“喜迎亚运盛会　争做文明使者”倡议书》，其中包括文明观赛等公共观赏文明行为的倡议。2023 年杭州市民在公共观赏方面的调查指数为 86.31。公共观赏维度下设 6 个三级指标，其中，5 个指标分别调查 5 个具体的公共观赏行为，1 个指标是对杭州市民公共观赏行为做出的总体评价。从指标内容来看，与 2022 年相比，“观看赛事、演出、展览等公共文体活动时，尊重运动员、教练员、裁判员、演职员和其他观众”是 2023 年新增指标。关于公共观赏行为的调查领域也从观看演出或观看比赛期间的观赏行为，拓宽为观看赛事、演出、展览等公共文体活动时的观赏行为表现。这是对市民公共观赏文明行为更全面的调查。

从图 7 可见，5 个指标及其调查指数按照从高到低排序分别是：“观看赛事、演出、展览等公共文体活动时，尊重运动员、教练员、裁判员、演职员和其他观众”（87.88）、“在体育馆等场所遵守观赏礼仪，服从现场管理”（87.74）、“在图书馆、影剧院等公共场所不大声喧哗”（85.84）、“观看赛事、演出、展览等公共文体活动时，爱护公共场馆设施、展品，遵守关于拍照、录音和录像等的规定”（85.21）、“观看比赛离场时，自觉清理并带走自己的垃圾”（84.12）。这五项公共观赏行为的调查指数均在 84 以上，认为杭州市民的这五项公共观赏行为表现为“很好”和“好”的调查对象比例均在 90%以上。调查结果表明，市民在公共观赏方面具有比较好的文明素养和文明行为，在公共观赏各项行为表现上都展现出了文明风尚。调查对象对杭州市民公共观赏行为的总体表现评价分值为 86.59。

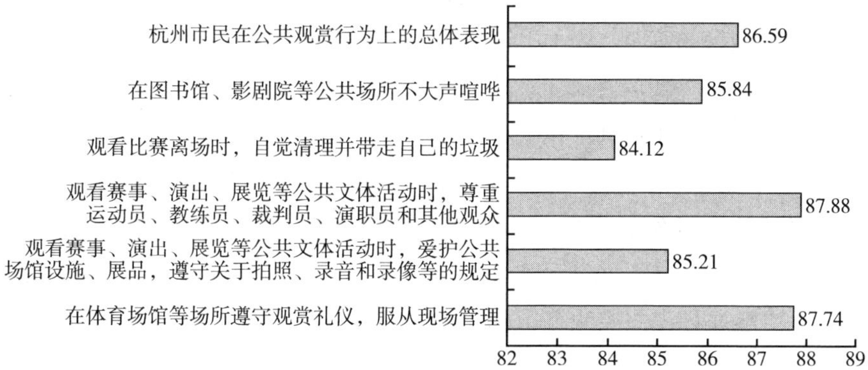

图 7　2023 年公共观赏三级指标值

与 2022 年调查结果相比，除新增指标难以比较外，公共观赏维度的其余四项具体行为均呈现不断向好发展的态势，且分值均得到较大幅度的提升。其中，“在体育场馆等场所遵守观赏礼仪，服从现场管理”提升 2.22 个分值，“观看比赛离场时，自觉清理并带走自己的垃圾”提升 2.01 个分值，“观看赛事、演出、展览等公共文体活动时，爱护公共场馆设施、展品，遵守关于拍照、录音和录像等的规定”提升 0.63 个分值，“在图书馆、影剧院等公共场所不大声喧哗”提升 0.15 个分值。新增指标“观看赛事、演出、展览等公共文体活动时，尊重运动员、教练员、裁判员、演职员和其他观众”调查指数位列 2023 年所有公共观赏行为调查结果的第一。共有 93%的调查对象认为杭州市民该行为的表现为“很好”和“好”。为营造一个和谐、文明的观赛环境，杭州对外发布文明观赛礼仪指南、《文明亚运市民手册》等。2023 年亚运会比赛现场，为落后的运动员送去鼓励和加油、怕惊扰马匹而自动关闭手机铃声和减少走动、赛事结束后主动带走垃圾、为运动员的拼搏精神给予热烈掌声等行为，形成了一道文明的风景线。

5. 社会反馈/公益服务

关于志愿服务（公益服务），习近平总书记多次做出重要指示，充分肯定志愿服务的重要作用。志愿服务是社会文明进步的重要标志，是广大志愿者奉献爱心的重要渠道。志愿服务是人类奉献精神的集中体现，是社会进步的重要标尺，代表着社会文明发展水平。

2023 年杭州市民在社会反馈/公益服务方面的调查指数为 84.70，位列七个维度调查结果的第四，处于中等位次。2023 年社会反馈/公益服务维度的指标在保持与以往一致的基础上，新增“文明节俭操办婚丧喜庆等事宜，不铺张浪费”指标。该维度共下设 5 个三级指标，其中 4 个指标分别调查 4 个具体的社会反馈/公益服务行为，1 个指标是对市民社会反馈/公益服务行为做出的总体评价。调查对象对杭州市民社会反馈/公益服务行为的总体评价指数为 86.62，4 项具体行为的指数处于 80~88 的区间。按照调查指数从高到低排序分别是：“参加各类志愿服务活动”（87.26）、“参与捐款捐物”（84.90）、“参加无偿献血”（83.57）、“外出就餐光盘或打包，不浪费”（82.57）、“文明节俭操办婚丧喜庆等事宜，不铺张浪费”（80.04）（见图 8）。

与 2022 年的调查结果相比，无论是杭州市民社会反馈/公益服务维度的调查指数，还是五项具体行为的调查指数，均得到不同程度的提升。其中，“参加各类志愿服务活动”提升的幅度最大，调查指数增长了 4 个分值。“参加捐款捐物”的调查指数提升 3.47 个分值，“外出就餐光盘或打包，不浪费”“参加无偿献血”的调查指数分别提升 2.84 个分值、2.03 个分值。从比较数据结

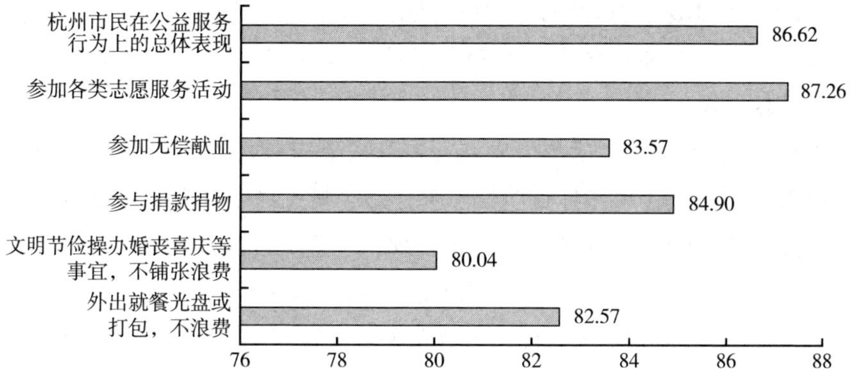

图 8　2023 年公益服务三级指标值

果可以发现，杭州市民在社会反馈/公益服务各项行为上的文明表现呈现持续向好的态势。这也从一个侧面反映出杭州市对积极引导和推动市民形成良好的社会反馈/公益服务行为的重视。杭州打造形成“武林大妈”等志愿服务金名片，迭代升级“文明帮帮码”数字智能平台，开发“实践（有礼）讲堂、实践课程、帮帮‘益’站、亚运志愿”等“10+N”功能模块，建立新时代文明实践志愿服务总队、分队、队（小队）三级队伍体系，完善文明实践阵地“8+X”文明实践志愿服务队伍建设。通过此次亚运会，杭州市民的志愿服务更加蔚然成风。杭州 13 个区（县、市）一共建立 3900 余个亚运城市志愿服务点。市民通过“文明帮帮码”平台预约报名，成为“爱杭城”亚运城市志愿者。

与往年社会反馈/公益服务具体行为的调查指数整体排序结果一样，“参加各类志愿服务活动”表现依然好于“参加无偿献血”和“参与捐款捐物”。事实上，杭州市无偿献血事业稳步发展，从 1998 年的 24294 人次发展到 2022 年的 214465 人次。截至 2023 年 9 月 30 日，杭州百次无偿献血者已达 494 位。杭州组织春风行动，推出公益集市，发布“慈善一日捐”扫码捐赠统一标识等，拓宽捐赠通道，将市民的择善扬善乐善融入他们的工作学习生活中，形成人人可慈善、时时可慈善、处处可慈善的氛围。只是随着经济社会的不断发展，志愿服务需求变得日益多元化和个性化，城市政府搭建形成了各种志愿服务平台，市民个体可以参加的志愿服务类型越来越多，市民也可以在多个志愿服务领域以各种各样的形式，为他人提供帮助和关爱，奉献爱心。因此，“参加各类志愿服务活动”表现好于“参加无偿献血”和“参与捐款捐物”。

2023年新增的“文明节俭操办婚丧喜庆等事宜，不铺张浪费”调查指数为80.04。虽然该项指标目前位于所有公益服务具体行为的调查指数的最后一名，但从指数的分值来看，可以发现，一些不适应时代的婚宴、丧事等领域的陈规陋习正潜移默化地得到改变。杭州市多措并举推进移风易俗，弘扬文明新风。《杭州市文明行为促进条例》（2021年版）将“杜绝铺张浪费，文明节俭操办婚丧喜庆等事宜”纳入文明行为基本规范。制定出台《杭州市持续深化婚俗改革工作实施方案》，明确构建婚姻登记、婚姻家庭辅导教育、婚俗改革一体化服务机制。以婚姻登记场所为主阵地，开展婚事新办简办倡议，帮助新人树立婚俗新风。杭州市域一些区建立了文明节俭办理红白喜事参考标准。

6. 网络文明

《关于加强网络文明建设的意见》《关于加强网络文明建设的实施方案》等政策文件强调指出了网络文明建设的必要性和重要性。加强网络文明建设是推进社会主义精神文明建设、提高社会文明程度的必然要求，是加快建设网络强国、全面建设社会主义现代化国家的重要任务。《中国互联网络发展状况统计报告》（第52次）显示，截至2023年6月，我国网民规模达10.79亿人，较2022年12月增长1109万人，互联网普及率达76.4%。互联网深深融入人民群众生活的方方面面，网络空间已经成为十几亿民众工作生活和沟通交流的重要空间，网络文明是新形势下社会文明的重要内容，这对网络空间的“天朗气清、风清气正”提出了迫切需求。

2023年杭州市民在网络文明方面的调查指数为83.12，网络文明维度下设3个三级指标，其中，2个指标分别调查2个具体的网络文明行为，1个指标是对杭州市民网络文明行为做出的总体评价。从图9可见，2个指标及其调查指数按照从高到低排序分别是：“不听信流言蜚语，在网络上传播、散布虚假信息”（83.31）、“不在网上肆意谩骂、发表不当言论”（82.56）。调查对象认为杭州市民在网络文明行为上的总体评价为83.46。

2023年杭州市民网络文明行为表现有很大的进步。一方面，网络文明维度

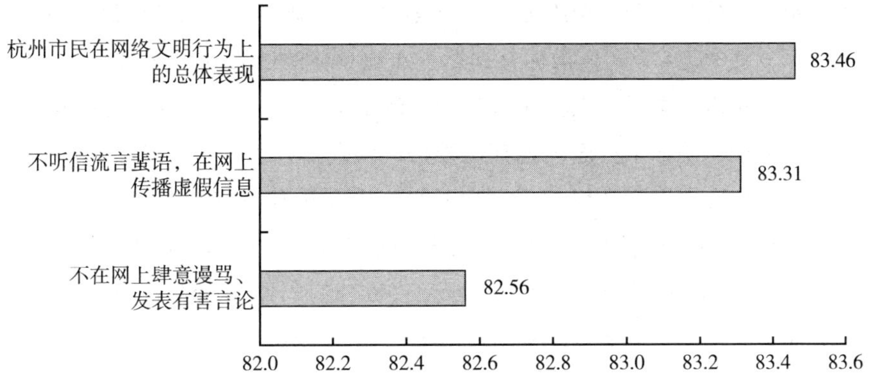

图 9　2023 年网络文明三级指标值

的指数从此前连续位列七个维度指数测评结果的最后一名，到 2023 年前进一位，位列第六。相较于 2022 年，网络文明维度的调查指数提升了 1.71 个分值。另一方面，网络文明维度的两个具体行为指标指数呈现较大程度的提升。其中，“不听信流言蜚语，在网络上传播、散布虚假信息”比 2022 年提升 2.79 个分值，“不在网上肆意谩骂、发表不当言论”比 2022 年提升 2.44 个分值。长期以来，杭州市贯彻落实网络安全法、数据安全法、个人信息保护法等法律法规，不断探索网络执法实践，常态化实施网络生态治理专项行动，加强网络文明宣传，组织开展网络文明活动行动，引导杭州市民和青少年践行网络文明公约。一些区域打造具有标识度的网络文明建设品牌。比如，萧山区“礼上网来”网络文明建设品牌，以“信之有礼”“言之有礼”“治之有礼”“育之有礼”四大矩阵，建设网络文明新图景。由于网络空间的不限时间、不限距离和匿名等特点，网民规模不断扩大，互联互通的网络平台日益丰富，网络文明理念的素质和网络文明行为的养成仍然需要方方面面的协同，进一步加强倡议引导和有效治理。

7. 国际礼仪文明

杭州市在 2022 年度“中国城市外籍人才吸引力指数”中位列被调查城市第 4 名，这是杭州连续 13 年入选该榜单，且连续 5 年位居前五，体现了外籍人才对杭州这个城市的认可与满意。在杭州国际化大步迈进过程中，市民的国际礼仪文明表现尤为关键。

2023 年杭州市民在国际礼仪文明方面的调查指数为 88.19，自 2020 年起，连续四年位列公共文明七个维度调查指数的第一。国际礼仪文明维度下设 5 个三级指标，其中，4 个调查指标分别调查 4 项具体的国际礼仪文明行为，1 个指标是对杭州市民国际礼仪文明行为做出的总体评价。从图 10 可见，杭州市民的国际礼仪文明各个方面表现都比较好，调查指数均在 86 分以上。调查对象认为杭州市民在国际礼仪文明行为上的总体表现为 88.30，4 个指标及其调查指数按照从高到低排序分别是："愿意向世界展示杭州人的修养和文明"（89.28）、"尊重外国友人的信仰和习俗"（88.57）、"能热情友善对待外国友人，并愿为其提供力所能及的帮助与服务"（88.32）、"积极学习了解并遵循国际通行的礼仪规范"（86.37）。

4 项具体的国际礼仪文明行为的调查指数在所有三级指标中处于前列位次，且与 2022 年的调查结果相比，2023 年 4 项具体的国际礼仪文明行为的调查指数均呈现上升态势，比以往具有更好的文明表现。其中，"尊重外国友人的信仰和习俗"提升幅度最大，提升 3.26 个分值。"能热情友善对待外国友人，并愿为其提供力所能及的帮助与服务"提升 1.78 个分值，"愿意向世界展示杭州人的修养和文明"提升 0.94 个分值，"积极学习了解并遵循国际通行的礼仪规范"提升 0.79 个分值。这些结果充分体现出，杭州市近些年围绕国际礼仪文明所做的工作成效显著。尤其是办好一个会，提升一座城，杭州以亚运会为契机，开展了一系列城市文明共建行动。这些激发了广大市民的东道主意识，使其积极学习和实践文明礼仪，向外国友人展现包容、友好、有温度的城市形象。

科尔尼管理咨询公司发布 2023 年全球城市指数报告，杭州在全球城市中位居第 78 位，较 5 年前提升 39 个位次。随着杭州市国际知名度的大幅度提升，国际交往在市民日常工作生活中发生的概率增加，互动频率越来越高。后亚运时代，如何促使杭州市民在巩固现有国际礼仪文明良好表现基础上，向世界继续展现国际文明新风尚同样值得思考。

（三）城市文明创建的群众基础

《杭州市文明行为促进条例》第三条要求，文明行为促进工作应"构建党委领导、政府推进、社会协同、全民参与的共建共治共享治理格局"。第三十四条规定，"公民有权对不文明行为进行劝阻，劝阻时应当注意举止文明。行

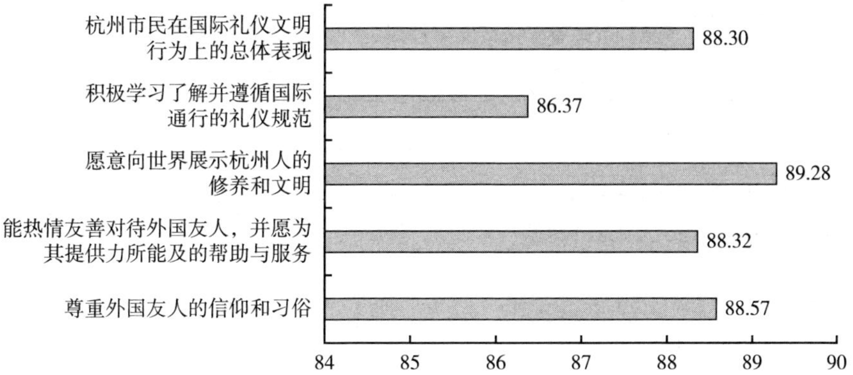

图 10　2023 年国际礼仪文明三级指标值

为人应当听从劝阻，不得打击报复劝阻人”。本次调查也对市民愿意参加城市文明创建的行为方式及其意愿程度开展了调查。

从表 5 可见，总体来看，杭州市民对于参与城市文明创建的各种行为方式表现出了较高的意愿，越来越多的市民被倡导和激励起来，愿意践行各类文明行为，为文明创建做表率和建言献策，用实际行动共同描绘杭州文明风景线。但是，市民对不同的参与行为呈现不同程度的意愿。其中，杭州市民最愿意“以身作则，遵守文明行为基本规范”，95. 2%表示愿意，4. 7%表示“不确定，看具体情况”，0. 1%表示不愿意。共有 92. 6%的调查对象愿意“主动融入，积极参与杭州文明城市创建”，7. 1%选择“不确定，看具体情况”，0. 3%选择不愿意。共有 88. 7%的调查对象愿意“争做表率，以自己文明行为带动影响他人”。88. 0%的调查对象愿意“贡献智慧，为杭州文明城市建言献策”。相较于这些参与行为方式，杭州市民在“勇于说不，劝导他人不文明行为”方面意愿相对较低，共有 77. 6%的调查对象表示愿意，21. 4%的调查对象表示“不确定，看具体情况”。针对他人的不文明行为，部分市民存在“多一事不如少一事”的观念，参与互相监督的意愿有待增强，主动劝阻他人不文明行为的积极性需要进一步提高。这也反映出应当对不文明行为治理的群众参与机制进行完善，以强化不文明行为的社会监督。比如，畅通投诉渠道；升级不文明行为有奖举报平台；鼓励市民积极劝阻不文明行为或向相关部门反映不文明行为等。

表 5　市民参与城市文明创建的行为方式及其意愿

单位：%

参与方式	愿意	不确定，看具体情况	不愿意
以身作则，遵守文明行为基本规范	95.2	4.7	0.1
主动融入，积极参与杭州文明城市创建	92.6	7.1	0.3
勇于说不，劝导他人不文明行为	77.6	21.4	1.0
争做表率，以自己文明行为带动影响他人	88.7	10.8	0.4
贡献智慧，为杭州文明城市建言献策	88.0	11.4	0.6

四　2023年市民公共文明行为调查的主要结论

（一）公共文明行为指数逐年攀升，城市文明建设步入新水平

2023 年，杭州市民的公共文明综合指数为 84.92，实现了连续 10 年的攀升。市民能够较好地遵守基本的公共文明行为规范，市民公共文明行为表现呈现不断向好的态势。从 2014 年开展市民公共文明指数调查起，杭州市民的公共文明综合指数位于 83~85 分值区间，每年都在稳步提升。虽然提升幅度在某些年份偶尔有所下降，但始终保持着“巩固发展、稳中有升”的趋势，城市文明建设处于良性可持续发展阶段。这一结果充分体现了这些年来杭州对市民公共文明行为培养和实践的重视，以及围绕城市文明创建开展的一系列工作举措取得了良好成效。2023 年公共文明综合指数实现连续 10 年的攀升，同时意味着杭州城市文明建设步入新水平。

2023 年，公共文明表现最好的行为内容（国际礼仪文明维度）和最差的行为内容（公共卫生维度）之间指数差距逐渐缩小，两者相差 5.27。相较于 2022 年相差 5.82，差距减少了 0.55，指标表现均衡，且整体表现向好。这一结果与杭州市按照党的二十大报告“统筹推动文明培育、文明实践、文明创建”的要求，以《杭州市文明行为促进条例》为顶层设计，全方面推动各项创建工作落实到位等密切相关。

2023 年，公共文明七个维度的调查指数呈现“四升三降”，总体较好。公

共观赏、社会反馈/公益服务、网络文明、国际礼仪文明这四个维度呈现增长态势，公共卫生、公共秩序、公共交往这三个维度有所下降。相较于2022年，网络文明和公益服务的提升幅度最为明显，调查指数分别上升1.71、1.68个分值，国际礼仪文明和公共观赏这两个维度小幅度提升，调查指数分别上升0.96、0.68个分值。公共卫生、公共秩序和公共交往三个维度的指数分别下降1.68、1.49、1.46个分值。原因之一是2023年根据经济社会文化发展，新增了一些公共文明具体行为的调查，一些指标的内容在以往的调查内容基础上，结合文明现象的变化，进行了相应拓展。

（二）为生命让道和礼让成为共识，公共观赏等持续向好

“机动车主动礼让行人”调查指数长期位于公共秩序文明行为调查指数的前列，也始终在所有公共文明行为调查结果排名中名列前茅。2021~2023年，该项指标的调查指数依次为89.01（2021年）、88.22（2022年）、89.22（2023年），处于88~90区间，市民该项行为在巩固基础上继续呈现小幅度提升。虽然“机动车主动避让执行任务的警车、消防车、救护车等”在《杭州市文明行为促进条例》中作为一项鼓励性文明行为进行倡导和促进，但市民在为生命让道方面已经达成共识，表现出良好的文明素养和文明习惯。2023年该项指标的调查指数为90.29，不仅位列2023年公共秩序各个行为表现调查结果的第一，还是所有公共文明行为调查结果排名的第一名。另外，与生命相关的另一行为“为需要急救的人员拨打急救电话，愿意提供必要帮助”，这项指标得分为87.48，是2023年所有公共交往行为调查结果的第一名，同样体现出市民能够比较好地为生命提供绿色通道、伸出援助之手。

2023年公共文明七个维度中，公共观赏、公益服务、国际礼仪文明的各项具体行为的调查指数在保持良好表现基础上，再次“往前进一步”，均呈现持续向好态势。与2022年相比，“在体育场馆等场所遵守观赏礼仪，服从现场管理”提升2.22个分值，“观看比赛离场时，自觉清理并带走自己的垃圾”提升2.01个分值，“观看赛事、演出、展览等公共文体活动时，爱护公共场馆设施、展品，遵守关于拍照、录音和录像等的规定”提升0.63个分值，“在图书馆、影剧院等公共场所不大声喧哗”提升0.15个分值，“参加各类志愿服务活动”提升4个分值。“参加捐款捐物”提升3.47个分值，“外出就餐光

盘或打包，不浪费”“参加无偿献血”的调查指数分别提升 2.84 个分值、2.03 个分值，“尊重外国友人的习俗禁忌”提升 3.26 个分值，“能热情友善对待外国友人，并愿为其提供力所能及的帮助与服务”提升 1.78 个分值，“愿意向世界展示杭州人的修养和文明”提升 0.94 个分值，“积极学习了解并遵循国际通行的礼仪规范”提升 0.79 个分值。

（三）垃圾分类等行为显著提升，不合时宜风俗潜移默化改变

2023 年较多的公共文明行为得到了显著提升。一些行为在保持良好表现基础上，再次“往前进一步”。一些行为虽然与其他的公共文明行为比较而言，表现还有所不足，但相较于此前，不文明行为在不断减少，逐步改善。一些婚宴、庆祝和丧事等方面的行为调查结果表明，市民正潜移默化地改变不合时宜的风俗。除了前文所指出的公共观赏和公益服务等具体行为提升外，“自觉遵守公共场所有关吸烟的规定”比 2022 年和 2021 年分别提升 0.22 个分值和 0.44 个分值。“自觉进行垃圾分类投放”比 2022 年提升 3.64 个分值。“骑电动车时自觉佩戴头盔”调查指数比 2022 年提升 0.96 个分值。“共享单车有序使用和停放”较 2022 年提升 1.87 个分值。“不听信流言蜚语，在网络上传播、散布虚假信息”比 2022 年提升 2.79 个分值，“不在网上肆意谩骂、发表不当言论”比 2022 年提升 2.44 个分值。

“聚餐时使用公筷公勺”这项指标虽然还是位列公共卫生各个行为表现调查结果靠后的排名，指标得分也比较低，但是相较于以往，市民聚餐时使用公筷公勺的行为有所增加，市民的餐桌文明正在不断改善中，调查指数比 2022 年、2021 年分别提升 1.82 个分值、0.51 个分值。2023 年首次对市民的“文明节俭操办婚丧喜庆等事宜，不铺张浪费”进行调查，调查指数为 80.04，没有低于 80。指数分值所处的区间反映出，市民在慢慢地改变不合时宜的旧习俗，在婚宴、庆祝和丧事等领域“吹进”文明新风。

（四）部分陋习有所“反弹”，不文明行为治理面临挑战

2023 年市民在公共卫生方面的调查指数下降幅度较大，公共卫生调查指数也位列公共文明七个维度的最后一名。往年公共卫生维度的调查指数均处于公共文明七个维度指数排名的中间位置。一些公共卫生的具体指标相较于

2022 年，呈现为不同程度的下降，也就是与公共卫生相关的不文明行为有所增加。“不随地乱扔烟头、塑料袋等废弃物”较 2022 年，调查指数下降 1.77 个分值。“在公共场所咳嗽、打喷嚏时遮掩口鼻”较 2022 年，调查指数下降 1.05 个分值，“不随地吐痰”下降的幅度最大，比 2022 年下降 4.04 个分值。由此，要推动市民形成这些与身体生理性反应相关的文明行为，并且能够长期保持，仍然是城市文明创建工作的重点和难点。

市民在公共空间领域的文明秩序行为表现与其他领域相比，存在一定的差距。“在道路、楼道等区域不随意堆放杂物”“遛狗时主动拴绳”“广场舞等娱乐健身活动不扰民”调查指数依次为 81.67、80.92、79.63。这三项指标的调查指数位列 2023 年所有公共秩序行为调查结果的最后几名，且处于所有公共文明三级指标调查指数排名的靠后位置，尤其是“广场舞等娱乐健身活动不扰民”调查指数是 2023 年倒数第二名。基于对不同个体权利之间调节而形成的文明规范，要促使广大市民能够遵守，且在思想认识和行为实践上形成自觉，同样是城市文明创建工作重点关注领域。

五　进一步提升杭州市民公共文明的建议

（一）围绕争创全国文明典范城市，深化市域文明创建工作

中央文明办决定在第七届（2021～2023）全国文明城市评选周期中，选取部分有较强示范引领作用的全国文明城市，先行开展全国文明典范城市创建试点工作。全国文明典范城市是全国文明城市的升级版，对各地文明城市创建提出了更高的标准和要求。根据中央文明办的政策，文明典范城市具有“一模范四高四力”，具体为：全国文明典范城市是模范学习宣传贯彻习近平新时代中国特色社会主义思想，物质文明建设和精神文明建设高质量发展、社会治理能力和城市治理水平高效能提升、群众生活质量和城市发展品质高水平改善、市民文明素质和城市文明程度高标准示范，具有显著的创建带动力、价值引领力、区域辐射力、国际影响力的文明城市范例。全国文明典范城市测评体系包括理想信念坚定、文明程度领先、经济高质发展、政治廉洁高效、文化繁荣厚重等 10 个测评项目 50 项测评内容 105 条测

评标准。

2023年杭州市民公共文明综合指数实现连续10年的攀升，市民各类文明行为表现总体向好，差距不断缩小，城市文明建设步入新水平。《杭州争当浙江高质量发展建设共同富裕示范区城市范例的行动计划（2021—2025年）》明确将“文明好习惯养成实现率达到90%以上，社会诚信度达到96%以上，争取成为全国文明典范城市”列为实现目标之一。杭州也已多次召开争创全国文明典范城市动员会和推进会。因此，围绕争创全国文明典范城市，杭州应全面对标全国文明典范城市“一模范四高四力”的要求，创新体制机制，完善文明培育、文明创建、文明实践、文明治理等内容，夯实文明实践阵地和载体，深化市域文明创建工作。

（二）加强不文明行为治理，提高市民践行文明行为自觉性

2023年公共文明指数调查结果反映出，一些不文明行为有所“反弹”，“不随地乱扔烟头、塑料袋等废弃物”“在公共场所咳嗽、打喷嚏时遮掩口鼻”“不随地吐痰”等调查指数呈现不同程度的下降。一些不文明行为时常有发生，“在道路、楼道等区域不随意堆放杂物”“遛狗时主动拴绳”“广场舞等娱乐健身活动不扰民”等市民在公共空间方面的文明秩序行为的调查指数均比较靠后。一些不文明行为还缺乏有效约束，有13%的调查对象认为杭州市民在“骑电动车时自觉佩戴头盔”方面表现“一般”和“差”。电动车闯红灯被市民选为最希望治理的不文明交通行为之一。因此，应当加强对不文明行为的治理，提高市民践行文明行为的自觉性。

一是建立不文明行为重点治理清单制度。《杭州市文明行为促进条例》确立了文明行为基本规范，明确了市民在公共卫生、公共秩序、网络文明等多个方面的不文明行为。根据《杭州市文明行为促进条例》，结合本次杭州市民公共文明指数调查发现和杭州市文明城市创建过程中凸显的不文明行为，以及市民征集反映比较集中的不文明行为，建立年度不文明行为重点治理清单，动态调整不文明行为重点治理清单，划出不文明行为“红线”，对清单所列的不文明行为形成相应治理体系。

二是开展不文明行为重点整治与日常监管相结合的治理。《杭州市文明行为促进条例》规定了公共文明相关行业部门和职能部门的职责，以及乡镇、

街道、村社等工作内容。以短板不足和重点难点问题为导向，在现有“做文明使者 迎亚运盛会”文明好习惯养成专项行动、“我文明 我礼让 我守规”文明交通提升专项行动、“我的城市我清洁”城市环境卫生专项行动等一系列专项行动基础上，对不文明行为加大执法力度。由于一些不文明行为具有涉及面广、随机发生等特点，应进一步强化部门联动，厘清执法职权交叉重叠问题，健全执法合作机制，凝聚执法强大合力。优化文明城市网格化管理工作体系，形成任务明确、责任到位、监管有力、整体联动的文明行为网格化日常巡查和长效管理机制。

三是运用现代信息技术赋能不文明行为精准执法。杭州市这些年来利用视频监控、无线网络广播、网络扩音等信息技术，及时点对点提醒行人和电动车驾驶人的不文明交通行为，取得了良好的成效。可以进一步在道路交通、公共环境卫生、公共观赏等重点领域积极运用现代信息技术，加强各领域执法队伍数字化和智能化设备支持，充分发挥科技装备使用效能，丰富执法手段，扩大执法范围，提高执法及时性。

（三）夯实文明实践阵地和载体，全方位推进文明培育

杭州市不断拓展文明实践阵地，创新文明实践载体活动。依托新时代文明实践中心（所、站）、文化家园、农村文化礼堂、党群服务中心等阵地，广泛宣传文明礼仪、卫生健康等知识，提升市民文明素养。杭州全域推进新时代文明实践中心建设，制定出台新时代文明实践中心、所、站建设规范。目前，新时代文明实践中心（所、站）覆盖率达100%。13个区（县、市）文明实践中心、193个乡镇（街道）实践所、3089个村（社区）实践站全部完成建设，13个区（县、市）的新时代文明实践基金全部成立。企事业单位、“两新”组织、文明单位等拓展建设新时代文明实践点1600余个。以“志愿浙江·杭州文明帮帮码”平台为基础，打造形成“杭州市新时代文明实践在线”综合服务平台，具备“实践（有礼）讲堂、实践课程、帮帮‘益’站、亚运志愿”等“10+N”功能模块。结合现有做法成效，进一步夯实文明实践阵地和载体，全方位推进文明培育。

一是新时代文明实践中心（所、站）按照“标牌优显、功能优化、展陈优选、内容优质、数据优享”标准，贯彻落实《杭州市深化拓展新时代文明实践中心建

设工作方案》，综合运用以优促优、示范带动、观摩交流等多项举措，在实现新时代文明实践站建设全覆盖基础上，持续推动文明实践阵地提档升级。

二是整合利用社会化资源，延伸新时代文明实践触角，打造点多面广、互联互通、便民利民的文明实践服务圈。聚合企事业单位、共建单位、职能部门、“两新”组织、文明单位等力量进行文明实践全域布局。推动全市各级党政机关、文明单位等发挥示范带头作用，下沉优质资源，引导文明实践中心与省直单位结对、文明实践所与市直单位结对、文明实践站与区直单位结对的分级结对。联合阵地资源多、组织能力强、群众基础好的行业，开展行业领域新时代文明实践点全覆盖建设，综合群众需求和行业资源，开展新时代文明实践活动，方便市民就近就地参加文明实践活动。

三是提高文明实践志愿服务品牌影响力，拓展新时代文明实践载体活动。发挥“志·汇”益商联盟、“新时代文明实践志愿服务街区”、“浙江有礼·文明圣地”等现有文明实践志愿服务品牌功能，围绕垃圾分类、公筷公勺、文明出行、友好交往、移风易俗等重点文明创建工作，提高新时代文明实践影响力。以新时代文明实践中心（所、站）、文化家园、农村文化礼堂等各类阵地为依托，叠加创新“文明实践+ ”新形式，形成新时代文明实践志愿服务地图，组织动员广大市民参与文明实践活动，提升文明行为的主动性。

（四）加强城市精细化管理，助力文明建设持续深入

城市管理与城市文明、市民文明素养密切相关。城市公共服务设施的完备性、管理的规范化、公共服务提供状况等影响市民文明素养和文明行为。城市精细化管理能够降低市民的不文明行为发生概率。2023 年公共文明综合指数实现连续十年的攀升，市民各类文明行为表现总体向好，差距不断缩小，“共享单车有序使用和停放”等具体行为的调查指数呈现较大幅度的提升，这些也得益于这些年杭州城市的精细化管理。

一是将文明行为促进工作全方位多角度融入城市治理，把文明创建工作与日常基层治理相结合。充分发挥党员、志愿者先锋模范作用，引导和激励广大市民参与城市文明创建，打造文明创建工作共同体，形成全社会共建、共治、共享的良好格局。

二是完善公共服务设施。《杭州市文明行为促进条例》第三十五条规定，

市和区、县（市）人民政府及其有关部门应当完善环境卫生、交通出行、文化体育等公共服务设施和无障碍设施，为文明行为促进提供条件。公共服务设施提供不足，或是设置不合理，会造成市民被动地形成不文明行为，久而久之“培养”了市民不文明的习惯。公共服务设施的健全能够减少不文明行为的发生。自从杭州在地铁站、农贸市场、综合体等人流密集区域加装烟蒂收集器后，市民随意乱扔烟头行为不断减少。应提高城市公共服务设施规划建设的前瞻性，精细化提供和管理环境卫生、交通出行、文化体育等公共服务设施，为市民文明行为养成提供便利。

三是深化文明行为促进的体制机制。落实道德模范、见义勇为等先进典型的褒扬和帮扶礼遇制度，加强对典型事迹的报道和宣讲，引导市民向先进典型学习，主动践行文明行为基本规范。杭州市将无偿献血纳入《杭州市居住证积分管理办法》，实现杭州市范围内无偿献血者及其亲属用血费用“一站式”减免。以此项政策为借鉴，探索将更多与社会反馈、公益服务相关的文明行为实施相应的政策引导，强化对文明行为的鼓励与促进。

（五）巩固提升文明品牌，引领塑造城市文明新风尚

杭州持之以恒地发现美、倡导美、培育美，已经产生最美人物、礼让斑马线、微笑亭、孝心车位、红十字“救”在身边、武林大妈等杭州标志性文明特色，礼让斑马线也不断发展形成交替通行、Z字形斑马线、45度礼让等更多文明特色，杭州被赋予“礼让名城”“志愿善城”等。2023年公共文明指数调查结果反映出，杭州市民在为生命提供绿色通道、伸出援助之手等方面表现出较好的文明素养。“机动车主动避让执行任务的警车、消防车、救护车等”位列所有公共文明行为调查结果的第一名。“为需要急救的人员拨打急救电话，愿意提供必要帮助”是2023年所有公共交往行为调查结果的第一名。市民的国际礼仪文明、公共观赏等方面的文明行为在保持以往良好表现的基础上，又提升了很大的幅度。因此，在继续发扬和推广现有标志性文明特色和文明品牌下，结合社会经济发展产生的市民文明行为新规范、新标准、新要求，以及2023年调查发现的诸如打急救电话、避让执行车辆等市民具有较好表现的文明行为，打造推出更多的文明特色，引领和塑造城市文明新风尚，让这些文明特色产生同频共振的叠加效应，推动市民文明素养和文明行为的持续提升。

图书在版编目(CIP)数据

杭州市民公共文明指数调查分析报告 . 2019~2023 / 中共杭州市委宣传部，杭州市精神文明建设办公室，杭州市社会科学院编；陆文荣等著 . --北京：社会科学文献出版社，2024. 8. --ISBN 978-7-5228-3820-5

Ⅰ. D648. 3

中国国家版本馆 CIP 数据核字第 2024VX1601 号

杭州市民公共文明指数调查分析报告（2019~2023）

编　　者 / 中共杭州市委宣传部
杭州市精神文明建设办公室
杭州市社会科学院

著　　者 / 陆文荣 等

出 版 人 / 冀祥德
组稿编辑 / 谢蕊芬
责任编辑 / 孟宁宁
文稿编辑 / 张真真
责任印制 / 王京美

出　　版 / 社会科学文献出版社 · 群学分社（010）59367002
地址：北京市北三环中路甲 29 号院华龙大厦　邮编：100029
网址：www. ssap. com. cn

发　　行 / 社会科学文献出版社（010）59367028

印　　装 / 唐山玺诚印务有限公司

规　　格 / 开 本：787mm × 1092mm　1/16
印 张：22. 5　字 数：379 千字

版　　次 / 2024 年 8 月第 1 版　2024 年 8 月第 1 次印刷

书　　号 / ISBN 978-7-5228-3820-5

定　　价 / 168. 00 元

读者服务电话：4008918866